本书获国家社科基金重大招标项目"中国民族语言形态句法类型学研究"（18ZDA298）、国家社科基金项目"羌语支语音类型研究"（21BYY179）、北京中央民族大学教育基金会"民族教育发展基金"项目资助。

川西民族走廊
羌语萝卜寨话研究

王保锋 著

中国社会科学出版社

图书在版编目（CIP）数据

川西民族走廊羌语萝卜寨话研究／王保锋著．
北京：中国社会科学出版社，2024．11． -- ISBN 978-7-5227-4353-0

Ⅰ．H274

中国国家版本馆 CIP 数据核字第 20244YA121 号

出 版 人	赵剑英
责任编辑	单　钊
责任校对	周　昊
责任印制	李寡寡

出　　版	中国社会科学出版社
社　　址	北京鼓楼西大街甲 158 号
邮　　编	100720
网　　址	http://www.csspw.cn
发 行 部	010-84083685
门 市 部	010-84029450
经　　销	新华书店及其他书店
印　　刷	北京明恒达印务有限公司
装　　订	廊坊市广阳区广增装订厂
版　　次	2024 年 11 月第 1 版
印　　次	2024 年 11 月第 1 次印刷
开　　本	710×1000　1/16
印　　张	20.75
插　　页	2
字　　数	332 千字
定　　价	109.00 元

凡购买中国社会科学出版社图书，如有质量问题请与本社营销中心联系调换
电话：010-84083683
版权所有　侵权必究

序　一

保锋的书稿《川西民族走廊羌语萝卜寨话研究》出版在即，这是学界和我共同期盼已久的事情，在此表示热烈的祝贺。

萝卜寨古称凤凰寨，羌语为 ʁuɑ³¹tsə³¹qə⁵⁵，是羌族语言、文化、自然物产保存非常完整的地区，坐落在岷江南岸、峡谷之巅，被誉为"云朵上的街市，古羌王的遗都"。20世纪30—40年代就有考古学家、人类学家、民族学家对萝卜寨的历史、文化、经济社会发展、民族、语言等方面进行过考察，但时间已久，当时文化、民俗及语言等方面的面貌相较于现在已发生了较大变化，语言描写的深度与广度也需要进一步拓展。保锋以萝卜寨作为博士论文的调查点，是我们深思熟虑后的选择。在调查过程中，保锋作为非母语人要掌握一种与母语截然不同的语言，在调查和研究的过程中他也付出了巨大的努力。

早在20世纪40年代，闻宥以自己所调查的汶川羌语和理县羌语为基础，把汶川羌语分为瓦寺、雁门二组；理县羌语划分为四组：中三枯、后二枯、九子屯组和蒲溪，黑水羌语分为黑水组和芦花二组，共分了八组。他未曾提及茂县羌语、松潘羌语。萝卜寨属于雁门组。在语音研究方面，闻宥、傅懋勣在1943年发表了《汶川萝卜寨羌语音系》一文。闻宥在1941年发表的《川西羌语初步分析》一文对汶川、理县和黑水羌语的语音、词汇和形态做了一些比较。该文是最早讨论代词"格"的论文。他把南部羌语的代词分为主格（nominative）和斜格（oblique），斜格再分为宾格（objective）和所有格（possessive）。闻宥在1951年发表的《汶川萝卜寨辞汇简编（萝卜寨方言）》一文提供了九百多个羌语萝卜寨话—汉语对照词。张琨在1967年发表的 A comparative study of the Southern

Ch'iang dialects 一文以闻宥发表的论文为基础对南部羌语的语音做了一些比较，并构拟了南部羌语的原始声韵系统。

20世纪80年代在扎实的田野调查和材料分析的基础上，孙宏开以语音、词汇和语法为基础把羌语分为两大方言：北部方言和南部方言。使用羌语北部方言的人居住在黑水县和茂县赤不苏地区。在北部方言内，孙宏开分了五个土语：芦花土语、麻窝土语、茨木林土语、维古土语和雅都土语。说南部方言的羌族生活在理县、汶川县和松潘县镇江关地区。孙宏开也把南部方言分为五个土语：大岐山土语、桃坪土语、龙溪土语、绵虒土语和黑虎土语。北部方言内部差异比南部方言内部差异小，北部方言各土语之间可以通话；南部方言各土语之间不能通话，只有在土语内部可以通话。刘光坤在1998年提出南部方言划分为七个土语，在原来五个土语的基础上，增加三龙土语和较场土语。孙宏开、黄布凡认为羌语、普米语、嘉戎语、尔龚语（道孚语）、木雅语、史兴语、尔苏语、贵琼语、却域语、扎巴语、纳木依语、西夏语和拉坞戎语等13种语言有独特的语音、语法特征，在汉藏语系语言中应有独立的地位，并提出了将它们归为独立的羌语支。羌语则属于汉藏语系藏缅语族羌语支语言。

尽管在20世纪孙宏开、黄布凡、刘光坤等前辈学者们调查了30多个羌语方言土语点，他们基本上摸清了羌语方言土语的分布面貌，但我们对具有代表性的方言土语点的特点尚不太清楚，还需要深入调查。鉴于此，保锋选择了羌语萝卜寨话作为研究对象，通过2015—2017年沉浸式田野调查，获取了丰富的第一手语料。在此基础上，他完成了博士学位论文《萝卜寨羌语语法研究》。由于博士论文篇幅较长，且有的内容没包括进去。为了较完整地呈现羌语萝卜寨话的整体面貌和特点，保锋撰写了《川西民族走廊羌语萝卜寨话研究》。本书稿导论部分介绍了萝卜寨、川西民族走廊的相关情况，总结了羌族语言文字的系属及语言活力，进一步阐述了羌语萝卜寨话的语言地位及发展情况，并整理出羌语萝卜寨话的语音系统。正文采用类型学、功能主义分析方法的框架对词类及构词法、名词和名词性形态、动词和动词性形态、语法关系等内容进行了梳理和描写。该书为羌语方言、汉藏语比较、语言类型学研究提供了丰富而珍贵的语料，也为中华民族交流交往交融提供了语言材料。遗憾的是，鉴于篇幅所限，句法部分暂时不能同步展示，期待保锋的下一部著作能对羌语萝卜寨话的句法特征进行详细的归纳和总结。

拿到书稿仔细翻阅，我很欣喜又一本羌语研究著作即将问世。"藏羌彝文化走廊"历史积淀下来的厚重的语言文化，需要更多人参与挖掘，在社会、经济高速发展的今天，各民族交往交流交融的大背景下，语言也在快速发展，这种发展是有益的，但同时也改变了语言的原始面貌，我们应该进行"抢救性"的研究与保护。在世界范围内，尤其是西方人类学者、语言学者均对羌语支语言与文化有着广泛的关注，每年都有学者深入羌语支语言分布地区进行调查。如何在世界舞台上持有羌语支语言研究的话语权，是我们国内语言学者应该关注的问题，为此，我们更应该持续耕耘，砥砺前行。

整本书语言简明流畅、富有逻辑，语料丰富翔实，内容扎实可靠，是读者了解羌语组织规则和羌族知识体系的一本参考书。保锋在田野调查时踏实肯吃苦，调查之后也付出了辛苦的努力，我们从保锋的《川西民族走廊羌语萝卜寨话研究》可以看出他多年的学术积累、学术功底和学术创新。也希望保锋在将来的语言调查与研究中能百尺竿头，更进一步。

是为序

黄成龙
2024年初春

序　　二

　　王保锋博士的《川西民族走廊羌语萝卜寨话研究》终于出版了，书稿是在其博士学位论文《萝卜寨羌语语法研究》的基础上完成的，但比博士论文向前进了一大步，无论从音系归纳、词汇记录还是从语料分析或是在理论运用和内容构架方面都更加准确和系统，作为保锋的博士生导师，我由衷地感到高兴！可喜可贺！

　　历史上活跃在中国西北的"古羌人""氐羌人"繁衍分支众多，后来逐渐融入汉族和藏缅语族的各个民族中，现在的羌族是其中重要的一支，主要分布在岷江、涪江上游地带的川西民族语言、文化走廊——"藏彝走廊"。目前使用羌语的人数有60000多羌族和50000多识别为藏族的嘉戎支系。羌语有丰富的趋向前缀、复杂的复辅音系统和辅音韵尾脱落等特征，保留了较多原始汉藏语的特征；羌语各方言发展不平衡，北部方言形态丰富，南部方言与彝语或藏语康方言相邻，语音较为简单，形态不太丰富。故而羌语在汉藏语研究中具有独特的地位和重要的研究价值。

　　羌语的方言差异很大，南部方言内部的土语之间都不能通话。属于羌语南部方言的萝卜寨话，尚未有以功能—类型学的框架进行深入调查分析的著述。《川西民族走廊羌语萝卜寨话研究》用功能—类型学的理论方法对羌语萝卜寨话进行了深入、系统的描写分析，它有以下几个特点。

　　一、记音准确可靠，音系归纳得当。其记音和音系归纳得到羌语母语人、语言学家黄成龙研究员的指导和审核，这确保了它们的准确可靠性。

　　二、内容构架全面、系统。著作内容包括羌语萝卜寨话的音系、构词、形态、语义句法及语用、语法关系、长篇语料及基本词汇等几大部分，涵盖了语言研究中最为基本和重要的内容，使得读者能够了解该语言点的全貌。

三、研究既具有类型学的视野又能结合羌语萝卜寨话的特点来突出和深入分析其中的重要特征。因为有类型学视角，能顾全到有类型学意义的研究参项，如动词的重要范畴（趋向、时体、致使、互动、示证）及其标记、名词的重要范畴（性、数、格、大小称）及其标记、重要的语法关系（一致关系）等；结合羌语萝卜寨话的特点界定"词"，并区别了"句法词"和"音系词"；通过羌语萝卜寨话的具体实例来区别附缀和后缀。

四、研究关注语言接触带来的影响及其特征。羌语处于以汉语、藏语、彝语为主的多民族语言走廊中，语言接触特征明显，值得关注和研究。这也是中华民族交流交往交融的语言实证。

该著作为语言类型学理论、语言接触理论及汉藏语的历时和共时研究提供了有价值的实例。此外，我国大多数南方少数民族语言在代际传承中都表现出语言活力不足、语言兼用或语言转用现象较为普遍的特点，面临着语言传承中断的问题，羌语也不例外，目前使用羌语的人数在急剧下降。羌语萝卜寨话的描写和研究有助于档案化、数字化濒危语言，这对传承、保护和保存非物质文化遗产有着重要的意义。

当初，保锋是一位来自中原的青年，在读研究生前他完全不了解藏缅语族语言。在硕士研究生阶段他表现出对羌语特别是羌语语法的研究兴趣，开始进行田野调查和语料分析研究，并认真学习功能—类型学理论和方法。至今已有十余年，可谓是十年磨一剑，我们可以看到一位研究羌语的青年学者初长成！羌语研究在中国境内的藏缅语研究中是较好的，早有孙宏开、刘光坤及黄布凡三位先生，后有罗仁地先生及黄成龙研究员的研究。在前人坚实的研究基础之上，凭着保锋细心、坚韧和好学的特点和精神、扎实的语言学功底和研究热忱，坚持下去，我相信他对羌语的研究将会越来越深入，非常期待！

是为序。

胡素华

2024 年仲夏

缩 略 语

说明：本缩略语以莱比锡大学语法标注规则和黄成龙编写的《濒危语言语料标注模板与术语缩略语》①为基础，参考相关的藏缅语语法描写著作，并结合羌语的特点删减了萝卜寨话里没有的语法术语，补充了一些语法标注缩略语。

缩略语	英语	汉义
1单	1st personsingular	第一人称单数
2单	2nd personsingular	第二人称单数
1复	1st personplural	第一人称复数
2复	1st personplural	第二人称复数
3	3rd person	第三人称
比较	comparative marker	比较标记
雌性	feminine marker	雌性/阴性标记
定指	definite marker	定指标记
反复	repetitive marker	反复体
反身	reflexive marker	反身标记
非施事	anti-agentive marker	非施事者标记
非实然	irrealis marker	非实然标记
否定	negative marker	否定标记

---

① 系2016年8月30日在兰州举办的"中国语言资源保护工程·濒危民族语言课题交流培训"材料。

复数	plural	复数标记
工具	instrumental marker	工具格标记
汉借	auxiliary particle for monosyllabic Chinese loan words	单音节汉语借词的辅助词
话题	topic marker	话题标记
将行	prospective aspect	将行体标记
禁止	prohibitive	禁止式标记
经验	experiential marker	经验体标记
连词	clauselinker	分句连词
连续	continuative aspect marker	连续体标记
名物化	nominalizer marker	名物化标记
亲见	visual witness marker	亲见示证标记
施事	agentive marker	施事者标记
实然	realis marker	实然标记
属格	genitive marker	属格标记
随同	comitative marker	随同格标记
听说	hearsay evidential marker	听说示证标记
完成	perfective aspect	完成体标记
位格	locative marker	位格标记
系词	copula	系词
小称	diminutive marker	小称标记
雄性	masculine marker	雄性标记
疑问	question	疑问句标记
由格	ablative marker	由格标记
语气	clause/sentence final particle	句尾语气词
语尾助词	intonation unit-final particle	语调单位尾助词
致使	causative marker	致使标记
重叠	redulication	重叠
状语	adverbial marker	状语标记

目　录

导　论 …………………………………………………………（1）

第一章　语音系统 …………………………………………（23）
第一节　声母 ……………………………………………（23）
一　单辅音声母 ………………………………………（23）
二　复辅音声母 ………………………………………（26）
第二节　韵母 ……………………………………………（27）
一　单元音韵母 ………………………………………（27）
二　复合元音韵母 ……………………………………（28）
三　鼻韵尾韵母 ………………………………………（29）
第三节　声调 ……………………………………………（29）
第四节　音节结构 ………………………………………（30）

第二章　词类及构词法 ……………………………………（32）
第一节　词与词类 ………………………………………（32）
一　关于"词" …………………………………………（32）
二　句法词 ……………………………………………（34）
三　后置词与词缀 ……………………………………（35）
四　词类 ………………………………………………（36）
第二节　名词 ……………………………………………（36）
一　普通名词 …………………………………………（38）
二　专有名词 …………………………………………（38）

三　方位名词 ……………………………………………… (39)
　　　四　时间名词 ……………………………………………… (41)
　第三节　动词 ……………………………………………………… (42)
　　　一　动词的类别和特征 …………………………………… (43)
　　　二　及物性 ………………………………………………… (44)
　　　三　言说类动词 …………………………………………… (46)
　　　四　存在动词 ……………………………………………… (47)
　　　五　系词 …………………………………………………… (50)
　　　六　心理—认知动词 ……………………………………… (52)
　第四节　形容词 …………………………………………………… (54)
　第五节　副词 ……………………………………………………… (57)
　　　一　方式副词 ……………………………………………… (57)
　　　二　时间副词 ……………………………………………… (58)
　　　三　限定副词 ……………………………………………… (59)
　　　四　范围副词 ……………………………………………… (60)
　　　五　情状副词 ……………………………………………… (62)
　　　六　程度副词 ……………………………………………… (64)
　　　七　肯定和否定 …………………………………………… (66)
　第六节　指代词 …………………………………………………… (67)
　　　一　人称代词 ……………………………………………… (67)
　　　二　反身代词 ……………………………………………… (69)
　　　三　指示代词 ……………………………………………… (72)
　　　四　疑问代词 ……………………………………………… (73)
　　　五　不定代词 ……………………………………………… (76)
　第七节　数词 ……………………………………………………… (78)
　　　一　基数词 ………………………………………………… (78)
　　　二　概数词 ………………………………………………… (80)
　　　三　序数词 ………………………………………………… (81)
　　　四　分数和倍数 …………………………………………… (83)
　第八节　量词 ……………………………………………………… (84)
　　　一　度量词 ………………………………………………… (84)

二　名词类别词 (87)
　　三　动词类别词 (90)
 第九节　连词 (92)
　　一　并列连词 (92)
　　二　从属连词 (93)
 第十节　构词法 (99)
　　一　复合构词法 (99)
　　二　派生构词法 (102)
　　三　复杂的构词法 (104)
 第十一节　汉语借词 (107)
　　一　名词的借入方式 (108)
　　二　动词和形容词的借入方式 (110)
　　三　汉语借词的层级 (112)

第三章　名词和名词性短语形态 (115)
 第一节　亲属称谓前缀 (115)
 第二节　性别标记 (115)
 第三节　数标记 (118)
 第四节　小称标记 (121)
 第五节　有定性标记 (124)
 第六节　格标记 (126)
　　一　施事者及其相关标记 (126)
　　二　非施事者及其相关标记 (131)
　　三　格标记的功能及其分布 (140)
 第七节　话题标记与语调单位尾助词 (147)
　　一　话题标记 (147)
　　二　语调单位尾助词 (149)
 第八节　比较标记 (150)
　　一　差比标记 (150)
　　二　等比标记 (151)
 第九节　名物化标记 (151)

第四章　动词和动词性短语形态 (154)

第一节　方向前缀 (154)
第二节　人称标记 (157)
第三节　体标记 (161)
　一　将行体 (161)
　二　起始体 (163)
　三　状态变化体 (163)
　四　连续体 (164)
　五　进行体 (165)
　六　经验体 (166)
　七　完整体 (167)
　八　反复体 (168)
第四节　否定标记 (169)
第五节　禁止式标记 (170)
第六节　状语标记 (171)
第七节　致使标记 (172)
　一　不及物动词 (172)
　二　及物动词 (173)
　三　双及物动词 (173)
第八节　互动标记 (174)
第九节　示证标记 (175)

第五章　语法关系 (177)

第一节　论元结构配置与编码 (177)
　一　语义为基础的格标记 (178)
　二　一致关系 (182)
第二节　语序 (183)
　一　基本语序 (184)
　二　名词性短语的语序 (185)
　三　谓词性短语的语序 (193)
第三节　话题—评述结构 (196)

一	典型结构	(196)
二	非施事者论元居首结构	(198)
三	双话题结构	(200)

参考文献 ……………………………………………………… (202)

附录一　长篇语料 …………………………………………… (214)
  一　萝卜寨的来历 …………………………………… (214)
  二　莲花寺的来历 …………………………………… (224)
  三　人不要脸鬼都害怕 ……………………………… (239)
  四　羌绣 ……………………………………………… (245)
  五　5·12 汶川大地震经历 ………………………… (248)

附录二　分类词汇 …………………………………………… (263)

附录三　羌族拼音文字方案 ………………………………… (303)

后　记 ………………………………………………………… (312)

导　　论

一　调查点概况

历史上羌族人数和种类繁多，广泛分布在中国西部、西南、西北和中原，大多融合在近代汉族等其他民族中，成为几千年来国内民族交往交流交融的典型范例。当代羌族是古代羌族传承至今的一个支系，是汉代记载的冉駹羌人后裔。当代羌族自称 z̠me"尔玛"或 z̠mepu"尔玛部"、z̠memi"尔玛米"，是古代冉駹羌语自称的延续，从语言学、历史学、人类学及考古学考证，羌族自称与羌语黄河名称 z̠metsu 及阿尼玛神山名称 az̠me 有直接渊源。羌族总人口 312981 人（2020 年第七次全国人口普查），主要分布于四川省阿坝藏族羌族自治州的茂县、汶川县、理县和绵阳市的北川羌族自治县。少量分布于四川省阿坝藏族羌族自治州松潘县、黑水县和绵阳市的平武县。此外，四川省甘孜藏族自治州丹巴县、陕西省汉中市宁强县、略阳县和凤县、甘肃省陇南市武都区以及贵州省铜仁市石阡县和江口县也有羌族分布。大多数羌族聚居于高山或半山地带，少数分布在公路沿线各城镇附近，与藏、汉、回等族人民杂居。

（一）地域概况

羌族地区的地形西北高，东南低，大部分为高山峡谷，其间层峦叠嶂，山高坡陡，河谷深邃。岷江、湔江及其支流是羌族人民的母亲河。

汶川县位于岷江上游、青藏高原东南部、四川省西北部，因汶水（今岷江）得名，辖区面积 4084 平方千米，辖威州镇、灞州镇、绵虒镇、映秀镇、漩口镇、水磨镇、三江镇、耿达镇、卧龙镇 9 个镇，75 个行政村、8 个社区。截至 2022 年底，全县户籍人口 84668 人，其中藏族 14721 人、羌族 36094 人、汉族 32720 人、回族 876 人，其他民族 257 人，是藏羌回汉等各民族交会融合的地带。

汶川是民族地区和革命老区，是全国最大的羌民族集中聚居区之一，县南部在明、清时期曾为藏区瓦寺宣慰司（嘉戎十八土司之一）辖地。西汉时置绵虒县，西晋改为汶山县，北周始名汶川县，县治距今已1400余年。1935年到1936年期间，中国工农红军长征途经汶川，在此建立了革命政权。1952年县城由绵虒迁威州；1958年茂县、汶川县、理县（部分地区）合并成立"茂汶羌族自治县"；1963年恢复汶川县。

威州镇位于汶川县境内东北部，属县城驻地。东临茂县，南接彭州市，西连绵虒镇，北靠灞州镇，国道213线、317线穿城而过，是阿坝州重要交通枢纽，素有"西羌门户""川西锁匙"、阿坝州"南大门"之称。2019年12月18日，《四川省人民政府关于同意阿坝州调整马尔康市等10个县（市）部分乡镇行政区划的批复》（川府民政〔2019〕22号）文件通知：撤销雁门镇，将其所属行政区域划归威州镇管辖。目前威州镇主要农作物有玉米、小麦、土豆、荞麦、油菜和豆类等，经济作物以甜樱桃、青（红）脆李、大枣和无公害蔬菜为主；养殖业主要以猪、牛、羊和家禽为主。全镇辖14个村、4个社区，常住人口33045人，暂住和流动人口2万余人，居民主要以羌、藏、回、汉为主。

萝卜寨，羌语称为 $ʁuɑ^{31}\,tsə^{31}\,qə^{55}$，位于威州镇境内岷江南岸，海拔1970米，是岷江大峡谷高半山最大的冰水堆积台地，是迄今为止发现的世界上最大、最古老的黄泥羌寨，被誉为"云朵上的街市，古羌王的遗都"。这里东靠林盘山，西有下山的羊肠小道和岷江，北接茂县，南通汶川和成都方向。萝卜寨村距汶川县城约15千米，与213国道之间有10千米双车道的水泥路相连，交通比较便利。沿水泥路向上，途中经过两个自然村：索桥村和小寨子。村内主要出产玉米、土豆等农作物，盛产核桃、甜樱桃等经济作物，蔬菜品种丰富，尤以萝卜香甜可口闻名。萝卜寨村是目前中国最大的羌族文化旅游区，随着旅游业开发及现代农业发展，萝卜寨村形成了集羌族文化生态观光体验、休闲农业与乡村旅游共融互动的旅游特色村寨。

当前，萝卜寨村是威州镇一个行政村，同时也是一个自然村。全村有农户258户、1027人。村中共有20多个姓氏，以王、张、马三姓为主。历史上，萝卜寨跟周围的小寨子、索桥、大寨子、月里、通山、麦地、白水寨和牛脑寨等地处于岷江两岸的半山或高半山寨子一直有联姻关系，平时来往较多。这些寨子的村民都是羌族，保留了较为完整的羌族文化。

由于交往的需要，这些寨子的羌族人民不断地学习汉语。目前大多数羌人都会说汉语，并接受汉语教育。说羌语的人数有下降的趋势，而说双语或汉语的人数不断增多。随着近年来与外界的交往不断增多，这种趋势越来越明显，萝卜寨附近的寨子有部分人群已经转用汉语。多数情况下，他们之间的交流多用羌语，有时夹杂汉语。当跟不会说羌语的人交往时，他们都会用汉语来交谈。

(二) 地缘区位

羌族源于古羌。根据历史记载，古羌人的迁徙方向是由北向南的，由甘青地区先进入松潘，再沿岷江到达茂州、威州等地。

殷商时期，甲骨文中记载的羌人主要在甘陕一带的黄河上游活动。古羌人以牧羊著称于世，不仅是华夏族的重要组成部分，而且对中国历史发展和中华民族的形成都有着广泛而深远的影响。根据甲骨文的记载，在商王朝众多方国里就有"羌方"的存在。作为方国名的"羌方"在今陕西省、山西省和河南省交界一带，而该范围以西的人群都属于广义上的羌人。因此，当时的"西羌"并不算作单一民族，是殷人对居住在祖国西部游牧部落的一个泛称。[1]

根据史籍记载，在很早以前羌族部落有的过着居无定处的游牧生活，有的从事农业生产。其中一部分逐步向东向南迁徙，进入中原和西南地区的人群继续进行农业生产。到了周王朝时期，羌族部落成为捍卫周朝统治的有力屏障和重要同盟。此时的羌族部落主要从事畜牧业，而这一经济形态，逐渐成为后人识别羌人的主要经济形态。[2]

周王朝时期，羌人与周的关系密切，大量的羌人融入华夏。春秋战国时期，羌人所建的义渠国，领域包括今甘肃东部、陕西北部、宁夏及河套以南地区，是中原诸国合纵连横的重要力量。与此同时，以羌人为主要成分的诸戎逐渐融入秦国。而居住在甘肃、青海黄河上游和湟水流

---

[1] 张曦、黄成龙编著：《中国羌族》，宁夏人民出版社2012年版，第5页。
[2] 张曦、黄成龙编著：《中国羌族》，宁夏人民出版社2012年版，第5页。

域的羌人仍处于"少五谷，多禽畜，以射猎为事"的状态。秦汉时期，今甘肃省、青海省一带的黄河、湟水、洮水、大通河和四川岷江上游一带是古代羌人活动的中心。

此后，羌人进一步发展和分化。《后汉书·西羌传》载："至爰剑曾孙忍时，秦献公初立，……将其种人附落而南，出赐支河曲西数千里，与众绝远，不复交通。其后子孙分别各自为种，任随所之，或为牦牛种，越巂羌是也；或曰白马种，广汉羌是也；或为参狼种，武都羌是也。"这一时期，西北的羌人迫于秦国的压力，进行了大规模、远距离的迁徙。进入中原的羌人与汉族杂居、通婚、融合，从事农业生产。未进入中原的西羌大部分散布在西北、西南地区，有新疆塔里木盆地南沿的婼羌、雅鲁藏布江流域的发羌、唐牦、西南地区的牦牛羌、白马羌、青衣羌、参狼羌和冉駹羌诸多羌人部落。① 其中，冉駹部落则分布在岷江上游和四川西北部的广大地区。《后汉书·南蛮西南夷列传》载，"冉駹夷者，武帝所开，元鼎六年以为汶山郡……其山有六夷、七羌、九氐，各有部落"，说明羌人在其中占有较大比例。

从东汉到西晋末年，北方的大部分羌人已基本融入汉族之中。隋唐时期，活动在甘青和青藏高原东南部的羌人部落有党项、东女、白兰、西山八国、白狗、附国等。其中，甘青地区的羌人逐渐融入藏、汉、蒙古族，关中地区的羌人逐渐与汉族融合。而西山八国处在中原王朝和吐蕃势力之间，系成都平原以西、岷江上游诸山各部的统称，他们有的同化于藏族，有的内附中原王朝，或同化于汉族，或在夹缝中生存，在唐朝和吐蕃长期和战不定的局势下，得以单独保存和发展。岷江上游的羌人因离吐蕃较远，又得到了唐宋政府的庇护，故得以保留下来。②

元明清时期的羌族主要是前代保留下来的聚居在岷江上游的羌人。明朝时，川西民族走廊的绝大多数羌族都被纳入土司的统治之下。清朝改土归流之后，大部分羌族融入了汉族，只有少部分偏远地区的羌族保

---

① 国家民委民族问题五种丛书编辑委员会《中国少数民族》编写组：《中国少数民族》，人民出版社1981版，第290页。

② 张曦、黄成龙编著：《中国羌族》，宁夏人民出版社2012年版，第6页。

存了下来。① 明末清初时，一部分羌族由四川迁往贵州铜仁地区。至此，羌族的分布格局基本形成。

经过几千年的演变，羌族大部分已与其他民族融合，一部分仍在今岷江、涪江上游一带定居。据《四川古代史》记载，汉代以后岷江上游已定居着被称为西山诸羌人的羌人部落，隋唐时期由于吐蕃王朝向东扩张，河湟一带的羌人相继内迁，其中一部分到了岷江上游的茂州一带。由此可见，今天岷江上游的羌族是秦汉以后从河湟一带迁来的羌人与当地原有土著居民融合而成的民族。②

岷江、涪江上游地带是中国民族文化的历史走廊，是"藏彝走廊"中南端东缘。这里保持着中国最丰富的民族和地方文化多样性，也保持着极为和谐的民族文化共生关系，这里还是中国共产党领导工农红军长征时期跟彝、藏、羌、回等少数民族建立密切关系的地方。

（三）川西民族走廊

费孝通1980年前后提出了"藏彝走廊"概念，主要指地理学上的横断山脉地区。这条北自甘肃南部、青海东部、向南经过四川西部、西藏东南部，到云南西部以及缅甸、印度北部的狭长地带被称为民族走廊。民族走廊是指一定的民族或族群长期沿着一定的自然环境如河流或山脉向外迁徙或流动的路线。③ 这一民族走廊的地理特点是高山峡谷密布，北南走向的山系与河流较多。因有岷江、大渡河、雅砻江、金沙江、澜沧江和怒江等六条自北而南的大河纵贯其间，故习惯上又称该区域为"六江流域"。关于"藏彝走廊"的范围，目前还没有统一的认识，大致在横断山脉地区和六江流域重合的地区。

费孝通曾指出："以四川康定为中心向东和向南大体上划出一条走廊……这条走廊正处在彝藏之间，沉积着许多现在还活着的历史遗迹，应当是历史与语言科学的一个宝贵园地。"④ 这条民族走廊地带自古就是藏缅先民南下和壮侗、苗瑶先民北上的交通要道和交会融合之地，语言

---

① 张曦、黄成龙编著：《中国羌族》，宁夏人民出版社2012年版，第6页。
② 张曦、张海洋、蓝广胜：《羌族语言与非物质文化灾后重建需求调查项目报告书》，张曦主编：《持颠扶危：羌族文化灾后重建省思》，中央民族大学出版社2009年版，第21页。
③ 李绍明：《费孝通论藏彝走廊》，《西南民族学院学报》2006年第1期。
④ 费孝通：《关于我国民族的识别问题》，《中国社会科学》1980年第1期。

和民族存在诸多错综复杂情况。① 该走廊目前共有1000多万人，其中有530多万少数民族人口。费孝通指出，这一地区至今还保存着被某一通用语言所淹没而并没有完全消失的许多基层语言。②

四川西部地区是这条走廊的核心地区之一。③ 沿川西民族走廊分布的基层语言主要是藏缅语族羌语支语言，包括史兴语、纳木依语、尔苏语、贵琼语、木雅语、普米语、羌语、扎坝语、却域语、嘉戎语、尔龚语和拉坞戎语等12种活语言。使用这些语言的居民，除了在家庭、村寨使用自己的语言外，根据交际需要，他们有的兼通汉语，有的兼通藏语，有的兼通彝语。

如前所述，两汉以后羌人基本退出了中原地区，往往被称为西羌，成为黄河中上游甘青草原的游牧民族。随后，羌人开始了更大范围的民族迁徙，从我国西北地区向西南地区扩展。羌人主体生活及其迁徙的区域恰在藏彝走廊或川西民族走廊。生活在民族走廊地带，至今仍保留着文化各异的族群，不仅对"一体"中国的"多元构成"具有重要意义，同时也是世界文化多样性构成中一个不可缺少的组成部分。费孝通在《中华民族多元一体格局》一书中总结道："羌人在中华民族形成过程中起的作用似乎和汉人刚好相反，汉族是以接纳为主而日益强大，羌人却以供应为主，壮大了别的民族。很多民族（包括汉族在内）从羌人中得到了血液。"④ 在几千年的历史发展过程中，羌族已有很大一部分和周边的民族群体融合。这个历史发展过程正是中华民族多元一体格局形成和发展的生动写照。因此，从地缘区位、民族语言学和中华民族共同体的角度看，羌族语言文字和文化研究均应纳入川西民族走廊考察。

二 羌语言文字

有6万多羌族人和5万多藏族人目前还使用羌语。使用羌语的人中多数是生活在茂县、汶川县、理县、松潘县境内的羌族，其余是生活在黑

---

① 费孝通：《谈深入开展民族调查问题》，《中南民族学院学报》1982年第3期。
② 费孝通：《关于我国民族的识别问题》，《中国社会科学》1980年第1期。
③ 孙宏开：《川西民族走廊地区的语言》，《西南民族研究》第1辑，四川民族出版社1983年版，第429页。
④ 费孝通主编：《中华民族多元一体格局》，中央民族大学出版社2018年版，第37页。

水县被划为藏族的人群。居住在甘孜藏族自治州丹巴县的多数羌族、绵阳市的北川羌族自治县（约10万人）和平武县（约4万人）、贵州省铜仁地区石阡县、江口县以及陕西省汉中市宁强县、略阳县、凤县的羌族已经转用汉语了。[①]

20世纪80年代末重新创制和完善的《羌族拼音文字方案》是目前中国国家官方批准使用的23种民族文字之一，是羌民族推广使用30多年的文字。

（一）语言系属

20世纪80年代以前，有的学者把羌语归入汉藏语系藏缅语族藏语支，而有的学者认为羌语属于汉藏语系藏缅语族，但语支未定的语言。孙宏开先生提出羌语属于汉藏语系藏缅语族羌语支。[②] 羌语支语言分布在川西民族走廊，该地区具有丰富的地理、地质、生物多样性以及语言文化多样性，是地理学、地质学、生物学、动物学、人类学、语言学研究之宝藏。为了了解"民族走廊"历史积淀下来的语言文化，每年都有国内外人类学者、语言学者深入羌语支语言分布地区进行调查。[③]

羌语支语言沿川西民族走廊分布，共享趋向前缀、复杂的复辅音系统和辅音韵尾脱落等类型特征。孙宏开[④]、黄布凡[⑤]和刘光坤[⑥]提出羌语支包括羌语、普米语、嘉戎语、尔龚语（道孚语）、木雅语、史兴语、尔苏语、贵琼语、却域语、扎巴语和纳木依语。孙宏开[⑦]在原来11种羌语支语言的基础上，增加了西夏语和拉坞戎语。孙宏开[⑧]认为羌语支语言语音结

---

① 黄成龙：《羌语研究回顾与展望》，张曦主编：《持颠扶危：羌族文化灾后重建省思》，中央民族大学出版社2009年版，第198页。
② 孙宏开：《羌语简志》，民族出版社1981年版，第2页。
③ 黄成龙主编：《羌语言文字通览》，四川民族出版社2021年版，第14页。
④ 孙宏开：《羌语支属问题初探》，民族语文编辑部编：《民族语文研究问题》，青海民族出版社1982年版，第189页；孙宏开：《川西民族走廊地区的语言》，《西南民族研究》第1辑，四川民族出版社1983年版，第451页。
⑤ 黄布凡：《羌语支》，马学良主编：《汉藏语概论》，北京大学出版社1991年版，第208页。
⑥ 刘光坤：《麻窝羌语研究》，四川民族出版社1998年版，第21页。
⑦ 孙宏开：《论藏缅语族中的羌语支》，《语言暨语言学》2001年第2卷第1期，第157—181页。
⑧ 孙宏开：《藏缅语族羌语支研究》，中国社会科学出版社2016年版，第1—4页。

构复杂，形态丰富，各语言发展不平衡，保留了较多原始汉藏语的特征，在藏缅语演变中有着"承上启下"的独特地位和重要研究价值。孙宏开在《藏缅语族羌语支研究》一书中，提出羌语支下面分北支、中支和南支，并在北支、中支和南支的下面各分了1—3个不同的语组，每个语组又包含1—3个不同的语言。南支包括尔苏语组和贵琼语组；中支包括普米语组、西夏语组和羌语组；而北支包括嘉戎语组。其语言之间的远近关系如图0-1所示。目前，羌语支这一学术观点已得到国内外学者的普遍认可。

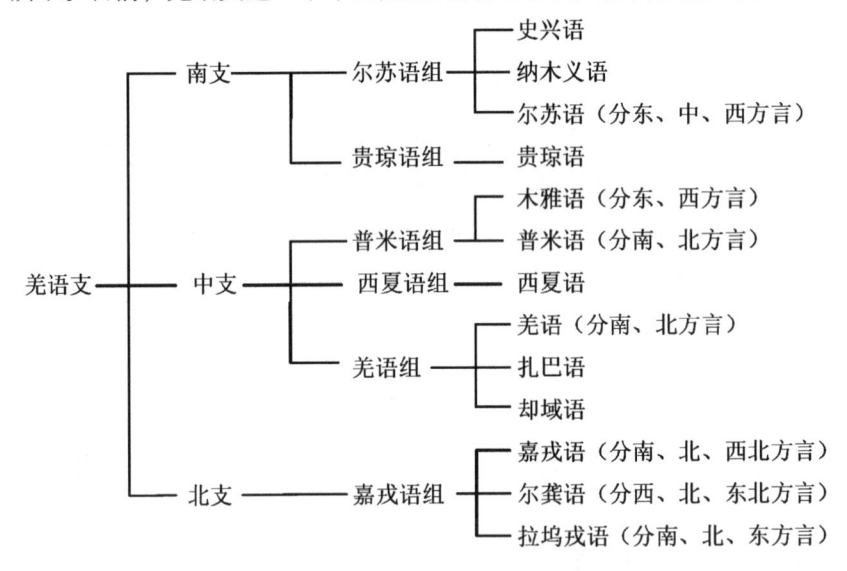

```
羌语支 ─┬─ 南支 ─┬─ 尔苏语组 ─┬─ 史兴语
        │        │             ├─ 纳木义语
        │        │             └─ 尔苏语（分东、中、西方言）
        │        └─ 贵琼语组 ─── 贵琼语
        │
        ├─ 中支 ─┬─ 普米语组 ─┬─ 木雅语（分东、西方言）
        │        │             └─ 普米语（分南、北方言）
        │        ├─ 西夏语组 ─── 西夏语
        │        └─ 羌语组 ─┬─ 羌语（分南、北方言）
        │                    ├─ 扎巴语
        │                    └─ 却域语
        │
        └─ 北支 ─── 嘉戎语组 ─┬─ 嘉戎语（分南、北、西北方言）
                                ├─ 尔龚语（分西、北、东北方言）
                                └─ 拉坞戎语（分南、北、东方言）
```

图0-1 羌语支语言的远近关系①

在羌语支内部，属于南支的语言处在彝语或藏语康方言的包围之中，语音不太复杂，形态也不太丰富，而属于中支或北支的语言语音一般都比较复杂，多数语言有复辅音，有的语言没有声调，但形态比较丰富。

（二）方言土语

孙宏开②将羌语分为北部方言和南部方言，两大方言均包含五个土语。刘光坤③提出南部方言划分为七个土语，在原来五个土语的基础上，

---

① 孙宏开：《藏缅语族羌语支研究》，中国社会科学出版社2016年版，第4页。
② 孙宏开：《羌语简志》，民族出版社1981年版，第177—178页。
③ 刘光坤：《麻窝羌语研究》，四川民族出版社1998年版，第17—18页。

增加三龙土语和较场土语。黄布凡、周发成①把北部方言分为曲谷、镇平、芦花、麻窝、知木林、黑虎六个土语，南部方言分为大岐山、桃坪、龙溪、绵虒、雁门五个土语。三位学者分类异同对照见表0-1：

表0-1　　　　　　学者对羌语方言土语分类对照表②

方言	土语	孙宏开③ （1981：177—178）	刘光坤④ （1998：17—18）	黄布凡、周发成⑤ （2006：285—286）
北部	雅都土语	黑水县瓦钵梁子、茂县赤不苏、曲谷、和平、维城	茂县赤不苏、雅都、曲谷、维城以及黑水县瓦钵梁子、色尔古	
北部	曲谷土语			茂县曲谷、雅都、维城、洼底、白溪、回龙、三龙以及黑水县瓦钵梁子、维古、木苏、上龙坝、下龙坝、石碉楼、色尔古等
北部	维古土语	黑水县维古、木苏、上龙坝、下龙坝、石碉楼、色尔古	黑水县维古、木苏、龙坝、洛多、石碉楼	
北部	麻窝土语	黑水县麻窝、扎窝、双溜索、西尔、红岩、俄恩、下阴山、下阳山	黑水县麻窝、扎窝、双溜索、西尔、红岩、俄恩	黑水县麻窝、俄恩、红岩、西尔、双溜索、下阴山、下阳山等地
北部	茨木林土语	黑水县茨木林一带：二木林、热窝、乌木树、慈坝、晴朗沟	黑水县茨木林、格窝、乌木树、热窝、晴朗沟	黑水县茨木林一带的二木林、热窝、乌木树、慈坝、晴朗沟等地

---

① 黄布凡、周发成：《羌语研究》，四川人民出版社2006年版，第285—286页。
② 黄成龙：《羌语方言土语及其活力》，张曦主编：《持颠扶危：羌族文化灾后重建省思》，中央民族大学出版社2009年版，第180—182页。
③ 孙宏开：《羌语简志》，民族出版社1981年版，第177—178页。
④ 刘光坤：《麻窝羌语研究》，四川民族出版社1998年版，第17—18页。
⑤ 黄布凡、周发成：《羌语研究》，四川人民出版社2006年版，第285—286页。

续表

方言	土语	孙宏开 （1981：177—178）	刘光坤 （1998：17—18）	黄布凡、周发成 （2006：285—286）
北部	芦花土语	黑水县芦花一带：三打古、沙石多、羊茸、泽盖、二古鲁、上阴山、上阳山	黑水县芦花、沙石多、羊茸、泽盖、二古鲁、卓格都	黑水县芦花一带：三打古、沙石多、羊茸、泽盖、二古鲁、上阴山、上阳山
南部	较场土语		茂县较场、石大关、太平、松坪沟以及松潘县镇江关西侧以及北川个别地区	
北部	镇平土语			茂县太平、松坪沟、较场、石大关和松潘县小姓、镇平、白羊等地
南部	三龙土语		茂县凤仪、三龙、沙坝、回龙、白溪、洼底、雅珠寨	
北部或南部	黑虎土语	茂县中南部凤仪、土门、沙坝、较场、白溪、三龙、回龙、繁荣、幸福、太平、渭门、沟口、黑虎	茂县黑虎、苏加坪、飞虹、沟口、渭门、椒园坪	茂县黑虎、飞虹、沟口、渭门等地
南部	绵虒土语	汶川县克枯、布瓦、雁门、索桥、萝卜、七盘沟、绵虒、玉龙、白土坎、克约、草坡以及茂县南新、别立	汶川县龙溪土语以外的其他土语	汶川县绵虒、玉龙、白土砍、克约、草坡、三江等地
南部	龙溪土语	汶川县北部龙溪一带：龙溪、布兰、巴夺、下庄、木上	汶川县龙溪、布兰、巴夺、下庄、木上	汶川县北部龙溪、布兰、巴夺、下庄、木上、克枯、布瓦
南部	桃坪土语	理县南部桃坪一带：桃坪、佳山、甘溪、三岔、曾头、牛山、西山、通化、古城	理县桃坪、佳山、甘溪、三叉、曾头、牛山、西商、通化、古城	理县南部桃坪、佳山、甘溪、三岔、曾头、牛山、西山、通化、古城

续表

方言	土语	孙宏开 （1981：177—178）	刘光坤 （1998：17—18）	黄布凡、周发成 （2006：285—286）
南部	大岐山土语	理县南部薛城一带：薛城、上孟、下孟、兴隆、甘堡、列列、九子、木卡、朴头、蒲溪	理县薛城、上孟、下孟、兴龙、甘堡、列列、九子、木卡、朴头、蒲溪	理县南部薛城、上孟、下孟、兴隆、甘堡、列列、九子、木卡、朴头、蒲溪

羌语虽然分布的面积不大，但内部差异不小。从总体来看，羌语北部方言内部的差异程度要小于南部方言，南部方言各土语之间不能通话，只有在土语内部可以通话。说南部方言的羌族生活在理县、汶川县和松潘县镇江关地区。根据黄布凡、周发成①的划分，萝卜寨话属于羌语南部方言雁门土语。另外，据黄成龙调查，萝卜寨话与附近的索桥、通山寨羌语基本一致，与上、下白水寨虽能通话但有差异，与绵虒乡的羌语只能部分相通。

本书着重萝卜寨话的语音、词汇和语法研究，有关萝卜寨的生产生活、风土人情和教育文化等情况请参阅耿静《汶川萝卜寨田野调查报告》（民族出版社 2014 年）。

（三）羌文

几千年的历史长河中，支系庞杂的古羌族群曾经创造和使用过多种文字，包括党项羌人的西夏文字等。但是岷江上游、涪江流域羌族没有系统的传统文字，只有释比（巫师）使用的被称为"算书"的图画符号经典。因此，从 1956 年至 1958 年党和政府帮助羌族创制拼音文字，20 世纪 80 年代末重新创制完善了《羌族拼音文字方案》，并于 90 年代获得国家级科学鉴定和国家民委及四川省政府批准在羌族地区实验推行。目前，羌族人民使用的本民族文字是《羌族拼音文字方案》。

《羌族拼音文字方案》② 以羌语北部方言茂县曲谷话为标准音，有 8 个元音音位，6 个复元音，3 个卷舌元音；41 个辅音音位和 31 个复辅音。

---

① 黄布凡、周发成：《羌语研究》，四川人民出版社 2006 年版，第 285—286 页。
② 具体方案见附录三。

根据黄成龙①对13个羌语方言土语音系的描写及其跟标准音对比，我们发现羌文音系与羌语各方言土语辅音的发音部位基本相同，元音音位也大同小异，加之各方言土语与标准音点还有相当数量的同源词，虽然各方言土语中有些语法形式与标准音有所差别，但其功能与标准音点基本相同，因此羌文书写符号能完全适用于羌语各方言土语的书写。

当地教育和民族工作部门培养了羌文专业大中专师资骨干和羌文工作骨干数以千计，他们中的多数在基层任教，充实了基层教师队伍，并肩负推行羌文的责任。羌文进入从幼儿园到中小学乃至大学课堂教学，两万多羌族干部群众用羌文成功扫盲。羌文在保护传承羌族文化中发挥了极其重要的作用，同时，羌语也得到了有效保护传承。但是，当地政府在推行时遇到一些经费等困难，民间没有财力去推行，羌族拼音文字推行工作断断续续。

近几年有学者②对羌文在中小学的使用情况做了专门的调查研究，调研后发现中小学迫切需要恢复使用羌族拼音文字方案。2008年"5·12汶川特大地震"使羌族生态环境和羌族文化遭受重创，迫切需要政府有关部门加强羌族拼音文字方案在学校使用和推行。③

（四）语言活力

语言活力是指一个语言在哪些地区、什么场合（语域）下使用。粗略地说，如果一个语言在家庭、集会、公共场合、教育、媒体等场合为全民族所用，则证明该语言是非常有活力的。假如一种语言只在该民族分布的某些地区为少数人在极其有限的场合使用，则证明该语言的活力

---

① 黄成龙主编：《羌语言文字通览》，四川民族出版社2021年版，第214—256页。
② 杜学元、蔡文君：《羌汉双语文教育的问题及对策研究》，《内蒙古师范大学学报》2007年第2期，第80—83页；宝乐日：《土族、羌族语言及新创文字在学校教育领域使用发展研究》，博士学位论文，中央民族大学，2007年；宝乐日：《羌族语言及新创文字使用研究综述》，《阿坝师范专科学校学报》2008年第1期；宝乐日：《羌族语言及新创文字在学校教育领域使用现状研究——汶川县、茂县中小学调查个案分析》，《阿坝师范专科学校学报》2008年第3期；宝乐日：《文化资本理论视野下土族、羌族语言及其新创文字使用与发展研究》，《中央民族大学学报》2008年第4期；王小琴：《羌族地区中小学羌语文课程实施问题及对策研究》，硕士学位论文，西南大学，2008年；黄成龙、徐世梁：《羌族语言和非物质文化灾后重建需求调查》，张曦主编：《持颀扶危：羌族文化灾后重建省思》，中央民族大学出版社2009年版，第96—109页。
③ 黄成龙主编：《羌语言文字通览》，四川民族出版社2021年版，第21页。

相对较低。当一种语言只有少数老年人使用，不再代代传承，不仅证明该语言的活力很低，而且证明其处于濒危状况。①

1. 语言使用情况

贵州羌族、陕西宁强县、略阳县羌族、四川平武县（3.9万）羌族、北川羌族自治县羌族（约10万）不再使用羌语，已经转用汉语。丹巴县的羌族（1000余人）已经转用嘉戎语或汉语。聚居在阿坝藏族羌族自治州的羌族处在汉、藏、彝三个民族之间，与藏汉两族交往密切。由于交往的需要，公路沿线和接近汉、藏的羌族人民，一般都懂汉语和藏语。目前，大多数羌人都接受汉语教育，因而说双语或汉语的人数不断增多，但说羌语的人数急剧下降。②成年人多是羌汉双语，多数情况下他们之间交流用羌语，但有时候也用汉语或西南官话。当与不会说羌语的人交往时，他们都会转用汉语。根据黄成龙③的调查，阿坝藏族羌族自治州羌语使用情况见表0-2：

表0-2　　　　　　　　　　羌语使用情况

方言	土语	调查点现状
北部	麻窝	少量记录，一本语法书，其他不详。
北部	雅都	维城乡中村（67户，301人）：100%说羌语，80%兼会汉语［维城乡中村陈代全（2001）提供］。简短词表。 雅都乡荣红寨：发表一些文章，一本语法书，一本音档，词表及注解的长篇语料。
北部	曲谷	河西羌语还在代际传承，发表少量长篇语料，一部语法书。
南部	黑虎	二村羌语还在代际传承，有少量记录，互通范围：与三龙四大队（中华人民共和国成立前属龙坪乡），可与沟口羌语通话，但有些差异。与三龙纳呼（中华人民共和国成立前属理县三七乡）羌语、渭门羌语、较场都不能通话。与三龙四大队通婚［黑虎二村王兴国（2006）提供］。

---

① 黄成龙：《羌语方言土语及其活力》，张曦主编：《持颠扶危：羌族文化灾后重建省思》，中央民族大学出版社2009年版，第183页。

② 黄成龙、徐世梁：《羌族语言和非物质文化灾后重建需求调查》，张曦主编：《持颠扶危：羌族文化灾后重建省思》，中央民族大学出版社2009年版，第96页。

③ 黄成龙：《羌语方言土语及其活力》，张曦主编：《持颠扶危：羌族文化灾后重建省思》，中央民族大学出版社2009年版，第183—185页。

续表

方言	土语	调查点现状
南部	三龙	勒依村（108户，619人）：100%会说羌语，95%兼通汉语，5%会简单汉话［三龙勒依村余晓平（2001）提供］。记录简短词表。 白溪乡余家沟村（62户，293人）：100%羌语，90%的人口兼通汉语［余家沟村余宗明（2001）提供］。记录简短词表。
南部	较场	松坪沟乡麦石寨（51户，179人）：100%会说羌语，100%兼通汉语［麦石寨龙德海（2001）提供］。记录简短词表。
南部	松潘	松潘县小姓乡埃溪村（56户，223人）：都能说羌语，部分能说汉语、藏语［松潘县小姓乡埃溪村毛明军（2001）提供］。记录简短词表。
南部	凤仪	语言代际传承出现中断，少数羌族父母辈以上会说羌语，父母鼓励晚辈学汉语。
南部	雁门	萝卜寨话与索桥、通山寨羌语基本一致，与上、下白水能通话，但有些差异。 tshaqe 索桥：二三十岁以上的能听懂一些。 ʂəga 上白水：老年人能流利使用羌语，年轻人基本上不能说了。 gzʑəga 下白水：基本上还能说，不过小孩基本上不习得母语。 soboto 青土坪：可能小孩大都不能说羌语了。 tɕhiɕo 通山：部分人还能说羌语。 qhutɕi 月里：都说汉语。 rokhota 放马坪：有时说羌语，小孩已经慢慢转用汉语。 ʁuataqe 大寨子：都还会说羌语。 ʁuətʂəqe 小寨子：40多户，七八十岁的老人会说羌语。 malojantɕa 布瓦（释比经）、buʁua 布瓦：大都不会羌语。 robeɕidi 通山后山：目前已经搬迁至通山。 khuə ʂa 寇山：没有人会说羌语［雁门萝卜寨王明杰（2006）提供］。
南部	绵虒	羌锋村簇头寨小孩还作为母语习得，除了簇头说羌语外，和平有百余老人说羌语，但年轻人基本上不会说羌语了。 互通区域：与雁门羌语部分相通，不能与龙溪羌语相通，其差别大于理县木卡和蒲溪羌语。 语言态度：由于上学或未来就业考量，成年人有意识地训练自己的孩子说汉语［绵虒簇头汪绍兴（2006）提供］。
南部	龙溪	汶川县龙溪乡玛得村（1222户，4960人）：3500人会说羌语，460人说汉语，［龙溪乡玛得村何星俊（2001）提供］。记录简短词表。

续表

方言	土语	调查点现状
	布瓦	已转用汉语。
	威州	不详。
南部	桃坪	四五十岁以上的还会说一点，但都不太流利，而三十岁以下的羌族转用汉语了［黄成龙（2002）调查］。
南部	蒲溪	蒲溪乡包括大蒲溪、休溪、色尔、奎寨和河坝五个村（2000年统计，2017人）：羌语还在代际传承，当他们一进小学就开始学汉语。成年人都是双语人——羌语和汉语。多数情况下他们之间交流也用羌语。如果他们与不会说羌语的人交往，都会转用汉语来交谈。他们之间交流有时候夹杂西南官话①。 发表一部语法书，一些学术论文，词表及注解的长篇语料。
南部	木卡	水塘寨：语言代际还在传承，简短词表。 九子营：语言代际传承基本中断，小孩一般不会羌语。有简短词表。
	薛城	基本上转用汉语。
	北川	语言基本上灭绝。

根据表0-2的调查结果，我们可以判断汶川绵虒镇以南以及绵虒多数村寨已经转用汉语；理县桃坪村、通化乡、薛城镇都已经转用汉语。茂县凤仪镇（多数羌族）、凤仪镇南面南新镇、东边土门片区（东兴乡、土门乡、富顺乡、光明乡）都转用汉语；北面较场片区（太平乡、松坪沟乡、石大关乡、较场乡，除了松坪沟乡有些村寨还使用羌语外）多数乡村都已经转用汉语。

2. 趋于濒危的羌语

联合国教科文组织召集全世界有关语言学专家拟定了"评估语言活力与濒危方法" A methodology for assessing language vitality and endangerment（UNESCO 2003），② 在报告中提出9项语言活力评估指标。③

指标1：语言代际传承

---

① 黄成龙：《蒲溪羌语研究》，民族出版社2006年版，第3—4页。
② 见联合国教科文组织网站：http：//www.unesco.org/culture/ich/index.php? pg = 00142。
③ 范俊军编译：《联合国教科文组织关于保护语言与文化多样性文件汇编》，民族出版社2006年版，第30—53页。

指标2：语言使用者绝对人数

指标3：语言使用人口占总人口的比例

指标4：现存语言使用域趋势

指标5：语言对新语域和媒体的反映

指标6：语言教育与识字材料

指标7：官方对语言的态度

指标8：族群成员对其语言的态度

指标9：语言记录之数量与质量

评估一个语言的活力时，用任何单项指标评估一个族群语言的活力是不够的，必须综合9项指标评估一个语言的活力、其社会功能以及语言维持与复兴。

在以上9项评估指标的基础上，联合国教科文组织为了更详细了解世界语言的濒危状况，撰写出一个语言活力以及多样性调查问卷（UNESCO Survey: Linguistic Vitality and Diversity）[①]，并绘制世界濒危语言互动电子地图（UNESCO Interactive Atlas of the World's Languages in Danger）[②]。黄成龙[③]根据本问卷，分析了解当今羌语的活力，并评估其濒危程度。问卷的具体数据请参看黄成龙[④]所列24项参数及分析。黄成龙[⑤]的调查分析显示羌语各项参数的平均分为2.02分，并指出羌语确实处在濒危状态。

从代际传承状况看，羌语面临传承中断的威胁。黄成龙指出："在羌语至今还保留较完整的地区，如理县蒲溪乡，汶川萝卜寨、茂县赤不苏等，小孩一出生会说话起，他们先学习羌语。由于电视媒体的传入，许

[①] 问卷可在教科文组织网站下载：http://www.unesco.org/culture/ich/index.php?pg=00144。

[②] 欲了解世界濒危语言分布，可浏览：http://www.unesco.org/culture/ich/index.php?pg=00206。

[③] 黄成龙：《羌语方言土语及其活力》，张曦主编：《持颠扶危：羌族文化灾后重建省思》，中央民族大学出版社2009年版，第186—195页。

[④] 黄成龙：《羌语方言土语及其活力》，张曦主编：《持颠扶危：羌族文化灾后重建省思》，中央民族大学出版社2009年版，第186—194页。

[⑤] 黄成龙：《羌语方言土语及其活力》，张曦主编：《持颠扶危：羌族文化灾后重建省思》，中央民族大学出版社2009年版，第195页。

多羌族地区幼童在进小学之前，就开始学习汉语。"① 即使小孩自会说话起先学习羌语，上学之后就开始学习汉语，因而缺少充分使用羌语的环境。家长有意不跟子女用母语交流，加之各地羌语相互不能通话，这也减少了羌语有效使用的空间，现在许多年轻人已经不愿意学习羌语了。

（五）已有研究

目前，涉及萝卜寨的研究性资料还比较少。20世纪30、40年代的学者胡鉴民、闻宥、庄学本和马长寿等通过对羌族地区村寨人口的来源、经济状况、习俗和语言的调查，进行了羌族历史考古研究、政治经济社会研究、民俗文化和语言研究。② 他们重点关注羌族的族源和文化。作为羌族文化典型村寨的萝卜寨是他们的考察点。

1950年以后，学者们对羌族的社会历史进行了大调查。1953年西南民族学院民族研究所编印的《西南少数民族情况参考资料——羌族情况》集中地介绍了汶川、理县和茂县羌族的基本情况，并提及萝卜寨为"较著名的大寨"。1956年至1964年，国家组织了大批专家学者，对包括萝卜寨在内的羌族地区进行了大规模的社会历史和语言调查，基本弄清了羌族地区的社会历史风貌，积累了丰富的材料，并出版了一系列成果。其中四川少数民族社会历史调查组编印的《羌族地区近代经济资料汇集》《羌族社会历史调查》和《汶川县雁门羌族乡社会历史调查报告》等，都对萝卜寨的社会经济状况有所涉及，但有关萝卜寨语言文化的研究极少。

20世纪80年代以来，一大批专家学者，其中不乏本民族的研究者在羌族社会历史大调查的基础上开展了深入研究，出版了一大批专著。特别是2008年地震以后，学者们从灾后重建、生态保护、经济社会调查报告等方面对萝卜寨进行了研究。如张金玲和汪洪亮的论文《灾害与重建语境中的羌族村寨文化保护与旅游重振——以汶川雁门乡萝卜寨为例》、耿静的论文《羌族的民间信仰——以汶川县雁门乡萝卜寨村为例》等。耿静应用民族学调查方法对萝卜寨进行了全方位的考察，出版了《汶川

---

① 黄成龙：《羌语研究回顾与展望》，张曦主编：《持颠扶危：羌族文化灾后重建省思》，中央民族大学出版社2009年版，第200页。

② 耿静：《汶川萝卜寨田野调查报告》，民族出版社2014年版，第31页。

萝卜寨田野调查报告》（民族出版社，2014年）一书。

对萝卜寨话的调查研究始于20世纪三四十年代。20世纪三四十年代，闻宥在汶川县和理县进行田野调查。他于1941年到达汶川、理番（今理县）两县对羌语做了粗略调查，每个点记录了400词以及20—60个例句。在地理位置、同源词和格标记的基础上，他把汶川县和理县的羌语分为六组，将黑水羌语分为两组，共八组。其中汶川羌语分为瓦寺、雁门二组，萝卜寨话即属雁门组。

在语音研究方面，闻宥、傅懋勣在1943年撰写发表了《汶川萝卜寨话音系》。根据当时的记载，萝卜寨话固有词共包含55个辅音（34个单辅音和21个复辅音）、22个元音（11个单元音和11个双元音，元音会出现鼻化与卷舌现象）和3个声调（高平调与中降调比较常见，但调值不稳定，低升调很少，多半出现在多缀之间词里），辅音f只出现在汉语借词里，另外还有17个韵母（6个单元音、9个复合元音和2个带鼻音韵尾韵母）只出现在汉语借词里。在文章 Linguistic and humaneffects on F0 in a tonal dialect of Qiang 中，Evans，Jonathan P 等利用实验语音学和统计学方法讨论南部羌语，尤其是萝卜寨话共振峰F0的特点。在文章 Linguistic pitch analysis using functional principal component mixed effect models 中，Aston 等利用基于功能成分混合效应模型（functional principal component mixed effect models）以萝卜寨话的材料分析了音高特征。

在词汇研究方面，闻宥在《汶川萝卜寨辞汇简编（萝卜寨方言）》一文中提供961个萝卜寨话—汉语对照词，其中包含125个借词，并在文末附录了《汶川羌语拉丁化文字初稿》。耿静的《汶川萝卜寨田野调查报告》虽然侧重于文化方面，但也提供了用汉语拼音记录当地地名、服饰名和谚语等的100余条词汇。

在形态句法方面，黄成龙综合考察了羌语不同方言土语的格标记。其研究表明：羌语的格标记不是原始羌语的共同形式，应该是平行发展的，其分布受句法功能的制约较少，受语义和语用的制约较大。萝卜寨话、慈坝羌语、松潘羌语、松坪沟羌语、洼底羌语、白溪羌语、永和羌语施事者标记与工具格、由格标记-ʂ/ɕi/sə有关，并且施事者标记的形式与分布类似，应该说这几个地点的羌语是共同创新的。萝卜寨话与荣红羌语的指人受事、目标和位格标记相同，都用ta/to，在这两个羌话里都存在非施事者标记,并且只标记有生命的非施事者,不标记无生命的非施事者。[①] 王保锋、董瑶系统地描写了萝卜寨话的差比句,对差比句的结构形式和充当差比句各要素的结构成分进行了分析。[②] 以 $so^{55} ko^{55}$ 为比较标记的典型差比句结构是萝卜寨话差比句的优选结构;词汇型、复句型和话题型等差比句作为差比结构的可选方案是为了满足一定的语用需求。只要语境允许,这4类差比句都可以相互转换。句法自由和句法限制都表明萝卜寨话差比句话题结构属性明显,其句法特征符合 SOV 型语言的类型学特征。

羌语研究曾侧重于语音和形态方面,句法结构和话语分析研究以及多媒体记录保护方面做得比较少,但这些内容越来越受到重视。已经发表的这些成果为羌语萝卜寨话的深入系统的描写奠定了良好的基础。从发表的成果来看,学者们过去对南部方言调查研究得要少一些,对萝卜寨话的调查记录不够,缺少以专著形式系统展示羌语萝卜寨话的语言面貌。

三 理论基础与研究方法

(一) 语言学基本理论

当前境外语法的描写主要以西方传统语言学结合类型学、功能主义分析方法为框架,现通常把这个描写分析框架称为语言学基本理论。这个理论最早由 Dixon 提出,它不仅是当前对某一语言语法描写时使用最广泛的理论框架,也是许多类型学者进行跨语言研究的基本框架,主要用于研究和比较各个语言的语法模式。[③]

作为一种语言研究的理论与方法,语言学基本理论可以对任何语言的语料进行详尽分析。该理论强调浸入式田野调查的方法获取第一手材料,在尊重语言事实的前提下,以跨语言的类型学视角采用经验研究基础上的归纳方法,并以一定的描写技巧深入分析描写某一语言的内部结

---

① 黄成龙:《羌语的施事者及其相关标记》,《语言暨语言学》2010 年第 11 卷第 2 期;黄成龙:《羌语的非施事者及其相关标记》,《语言学论丛》2010 年第 41 辑。
② 王保锋、董瑶:《萝卜寨羌语的差比句》,《民族语文》2022 年第 5 期。
③ Dixon, R. M. W. *The Rise and Fall of Language*, Cambridge: Cambridge University Press, 1997, p. 132.

构。这个理论的特点可以概括为"因语法而制宜",它强调以研究的语言为主体,不将从其他语言所得到的结论强行套用在该语言上,也就是说它不预先设定某个具体的描写框架,而是在类型学的指导下,根据本语言的自身特点,寻求最佳的分析描写手段。

(二) 田野调查法

本研究采用诱导式田野调查和浸入式田野调查相结合的方法收集语料。根据以往羌语研究和语言学理论拟定萝卜寨话的词汇和语法调查大纲,在此基础上进行诱导式田野调查。这样可以在避免对重要语法现象疏漏的同时,快速初步了解萝卜寨话,又可以补充长篇语料中没有出现的重要语法现象或特征,但得到的不是自然语料,难免会生搬硬套。

语言描写学家几乎都同意所有的语法例句都应该取自长篇语料,他们认为只有取自长篇语料的例句才是自然、真实、可靠的语料。西方很多学者一直倡导并践行"浸入/融入式"(immersion fieldwork)田野调查方法。浸入式田野调查主要指调查者努力成为当地社区的成员,观察母语人如何使用自己的语言以及不同年龄和性别群体的使用情况,学习并记录分析所要调查的语言。其好处在于能获取真实自然的语料,弊端在于耗时,语料的翻译和标注要花很多精力。

采用二者相结合的方法,可以在较短时间内,较全面而系统地认识一种语言。

四 语料收集和研究意义

(一) 语料收集

2012年至2020年笔者有幸分别参与了中央民族大学王蓓副教授、胡素华教授和中国社会科学院黄成龙研究员所主持的相关研究项目,到四川省阿坝藏族羌族自治州汶川县、茂县、理县和松潘县以及甘孜藏族自治州调查了羌语6个点的情况,并记录了一些词汇、语法例句和长篇语料,并多次到汶川县阿尔村和萝卜寨村收集并转写语料,对羌语有了初步的感性认识。

笔者分别于2015年7月至8月、2016年4月至5月、2016年7月和2016年9月至10月间前往萝卜寨村实地调查和转写萝卜寨话语料,2022年至2024年调查补充并转写核对萝卜寨话语料。本书所用词汇是以黄成龙老师记录的2800多词为基础，重新记录另外两位发音人的材料；音系是笔者在黄成龙老师的指导下整理的；语法例句包括黄成龙老师有目的地询问的500多句、1000多句语法调查例句、600多句语法专题例句和300多句笔者对日常对话的随听随记；录制并严格地用国际音标转写的歌谣、传说故事、采访和日常对话共20篇，计10万余字。羌族当地学者毛明军先生、陈维康先生和王术德先生、西南交通大学人文学院的高韬博士、北京大学中文系的魏久乔和董瑶（二位均为羌语母语人）和中国社科院研究生院的宋佳参与了部分语料的收集和整理。

以下是主要调查对象的基本信息：

王MJ，男，1941年4月生，小学文化程度，长期生活在汶川县，母语为羌语，兼通汉语西南官话灌赤片阿坝话，平时主要使用羌语交流。以农耕为生，通晓当地羌族人生礼仪和习俗，是萝卜寨村最有名的释比，会吟唱很多歌曲。主要为我们提供了语法例句、歌谣和传说故事。

王JL，男，1956年1月生，小学文化程度，母语为羌语，兼通汉语西南官话灌赤片阿坝话，平时主要使用羌语交流。务农兼匠人，主要活动范围为汶川、理县和茂县。主要为我们提供了词汇、语法例句和人生经历。

王FL，女，1957年7月生，小学文化程度，母语为羌语，兼通汉语西南官话灌赤片阿坝话，平时主要使用羌语交流。以农耕为生，擅长羌绣。主要为我们讲述了羌绣制作。

王HH，男，1972年09月生，高中文化程度，长期生活在汶川县，母语为羌语，兼通汉语西南官话灌赤片阿坝话。他曾是萝卜寨村小学代课教师，现在务农兼匠人，主要活动范围为汶川县。调查时，笔者先后两次吃住在他的家里，并较长时间地观察、体验他们一家人的生活，录制了不少日常会话与话题采访材料，这对于深入了解萝卜寨话大有裨益。他不仅为我们提供了词汇和语法例句材料，还帮助我核实了相关材料。

中央民族大学学生马成芳、马跃成和中国传媒大学学生余婷是当地羌语母语人，均是我的羌语老师。他们在答疑解惑的同时，还帮助我核实了相关材料。

(二) 研究意义

从目前国内少数民族语言的研究现状来看，以功能—类型学的框架进行深入分析的还比较少，但对于研究像萝卜寨话这样的未知语言或方言是非常有用的。

目前，已经公开出版的关于羌语的系统性描写专著虽有六部，其中关于羌语荣红话、蒲溪话和龙溪话的三部语法研究采用的都是功能—类型学的框架，但还没有对萝卜寨话进行过系统的调查研究，加之羌语方言内部差异很大，尤其是南部方言土语内部甚至都不能通话。因此，用功能—类型学的方法对萝卜寨话的音系和形态句法进行全面的描写，可以为读者提供萝卜寨话比较深入的类型学分析。本研究对了解萝卜寨话及南部方言的特点和羌语方言形态句法的比较研究，乃至原始母语的构拟和跨语言的类型学研究都有所裨益，对其他语言语法描写也有参考价值。正如 Dixon 所说："理论层出不穷，一旦理论过时了，写出来的东西也就没有用了，而描写出来的著作具有永久的参考价值。"[1]

研究萝卜寨话，可以为濒危语言的保护和民族文化的传承提供参考。羌语是羌族民族文化核心载体，也是重要的非物质文化遗产，但其使用活力明显不足，语言兼用或语言转用现象普遍，出现了语言传承断代甚至是语言濒危的现象。濒危语言的保护和地方民族传统文化的保护传承离不开萝卜寨话的记录和描写。

---

[1] Dixon, R. M. W. *The Rise and Fall of Language*, Cambridge: Cambridge University Press, 1997, p. 130.

第一章

语音系统

第一节 声母

一 单辅音声母

萝卜寨话35个单辅音声母属于8个发音部位和5种发音方法：

p、ph、b、t、th、d、k、kh、g、q、qh、ts、tsh、dz、tʂ、tʂh、dʐ、tɕ、tɕh、dʑ、m、n、ɲ、ŋ、l、f、s、z、ʂ、ʐ、ɕ、ʑ、χ、ʁ、ɦ、(w)、(j)

其中，括号里的音素不是音位，/u/和/wu/、/i/和/ji/以及/y/和/jy/并不存在音位上的对立，半元音/j/经常在舌面前浊擦音/ʑ/和前高元音/i/之间变化。我们用符号/wu/、/ji/和/jy/而不用/u/、/i/和/y/表示是为了在音节的开头位置容易辨认。

萝卜寨话有4套塞音，其中3套有清不送气、清送气和浊不送气的区别，小舌音只有清不送气与清送气的区别，没有浊音。表1-1是建立双唇音、舌尖中音、舌面后音和小舌音的最小配对或接近最小配对的一些例词：

表1-1　　　　　　　　　塞音声母

辅音	例词	汉义	例词	汉义
p	pu⁵⁵	买	pa³¹	粗
ph	phu⁵⁵	树	pha³¹	法衣
b	bu⁵⁵	棵（一~树）	ba³¹	坝子
t	tu⁵⁵	读	ta³¹	漂亮

续表

辅音	例词	汉义	例词	汉义
th	thu^{55}	（三）遍	tha^{31}	那
d	du^{55}	筷子	da^{31}	走
k	ku^{55}	里（位格）	jan^{31}ka^{31}	烟斗
kh	khu^{55}	讨厌	kha^{31}mi^{55}	李子
g	gu^{55}	箩筐	z̩a^{31}ga^{31}	粮食
q	qu^{55}	（一）句	qa^{31}	我
qh	qhu^{55}	沟	pu^{31}qha^{31}	肠子

其中，舌尖中音/t/和/d/与后高元音/u/相拼时，有明显的颤唇现象；小舌音/q/和/qh/的舌位介于舌面后音与小舌音之间，但与后高元音/u/和后次高元音/o/相拼时，音值为小舌音。

萝卜寨话有3套塞擦音：舌尖前音、舌尖后音、舌面前音。所有塞擦音都存在清不送气、清送气和浊不送气的对立。表1-2是舌尖前塞擦音、舌尖后塞擦音、舌面前塞擦音作为音位状态的最小集：

表1-2　　　　　　　　　　塞擦音声母

辅音	例词	汉义	例词	汉义
ts	tsu^{55}	烧	tsa^{31}	搬（家）
tsh	tshu^{55}	修理	tsha^{31}	搽（粉）
dz	dzu^{55}	骑（马）	dza^{31}	吻
tʂ	tʂu^{55}	租	tʂa^{31}tʂa^{31}	垃圾
tʂh	tʂhu^{55}	枪	tʂha^{31}	茶
dʐ	dʐu^{55}	绞	dʐa^{31}	笑
tɕ	tʂa^{55}tɕu^{55}	酒杯	tɕa^{31}	织布机
tɕh	tɕhy^{55}	（一）寸	tɕha^{31}	纺织线的工具
dʑ	dʑu^{55}	多	dʑa^{31}	相信

舌尖后塞擦音/tʂ/、/tʂh/、/dʐ/常常可以自由变读为舌叶音/tʃ/、/tʃh/、/dʒ/；舌面前塞擦音/tɕ/、/tɕh/、/dʑ/的发音部位要稍微靠后一点儿，音值介于舌面前音和舌面中音之间。

萝卜寨话有 4 套鼻音和 1 个边音,但没有音位上对立的送气或者清鼻音和清边音。它们都不能自成音节,鼻音和边音最小配对的例子见表 1-3:

表 1-3 鼻音边音声母

辅音	例词	汉义	例词	汉义
m	mu⁵⁵	火	mɑ³¹	要
n	nu³¹ku⁵⁵	耳朵	nɑ³¹	好
ȵ	gu³¹ȵu³¹	拳头	ȵɑ⁵⁵	和(并列)
ŋ	ŋu⁵⁵	银子	ŋɑ³¹	我
l	lu⁵⁵	玉麦酪	lɑ³¹	飞

其中,/d/和/l/与元音/i/结合时,有自由变读现象,常常把/di/读为/li/。

萝卜寨话有 6 套擦音,除了双唇音和声门音没有清浊对立外,其他 4 套擦音在音位上表现出明显的清浊对立,具体例词见表 1-4:

表 1-4 擦音声母

辅音	例词	汉义	例词	汉义
f	fu⁵⁵	符(咒)	fɑ³⁵	骂
s	su⁵⁵	黄泥墙	sɑ³¹	血
z	zu⁵⁵	田	zɑ³¹	瓢
ʂ	ʂu⁵⁵	书	ʂɑ³¹	生(熟)
ʐ	ʐu⁵⁵	鹿	ʐɑ³¹	住
ɕ	ɕy⁵⁵	擤(鼻子)	ɕɑ³¹	刚才
ʑ	ʑy⁵⁵	挑	ʑɑ³¹	好、行
χ	χu³¹χu⁵⁵	瓶塞儿	χɑ³¹	咳嗽
ʁ	ʁu⁵⁵	肯、愿意	ʁɑ³¹	像
ɦ	ɦũ³¹	毛	ɦã³¹	黄色

其中/ʂ/和/ʐ/可分别自由变读为/ʃ/和/ʒ/,/χ/和/ʁ/在汉语借词的实际音值分别应为/x/和/ɣ/,/f/只出现在汉语借词中。在语流中,/ts/、

/tʂ/、/dʐ/和/ʐ/均可读为/z/。老年人有时会把双唇音/f/和舌面前音/ɕ/读为小舌音/χ/。在老年人中仍保留着声门音/ɦ/，在年轻人中声门音/ɦ/逐渐消失。

二 复辅音声母

萝卜寨话共有15个复辅音声母，且都是由2个辅音构成的，一般只出现在羌语固有词汇里。它们主要与单元音韵母/i/、/e/、/ɑ/、/ə/、/o/、/u/等结合，与复合元音韵母结合的情况较少，不与鼻韵尾韵母结合。根据发音部位和发音方法，可以把它们分成两种类型：一种是擦音/ʂ/、/ʐ/、/χ/或/ɕ/在前，后面加塞音、塞擦音、鼻音或擦音，它们往往清音与清音结合，浊音与浊音结合，共结合成/ʂp/、/ʐb/、/ʂt/、/ʐd/、/ʂk/、/ʐg/、/ʂq/、/ʂtʂ/、/ɕtɕ/、/ʐm/、/ʐʁ/等11个复辅音；另一种是由双唇音或舌面后音与擦音/ʐ/结合而成的，共结合成/phʐ/、/bʐ/、/khʐ/和/gʐ/等4个复辅音。其中，前一种复辅音结合得比较松散，加之前置擦音的声音就很微弱，在语流中常常不易分辨。这类复辅音在老年人中保留得多些，在一部分年轻人里，前置擦音几乎完全消失。当复辅音/ʂp/与双元音/iɑ/相拼时，音值为/ɕp/。具体例词见表1-5：

表1-5　　　　　　　　复辅音声母

辅音	例词	汉义	例词	汉义
ʂp	ʂpu⁵⁵lu⁵⁵	肾	ʂpa³¹	脾
ʐb	ʐbu⁵⁵	龙	ʐba³¹	累、疲惫
ʂt	ʂtu⁵⁵	（一）千	ʂta³¹	背面
ʐd	ʐdu³¹	毒药	ʐda³¹	说
ʂk	dʐə³¹ʂku⁵⁵	老鼠	ʂke³¹	蒜
ʐg	ʐgu⁵⁵	九	ʐge³¹	开（门）
ʂq	ʂqu³¹	抢、盗	ʂqa⁵⁵	搬
ʂtʂ	ʂtʂu³¹	汗	ʂtʂa³¹	小
ɕtɕ	dʐə³¹ɕtɕy⁵⁵	松鼠	ɕtɕya³¹	公猪
ʐm	ʐmu³¹	名字	ʐmə³¹	忘记
ʐʁ	ʐʁue³¹	痴呆	fia³¹-ʐʁue³¹	赊欠

续表

辅音	例词	汉义	例词	汉义
phʐ	phʐe⁵⁵	白色	phʐə⁵⁵	撕
bʐ	bʐe⁵⁵	细	bʐɑ⁵⁵	大
khʐ	khʐu³¹	汗垢	khʐɑ³¹	石头墙
gʐ	gʐu³¹	犁铧	gʐi³¹	清

第二节　韵母

一　单元音韵母

萝卜寨话有 13 个单元音韵母，其中有 3 个元音存在卷舌和不卷舌的对立、3 个元音存在鼻化和非鼻化的对立：/i/、/e/、/ɑ/、/ə/、/o/、/u/、/y/、/eʴ/、/əʴ/、/ɑʴ/、/ĩ/、/ũ/、/ã/。它们构成音位最小配对的例词见表 1-6：

表 1-6　　　　　　　　单元音韵母

韵母	例词	汉义	例词	汉义
i	pi³¹	父亲	tɕi³¹	男人
e	pe³¹	秤星	tɕe³¹	女人
ɑ	pɑ³¹	粗	ʁuɑ³¹ tɕɑ³¹	弯
ə	fiɑ³¹-pə³⁵	老（动词）	qə³¹	头
o	po⁵⁵	伯父	tɕo⁵⁵	角
u	pu³¹	卖	ʂtʂu³¹	汗
y	fiɑ³¹-zy³¹	（吞）咽	ɕy⁵⁵	撵
eʴ	meʴ³¹	雨	qeʴ³¹	以前
əʴ	ʁəʴ³¹	汉族	fiɑʴ⁵⁵	（一）只
ɑʴ	ɑʴ³¹χo³¹	煮	χɑʴ³¹ʂpu⁵⁵	痰
ĩ	ɕĩ³¹	腥	ʐĩ⁵⁵	红
ũ	fiũ³¹	毛	tu³¹jan⁵⁵lũ³¹	独眼龙
ã	pã³¹lã³¹	东西（名词）	fiã³¹	黄色

其中，后高元音/u/双唇略扁，出现在舌面前音和双唇音后面时，音值介于/u/与/ʉ/之间；前次高元音/e/的实际音值应为/ɛ/，也可以自由变读为/ɛ/；/ɑ/出现在小舌音和舌面后音时，音值为/ɑ/，出现在其他情况时，音值介于/æ/与/a/之间；/ə/出现在舌尖前辅音之后时读作/ʅ/，出现在舌尖后辅音之后时读作/ʅ/，与其他辅音结合时其发音部位比较靠后，音值接近/ɣ/。

二 复合元音韵母

萝卜寨话有14个二合元音和2个三合元音，它们分别为：/ie/、/ia/、/io/、/iu/、/ui/、/ue/、/uə/、/ua/、/ye/、/ya/、/əi/、/əu/、/ai/、/au/、/iau/和/iəu/。其中二合元音/ai/、/ei/、/au/、/uo/和所有三合元音只出现在汉语借词音节里。表1-7是它们构成音位最小配对的例词：

表1-7　　　　　　　　　　复元音韵母

韵母	例词	汉义	例词	汉义
ie	χa³¹pie⁵⁵	哮喘	lie³¹dʐəi³⁵	缝儿
ia	pia³¹	猪	mia³¹	母亲
io	sə³¹-fio³⁵	发情	tio⁵⁵-tha⁵⁵	雕刻
iu	liu³⁵	嫩	niu⁵⁵	绵羊
ui	χui⁵⁵	绿色	fia³¹-zui³⁵	漏
ue	khue³¹	圈儿	ʐgue³¹	兵
uə	ŋuə⁵⁵	是	ʂuə³¹	牙齿
ua	khua³⁵	刮（胡子）	ʁua³¹	姓（王）
ye	tɕye³¹ȵa⁵⁵	早晨	qe³¹ɕye⁵⁵	梳子
ya	ɕya⁵⁵	草	tɕya³¹	锄头
əi	məi³⁵	别人	pəi³¹	雪
əu	gəu⁵¹	藕	khəu⁵⁵	伤
ai	tshai³¹	菜	kai³¹kai⁵⁵	盖子
au	ʂau³⁵	生的	ɕau⁵⁵	箫
iau	ʂəu⁵⁵piau⁵⁵	手表	tiau⁵⁵	碉楼
iəu	iəu³¹	油	iəu⁵⁵	又

三 鼻韵尾韵母

鼻音/n/、/ŋ/既可以充当声母,也可以充当韵尾。在材料中发现的 15 个鼻韵尾韵母大多只出现在汉语借词中,带鼻韵尾韵母的固有词极少,主要出现在多音节词中。它们分别为:/in/、/iŋ/、/en/、/ən/、/əŋ/、/an/、/aŋ/、/un/、/uŋ/、/on/、/oŋ/、/ian/、/uan/、/uaŋ/和 /yan/。需要说明的是该地汉语方言属于西南官话灌赤片,前后鼻音存在明显的音位对立。表 1-8 是它们构成音位最小配对的一些例词:

表 1-8　　　　　　　　　鼻韵尾韵母

韵母	例词	汉义	例词	汉义
in	ɕin^{55}	信(封)	in^{35}	印章
iŋ	tiŋ^{55} tsə^{55}	钉子	iŋ^{31} pi^{35}	硬币
en	ʂen^{31}-tha^{55}	乘	tʂen^{35} tɕy^{31}	证据
ən	sən^{51}	省	wən^{55}-ta^{55}	闻
əŋ	tʂəŋ^{55} mian^{31}	正面	təŋ^{55} tʂau^{31}	灯罩
an	lan^{31}	狼	pan^{31} ti^{55}	凳子
aŋ	tʂhaŋ^{55} tɕhaŋ^{51}	城墙	thaŋ^{35} yan^{31}	汤圆
un	kun^{55} kue^{31}	轮子	ʂun^{31} li^{31}	顺利
uŋ	kuŋ^{55} lu^{31}	公路	təŋ^{35} luŋ^{31}	灯笼
on	son^{31} to^{55}	裤子	tson^{31} tʂu^{55}	柱子
oŋ	qoŋ^{31} pia^{55}	脸	soŋ^{55} ʐoŋ^{31}	松茸
ian	pian^{31} pi^{31}	边儿	ɕan^{35} lian^{31}	项链
uan	χuan^{31} tha^{31}	红糖	tɕhuan^{31} ʂu^{55}	拳术
uaŋ	tʂhuaŋ^{55} lian^{31} fu^{31}	络腮胡	χuaŋ^{55} tʂhoŋ^{55}	蝗虫
yan	ɕyan^{35}	旋儿	yan^{31} khəu^{31}	屋檐

第三节　声调

萝卜寨话有声调,也有重音,但重音是不可预测的。一共有 4 个声调,以高平调和低降调为主,但用声调区别意义的词并不多。其中高降调大多数出现在汉语借词中，中升调出现频率较小，高平调有时会变读为高降调或低降调，低降调有时也会变读为中平调。具体情况见表1-9：

表1-9　　　　　　　　　　声调

名称	调值	例词	汉义	例词	汉义	例词	汉义
高平	55	mu^{55}	火	sɑ^{55}	响	ʂqo^{55}	嘴
低降	31	mu^{31}	人	sɑ^{31}	血	ʂqo^{31}	金子
中升	35	mu^{35}	暗	sɑ^{35}	懂	ʂqo^{35}	难
高降	51	tʂhu^{51}	舔	tsuɑ^{51}	酸	ʐgu^{51}	结实

第四节　音节结构

萝卜寨话的音节结构类型，如表1-10（C代表辅音；V代表元音；T代表声调）：

表1-10　　　　　　　　音节结构类型

序号	音节结构类型	例词	汉义	例词	汉义
1	VT	ɑ^{55}	一	y^{31}	鸡
2	VVT	ue^{31}	有	iɑ^{31}	鸭
3	VVVT	χo^{31}iau^{31}	火药	iəu^{55}	又
4	VCT	in^{35}	印章	iŋ^{31}pi^{35}	硬币
5	VVCT	yan^{31}khəu^{31}	屋檐	yan^{35}tʂan^{31}	晒谷场
6	CVT	qo^{31}	怕	dʐɑ^{55}	相信
7	CVVT	pəi^{31}	雪	tʂei^{55}	虱子
8	CVVVT	tiau^{55}	碉楼	fən^{55}thiau^{31}	粉条
9	CVCT	tuŋ^{55}	东	soŋ^{31}to^{55}	裤子
10	CVVCT	çyan^{55}	旋儿	kuan^{31}tsə^{31}	馆子
11	CCVT	ʐdɑ^{55}	云	ʂke^{31}	蒜
12	CCVVT	ʂtʂuɑ^{55}tie^{55}	揉	zə^{31}-ʂtie^{31}	夹

在这12类音节结构里，第6、7、11和12类音节结构出现的频率最

高，其中第11和12类音节结构只出现在固有词汇里；萝卜寨话里零声母音节（第1–2类）在固有词中出现的频率极低；第3、4、5、8和10类只出现在汉语借词里。

第 二 章

词类及构词法

第一节　词与词类

一　关于"词"

萝卜寨话虽然没有文字，但有表示文字的单音节词 dʑi³¹ "字"。萝卜寨靠近汉族地区，羌族与汉族有着长期的密切往来。不论日常生活还是接受学校教育，汉字对萝卜寨羌民都产生了巨大的影响。因此，单音节词 dʑi³¹ "字" 经常用来指汉字。如当地人经常如此说：

(1) nə³¹　ɕin³¹ tɕhi⁵⁵ thian³¹-je⁵⁵　[dʑi³¹ du³¹]　-ma³¹-nə³¹　　　　mi⁵⁵?
　　你　　星期天－位格　　　[字　读]　－将行－非实然:2 单　疑问
　　你星期天要上学不？（直译：你星期天要读字不？）

(2) thə³¹　qɑ⁵⁵-to⁵⁵　　[dʑi³¹　ʑɑ¹³¹-je⁵⁵]　sə⁵⁵.
　　她　　我－非施事　[字　　写－名物化]　　看
　　她看我写的字。

但是，萝卜寨话基本的言语单位不是 dʑi³¹ "字"，而是 ʑi³¹mi³¹ "话"。与蒲溪羌语类似，萝卜寨话也没有对应于英语 word 或汉语所说的"词"的这个词，其基本言语单位 ʑi³¹mi³¹ "话"的意思为"言语片段"。正如黄成龙所说："它可以是一个词或者是由几个成分组成，或者是一个完整的小句，我们可以根据其语音、形态、语义特征和句法功能把词从小句里区分开来。"[①]

萝卜寨话"词"的确定存在一定的难度，其判定也具有多个维度。

[①] 黄成龙：《蒲溪羌语研究》，民族出版社 2006 年版，第 46 页。

Packard 认为词的界定有不同的标准,根据不同的标准界定出来的词主要包括:书写词(orthographic word)、社会词(sociological word)、词汇词(lexical word)、语义词(semantic word)、音系词(phonological word)、形态词(morphological word)、句法词(syntactic word)、心理语言学词(psycholinguistic word)等。[1] 但是,Dixon 和 Aikhenvald 认为,如果用不同的标准(如句法、音系)同时定义词,那么势必会导致争议和分歧。[2] 尽管如此,"词"的确定却有其必要性,因为其是形态句法分析的基础。

正因为词可以从多个维度进行定义,因此 Dixon 和 Aikhenvald[3] 及 Dixon[4] 建议研究者在讨论具体语言的词时,最好不要把不同类型的标准混在一起,应该先分开考虑,然后再将这些从不同标准界定出来的词进行比较。由于句法结构和韵律结构是语言中两个独立的结构模块,因此 Dixon 和 Aikhenvald[5] 及 Dixon[6] 提倡:根据语法(句法和形态)原则确定出"句法词",根据语音原则确认出"音系词",然后再对其进行比较。

本章按照 Dixon[7] 等提倡的操作方法,先用句法标准确定句法词,然后在句法词的基础上讨论萝卜寨话的词类及构词法。

---

[1] Packard, Jerome L. *The Morphology of Chinese: A Linguistic and Cognitive Approach*, Cambridge University Press, 2000, pp. 7 - 13.

[2] Dixon, R. M. W. and Aikhenvald, Alexandra Y. "Word: A typological framework", in Dixon, R. M. W. and Aikenvald, Alexandra Y. eds., *Word: A cross-linguistic typology*, Cambridge: Cambridge University Press, 2003.

[3] Dixon, R. M. W. and Aikhenvald, Alexandra Y. "Word: A typological framework", in Dixon, R. M. W. and Aikenvald, Alexandra Y. eds., *Word: A cross-linguistic typology*, Cambridge: Cambridge University Press, 2003.

[4] Dixon, R. M. W. *Basic Linguistic Theory* II: *Grammatical Topics*, Oxford: Oxford University Press, 2010.

[5] Dixon, R. M. W. and Aikhenvald, Alexandra Y. "Word: A typological framework", in Dixon, R. M. W. and Aikenvald, Alexandra Y. eds., *Word: A cross-linguistic typology*, Cambridge: Cambridge University Press, 2003.

[6] Dixon, R. M. W. *Basic Linguistic Theory* II: *Grammatical Topics*, Oxford: Oxford University Press, 2010.

[7] Dixon, R. M. W. *Basic Linguistic Theory* II: *Grammatical Topics*, Oxford: Oxford University Press, 2010.

二 句法词

Dixon 和 Aikhenvald[①]及 Dixon[②]认为句法词的标准可能具有跨语言的共性，他们认为句法词内的语法成分具有如下特点：①有一个或几个词根受形态操作，如复合、重叠等；②具有约定俗成的连贯性和意义；③当句法词包括复合成分或附缀时，总是凝固在一起出现，而非散落于句中；④词内成分的语序多是固定的；⑤在区分派生和屈折操作的语言中，每个词只有一个屈折词缀；⑥作用于构词的形态过程不具有递归性（non-recursive），也即一个成分不会两次出现在一个词中；⑦说话人可能会在词之间停顿，但不会在词内部停顿；⑧可以独立成句。当然这些标准也只是大致的，不同语言的标准并非全然相同，一种语言的不同词类也要区别对待。

以上这些标准大致也适用于萝卜寨话。我们认为萝卜寨话"句法词"可用如下的判断标准进行确定。

第一，对于单音节 A 来说，是不是句法词主要根据其可否独立使用，如果可以独立使用那么它就是句法词，如果不能独立使用则它不是句法词。

第二，对于由不同语素构成的双音节形式 AB 而言，是否成词取决于 A 与 B 之间的紧密度。可以通过测试 AB 之间紧密度的方式进行判断。

（1）是否可以扩展

对于 AB 这个形式而言如果中间能插入 C 扩展为 ACB，那么说明 A 与 B 之间结合得不够紧，是两个词。但是，扩展法的使用也有限制条件。朱德熙提出了"扩展法"的限制：①插入的成分 C 在 ACB 中必须是一个语法形式；②插入 C 以后，如果结构是 AC/B，那么原则上 AC 应该能继续扩展；③AB 扩展成 AC/B 之后，AC 要与 A 同构；④扩展前后意义要相协调。[③]

[①] Dixon, R. M. W. and Aikhenvald, Alexandra Y. "Word: A typological framework", in Dixon, R. M. W. and Aikenvald, Alexandra Y. eds., *Word: A cross-linguistic typology*, Cambridge: Cambridge University Press, 2003.

[②] Dixon, R. M. W. *Basic Linguistic Theory* Ⅱ: *Grammatical Topics*, Oxford: Oxford University Press, 2010.

[③] 朱德熙：《语法分析讲稿》（袁毓林整理注释），商务印书馆2010年版，第18页。

(2) 语序是否固定

对于 AB 这个形式而言，如果可以说成 BA 或者 BCA，且意义不发生变化，那么 AB 就不是词。

第三，多音节的形式也按照这个程序进行，直到切分出词来。

第四，在确定了以上这些词之后，再用"剩余法"来提取不能独立使用的功能词。

三　后置词与词缀

除了我们谈到的上面的这些词外，萝卜寨话还有一些后置词和词缀。后置词（clitic）又称为附缀，指的是句法上有词的地位，而语音上却失去了独立性，必须依附于邻近词（也即其"宿主"（host））的语言成分。Dixon 和 Aikhenvald 通过跨语言的视角提供了区分后置词与词缀的 15 个参项。[①] 关于后置词的相关问题，白鸽、刘丹青、王芳也进行过具体的讨论。[②]

在萝卜寨话里，后置词和词缀具有很多共同特征，如二者都是黏着性成分（bound）、都允许内部连读音变（internal sandhi）、位置都相对固定、分布都受限等，但二者的不同主要体现在以下四个方面：

（1）后置词的声调相对稳定，而词缀易受宿主的影响而发生变化；

（2）词缀对宿主有高度的选择限制，而后置词对宿主的选择限制较少，可以是词、短语和小句，也可以是已带有后置词的成分；

（3）词缀与宿主的关系密切，它们之间往往不能插入其他成分，而后置词与宿主的关系相对松散，它们之间往往可以插入其他成分；

（4）词缀与宿主结合而成的新成分能接受进一步的句法操作，但后置词与宿主结合而成的新成分往往不能接受进一步的句法操作。

根据以上标准，萝卜寨话后置词与词缀（详见第三、四章）主要类别如下：

[①] Dixon, R. M. W. and Aikhenvald, Alexandra Y. "Word: A typological framework", in Dixon, R. M. W. and Aikenvald, Alexandra Y. eds., *Word: A cross-linguistic typology*, Cambridge: Cambridge University Press, 2003.

[②] 白鸽、刘丹青、王芳等：《北京话代词"人"的前附缀化——兼及"人"的附缀化在其他方言中的平行表现》，《语言科学》2012 年第 4 期。

(1) 后置词

萝卜寨话的后置词不能单独出现，常常依附在词、短语或小句之后，主要包括：格标记、有定性标记、比较标记、话题标记、并列连接词和名物化标记。

(2) 词缀

萝卜寨话的词缀也不能单独出现，常常依附在名词、动词或形容词的前面或后面，主要包括以下四类：

名词前缀：亲属称谓前缀；

谓词前缀：方向前缀、否定标记、禁止式标记、连续体标记；

名词后缀：性别标记、数标记、小称标记；

谓词后缀：人称标记、体标记、致使标记、示证标记等。

四 词类

词根据其语义特征和形态句法行为组成词类。形态句法行为主要是指涵盖不同词类的强制性屈折、选择性派生的形态结构和反映词类与功能位置相互关系的句法功能。几乎每种语言都有开放性词类和封闭性词类。根据语义特征的不同，词类又可划分为不同的次类。开放性词类的成员原则上是无限的，随着时间和说话者的变化而变化；封闭性词类的成员数量少而且固定，对某语言所有说话者都是一致的。它们在不同语言中的表现可能不尽相同。对萝卜寨话来说，名词、动词和形容词是开放性词类，副词、指代词、数词、量词、后置词、连词、感叹词和句尾语气词为封闭性词类。下面分述各类词的再分类、形态过程、句法功能和语用功能。

第二节 名词

萝卜寨话的名词不仅可以充当句子的论元和名词性短语的核心成分，还可以作系词结构的补足语成分和名词性短语的修饰成分。它们不能重叠，也不能作谓语。例如：

(3) ［tɕhe^{31} thə^{31}-khue^{55}］ -sə^{31}　su^{31}-ge^{31}　dzu^{31}-to^{55}　dieu^{31}.

　　羊　　那－群－施事　　山－位格　草－非施事　吃：亲见

那群羊在山上吃草。

(4) ɕi³¹ʁu⁵⁵-sə³¹ ［ʂti³¹die³¹］-mi⁵⁵-thi³¹ ɕa³¹ɕa³¹ pi³¹mia⁵⁵ ŋue³¹.
木碗－工具 吃饭－名物化－定指 夏夏 父母 系词
用木碗吃饭的人是夏夏的父母。

(5) ŋa³⁵ tɕe³¹ʑə⁵⁵pəi⁵⁵ nə³¹ qə³¹pia⁵⁵ ʑiu³⁵.
我：属格 妻子 也 老师 系词：亲见
我的妻子也是老师。

例句（3）中的 tɕhe³¹ "羊" 和例句（4）中的 pi³¹mia⁵⁵ "父母" 均为名词短语的核心，而人名 ɕa³¹ɕa³¹ 用作名词 pi³¹mia⁵⁵ "父母" 的修饰成分；名词短语 tɕhe³¹thə³¹khue⁵⁵ "那群羊" 带有施事者标记-sə³¹，名词 dzu³¹ "草" 带有受事标记-to⁵⁵，它们分别为例句（3）的施事论元和受事论元；例句（4）的名词 su³¹ "山" 带有位格标记-ge³¹，ɕi³¹ʁu⁵⁵ "木碗" 带有工具格标记-sə³¹，它们在句子中均为旁格论元；例句（5）的名词 qə³¹pia⁵⁵ "老师" 充当系词的补足语。

在萝卜寨话中，大多数名词能带数标记、有定性标记和数量短语，有些名词还能带性别标记和小称标记。当用作名词性短语时，它们还可以带名词性短语形态，如格标记、比较标记和话题标记等。以上这些名词和名词性短语形态在第三章均有描写分析，此处不再赘述。

从跨语言的角度来看，以语义表现和形态句法特征为依据，名词可分为不同的次类。根据语义和形态句法特征，萝卜寨话的名词可以分为普通名词、专有名词、方位名词和时间名词。这些次类都是具有特定语法特征的语义分类，它们在形态句法上的区别和联系如表2－1所示：

表2－1 普通名词、专有名词、方位名词和时间名词的区别和联系

	普通名词	专有名词		方位名词	时间名词
		人名	地名		
数标记	+	+	+		
有定性标记	+	+	+	+	+
数量短语	+	+	+		
性别标记	+				
小称标记	+				
格标记	+	+	受限	受限	受限

续表

| | 普通名词 | 专有名词 || 方位名词 | 时间名词 |
		人名	地名		
比较标记	+	+	+	+	+
话题标记	+		+	+	+
直接论元	+	+	+	+	+
旁格论元	+	+	+	+	+
名词短语的核心	+	+	+	+	+
名词的修饰成分	+	+	+	+	+
系词的补足语	+	+	+		
谓语的修饰成分				+	+

一　普通名词

普通名词是名词中数量最多、最常用的一个小类。它们能带数量短语、性别标记、数标记、小称标记、有定性标记、格标记、比较标记和话题标记。语义上这些名词可以充当核心论元和旁格论元。句法上它们可以充当名词短语的核心成分和系词的补足语，也可以充当名词的修饰成分，但不能修饰谓语。例句（3）—（5）里的名词除了人名 ça^{31}ça^{31} 外，其他名词均为普通名词。

二　专有名词

专有名词主要是指人名和地名，它们都不能带性别标记或小称标记，都不能修饰谓语。人名可以带任何类型的格标记，地名只能带属格标记、位格标记和由格标记。在语义和句法上，专有名词可以充当核心论元和旁格论元，也可以充当名词短语的核心成分和系词的补足语，还可以充当名词的修饰成分。我们仅举几个例子进行说明，如下所示：

(6) pe^{31}tɕin^{55}-thi^{31}　　qa^{55}la^{55}tʂoŋ^{35}kue^{31}-mi^{55}ça^{31}　　səu^{35}tu^{55}ʑiu^{31}.
　　北京–定指　　我们　中国–名下　　　　首都　　系词：亲见
　　北京是中国的首都。

(7) xui^{31}xuŋ^{55}qə^{31}pia^{55}tsu^{31}tɕa^{31}-sə^{31}　kho^{55}tsa^{55}-je^{31}　ke^{31}-ŋa^{31}　fia^{31}-ke^{31}　je^{55}.
　　绘红　老师　雁门–由格　汶川–位格　走–状语　向下–去　语气
　　绘红老师从雁门步行去汶川。

(8) ʁua³¹tsə³¹ge⁵⁵-mu³¹ lu³¹ɕi⁵⁵ tye³¹-ge³¹   ba³¹ba³¹ ŋuə⁵⁵.
萝卜寨–话题   实在   好–名物化   地方   系词
萝卜寨真是个好地方啊。

例句（6）里的地名 pe³¹tɕin⁵⁵ "北京" 带有定指标记-thi⁵⁵，在句子中充当系词 ŋuə⁵⁵ 的话题；地名 tʂoŋ³⁵kue³¹ "中国" 带有属格标记-mi⁵⁵ɕa³¹ "名下"，充当名词 səu³⁵tu⁵⁵ "首都" 的修饰成分。例句（7）中的人名 xui³¹xuŋ⁵⁵ "绘红" 直接修饰核心名词 qə³¹pia⁵⁵ "老师"；地名 tsu⁵⁵tɕa⁵⁵ "雁门" 带有由格标记-sə³¹，地名 kho⁵⁵tsa⁵⁵ "汶川" 带有位格标记-je³¹。例句（8）里的地名 ʁua³¹tsə³¹ge³¹ "萝卜寨" 带有话题标记-mu³¹，充当系词 ŋuə⁵⁵ 的话题。

三 方位名词

方位名词是表示空间方向的词。萝卜寨话的方位词体现出一个三位一体的区分，每一个方位词有近、较远、远三种形式，见表 2–2：

表 2–2   方位词

	近	较远	远
上面	qa³¹ti⁵⁵ɕa⁵⁵	thi⁵⁵qa³¹ti⁵⁵ɕa⁵⁵	thi⁵⁵thi⁵⁵qa³¹ti⁵⁵ɕa⁵⁵
下面	tɕi⁵⁵ɕa⁵⁵	thi⁵⁵tɕi⁵⁵ɕa⁵⁵	thi⁵⁵thi⁵⁵tɕi⁵⁵ɕa⁵⁵
里面	ku³¹ʐə³¹ɕa⁵⁵	thi⁵⁵ku³¹ʐə³¹ɕa⁵⁵	thi⁵⁵thi⁵⁵ku³¹ʐə³¹ɕa⁵⁵
外面	ʁua³¹ɕa⁵⁵	thi⁵⁵ʁua³¹ɕa⁵⁵	thi⁵⁵thi⁵⁵ʁua³¹ɕa⁵⁵
前面	qeʴ³¹ʐe⁵⁵	thi⁵⁵qeʴ³¹ʐe⁵⁵	thi⁵⁵thi⁵⁵qeʴ³¹ʐe⁵⁵
后面	ta³¹qa⁵⁵to⁵⁵	thi⁵⁵ta³¹qa⁵⁵to⁵⁵	thi⁵⁵thi⁵⁵ta³¹qa⁵⁵to⁵⁵

方位名词可以带有定性标记、属格标记、由格标记、位格标记、比较标记或话题标记。例如：

(9) thə³¹ qə³¹ti⁵⁵ɕa⁵⁵-sə³¹   tɕi⁵⁵ɕa⁵⁵-ge⁵⁵   ɦia³¹-tʂəi³⁵-ȵa³¹   sə⁵⁵.
他 上面–由格   下面–位格   向下–伸–状语 看
他从上面伸头看下面。

(10) qeʴ³¹ʐe⁵⁵-thi⁵⁵ ta³¹qa⁵⁵to⁵⁵-so⁵⁵ko⁵⁵   dza³¹tʂhu⁵⁵ nau³¹.
前面–定指 后面–比较   玩   好：亲见
前面比后面好玩。

(11) ʁua³¹ɕa⁵⁵-mu⁵⁵   tho⁵⁵,   ku³¹ʐə³¹ɕa⁵⁵-mu⁵⁵   du³⁵du³⁵.
外面－话题   冷   里面－话题   热：重叠
外面嘛，冷；里面嘛，暖和。

例句（9）里的方位名词 qə³¹ti⁵⁵ɕa⁵⁵ "上面" 带有由格标记-sə³¹，方位名词 tɕi⁵⁵ɕa⁵⁵ "下面" 带有位格标记-ge⁵⁵，在句子中它们充当动词 sə⁵⁵ "看" 的旁格论元。例句（10）中的方位名词 qe¹³¹ʑe⁵⁵ "前面" 带有定指标记-thi⁵⁵，在句首作话题；方位名词 ta³¹qa⁵⁵to⁵⁵ "后面" 带有差比标记-so⁵⁵ko⁵⁵。例句（11）里的方位名词 ʁua³¹ɕa⁵⁵ "外面" 和 ku³¹ʐə³¹ɕa⁵⁵ "里面" 均带有话题标记-mu³¹，分别充当小句的话题。

方位名词既可以作名词短语的核心，也可以直接修饰名词。例如：

(12) nə³¹la⁵⁵   zu³¹pu³¹   ku³¹ʐə³¹ɕa⁵⁵-to⁵⁵   fia¹³¹tsə⁵⁵a³¹-ʑə⁵⁵   ʑiu³¹.
你们   田地   里面－位格   牛   一一头   有：亲见
你们地里有头牛。

(13) thi⁵⁵thi⁵⁵tɕi⁵⁵ɕa⁵⁵   ɕi³¹phu⁵⁵-khe⁵⁵   thi⁵⁵qa³¹ti⁵⁵ɕa⁵⁵-so⁵⁵ko⁵⁵dʑu⁵⁵.
下下面   树－复   上面－比较   多
下下面的树木比上面的多。

例句（12）里的方位名词 ku³¹ʐə³¹ɕa⁵⁵ "里面" 是名词短语 nə³¹la⁵⁵zu³¹pu³¹ku³¹ʐə³¹ɕa⁵⁵ "你们地里" 的核心。例句（13）里的方位名词 thi⁵⁵thi⁵⁵tɕi⁵⁵ɕa⁵⁵ "下下面" 前置于核心名词 ɕi³¹phu⁵⁵ "树"，充当 ɕi³¹phu⁵⁵ "树" 的修饰成分。

当方位词修饰名词时，它们也可以带属格标记，如例句（14）中的第一个小句。在对比结构里，名词短语的核心可以省略，但此时方位名词必须带定指标记，如例句（14）中的第二个小句。

(14) ʁua³¹ɕa⁵⁵-ge⁵⁵   pã³¹la³¹-to⁵⁵   fia³¹-dʑye³¹,   ku³¹ʐə³¹-thi⁵⁵-to⁵⁵   sə³¹-tʂəi³¹.
外面－属格   东西－非施事   向下－留   里面－定指－非施事
向外－拿
外面的东西留下，里面的（东西）拿走。

当方位词用作谓语动词的修饰成分时，它们通常是小句层面的副词。例如：

(15) thi⁵⁵tɕi⁵⁵ɕa⁵⁵　pəi⁵⁵pəi⁵⁵　pe³¹a³¹tɕe⁵⁵　nə³¹qa³¹-ji³¹,　　thi⁵⁵qa³¹ti⁵⁵ɕa⁵⁵
　　　下面　　　花儿　　开 开始　　已经-实然: 3　上面
　　　mu³¹ɕi⁵⁵　tho⁵⁵　χa³¹so³⁵, thi⁵⁵thi⁵⁵qa³¹ti⁵⁵ɕa⁵⁵　　pəi³¹tɕe³¹-lo⁵⁵.
　　　天气　　 冷　　 很　　 上上面　　　　　　　　雪　连续-下
　　　下面花儿已经开了，上面天气冷得很，上上面雪还在下。

例句（15）里的方位名词 thi⁵⁵tɕi⁵⁵ɕa⁵⁵ "下面"、thi⁵⁵qa³¹ti⁵⁵ɕa⁵⁵ "上面"、thi⁵⁵thi⁵⁵qa³¹ti⁵⁵ɕa⁵⁵ "上上面" 在三个小句中均为谓语动词的修饰成分，其实质应为小句的状语。

四　时间名词

时间名词是指语义上表达时间概念的各种形式，可以带有定性标记、属格标记、位格标记、由格标记、比较标记或话题标记。例如：

(16) pəi⁵⁵ɕi⁵⁵-thi⁵⁵　ʐgu³¹-lə³¹-je⁵⁵　nə³¹ɕye⁵⁵　pe³¹.
　　　今天-定指　　九-月-属格　　 二十　　 变成
　　　今天是9月20号。

(17) thə³¹nə⁵⁵pu⁵⁵（-mi⁵⁵ɕa³¹）dzə³¹-thi⁵⁵-to⁵⁵　　　tə³¹-pu⁵⁵　mi⁵⁵-qa³¹.
　　　他　去年-名下　　　　事情-定指-非施事　向上-做　否定-能
　　　他没能完成去年的任务。

(18) tɕe³¹qə³¹-sə³¹　su³¹qə⁵⁵-ge⁵⁵　die³¹-pe³¹　je⁵⁵.
　　　春天-由格　　冬天-位格　　离心-变成　语气
　　　从春天变成了冬天。

(19) tsə³¹pu⁵⁵-mu⁵⁵　nə⁵⁵pu⁵⁵-ɕi⁵⁵　du³⁵-ɳa³¹　ma³¹-ʁa⁵⁵.
　　　今年-话题　　去年-比较　　热-状语　否定-像
　　　今年跟去年热得不像。

例句（16）里的时间名词 pəi⁵⁵ɕi⁵⁵ "今天" 带有定指标记-thi⁵⁵，在句首作话题。例句（16）和（17）中的时间名词 ʐgu³¹lə³¹ "九月" 和 nə⁵⁵pu⁵⁵ "去年" 分别带有属格标记-je⁵⁵和-mi⁵⁵ɕa³¹，在句子中它们充当核心名词的修饰成分。例句（18）中的时间名词 tɕe³¹qə³¹ "春天" 带有由格标记-sə³¹，时间名词 su³¹qə⁵⁵ "冬天" 带有位格标记-ge⁵⁵。例句（19）中的时间名词 tsə³¹pu⁵⁵ "今年" 带有话题标记-mu³¹，作小句的话题；nə⁵⁵pu⁵⁵ "去年" 带有等比标记-ɕi⁵⁵。

与普通名词相比，时间名词还可以修饰谓语动词，它们通常是小句层面的状语，其常见位置有三个。例如：

（20）nə⁵⁵ɕi⁵⁵　　qɑ³¹　　tshə⁵⁵　　zə³¹-pu⁵⁵-sɑ³¹.
　　　昨天　　我　　盐　　　向心－买－实然:1单
　　　昨天我买了盐巴。

（21）qɑ³¹ nə⁵⁵ɕi⁵⁵　　tshə⁵⁵　　zə³¹-pu⁵⁵-sɑ³¹.
　　　我　昨天　　盐　　　向心－买－实然:1单
　　　我昨天买了盐巴。

（22）qɑ³¹ tshə⁵⁵-ti³¹-to⁵⁵　　　nə⁵⁵ɕi⁵⁵　　zə³¹-pu⁵⁵-sɑ³¹.
　　　我　盐－定指－非施事　昨天　　向心－买－实然:1单
　　　我盐巴，昨天买了。

但以时间名词直接修饰谓语最为常见，又如例句（23）中的时间名词 qeʴ¹³¹ "以前" 和 pəi⁵⁵ɕi⁵⁵ "现在"。

（23）qɑ³¹ qeʴ¹³¹　　je⁵⁵tɕhi⁵⁵, pəi⁵⁵ɕi⁵⁵ je⁵⁵　mɑ³¹-tɕhi⁵⁵ pu³¹-sɑ³¹.
　　　我　以前　　烟　吸　　现在　烟　否定－吸　做－实然:1单
　　　我以前抽烟，现在不抽了。

在系词句中，时间名词既可以作系词句的话题，也可以作系词的补足语。例如：

（24）tə³¹ pəi⁵⁵ɕi⁵⁵-mu⁵⁵ ɕin⁵⁵ɕi⁵⁵ thiɑn³¹　　ʑiu³⁵　　　　jɑ³¹.
　　　明天－话题　　星期天　　　　系词:亲见　语气
　　　明天是星期天。

第三节　动词

动词是小句结构的核心，也是诸多语法范畴的承担者。它不仅关系到动词语义或事件的状态，还涉及整个小句的形态范畴。动词小类之间的差别可以造成整个小句句法类型的差异。从语法范畴的丰富性和形态句法功能的多样性来看，动词是萝卜寨话语法系统最为复杂的部分。

一　动词的类别和特征

动词在意义上表达的是动作、行为、变化等。Vendler[①] 是关于动词时间特性研究的经典之作。根据动词所编码的时间特性可以对动词的活动形式进行分类。活动形式是对动词内部固有时间特性的描述，Vendler 把动词的活动形式分为四个基本类型：状态（state）、活动（activity）、实现（achievement）和完结（accomplishment）。状态指的是非动态的情状；活动指的是没有内在时间终结点的情状；实现指的是有内在时间终结点的情状；完结指的是瞬时发生的事件。[②] 后来，在此基础上，根据［静态±］（static）、［完结±］（telic）和［瞬时±］（punctual）这三组语义特征，Van Valin & Lapolla 对这四个活动形式进行了区分。[③] 在萝卜寨话中，只有状态类动词具有［静态+］特征；活动类动词常以重叠形式表示某一动作行为在反复进行，具有［静态-］、［完结-］和［瞬时-］特征，经常以进行体形式出现；与活动类动词相比，完结类动词多一个完结点，所指事件有一个从量变到质变的过程；跟完结类动词相比，实现类动词所指事件是瞬时发生的，没有转变过程，具有［完结+］特征。实现类动词的词根多为不自由语素，跟趋向前缀已经发生词汇化。萝卜寨话动词各种活动形式的语义特征可以表示为表 2 - 3。

表 2 - 3　　　　　　　动词各种活动形式的语义特征

	静态	完结	瞬时	萝卜寨话例证
状态	+			bo^{55} "高"、ςou^{55} "敢"
活动	-	-	-	pho^{55} "逃"、χqo^{31} "煮"
实现	-	+	+	die^{31}-bie^{35} "离心－断"、$sə^{31}$-$khze^{31}$ "向外－碎"
完结	-	+	-	fia^{31}-mu^{55} "向下－熟"、fia^{31}-$t\varsigma o^{55}$ "向下－见到"

[①] Vendler, Zeno. *Linguistic in Philosophy*. Ithaca: Cornell University Press, 1967.
[②] Vendler, Zeno. *Linguistic in Philosophy*. Ithaca: Cornell University Press, 1967.
[③] Van Valin, Robert D. Jr. and LaPolla, Randy J. *Syntax: Structure, Meaning and Function*, Cambridge: Cambridge University Press, 1997, pp. 91 - 97.

在萝卜寨话里，趋向前缀可以跟各类动词组合表示动作或事件的完成。动词固有的时间终结点跟趋向前缀没有直接的关系，只是具有［完结＋］特征的实现类或完结类动词倾向于跟趋向前缀共现的形式表示其事件达到的最终情状。状态类动词具有［静态＋］特征，表示的性质或状态是稳定的，不具有动态性，但事物的性质在程度上是可以变化的。状态类动词加趋向前缀的形式可以表示这种变化。活动类动词加趋向前缀表达动态事件的完成，但该事件未必有完结点。

跟蒲溪羌语一样，萝卜寨话动词可以通过添加趋向前缀、状态变化体后缀或致使后缀等方式实现语义特征改变。① 具体实现方式请参阅黄成龙对蒲溪羌语动词种类的讨论。②

萝卜寨话典型动词句法上可以充当小句谓语、动词短语核心，还可以受副词修饰，能够带趋向前缀、否定前缀、体标记、致使后缀、人称标记、示证和情态标记。状态类和活动类是动词的基本形式。状态类动词可以充当比较结构的比较参项，往往不可以重叠。活动类动词重叠表反复或互动，而实现类动词和完结类动词不可以重叠。

萝卜寨话状态类动词又可以分为以下几个小类：

①形容词，主要特点是可以直接修饰名词，具体请参看本章第四节的讨论。

②存在动词，有 zi^{31}、$ștə^{35}$、we^{55}、lie^{31}、$ŋuə^{55}$ 和 mo^{35} 等。具体请参看本节第四小节的讨论。

③关系动词，包括 $ʁuɑ^{31}$ "叫"、pu^{31} "做"、zu^{55} "属" 和系词 $ŋuə^{55}$、ziu^{35}、pe^{31}。其中系词请参看本节第五小节的讨论。

④心理—认知动词，主要特点是它们不仅可以添加两个名词性的论元，也可以带补足语成分。具体请参看本节第六小节的讨论。

二 及物性

从跨语言的角度来看，许多语言的动词都可以分为不及物动词和及物动词，及物性是动词最主要的划分标准之一。萝卜寨话没有专门的及

---

① 黄成龙：《蒲溪羌语研究》，民族出版社2006年版，第86页。
② 黄成龙：《蒲溪羌语研究》，民族出版社2006年版，第85—87页。

物性（不及物性）标记，动词的及物性与小句中的核心论元数量有关。根据所带论元的数量，萝卜寨话的动词可以分为：不及物、及物、双及物和及物不及物四类。

不及物动词只带一个论元，及物动词通常带两个论元，萝卜寨话多数动词属于这两个类别。典型的及物动词在语义上需要一个施事者，该施事者执行某项动作，反过来使某事发生在受事者上。及物不及物动词是指一个动词在某些语境中用作及物动词，而在另一些情况下可以用作不及物动词。萝卜寨话中有些动词用同一种形式既可用作不及物动词，同时又可用作及物动词，区别只在于它们所带论元数量的不同。用作不及物动词时，这些动词只带一个论元，而当它们用作及物动词时，所在句子需要增加一个施事论元。例如：

（25）ʁu^{31}pia^{55}ɦa^{31}-da^{55}ku^{55}-ȵa^{31}ɦa^{31}-luɪ^{35}.
　　　石头　　向下－滚－状语　向下－来：实然：3
　　　石头滚下来。

（26）qa^{31}-sə^{31}　ʁu^{31}pia^{55}-to^{55}　ɦa^{31}-da^{55}ku^{55}-ȵa^{31}ɦa^{31}-da^{55}-sa^{31}.
　　　我－施事　石头－非施事　向下－滚－状语　向下－去－实然：1单
　　　我把石头滚下去了。

（27）qa^{31}-sə^{31}　ʁu^{31}pia^{55}-to^{55}　ɦa^{31}-da^{55}ku^{55}-ʂə^{31}-ȵa^{31}ɦa^{31}-da^{55}-sa^{31}.
　　　我－施事　石头－非施事　向下－滚－致使－状语　向下－去－实然：1单
　　　我让石头滚下去了。

在例句（25）—（27）中，动词da^{55}ku^{55}"滚"用作不及物和及物。例句（25）里da^{55}ku^{55}"滚"用作不及物，只有一个论元ʁu^{31}pia^{55}"石头"，而例句（26）里da^{55}ku^{55}"滚"用作及物，其论元ʁu^{31}pia^{55}"石头"作为受事论元。其中，例句（26）和例句（27）的区别在于：例句（26）的施事者必须是参与了石头滚动这个事件的全过程；而在例句（27）里，施事者可能仅仅做了某事促使石头滚动而已。

双及物动词通常指客观转移义动词，如"给""租""递""卖""还""教""告诉"等，通常带有施事、接事和客事等三个直接论元。其中接受者、源头、受益者论元通常有与格、由格或属格等非施事者标记。例如：

(28) tu³¹ bʐɑ³¹-sə³¹ tu⁵⁵ tʂu⁵⁵-to⁵⁵ ɕi³¹ɕi⁵⁵ ɦɑ³¹-ʐdɑi⁵⁵.
哥哥－施事　弟弟－非施事　钱　　向下－给:实然:3
哥哥给弟弟钱。

(29) phu³¹-tɕhe⁵⁵-mi⁵⁵-sə³¹　　qɑ³⁵-mi⁵⁵ɕɑ³¹　phu³¹ɑ³¹-le³¹ tə³¹-ʐɑ⁵⁵.
衣服－裁－名物化－施事　我:属格－名下衣服　一－件　向上－缝
裁缝替我缝了一件衣服。

(30) qɑ³¹-mu⁵⁵　thə³¹-sə³¹　ʐɑ³¹ɕe⁵⁵-ɦɑ˞⁵⁵　ʐə³¹-pu⁵⁵-sɑ³¹.
我－话题　他－由格　鱼　三－条　　向上－买－实然:1单
我从他那里买了三条鱼。

在萝卜寨话里，我们只发现两种配价操作可以改变动词的论元数量。其中，增加论元是通过使役化实现的。使役化是通过在动词后添加致使后缀-ʂə³¹表示的。一般而言，在不及物动词、及物动词或双及物后添加致使后缀-ʂə³¹会改变动词的论元。不及物动词添加致使后缀-ʂə³¹后，原来的不及物动词变为使役不及物动词，增加了一个致使者论元，不及物动词的单一论元变为使役不及物动词的被致使者。及物动词添加致使后缀-ʂə³¹后，原来的及物动词变为使役及物动词，增加了一个致使者论元，原及物动词的施事者变为使役及物动词的被致使者。（参见格标记和致使标记）

减少论元是通过互动形式来实现的。在萝卜寨话里，及物动词的重叠形式可以表示动作相互进行，通过减少一个论元的方式构成互动结构。在互动结构中，施事者同时也是受事者，其话题（单一论元）通常是复数形式。（参见互动标记）

三　言说类动词

萝卜寨话的言说类动词主要包括 ʐdʑi⁵⁵ "说/告诉" 和 dʑi³¹dʑi⁵⁵ "问"。它们不仅可以作为动作动词使用，还可以引导直接引述信息和间接引述信息。当引导引述信息时，小句的语序会发生改变，即言说类动词居于话题和引述信息之间。如果将引述信息视为一个整体，作为言说类动词的补足语小句，那么含有引述信息的句子就变为 VO 语序。同时，引导间接引述信息的言说类动词总与听说示证标记-sə³¹共现。（参见示证标记）例如：

（31）thə³¹-sə³¹　　qɑ³¹-je⁵⁵　　dzə⁵⁵　　ɑ³¹-ʐgu⁵⁵　　tə³¹-ʐdɑ⁵⁵.
　　　 他－施事　我－向格　事情　　一－件　　向上－告诉
　　　 他告诉我一件事情。

（32）qɑ³⁵　　　　pi³¹　　　ŋɑ³¹　miɑ⁵⁵-sə³¹　　tə³¹-ʐdɑ⁵⁵-dzə⁵⁵
　　　 我：属格　爸爸　　和　　妈妈－施事　向上－说－标句词
　　　 ʁo³¹tsə³¹tɕi³¹tɑ⁵⁵-je³¹-thi³¹　　 ɕi³¹ɕi⁵⁵　　mɑ³¹-phu⁵⁵lo³¹.
　　　 棍子　拄－名物化－定指　钱　　否定－值
　　　 我爸妈说："拐杖不值钱"。

（33）thə³¹-sə³¹　　ʐdɑ³¹-je⁵⁵　　thə³¹-to⁵⁵　　die³¹-je⁵⁵-sə³¹　　　jɑ³¹.
　　　 他－施事　说－标句词　他－非施事　离心－病－听说　语气
　　　 他说他病了。

四　存在动词

萝卜寨话有六个常用的存在动词 ʑi³¹、ʂtə³⁵、we⁵⁵、lie³¹、ŋue⁵⁵和 mo³⁵，其中 mo³⁵ 是专门表示否定的存在动词。存在动词有两个论元：一个是无标记的核心论元；另一个是间接论元，有时带位格标记。间接论元通常出现在句首位置，并且核心论元出现在间接论元之后。

（一）存在动词的肯定形式

根据所指的生命度以及所指所处的位置（可否移动、附着以及容器等），萝卜寨话使用不同的存在动词。

ʑi³¹表示有生命体的存在，如例句（34）—（35）：

（34）nə³⁵　　　　sɑ⁵⁵tʂu⁵⁵thə³¹lɑ⁵⁵　　dʐu³¹-ku⁵⁵　　ʑi³¹.
　　　 你：属格　妹妹　　他们　　　家－位格　　在
　　　 你妹妹在他们家里。

（35）su³¹phu⁵⁵qə³¹ɕɑ⁵⁵bu³¹ʐu³¹ŋuɑ⁵⁵ɑ³¹-ʐə⁵⁵　　ʑiu³⁵.
　　　 墙　　上面　苍蝇　　　　一－只　　有：亲见
　　　 墙上有只苍蝇。

ʂtə³⁵表示无生命物体的存在。其中例句（36）表示无生命物体存在水平面上；例句（37)—(38）表示无生命物体附着或者悬吊存在；例句

(39) 表示无生命物体在一定范围的空间存在：

(36) tʂəi³⁵-thi³¹　　tʂue³¹ tsə³¹-gɑ⁵⁵　ʂtə³⁵.
　　　杯子－定指　　桌子－位格　　在
　　　杯子在桌子上。

(37) su³¹-ti³¹-je³¹　　χuɑ⁵⁵　ɑ³¹-tɕe³¹　tə³¹-ʁu⁵⁵lɑ³¹　　ʂtəu³¹.
　　　墙－定指－位格　画　　一－幅　　向上－挂　　　在:亲见
　　　墙上挂着一幅画。

(38) su³¹-je³¹　χuɑ³⁵ ɑ³¹-tɕhe³¹ tə³¹-χuɑ⁵¹-thɑ⁵⁵-je³¹　　ʂtəu³¹.
　　　墙－定指画　一－幅　向上－画－汉借－名物化在:亲见
　　　墙上画有一幅画。

(39) tso³¹ tɕɑ⁵⁵　qe³¹je³¹　pɑn³¹ti³¹　ɑ³¹-ʐə⁵⁵　ʂtəu³¹.
　　　灶台　　　前面　　　板凳　　　一－个　　有:亲见
　　　灶台前有把凳子。

we⁵⁵主要表示事物黏附或生长在另一个物体上、某人拥有贵重的东西、抽象事物的存在等。其中例句（40）—（42）表示事物垂直、黏附或生长在另一个物体上；例句（43）表示某人拥有贵重的东西；例句（44）表示抽象事物的存在；例句（45）表示两地的距离：

(40) ɕo³¹-thɑ⁵⁵-je³¹　　　mu⁵⁵ khe³¹-tsə⁵⁵-ʐi³¹-je³¹　ɕe³¹-gu⁵⁵ weu⁵⁵.
　　　学－汉借－名物化　　人们－这－住－名物化 三－栋 有:亲见
　　　学校里有三栋宿舍楼。

(41) su³¹ phu⁵⁵-je³¹ ʐdɑ⁵⁵ mu⁵⁵-khe⁵⁵ weu⁵⁵.
　　　墙－位格　灰尘－复　　有:亲见
　　　墙上有灰尘。

(42) thə³⁵　　　qə³¹ pɑ⁵⁵ tʂə⁵⁵ ʂɑŋ⁵⁵ pɑ⁵⁵　we³¹.
　　　他:属格　头　　　伤疤　　　　有
　　　他的头上有伤疤。

(43) ɑ³¹ do⁵⁵-ti³¹　pe³¹ gu⁵⁵　ɑ³¹-tye³⁵ weu⁵⁵　　jɑ³¹.
　　　奶奶－定指　手镯　　　一－对 有:亲见　　　语气
　　　奶奶有一双银手镯。

(44) nə³¹ qə³¹ ŋɑ⁵⁵ jɑ³⁵ ji³¹　we³¹-səu⁵⁵　　　　　jɑ³¹.
　　　你　头脑　非常　　　有－实然:2 单:亲见　　语气

你很有头脑。

(45) tsu⁵⁵ tɕɑ³¹-sə³¹　　kho⁵⁵ tsɑ⁵⁵ sə³¹-pəi⁵⁵-je⁵⁵　　fiɑ³¹ ŋo⁵⁵-koŋ⁵⁵ łi³¹ we³¹.
雁门 – 由格　　汶川　　向下 – 到 – 名物化 十五 – 公里　　有
从雁门到汶川有15公里。

存在动词 lie³¹ 多表示事物存在于容器或空间里,如例句（46）—（47）；也表示人的年龄,如例句（48）：

(46) ʐi³¹-thi³¹　　dzə⁵⁵ pu³¹-ku⁵⁵　　lie³¹.
酒 – 定指　　瓶子 – 位格　　在
酒在瓶子里。

(47) thə³¹ dzo⁵⁵ ko³¹ lie³¹.
他　力气　有
他有劲儿。

(48) thə³⁵　　tu⁵⁵ tʂu⁵⁵-ti³¹　　fiɑ³¹ ŋo⁵⁵-pu⁵⁵　　lie³¹.
她：属格　弟弟 – 定指　十五 – 岁　　有
她弟弟有十五岁了。

ŋuə⁵⁵ 是一个通用的存在动词,其使用范围较广,但多用来表达存在或领有。例如：

(49) su³¹ ke³¹　çyɑ³¹ dzu³¹　ŋuə³¹.
山坡　　草　　有
山坡上有草。

(50) qə³¹ pɑ⁵⁵ tʂə⁵⁵-je⁵⁵-sə³¹　　go³¹-to⁵⁵　　fiɑ³¹-pəi⁵⁵-je⁵⁵
头 – 位格 – 由格　　　　脚 – 位格　　向下 – 到 – 名物化
ʁue³¹-tʂhə³¹ ŋuə⁵⁵.
五 – 尺　有
从头上到脚下有五尺。

(51) thə³¹ çi³¹ phu⁵⁵ ɑ³¹ khe⁵⁵ ŋuə⁵⁵.
他　树　　一些　　有
他有一些树。

(52) thə³¹ ʂqo³¹　jɑ³¹ khe⁵⁵ ŋuə⁵⁵　jɑ³¹.
他　金子　很多　　有　　语气
他有很多金子。

（二）存在动词的否定形式

存在动词前加否定标记 mɑ³¹-/mi⁵⁵-，表示某事物不存在。例如：

(53) mi⁵⁵-lo³¹-mi⁵⁵　　　mɑ³¹-ʑi³¹　　pe³¹.
　　　否定－来－名物化　否定－存在　变成
　　　不来的人不存在。

(54) die³¹-je⁵⁵-thi³¹　　　mɑ³¹-we³¹　　pu³¹.
　　　吃－名物化－定指　否定－有　　做
　　　吃的没有了。

(55) thə³¹ ɦɑ³¹ ŋo⁵⁵-pu⁵⁵ mi⁵⁵-lie³¹.
　　　她　十五－岁　　否定－有
　　　她没有十五岁。

专用否定存在动词 mo³⁵ 表示没有。例如：

(56) nə³¹ lɑ⁵⁵　dʑu³¹ ku⁵⁵　ɑ³¹ mi⁵⁵　nə³¹　mo³⁵.
　　　你们　　家里　　　什么　　　都　　没有
　　　你们家什么都没有。

(57) qeʳ³¹　mu⁵⁵ go⁵⁵ mo³¹, ɕpiɑ⁵⁵ mu⁵⁵ go⁵⁵ ɕɑ³¹ we³¹.
　　　以前　电　　　没有　　松明　　　　　只　有
　　　以前没有电，只有松明。

五　系词

萝卜寨话的系词有三个：ŋuə⁵⁵、ʑiu³⁵ 和 pe³¹。其中 ŋuə⁵⁵ 和 ʑiu³⁵ 都占据相当于谓词的位置，可以用于表身份、等同、修饰和准分裂结构中，也可以出现在名物化的动词后。例如：

(58) qɑ³⁵-mi⁵⁵ ɕɑ³¹　　pã³¹ lɑ³¹-to⁵⁵　　thə³¹ lɑ³¹-sə³¹　nə³¹
　　　我：属格－名下　东西－非施事　　他们－施事　　都
　　　sə³¹-pu⁵⁵ lɑ³¹-ji³¹　　　ʑiu³⁵.
　　　向外－藏－实然：3　系词
　　　我的东西他们藏起来了

(59) tsə³¹-mu³¹ phu³¹　ʐɑ⁵⁵-je⁵⁵　　ʑiu³⁵.
　　　这－话题　衣服　缝－名物化　系词

这是缝衣服的（针）。

其中，在表身份的系词句中，系词有人称和体标记，但不能带致使后缀；在是非问句中，系词不能省略；在回答是非问的时候，肯定回答只能用 ŋuə⁵⁵，否定回答只能用 mi⁵⁵-ŋuə⁵⁵，不能使用其他系词。例如：

（60） a. nə³¹　tʂhə³¹ pu³¹-je⁵⁵ ŋuə⁵⁵-nə³¹　　　　ma³¹?
　　　　你　 藏族－属格 系词－非实然：2 单 疑问
　　　　你是藏族的吗？

　　 b. ŋuə⁵⁵,　　　　　qa³¹-mu⁵⁵ tʂhə³¹ pu³¹-je⁵⁵　ŋuə⁵⁵.
　　　　系词：非实然：1 单 我－话题 藏族－属格　系词：非实然：1 单
　　　　是的，我是藏族的。

　　 c. mi⁵⁵-ŋuə⁵⁵,　　　　　qa³¹-mu⁵⁵　mei³¹-je⁵⁵
　　　　否定－系词：非实然：1 单 我－话题　羌族－属格
　　　　ŋuə⁵⁵.
　　　　系词：非实然：1 单
　　　　不是，我是羌族的。

在表修饰关系的结构里，系词 ʑiu³⁵ 所接的补足语往往是形容词，而 ŋuə⁵⁵ 所接的补足语多是名物化成分或带动作变化体的动词性成分。例如：

（61）phu³¹-ma³¹ dzɿə⁵⁵　ɕi⁵⁵-tɿ³¹　tye⁵⁵　ʑiu³⁵,
　　　衣服－话题　　新－定指　好　系词
　　　ʑɿ³¹ dzu³¹-ma³¹ dzɿə⁵⁵　ɦa³¹-bəi⁵⁵-tɿ³¹　tye⁵⁵　ʑiu³⁵.
　　　朋友－话题　　　　向下－老－定指　好　系词
　　　衣服是新的好，朋友是旧的好。

（62）thə³⁵　　phu³¹-thi³¹　ɕi⁵⁵-je⁵⁵　ŋuə⁵⁵.
　　　他：属格　衣服－定指　新－名物化 系词
　　　他的那件衣服是新的。

系词 ŋuə⁵⁵ 和 ʑiu³⁵ 都可以用在表领属关系的结构里。例如：

（63）ʑɿ³¹　tha³¹-tʂa⁵⁵　nəi³⁵　　mi⁵⁵-ŋuə⁵⁵　ja³¹,
　　　酒　 那－杯　　你：属格　否定－系词 语气
　　　thə³⁵-mi⁵⁵ ɕa³¹　ʑiu³⁵　ja³¹.
　　　他：属格－名下　系词　语气
　　　那杯酒不是你的，是他的。

系词 ŋuə⁵⁵和 ʑiu³⁵具有强调或凸显的功能，如例句（64）—（66）：
（64）dzʅə³¹ ʐɑ³¹pu³¹-mi⁵⁵-thi³¹　　thə³¹ŋuə⁵⁵　　ɕɑ³¹tau³⁵.
事　好　做－名物化－定指　她　系词　可能
做好事的可能是她。

（65）qa³⁵　　　dʑu³¹-ku³¹　ʐye³⁵tɕi⁵⁵-je⁵⁵-thi³¹　ɕi³¹ɕi⁵⁵　ʑiu³⁵　jɑ³¹.
我:属格　家－位格　需要－名物化－定指钱　系词　语气
我家里需要的是钱呀。

（66）thə³¹tɕhi⁵⁵　　ʐe³¹-ŋu³¹-n̠ɑ⁵⁵　　ɕɑ⁵⁵-mɑ³¹　ʑiu³⁵.
她　气　向里－生－状语　死－将行　系词
她生气得是要死。

系词 pe³¹"变成"多用来表示变化，指明人或事物从一种状况变成另外一种状况，可以与其他两个系词连用，其使用也是非强制的。例如：
（67）a. pəi⁵⁵ɕi⁵⁵　n̠i⁵⁵n̠ɑ⁵⁵　pe³¹?
今天　　多少　变成
今天几号？

b. pəi⁵⁵ɕi⁵⁵tsə³¹ɕi⁵⁵-je⁵⁵　ʐgu³¹-lə³¹-je⁵⁵　nə³¹ɕye⁵⁵　pe³¹.
今天　这天－位格　九－月－位格　二十　　变成
今天是9月20号。

（68）thə³¹-mu⁵⁵　die³¹-χə⁵⁵n̠i³¹-ji³¹　　ŋuə⁵⁵　peu³⁵.
他－话题　最－懂事－实然:3　系词　变成:亲见
他是最懂事的。

六　心理—认知动词

心理—认知动词是表达心理变化、想法、主观态度等意义的一类动词。萝卜寨话心理—认知动词主要包括 ʁu³¹ "肯"、χua³¹ sua⁵⁵ "愿意、想"、qa³¹ "能、可以、能够"、ʐə³⁵ "会"、tɕhe⁵⁵ "应该、需要"、ɕou⁵⁵ "敢"、be³¹lo³¹ "想"、dʑa⁵⁵ "相信"、ʂo³¹tɕi⁵⁵ "听见"等。这类动词不仅可以添加两个名词性的论元，此时它们是典型动词；同时它们也可以带补足语成分，此时它们是句子的主要动词。

在萝卜寨话里，心理—认知动词经常出现在补足语小句的动词之后，经常带非名物化的补足语。它们可以受程度副词修饰，可以被否定，程度副词和否定成分均在带补足语的动词之前。补足语小句通常作主句内的名词短语，并出现在代表施事者的名词短语与主句尾谓语动词之间，从属于主句。例如：

(69) thə^{31} [dʑi^{31} du^{31}]$_{[补足语]}$ ʁu^{31} ja^{31}.
　　 他　　书　　读　　　　　　肯　　语气
　　 他肯读书。

(70) ɦa^{31} ŋa^{31} tsə^{31}-ʐgu^{55} [qe^{31} ʑi^{31}mi^{31} sə^{31}-ʐda^{31}]$_{[补足语]}$
　　 孩子　　　 这－个　　　 以前　　话　　向外－说
　　 ma^{31}-ʐə^{35}, [pəi^{55}çi^{55} sə^{31}-ʐda^{31}]$_{[补足语]}$ qa^{31}-pu^{31}.
　　 否定－会　 现在　　 向外－说　　　　　能－做
　　 这个孩子以前不会说话，现在能说话了。

若要表示人称，人称标记也出现在句尾主要动词上，并与主句施事者的人称保持一致。例如：

(71) thə^{31} [ŋe^{31}-to^{55} a^{31}çi^{55} tə^{31}-sə^{55}]$_{[补足语]}$ tɕhe^{31}-ji^{31}.
　　 她　　病－非施事　　一下　　向上－看　　　　应该－实然：3
　　 她应该去看一下病。

(72) qa^{31} [nə^{31}-to^{55} me^{55}lia^{55}lo^{31}]$_{[补足语]}$ ma^{31}-çou^{55}-sau^{31}.
　　 我　 你－非施事 寻找　　来　　 否定－敢－实然：1 单：亲见
　　 我不敢来找你。

(73) [nə^{31}-sə^{31} sə^{31}-ʐda^{55}-je^{55} ʑi^{31}mi^{31} tha^{31}-ge^{55}]$_{[补足语]}$ qa^{31}
　　 你－施事 向外－说－名物化　　话　　那－位格　　　　我
　　 a^{31}tɕi^{55} nə^{31} nə^{31}tɕi^{55}-pu^{31}-sa^{31}.
　　 全部　　都　　知道－做－实然：1 单
　　 你说的那些话我全都知道了。

萝卜寨话心理—认知动词后经常不使用标句词（即，标明子句的形式手段），只有感知类动词居于补足语小句之前时，感知类动词往往要带上标句词 je^{55}/dzə^{55}。例如：

(74) qa^{31} tə^{31}-sa^{55}-je^{55} [thə^{31}çi^{31} to^{31} khʐo^{31}-ŋa^{31}
　　 我　 向上－听见－标句词　　他　 木头　锯－状语
　　 ʐiu^{35}]$_{[补足语]}$ ja^{31}.
　　 在：亲见　　语气
　　 我听见他在锯木头。

(75) qa³¹ ɦa³¹-tɕo⁵⁵-je⁵⁵　　　[thə³¹ ɦa³¹-ŋu⁵⁵]_[补足语]　ja³¹.
　　 我　向下–看见–标句词　　他　向下–走　　　　　语气
　　 我看见他走了。

(76) qa³¹ mo³¹ pu⁵⁵-sa³¹-dzə⁵⁵　　　[qa⁵⁵ la⁵⁵ tu⁵⁵ tʂu⁵⁵
　　 我　梦　做–实然:1 单–标句词　我们　弟弟
　　 lo³¹]_[补足语]　pa³¹.
　　 来　　　　　　语气
　　 我梦见我弟弟回来了。

从语义上看，某些心理–认知动词也可带有显性名物化标记的补足语。带有显性名物化标记的补足语小句通常作主句内的名词短语，并出现在代表施事者的名词短语与主句尾谓语动词之间，从属于主句。例如：

(77) thə³¹ [lo³¹-je⁵⁵]_[补足语]　ma³¹-χua³¹ sua⁵⁵.
　　 他　来–名物化　　　　否定–愿意
　　 他不愿意来。

(78) thə³¹ [[qa³¹-to⁵⁵　tɕi⁵⁵ li⁵⁵　ma³¹　ma³¹-tɕi⁵⁵ li⁵⁵]_[补足语1]
　　 他　我–非施事　机灵　疑问　否定–机灵
　　 a³¹ ɕi⁵⁵　sə⁵⁵-je⁵⁵]_[补足语2]　χua³¹ sua⁵⁵.
　　 一下　　看–名物化　　　　　　想
　　 他想看一下我聪不聪明。

(79) qa³¹ [nə³¹-sə³¹ zi³¹ mi³¹　tə³¹-ʐda⁵⁵-je⁵⁵]_[补足语]　ʂo³¹ tɕi⁵⁵.
　　 我　你–施事话　　　　向上–说–名物化　　　　　听见
　　 我听见你说话了/我听见你所说的话了。

其中，例句（79）有两种理解，这两种理解存在形式上的差别，具体意义要看语境。

第四节　形容词

每种语言都有名词和动词两种开放性词类，但是形容词是不是一个普遍性的词类却因语言而异。从跨语言的角度来看，不同语言的形容词在范围、能产性以及与名词和动词的语法特征相似性表现上都有所不同。

黄成龙和 LaPolla & Huang 对羌语形容词有深入的研究,① 并把羌语形容词处理为静态不及物动词。萝卜寨话的形容词语义上涉及尺寸、年龄、评价、颜色、物理属性、人类习性、速度、难度等类别,主要句法功能为：①修饰名词短语的核心名词；②作系词结构的系词补足语成分；③作比较结构的比较参项。例如：

（80） pəi⁵⁵pəi⁵⁵　　zĩ⁵⁵　　ɑ⁵⁵-tʂhu⁵⁵.
　　　　花儿　　　　红　　　一－朵
　　　　一朵红花。

（81） qɑ³⁵　　　phu³¹-thi³¹　　ɕi⁵⁵-je⁵⁵　　mi⁵⁵-ŋuə⁵⁵, bɑ⁵⁵-je⁵⁵　　ŋuə⁵⁵.
　　　　我:属格　衣服－定指　 新－名物化 否定－系词 旧－名物化 系词
　　　　我的衣服不是新的，是旧的。

（82） thə³⁵　　　que⁵⁵tɕhe⁵⁵-ti³¹ qɑ³⁵　　que⁵⁵tɕhe⁵⁵-so⁵⁵ ko⁵⁵ dɑu³⁵.
　　　　他:属格　被子－定指　我:属格被子－比较　　漂亮:亲见
　　　　他的被子比我的被子漂亮。

萝卜寨话的形容词也可以不用系动词而作谓词，在句法和形态特征上与动词更为相近。它们跟一般动词一样可以带人称标记、趋向标记、致使标记、示证标记、否定标记和多数体标记，但不同于一般动词的是它们可以用定指标记（见有定性标记）来名物化，许多形容词还可以用作状语（带状语标记-ŋɑ³¹）或补语，而且许多形容词还可以受程度副词修饰。例如：

（83） pəi⁵⁵pəi⁵⁵　　tsə³¹-tʂhu⁵⁵　　zĩ⁵⁵　　je⁵⁵.
　　　　花儿　　　　这－朵　　　　红　　　语气
　　　　这朵花红。

（84） thə³¹ zi³¹ tə³¹-χe⁵⁵-ŋɑ³¹　　zi³¹ mi³¹-to⁵⁵　　ȵi⁵⁵　　nə³¹ tə³¹-zdɑu⁵⁵.
　　　　他　酒　向上－醉－状语　话－非施事　什么　都　向上－说:亲见
　　　　他喝醉了酒什么话都说。

---

① 黄成龙:《羌语形容词研究》,《语言研究》1994 年第 2 期; LaPolla, Randy J. （罗仁地）and Huang Chenglong（黄成龙）, "Adjectives in Qiang", in Dixon, R. M. W. and Aikhenvald, Alexandra Y. eds. , *Adjective Classes: A cross-linguistic typology*, Oxford: Oxford University Press, 2004.

(85) thə³¹-mu⁵⁵　　die³¹-ma³¹-χə⁵⁵ȵi³¹-ji³¹　　ŋuə³¹.
　　 你–话题　　最–否定–懂事–实然: 3　系词
　　 他最不懂事。

(86) qa³¹-sə³¹ pia³¹ tshə³¹-to⁵⁵　ʑe³¹-χqo³¹-ȵa³¹ fia³¹-mu⁵⁵-ʂə³¹-sa³¹.
　　 我–施事肉–非施事　　向里–煮–状语向下–熟–致使–实然: 1 单
　　 我把肉煮熟了。

(87) thə³¹ nə³¹-so⁵⁵ ko⁵⁵ lo⁵⁵-ȵa³¹　dza³¹.
　　 她　你–比较　来–状语　早
　　 她比你来得早。

(88) pəi⁵⁵ pəi⁵⁵　　jɑ³⁵ ji⁵⁵　　ʑĩ⁵⁵-je⁵⁵　　a⁵⁵-tʂhu⁵⁵
　　 花儿　　非常　　红–名物化一–朵
　　 一朵很红的花。

(89) a³¹ do⁵⁵-ti³¹　　fia³¹-bɛi³⁵　　ʁua³¹ dzə⁵⁵, thəi³⁵　　qe³¹ tu⁵⁵-ti³¹
　　 奶奶–定指 向下–老　连词　　他: 属格 头发–定指
　　 tɕe³¹-ni³¹　χa³¹ so³⁵.
　　 连续–黑 很
　　 奶奶虽然老了，但头发还是很黑。

形容词重叠表示程度的变化，可以充当谓语或状语，还可以受程度副词的修饰。例如:

(90) qa³¹ la⁵⁵ qa³¹ go³¹ go⁵⁵　　la⁵⁵ qa³¹ die³¹-ba³¹ ba³¹-sau³¹.
　　 我 越　走: 重叠 越　　离心–累: 重叠–实然: 1 单: 亲见
　　 我越走越累。

(91) nə³¹ thəi³⁵　　ʑi³¹ mi³¹ dzə⁵⁵-je⁵⁵　　ŋuə⁵⁵-sə³¹　　ʁua³¹ dzə⁵⁵,
　　 你 他: 属格 话　相信–名物化　系词–实然: 2 单　连词
　　 nə³¹-ma³¹ dzə⁵⁵ ʂui³¹ ʂui³¹　so⁵⁵-ge³¹　　tɕa⁵⁵ to⁵⁵-nə³¹.
　　 你–话题　　好: 重叠　学–名物化 捡起–非实然: 2 单
　　 如果你相信他的话，你就该重新好好学习。

(92) ʁua³¹ ɕa⁵⁵ ʑi³¹-je⁵⁵　　tho⁵⁵, ku⁵⁵ ʑi³¹ ʑi³¹-je⁵⁵　　jɑ³⁵ ji⁵⁵ du³⁵ du³⁵.
　　 外面　 在–名物化冷　里面　在–名物化 非常　热: 重叠
　　 在外面冷，在里面很暖和。

第五节 副词

　　从跨语言的角度来看，副词的主要句法功能是修饰动词，萝卜寨话的副词可以修饰动词、形容词或小句，为事件提供处所、时间、方式、程度或范围等背景信息。萝卜寨话的副词较少，方式副词和部分时间副词是通过其他方式派生的。重叠是不能产的派生方式，而派生词缀-ȵa^{55}较为能产。在其他语言中用副词表达的内容，萝卜寨话可能用时间方位名词或小句来表达。副词通常情况下放在句子的谓语动词前，修饰谓语。

一　方式副词

　　Schachter 和 Shopen 指出，世界上许多语言的方式副词都是通过具有能产性的形态派生过程从形容词派生而来的。[①] 萝卜寨话的部分形容词和动词可以通过添加派生词缀-ȵa^{55}，派生出跟形容词和动词语义相似的副词。这类副词只能修饰动词性成分，位于动词前，表示动作行为的方式。例如：

(93)　dzə^{55}　　tsə^{31}-tɕe^{55}-sə^{31}　　die^{31}-ba^{31}-ȵa^{31}　　thə^{31}-to^{55}
　　　事情　　这－件－施事　　离心－累－状语　　他－非施事
　　　die^{31}-qo^{31} ta^{55}- ʂəu^{31}.
　　　离心－倒－致使：亲见
　　　这件事把他累倒了。

(94)　ʁu^{31} pia^{55} fia^{31}-da^{55} ku^{55}-ȵa^{31} fia^{31}-lui^{35}.
　　　石头　　向下－滚－状语　向下－来：实然：3
　　　石头滚下来了。

(95)　qa^{31} nə^{31}-so^{55} ko^{55} dzə^{55}-ȵa^{55} fia^{31}-wei^{35}-sa^{31}.
　　　我　你－比较　早－状语　向下－走－实然：1 单
　　　我比你早离开。

[①] Schachter, Paul & Timothy Shopen. "Parts-of-speech systems". In Timothy Shopen eds., *Language typology and Syntactic Description* (vol. 1), Cambridge: Cambirdge University Press, 2007, pp. 1 – 60.

(96) thə³¹ ʑi³¹ tə³¹-χe⁵⁵-ŋɑ³¹　　ʑi³¹ mi³¹-to⁵⁵　　ȵi⁵⁵
　　 他　酒　向上－醉－状语　　话－非施事　　什么
　　 nə³¹ qə⁵⁵ khe⁵⁵　　tə³¹-ʐdɑu⁵⁵　　jɑ³¹.
　　 都　胡乱　　　　向上－说：亲见　语气
　　 他喝醉了酒乱说话。

二　时间副词

在萝卜寨话中，时间副词 mu⁵⁵tʂhu⁵⁵ "以后"、ken⁵⁵to⁵⁵ "马上"、pɑ⁵⁵pɑ⁵⁵pe³¹dzɻə⁵⁵ "一会儿"、ɑ⁵⁵ɕi⁵⁵mɑ⁵⁵nə³¹ "经常" 和 ɑ⁵⁵ɕi⁵⁵mɑ⁵⁵qɑ³¹ "每天" 等经常用作句子副词，总是紧邻着话题出现，用来修饰整个句子，表示句子所描述的整个事件发生或持续的时间。例如：

(97) ɑ³¹mɑ⁵⁵　mu⁵⁵tʂhu⁵⁵　nəi³⁵-mi⁵⁵ɕɑ³¹　　nəi³⁵-je⁵⁵-to⁵⁵　　ge⁵⁵
　　 妈妈　　以后　　　你：属格－名下　　你：属格－反身－非施事　一直
　　 tə³¹-quɑ³¹thie⁵⁵　mɑ³¹-qɑ³¹.
　　 向上－照顾　　　否定－能
　　 妈妈以后不能永远替你照顾你自己。

(98) sɑ⁵⁵pɑ⁵⁵pɑ⁵⁵pe³¹dzɻə⁵⁵　dzɑ³¹-je⁵⁵　　wei³¹
　　 谁　一会儿　　　　　　笑－名物化　系词
　　 pɑ⁵⁵pɑ⁵⁵pe³¹dzɻə⁵⁵bʐi⁵⁵　ʑiu⁵⁵　ŋɑ³¹?
　　 一会儿　　　　　　　　哭　　系词　语气
　　 谁一会儿在笑，一会儿又在哭？

(99) thə³¹-mu³¹　ɑ⁵⁵ɕi⁵⁵mɑ⁵⁵nə³¹　　ʐə³¹ʂtu⁵⁵-mi⁵⁵　ʑiu³¹.
　　 他－话题　　经常　　　　　　　生病－名物化　系词
　　 他是一个常常生病的（人）。

(100) qɑ³¹-mu³¹　ɑ⁵⁵ɕi⁵⁵mɑ⁵⁵qɑ³¹　go³¹ go⁵⁵-ŋɑ³¹　　zə³¹-lo³¹-je⁵⁵
　　 我－话题　每天　　　　　　走：重叠－状语　向心－来－名物化
　　 ŋuɑ³¹.
　　 系词：非实然：1 单
　　 我每天都是走着来的。

以例句（97）为例，时间副词 mu⁵⁵tʂhu⁵⁵ "以后" 用作句子副词，出现在话题 a³¹ma⁵⁵ "妈妈"之后，对句子所描写的事件提供一个语义框架；而时间副词 ge⁵⁵ "一直"出现在动词 tə³¹-qua³¹thie⁵⁵ "向上—照顾"之前，是跟动词联系在一起的。

时间副词 ge⁵⁵ "就"表示前后相继的动作行为，它总是紧贴在所修饰动词的前面，其间一般不能插入其他成分，但在它和话题之间可以插入其他成分。例如：

（101） ʁə³¹-thĩ³¹-to⁵⁵　　　　ge⁵⁵ ʐgeu⁵⁵-ma³¹　pi³¹.
　　　　麦子－定指－非施事　就　割－将行　　变成
　　　　麦子快要割了。

（102） qa³¹-mu⁵⁵　ʂti³¹ ge⁵⁵ tɕhi³¹-ma³¹-sa³¹
　　　　我－话题　饭　就　吃－将行－实然：1 单
　　　　pau³⁵.
　　　　变成：非实然：1 单：亲见
　　　　我就要吃饭了。

（103） thə³¹ fia³¹-ʐdɑ⁵⁵　fia³¹-ʐdɑ⁵⁵　ge⁵⁵ die³¹-bʐi⁵⁵.
　　　　他　向下－说　　向下－说　　就　离心－哭
　　　　他说着说着就哭了。

时间副词 ken⁵⁵to⁵⁵ "马上"和 ge⁵⁵ "就"经常连用，如例句：

（104） qa³¹ ken⁵⁵to⁵⁵ ge⁵⁵ dɑ³¹-ma³¹.
　　　　我　马上　　就　走－将行
　　　　我马上就走。

在萝卜寨话中，由表时间的形容词派生而来的时间副词可以以状中关系进入差比句。例如：

（105） thə³¹ nə³¹-so⁵⁵ko⁵⁵　dza³¹-ɲa³¹　lui⁵⁵.
　　　　她　你－比较　　　早－状语　　来：实然：3
　　　　她比你早到。

（106） qa³¹ nə³¹-so⁵⁵ko⁵⁵　ŋa³¹-ɲa⁵⁵　fia³¹-wei³⁵-sa³¹.
　　　　我　你－比较　　　晚－状语　　向下－走－实然：1 单
　　　　我比你晚离开。

三　限定副词

萝卜寨话常见的限定副词有 nə³¹ "也"，sə³¹ji³¹ "再"和 tɕe³¹ "又、

"还"使用频率较高。这类副词和所修饰词语结合得较为松散，其间可以插入其他成分。例如：

(107) a. qa³¹ nə³¹ məi³¹ ʑi³¹ tə³¹-ʐda⁵⁵ zə³⁵.
　　　　我　也　羌语　　向上－说　会
　　　　我也会说羌语。

　　　b. qa³¹ məi³¹ ʑi³¹ nə³¹ tə³¹-ʐda⁵⁵ zə³⁵.
　　　　我　羌语　　也　向上－说　会
　　　　我羌语也会说。

　　　c. qa³¹ məi³¹ ʑi³¹ tə³¹-ʐda⁵⁵ nə³¹ zə³⁵.
　　　　我　羌语　　向上－说　也　会
　　　　我羌语也会说。

(108) a³¹ ȵa⁵⁵ sə³¹ ji³¹ tɕhi³¹-nə³¹.
　　　一点　再　吃－非实然:2 单
　　　再吃一点。

(109) pe³¹ tɕin³⁵ sə³¹ ji³¹ a⁵⁵-gu³¹ ke³¹-nə³¹.
　　　北京　　再　一－次　　　去－非实然:2 单
　　　再去一趟北京。

(110) thə³¹ tɕe³¹ ʐda⁵⁵ʐda⁵⁵-je⁵⁵　　wei³¹, tɕe³¹ dza³¹-je⁵⁵ wei³¹.
　　　他　又　说:重叠－名物化　系词　又　笑－名物化 系词
　　　他又是说又是笑的。

(111) qa³¹ tɕɑn³⁵ we³¹-je⁵⁵　ma³¹ sua⁵⁵ ȵa³¹, tʂhu⁵⁵-nə³¹　tɕe³¹ we³¹.
　　　我　箭　有－名物化　不算　　连词　枪－语尾助词 还　有
　　　我不但有箭，而且还有枪。

四　范围副词

萝卜寨话表示范围的副词较少，比如 nə⁵⁵"仅、都"，tɕi³¹"全、都"，dzə³¹"只"等在日常交际中的使用率较高。不同的范围副词在句子中的位置也不同，语义指向也有差别。nə⁵⁵出现在数量短语前表示数量少，只有此时才理解为"仅"义，语义指向其后的数量短语。例如：

(112) tə³¹ la⁵⁵   a³¹ tɕi³¹ pia³¹   die³¹-dʐu⁵⁵   nə⁵⁵   ɕe³¹-dzə³⁵-tsə⁵⁵ ẓi³¹.
　　　 他们   全家   离心－多   仅   三－四－个   有
　　　 他们全家最多仅有三四口人。

(113) qa³¹ die³¹-sua³¹   zə³¹-sua³¹ nə³¹ ɕe³¹-fiə˩⁵⁵   ʑiu³¹.
　　　 我   离心－数   向心－数仅 三－只   有：亲见
　　　 我数了数，只有三头。

nə⁵⁵跟疑问代词和不定代词连用时，其所在句子的谓语多为否定形式，表示"任何情况下都不"，语义指向其前的直接论元。例如：

(114) qa³¹ a³¹ mi⁵⁵ nə³¹ mo³⁵   ʁua³¹ dzə⁵⁵ tɕəu³⁵ ʂə³¹ ʂu³⁵ a⁵⁵ khe³¹ tɕe³¹ we³¹.
　　　 我   什么   都   没有   虽然   就是   书   一些   还   有
　　　 我虽然什么都没有，但至少有一些书。

(115) thə³¹-mu⁵⁵   sa⁵⁵-to⁵⁵   nə³¹ ma³¹-qo³¹.
　　　 他－话题   谁－非施事   都 否定－怕
　　　 他谁也不怕。

(116) thə³¹-mu⁵⁵   a⁵⁵ mi⁵⁵ nə³¹ ma³¹-ta⁵⁵ po⁵⁵ ja³¹.
　　　 他－话题   什么   都 否定－喜欢 语气
　　　 他什么都不喜欢。

(117) bo⁵⁵-je⁵⁵   ȵa⁵⁵ be³¹-je⁵⁵   ki⁵⁵ ji⁵⁵   a³¹ tɕi⁵⁵   nə³¹ ma³¹-tye³¹.
　　　 高－名物化 和   矮－名物化 这么   全部   都 否定－好
　　　 高的和矮的一样都不好。

nə⁵⁵ "都"经常用于双重否定结构里，构成 ma³¹-V + nə³¹ + ma³¹-qa³¹ 格式，表达"不得不"的意义，语义指向其前的施事论元。例如：

(118) qa³¹ ma³¹-ke³¹   nə³¹ ma³¹-qa³¹-pu³¹-sa³¹.
　　　 我   否定－去   都 否定－能－做－实然：1 单
　　　 我不得不去。

(119) dʐə⁵⁵-thi³¹-to⁵⁵   qa³¹ ma³¹-pu³¹   nə³¹ ma³¹-qa³¹   ge⁵⁵
　　　 事情－定指－非施事   我   否定－做   都 否定－行   一定
　　　 tə³¹-pu³¹-tɕha³¹.
　　　 向上－做－将行：非实然：1 单
　　　 这件事我不得不做，一定要做完。

nə⁵⁵ "都"和 tɕi³¹ "全、都"的区别是：nə⁵⁵ "都"经常用于否定句，而 tɕi³¹ "全、都" 经常用于肯定句。例如：

（120） fia³¹ŋa³¹-khe⁵⁵　tɕi³¹ dʐu³¹-ku⁵⁵　zə³¹-pe³¹.
　　　　孩子－复　　　都　家－位格　向心－变成
　　　　孩子们都到家了。

（121） thə³¹ a³¹tɕi⁵⁵-to⁵⁵　　tɕi³¹　tɕhe³¹　χua³¹ sua⁵⁵.
　　　　他　全部－非施事　都　　　要　　　想
　　　　他啥子都想要。

（122） mu³¹ a³¹tɕi⁵⁵ tɕi³¹ lo³¹-nə³¹　　　　 ge⁵⁵.
　　　　人　全部　都　来－非实然:2单　语气
　　　　所有人都来了。

（123） a³¹tɕi⁵⁵-to⁵⁵　　tɕi³¹ qa³¹-to⁵⁵　　fia³¹-zda⁵⁵-nə³¹.
　　　　全部－非施事　都　我－非施事　向下－给－非实然:2单
　　　　全部给我。

（124） mu³¹ thə³¹-tsə⁵⁵ ʂti³¹ a³¹-tsha³¹ pia⁵⁵-to⁵⁵ tɕi³¹ sə³¹-tɕhiu³⁵.
　　　　人　那－个　饭　一－锅－非施事　都　向外－吃:亲见
　　　　那个人把一锅饭都吃完了。

当不定代词 a³¹tɕi⁵⁵ 充当核心论元时，与其共现的 tɕi³¹ "都" 也可以出现在否定句中。例如：

（125） thə³¹ a³¹tɕi⁵⁵-to⁵⁵　　tɕi³¹ ma³¹-ta⁵⁵ po⁵⁵ ja³¹.
　　　　他　全部－非施事　都　否定－喜欢　语气
　　　　他哪种都不喜欢。

dzə³¹ "只" 一般紧靠动词出现，语义指向其后的谓语动词。例如：

（126） qa³¹ qa⁵⁵ ge³¹ ʂu³¹-to⁵⁵　　dzə³¹ sə³¹.
　　　　我　我自己　书－非施事　只　看
　　　　我只看我自己的书

（127） thə³¹ pia³¹ a³¹-zə⁵⁵ dzə³¹　　tə³¹-peʳu³¹.
　　　　他　猪　一－头　只　　　向上－养:亲见
　　　　他只养了一头猪。

五　情状副词

在萝卜寨话中，常见的情状副词有 ʂui³¹ʂui³¹ "好好地"、ma³¹ ɕa³¹ tsə⁵⁵

"悄悄地"、$a^{31}kha^{31}tsə^{55}$ "慢慢地"、$tɕan^{55}tu^{55}$ "独自" 和 $a^{31}tɕa^{55}so^{55}$ "一起"。其中，$ʂui^{31}ʂui^{31}$ "好好地" 是由形容词 $ʂui^{31}$ "好" 通过重叠方式派生而来的，该方式并不是能产的构词方式，在我们的语料里仅发现了此一例。$ʂui^{31}ʂui^{31}$ "好好地" 跟所修饰词语结合得较为松散，其间可以插入其他成分。例如：

（128） a. $nə^{31}$　　$a^{31}ɕi^{31}pia^{55}$-to^{55}　　$ʂui^{31}ʂui^{31}$　　$tə^{31}$-$qua^{31}thie^{31}$
　　　　　你　　身体 – 非施事　好好地　　向上 – 注意
　　　　　$tɕhe^{31}$-$nə^{31}$.
　　　　　应该 – 非实然：2 单
　　　　　你应该好好地注意身体。

　　　 b. $nə^{31}$　$ʂui^{31}ʂui^{31}$　　$a^{31}ɕi^{31}pia^{55}$-to^{55}　$tə^{31}$-$qua^{31}thie^{31}tɕhe^{31}$-$nə^{31}$.
　　　　　你　好好地　　身体 – 非施事　向上 – 注意 应该 – 非实然：2 单
　　　　　你应该好好地注意身体。

$ʂui^{31}ʂui^{31}$ "好好地" 还可以跟副词 $ki^{55}ji^{55}$ "这么" 连用，用于通过情景、手势、表情等的补充来确立表达的信息。例如：

（129） $nə^{31}$　　$ʂui^{31}ʂui^{31}$　　$ki^{55}ji^{55}$　　$dzə^{55}$　　$pu^{31}tɕhe^{31}$.
　　　　你　　好好地　　这么　　事情　做 应该
　　　　你应该这么好好地做事。

情状副词 $ma^{31}ɕa^{31}tsə^{55}$ "悄悄地"、$a^{31}kha^{31}tsə^{55}$ "慢慢地"、$tɕan^{55}tu^{55}$ "独自" 和 $a^{31}tɕa^{55}so^{55}$ "一起" 总是紧贴在所修饰谓词性成分之前，其间一般不能插入其他成分，但在它们和话题之间可以插入其他成分。其中，$ma^{31}ɕa^{31}tsə^{55}$ "悄悄地" 还可以跟时间副词 $ŋe^{55}$ "就" 连用，表示前后相继的动作行为。例如：

（130） qa^{31}-mu^{31}　$ma^{31}ɕa^{31}tsə^{55}lo^{31}$-$sa^{31}$,　　　$thə^{31}$-mu^{31}　$ma^{31}ɕa^{31}tsə^{55}$
　　　　我 – 话题 悄悄地　　来 – 实然：1 单 他 – 话题 悄悄地
　　　　$ŋe^{31}fia^{31}$-$wəi^{35}$.
　　　　就　向下 – 走：突然：3
　　　　我悄悄地来了，他悄悄地就走了。

（131） $nə^{31}$　　$a^{31}kha^{31}tsə^{55}$　　fia^{31}-ke^{31}.
　　　　你　　慢慢地　　　　向下 – 走
　　　　你慢走。

(132) qa³¹-mu⁵⁵, qa³⁵-je⁵⁵ tɕan⁵⁵ tu⁵⁵ dʐu³¹-ku⁵⁵ da⁵⁵-ma³¹.
我－话题 我：属格－反身 单独 家－位格 回－将行
我嘛，我自己一个人回家。

(133) qa⁵⁵ la⁵⁵ tu⁵⁵ tʂu⁵⁵ qa³¹-ȵa³¹ a³¹ so⁵⁵ dʑi³¹ du³¹ je⁵⁵.
我们 弟弟 我－随同 一起 读书 语气
我弟弟跟我一起上学。

(134) thə³¹ a³¹ tɕa⁵⁵ so⁵⁵ a³¹ ɕi⁵⁵ tə³¹-ʂaŋ⁵⁵ lia³¹-je⁵⁵ χua³¹ sua⁵⁵.
他 一起 一下 向上－商量－名物化 希望
他希望一起商量一下。

六 程度副词

在萝卜寨话里，a³⁵ji³¹ "很、非常"是最常用的程度副词，它的位置比较灵活，既可以紧邻着话题出现，也可以出现在其所修饰的谓语动词之前。例如：

(135) a. thə³¹ ja³⁵ji³¹ dʐə⁵⁵ pu³¹-je⁵⁵ ta⁵⁵ po⁵⁵.
他 非常 事情 做－名物化 愿意
b. thə³¹ dʐə⁵⁵ pu³¹-je⁵⁵ ja³⁵ji³¹ ta⁵⁵ po⁵⁵.
他 事情 做－名物化 非常 愿意
他非常愿意做事。

(136) qa³¹ nə³¹-to⁵⁵ ja³⁵ji³¹ ta⁵⁵ po⁵⁵-sau³¹ ja³¹.
我 你－非施事 非常 喜欢－实然：1 单：亲见 语气
我很喜欢你。

(137) qa³¹ ja³⁵ji³¹ nə³¹-to⁵⁵ be³¹ lo³¹-sau³¹ ja³¹.
我 很 你－非施事 想－实然：1 单：亲见 语气
我很想你。

在萝卜寨话里，我们还发现了7个（实际也可能更多）表程度加深的副词。泛指表示程度加深的有前置副词 tɕe³¹、ge³¹、nə³¹ 和 tshɛ⁵⁵，相当于汉语的"更"；表示小量程度加深的前置副词是 a³¹ ȵa⁵⁵/a³¹ ȵa⁵⁵ qa⁵⁵ "一点儿"；表示大量程度加深的前置副词 ȵi³¹ je⁵⁵ "很多"和后置副词 χa³¹ so⁵⁵ "很"，语义上相当于汉语的动补结构"x 得多"。例如：

（138）ɕi³¹ɕi:⁵⁵ thə³¹ tɕe³¹ we³¹.
　　　 钱　　他　还/更　有
　　　 钱他更有。

（139）ɕi³¹ɕi:⁵⁵ thə³¹ nə³¹/ge³¹ we³¹.
　　　 钱　　他　也/更　有
　　　 他也/更有钱。

（140）tu⁵⁵ tʂu⁵⁵ die³¹ qɑ³⁵ χɑ³¹so⁵⁵.
　　　 弟弟　吃　能　很
　　　 弟弟能吃得很。

（141）thə³¹lɑ⁵⁵ be³¹lo³¹-ŋɑ³¹ ɑ³¹ŋɑ⁵⁵ qɑ⁵⁵dʐu⁵⁵.
　　　 他们　　考虑-状语　　一点儿　多
　　　 他们考虑得多一点儿。

7个副词中只有χɑ³¹so⁵⁵是后置副词，跟其他6个副词不同，χɑ³¹so⁵⁵在使用中还有其他的句法限制，即χɑ³¹so⁵⁵不能在谓语为动补结构以及带补足语的能愿动词结构中使用。句法限制见表2–4：

表2–4　　　　　　　　萝卜寨话程度副词的句法限制

	更				一些	很多	x得多
	tɕe³¹	ge³¹	nə³¹	tshɛ⁵⁵	ɑ³¹ŋɑ⁵⁵(qɑ⁵⁵)	ɲi³¹je⁵⁵	χɑ³¹so⁵⁵
形容词	形容词前						形容词后
动补短语	动词后补语前						–
存在动词短语	存在动词前						存在动词后
情感类及物动词	情感类及物动词前						情感类及物动词后

由表示离心的趋向前缀语法化而来的die-放在它所修饰的谓语前表示最高级，如例句（142）—（143）：

（142）tɕe³¹　gu⁵⁵ʐu⁵⁵, tɕe³¹　bʐɑ⁵⁵-ge³¹　die³¹-ʂtɑu⁵⁵.
　　　 女儿　当中　女儿　大-名物化　最-漂亮：亲见
　　　 在女儿中，大女儿最漂亮。

(143) thə³¹-mu⁵⁵　die³¹-ma³¹-χə⁵⁵ ȵi³¹-ji³¹　　ŋuə³¹.
　　　他 – 话题　最 – 否定 – 懂事 – 实然: 3　系词
　　　他是最不懂事的。

萝卜寨话里还有一个副词 tshu³¹pu³¹，它更像一个后缀，经常跟表示最高级的前缀 die- 连用，表示过分义"太"，如例句（144）—（145）：

(144) qɑ³⁵　　　phu³¹　die³¹-tha⁵⁵　tshu⁵⁵pu³¹.
　　　我: 属格　衣服　离心 – 长　太
　　　我的衣服太长了

(145) nə³¹ gu⁵⁵-je⁵⁵　　die³¹- ʂtʂa³¹ tshu³¹pu³¹,
　　　你 穿 – 名物化 离心 – 少 太
　　　zə³¹- ʂtu⁵⁵-ma³¹ -nə³¹.
　　　向心 – 着凉 – 将行 – 非实然: 2 单
　　　你穿得太少，要着凉了。

七　肯定和否定

萝卜寨话没有表达否定的副词。表肯定的副词有 lu³¹ɕi⁵⁵ "真的、一定"和 ge⁵⁵ "一定、就、就是"，都可以修饰动词和形容词，表达肯定、强调的语义。例如：

(146) mei³⁵　　　　pa³¹la⁵⁵　sə³¹-khzə³¹- ʂə⁵⁵-dzə⁵⁵,
　　　别人: 属格　东西　　向外 – 坏 – 致使 – 后
　　　lu³¹ɕi⁵⁵　zе³¹-ba³¹-tɕhe⁵⁵-nə³¹.
　　　一定　　向里 – 赔偿 – 将行 – 非实然: 2 单
　　　弄坏了人家的东西是一定要赔偿的。

(147) dzə⁵⁵-thi³¹-to⁵⁵　　　qa³¹　ma³¹-pu³¹　nə³¹　ma³¹-qa³¹
　　　事情 – 定指 – 非施事　我　否定 – 做　都　否定 – 能
　　　ge⁵⁵　　tə³¹-pu³¹-tɕha³¹.
　　　一定　向上 – 做 – 将行: 非实然: 1 单
　　　这件事我不做都不行，就要做完。

(148) ʁua³¹tsə³¹ge⁵⁵　lu³¹ɕi⁵⁵　ja³¹ji³¹　bzɿa³¹　ɕa³¹tau³¹　ȵa³¹.
　　　萝卜寨　　　真的　　很　　大　　可能　　语气

萝卜寨可能很大。

（149）qa³¹   a⁵⁵ȵa⁵⁵qa³¹nə³¹   ge⁵⁵   da³¹-je⁵⁵   χua³¹sua⁵⁵.
       我   哪儿   都   去-名物化   想
       我就是哪儿都想去。

第六节　指代词

指代词可以分为人称代词、反身代词、指示代词、疑问代词和不定代词。以下我们分别论述它们的形态句法特征和语用功能。

一　人称代词

人称代词有第一人称、第二人称和第三人称，分单数和复数，第一人称复数有包括式和排除式之分。人称代词在萝卜寨话中基本上都变成了通过附加格标记的形式来表达格的区别，其单数形式还存在通过元音或声调屈折来表达属格的形态变化，而第一人称也存在通过声调屈折加复数标记表达复数的现象。人称代词的形式见表 2–5：

表 2–5　　　　　　　　　人称代词

人称代词	单数		复数	
第一人称	一般式	qa³¹	排除式	qa⁵⁵-la⁵⁵
	属格	qa³⁵	包括式	qa⁵⁵-tsa⁵⁵
第二人称	一般式	nə³¹	nə³¹-la⁵⁵	
	属格	nəi³⁵		
第三人称	一般式	thə³¹	thə³¹-la⁵⁵	
	属格	thəi³⁵		

需要说明的是，第二人称和第三人称的复数分别由第二人称单数和第三人称单数一般式加复数标记 -la⁵⁵ 构成；第一人称复数排除式由第一人称单数一般式变调为高平调 qa⁵⁵ 加复数标记 -la⁵⁵ 构成，第一人称复数包括式由第一人称单数一般式变调为高平调 qa⁵⁵ 加 -tsa⁵⁵ 构成；第一人称单数的属格是由第一人称单数一般式变调为中升调构成，第二人称单数和第

三人称单数的属格分别由第二人称单数和第三人称单数一般式的元音变为双元音 əi、声调变为中升调构成。

人称代词没有话题代词和非话题代词的区别，第三人称也没有有生命和无生命的区别。它们能带格标记、话题标记和比较标记，在句中作核心论元或旁格论元。我们看以下几个例句：

（150） a. nə³¹-sə³¹　　qɑ³¹-to⁵⁵　　tə³¹-qə³¹tie³¹jɑ³¹.
　　　　　你－施事　我－非施事　向上－打　语气
　　　　　你把我打了。

　　　b. qɑ³¹-sə³¹　　nə³¹-to⁵⁵　　tə³¹-qə³¹tie³¹jɑ³¹.
　　　　　我－施事　你－非施事　向上－打　语气
　　　　　我被你打了。

（151） thə³¹-sə³¹　thə³¹lɑ⁵⁵ tu³¹bzɑ³¹-to⁵⁵　qɑ³¹-je⁵⁵　tə³¹-ʐdɑ⁵⁵te³¹.
　　　　他－施事　他们　哥哥－非施事　我－向格　向上－介绍
　　　　他把他（们）哥哥介绍给我。

（152） qɑ³⁵　　tsə³¹ɕyɑ⁵⁵gə³¹　qɑ⁵⁵lɑ⁵⁵　qə³¹piɑ⁵⁵　ʑiu³¹.
　　　　我：属格　右边　　　　我们　　老师　　系词：亲见
　　　　我右边是我（们）老师。

（153） qɑ³¹-mu⁵⁵qɑ⁵⁵tsɑ⁵⁵　mei³¹-je⁵⁵　ŋuɑ⁵⁵.
　　　　我－话题咱们　　　羌族－属格　系词：非实然：1单
　　　　我是咱们羌族的。

从（150）a – b 可以看出，萝卜寨话跟蒲溪羌语不同，[①] 第一人称单数 qɑ³¹ 和第二人称单数 nə³¹ 既可以出现在话题位置，也可以出现在非话题位置。从（151）—（153）可以看出，人称代词所带格标记也没什么限制：人称代词的领属关系既可以通过各个人称的属格形式表达，如例句（152）中的 qɑ³⁵ "我的"；也可以通过人称代词的复数表达，如例句（151）—（153）中的 thə³¹lɑ⁵⁵ "他们"、qɑ⁵⁵lɑ⁵⁵ "我们" 和 qɑ⁵⁵tsɑ⁵⁵ "咱们"。需要说明的是，除了第一人称复数包括式 qɑ⁵⁵tsɑ⁵⁵ "咱们" 只表达复数领属外，其他三个人称代词的复数还可以表达单数领属。

萝卜寨话没有双数人称代词。当不强调所指的精确数目时，人称代

[①] 黄成龙：《蒲溪羌语研究》，民族出版社 2006 年版，第 55—59 页。

词复数可以指代双数所指。当需要强调所指是双数时，由人称代词复数形式后加 ni^{31}-tsə^{55}"两-个"表示，如例句（154）a-d：

（154）a. qɑ^{55}lɑ^{55}ni^{31}-tsə^{55} ʐo^{31} qo^{31} ʁɑ^{55} sə^{55} bo^{55}.
　　　　　我们　两-个　个子　一样　高
　　　　　我们俩个子一样高。

　　　b. qɑ^{31}dzɑ^{55}ni^{31}-tsə^{55} ʐo^{31} qo^{31} ʁɑ^{55} sə^{55} bo^{55}je^{55}.
　　　　　咱们　两-个　个子　一样　高　语气
　　　　　咱俩个子一样高。

　　　c. nə^{31}lɑ^{55}ni^{31}-tsə^{55} ʐo^{31} qo^{31} ʁɑ^{55} sə^{55} bo^{55}nə^{31}.
　　　　　你们　两-个　个子　一样　高　语气
　　　　　你俩个子一样高。

　　　d. thə^{31}lɑ^{55}ni^{31}-tsə^{55} ʐo^{31} qo^{31} ʁɑ^{55} sə^{55} bo^{55}je^{55}.
　　　　　他们　两-个　个子　一样　高　语气
　　　　　他俩个子一样高。

二　反身代词

反身代词有人称和数之分，但三个人称的反身代词在构成上差别很大。第一人称反身代词分别由单数一般形式 qɑ^{31}、复数排除式 qɑ^{55}lɑ^{55} 和复数包括式 qɑ^{55}tsɑ^{55} 后加-je^{55} 构成。第二人称反身代词分别由单数人称代词属格 nəi^{35} 和复数人称代词 nə^{31}lɑ^{55} 后加-je^{55} 表示。第三人称反身代词的构成和用法较为复杂。语素 jo^{55}"自己"的独立性较强，通常用于"第三人称代词一般式+数标记+jo^{55}+je^{55}+格标记"，构成第三人称代词数和格的形态变化。反身代词的形式见表2-6：

表2-6　　　　　　　　　　反身代词

代词	单数	复数	
第一人称	qɑ^{31}-je^{55}	排除式	qɑ^{55}lɑ^{55}-je^{55}
		包括式	qɑ^{55}tsɑ^{55}-je^{55}
第二人称	nəi^{35}-je^{55}	nə^{31}lɑ^{55}-je^{55}	
第三人称	jo^{55}/jo^{55}-je^{55}/thə^{31}-jo^{55}-je^{55}	thə^{31}lɑ^{55}-jo^{55}/thə^{31}lɑ^{55}-jo^{55}-je^{55}/jo^{55}lɑ^{55}-je^{55}	

jo^{55}有反身代词的功能,跟其他反身代词一样,其典型的句法环境是带非施事者标记,作动词的受事论元。jo^{55}独立使用时,既可以作施事论元,也可以作受事论元,表达"他自己"的意义。如下所示:

(155)　jo^{55}-sə^{31}　　　　　　jo^{55}-to^{55}　　　　　　qə^{31} tie^{31}.

自己.强调代词－施事　自己.反身代词－非施事　打

自己打自己了。(默认的人称是第三人称单数)

在上述结构"jo^{55}-sə^{31} jo^{55}-to^{55}"中,带施事者标记-sə^{31}的jo^{55}实际上是"强调代词",只是此时省略了第三人称代词thə^{31},若附加上也是完全成立的;如果附加上第三人称代词thə^{31},jo^{55}完全可以不出现;而带非施事者标记-to^{55}的jo^{55}才是真正的反身代词,且其单独使用只能解读为第三人称单数反身代词。由语素jo^{55}构成的复合反身代词可以通过前面的人称代词或其后的复数标记来区别数,能区分数的复合反身代词往往带有不成词语素-je^{55},如例句(156)a–d:

(156)　a.　thə^{31}-sə^{31}　　jo^{55}-to^{55}　　　　　　qə^{31} tie^{31}.

他－施事　自己.反身代词－非施事　打

他打自己了。

b.　thə^{31}-jo^{55}-je^{55}-sə^{31}　　　　jo^{55}-je^{55}-to^{55}　　　　　qə^{31} tie^{31}.

他－强调代词－强调－施事　自己.反身代词－强调－非施事　打

他自己打自己了。

c.　thə^{31}-jo^{55}-je^{55}-sə^{31}　　　　thə^{31}-jo^{55}-je^{55}-to^{55}　　　　qə^{31} tie^{31}.

他－强调代词－强调－施事　他－反身代词－强调－非施事　打

他自己打他自己了。

d.　thə^{31} lɑ^{55}-jo^{55}-je^{55}-sə^{31}　　　jo^{55} lɑ^{55}-je^{55}-to^{55}　　　qə^{31} tie^{31}.

他们－强调代词－强调－施事　他们:反身代词－强调－非施事　打

他们自己打他们自己了。

jo^{55}作反身代词是不可以省略的,而它作强调代词是可以省略的,它对句子意义的解读非常重要。在以上例句中,je^{55}虽然不能单用,但它常常附着于第三人称复合反身代词,起强调作用。另外,je^{55}也是构成第一、二人称反身代词的必要成分,个别老年人的实际发音为-ge^{55}。第一、二人称反身代词也经常用作强调代词。我们看以下几个例句:

（157） qa³¹-je⁵⁵-sə³¹　　　　qa³¹-je⁵⁵-to⁵⁵　　　sə³¹-fa³⁵-sa³¹.
　　　我－反身．强调－施事　我－反身－非施事　向外－骂－实然:1单
　　　我自己骂了我自己。

（158） dʐə⁵⁵-thi³¹-to⁵⁵　　　　qa⁵⁵tsa⁵⁵-ge⁵⁵
　　　事情－定指－非施事　咱们－反身．强调
　　　tə³¹-pu³¹　　　ma³¹-qa³¹-pu³¹-ɕi³¹.
　　　向上－做　　否定－能－做－实然:1复
　　　这件事咱们自己做不完了。

（159） nə³¹la⁵⁵-je⁵⁵　　　ɑ³¹khɑ³¹tsə⁵⁵　　fia³¹-ke³¹.
　　　你们－反身．强调　慢慢地　　　向下－走
　　　你们自己慢慢地走。

在上述例句中，只有短语 qa³¹-je⁵⁵-to⁵⁵ 中的 qa³¹je⁵⁵ 是真正的反身代词，而 qa³¹-je⁵⁵-sə³¹、qa⁵⁵tsa⁵⁵-ge⁵⁵ 和 nə³¹la⁵⁵-je⁵⁵ 里的 je⁵⁵/ge⁵⁵ 均起强调作用，但它必须附着于人称代词。

jo⁵⁵la⁵⁵je⁵⁵ 也可以用作第三人称复数反身代词，其中-la⁵⁵ 为人称代词复数标记，-je⁵⁵ 在此虽起强调作用，但它跟 jo⁵⁵la⁵⁵ 已经词汇化成了新词，如例句（160）：

（160） jo⁵⁵la⁵⁵je⁵⁵-sə³¹　　　　jo⁵⁵la⁵⁵je⁵⁵-to⁵⁵
　　　他们:反身．强调－施事　他们:反身．强调－非施事
　　　dʐi³¹dʐiu⁵⁵.
　　　问:重叠:亲见
　　　他们自己反复问他们自己。

在萝卜寨话里，反身代词除了可以用作强调代词外，还可以充当核心名词的领属成分或动词短语的修饰成分，如例句（161）—（162）：

（161） nəi³⁵-je⁵⁵-sə³¹　　　　nəi³⁵-je⁵⁵　　　　qoŋ³¹pia⁵⁵
　　　你:属格－反身．强调－施事　你:属格－反身．强调　脸
　　　sə³¹-gu³¹-ma³¹-nə³¹　　　　　ma³¹.
　　　向外－丢－将行－非实然:2单　语气
　　　你自己会丢你自己的脸的。

（162） thə³¹-to⁵⁵　　jo⁵⁵-je⁵⁵　　ze³¹-pu³¹-ʂ³¹.
　　　他－非施事　他:反身－强调　向里－做－致使

让他自己做。

三 指示代词

萝卜寨话的指示代词有近指和远指两类。当所指离说话人近时，用近指指示代词；如果所指离说话人较远或不在说话人视线范围内，就用远指指示代词。在萝卜寨话里，tsə³¹和thə³¹可能是指示代词的基本形式，但目前已不能单用，它们加上相应的成分可以构成指示代词。以下是几类常见指示代词的远近配对，如表表2-7：

表2-7　　　　　　　　　　指示代词

近指	远指	意义
tsə³¹-tsə⁵⁵	thə³¹-tsə⁵⁵	指人（"这个""那个"）
tsə³¹-ʐə³¹	thə³¹-ʐə³¹	指动物（"这个""那个"）
tsə³¹-ʐgu⁵⁵	thə³¹-ʐgu⁵⁵	指物体（"这个""那个"）
tsa³¹-ŋa⁵⁵	tha³¹-ŋa⁵⁵	指数量（"这点儿""那点儿"）
tsə³¹-khe³¹	thə³¹-khe³¹	指数量（"这些""那些"）
tsa³¹-qa³¹	tha³¹-qa³¹	指方位（"这儿""那儿"）
tsə³¹-ɕua³¹	thə³¹-ɕua³¹	指方位（"这边""那边"）
tsə³¹-tua⁵⁵	thə³¹-tua⁵⁵	指时间（"此时""那时"）
tsə³¹-ɕi⁵⁵	thə³¹-ɕi⁵⁵	指时间（"这下""那下"）
ki⁵⁵-ji⁵⁵	thə⁵⁵-ji⁵⁵	指方式（"这样""那样"）

从表2-7来看，萝卜寨话指示代词根据生命度分成指人、指动物和指物体三个类别。指人、指动物和指物体指示代词分别为tsə³¹-tsə⁵⁵"这个"/thə³¹-tsə⁵⁵"那个"、tsə³¹-ʐə³¹"这个"/thə³¹-ʐə³¹"那个"和tsə³¹-ʐgu⁵⁵"这个"/thə³¹-ʐgu⁵⁵"那个"，它们由指示词tsə³¹和thə³¹分别加上通用量词tsə⁵⁵、ʐə³¹和ʐgu⁵⁵构成，它们所指代的对象有明显的生命度差异。表示计量的指示代词根据所指代事物的多寡分成两个类别：tsə³¹-ŋa⁵⁵"这点儿"/thə³¹-ŋa⁵⁵"那点儿"和tsə³¹-khe³¹"这些"/thə³¹-khe³¹"那些"。前一类别由指示词tsə³¹/thə³¹加上概数词a³¹ŋa⁵⁵构成，表示数量少；后一类别由指示词tsə³¹/thə³¹加上复数标记-khe³¹构成，表示数量多。

指方位的指示代词有两对：tsa³¹-qa³¹ "这儿"/thə³¹-qa³¹ "那儿"和 tsə³¹-ɕua³¹ "这边"/thə³¹-ɕua³¹ "那边"。前者语义上偏重范围较小的区域，而后者语义上偏重范围较大的区域。表时间的指示代词有两对：tsə³¹-tua⁵⁵ "此时"/thə³¹-tua⁵⁵ "那时"和 tsə³¹-ɕi⁵⁵ "这下"/thə³¹-ɕi⁵⁵ "那下"。指示代词 tsə³¹-tua⁵⁵ "此时"/thə³¹-tua⁵⁵ "那时"由指示词 tsə³¹/thə³¹加上时间量词 tua⁵⁵ "段、阵、会儿"构成，它们所指的时间跨度较长；tsə³¹-ɕi⁵⁵ "这下"/thə³¹-ɕi⁵⁵ "那下"所指的时间跨度很短，表示一瞬间。表方式的指示代词 ki⁵⁵-ji⁵⁵ "这样"/thə⁵⁵-ji⁵⁵ "那样"可能是由指示词 tsə³¹/thə³¹加类别量词-ji⁵⁵ "种"构成的。根据收集到的材料，我们还无法推测 ki⁵⁵-ji⁵⁵是如何发展演变而来的。

　　指示代词既可以用作自由代词，也可以用作指示性的形容词：二者在形式上并没有什么区别。如果指示代词用作自由代词，它们可以作名词短语的中心词，也可以带相应的格标记、话题标记和比较标记；当它们用作指示性的形容词时，它们可以修饰名词短语的中心词，如例句（163）—（164）：

（163）mu³¹ thə³¹-phəi³¹-ku³¹, tsə³¹-tsə³¹-sə³¹　thə³¹-tsə³¹-to⁵⁵　fa³⁵　je⁵⁵,
　　　　人　那－批－位格　　这－个－施事　那－个－非施事　骂　语气
　　　　thə³¹-tsə³¹-sə³¹ tsə³¹-tsə³¹-to⁵⁵　fa³⁵ je⁵⁵.
　　　　那－个－施事　这－个－非施事　骂　语气
　　　　那帮人，这个骂那个，那个骂这个。

（164）tɕe⁵⁵　tsə³¹-ʐgu⁵⁵-mu⁵⁵　thə³¹-ʐgu⁵⁵-so⁵⁵ko⁵⁵　bo⁵⁵.
　　　　房子　这－座－话题　　那－座－比较　　　　高
　　　　这座房子比那座高。

四　疑问代词

　　疑问代词是在特指疑问句里代替疑问点的词语。萝卜寨话的疑问代词大致可以分成两类：一是问询时间、地点、数量、人物、事物等的疑问代词，主要包括 ȵa⁵⁵tua³¹ "何时"、ȵa⁵⁵so³¹qo⁵⁵ "多久"、a⁵⁵ȵa⁵⁵/ȵa⁵⁵qa³¹/a⁵⁵ȵa⁵⁵qa³¹ "哪儿"、ȵi⁵⁵ȵa⁵⁵ "多少"、sa⁵⁵ "谁"、sa³⁵ "谁的"、ȵi³¹/ȵa⁵⁵/ȵi⁵⁵khe⁵⁵ "什么" 和 ȵa³¹ji⁵⁵/ȵa⁵⁵ʐgu⁵⁵ "哪个"；二是问询原因、性状和方式等的疑问代词，主要包括 ȵi⁵⁵pu³¹ "为何"、ȵi⁵⁵ɕi³¹/ȵi⁵⁵ ji⁵⁵"怎么"。

　　萝卜寨话的疑问代词根据生命度分为指人疑问代词和非指人疑问代词。指人疑问代词"谁"跟人称代词一样有一般式 sɑ⁵⁵ 和属格形式 sɑ³⁵。非指人疑问代词均包含一个相同的词根 ȵi³¹ 或 ȵɑ⁵⁵ "什么"，其中 tuɑ³¹ 是表示时间的量词"时"、so³¹ qo⁵⁵ 是指称时间的名词"时候"、qɑ³¹ 是表示处所的名词"地点"、ji⁵⁵ 为类别量词"种"、ʑgu⁵⁵ 通用量词"个"。ȵi³¹ khe⁵⁵ 是由 ȵi³¹ 加上复数标记 -khe³¹ 构成的，主要用于对复数指称的提问，而 ȵi³¹ 多用于对单数或不可数指称的提问。疑问代词的基本用法和功能举例如下：

(165) nə³¹　ȵɑ⁵⁵ tuɑ⁵⁵ lo³¹-mɑ³¹-nə³¹　　　　nə³¹？
　　　 你　 何时　　来－将行－非实然：2 单　疑问
　　　 你什么时候来？

(166) nə³¹ lɑ⁵⁵　ɑ⁵⁵ ȵɑ⁵⁵-sə³¹　lo³¹-ɕi³¹？
　　　 你们　　 哪儿－由格　来－实然：2 复
　　　 你们从哪儿来？

(167) thə³¹ ɑ⁵⁵ ȵɑ⁵⁵ qɑ³¹　ke³¹ nə³¹？
　　　 他　 哪里　　　　 去　疑问
　　　 他去了哪里？

(168) pəi⁵⁵ ɕi⁵⁵ χui⁵⁵ ke³¹ lo³¹-mi⁵⁵　　mu³¹ ȵi⁵⁵ ȵɑ⁵⁵ ʑi³¹？
　　　 今天　 会议　 来－名物化人　 多少　　 有
　　　 今天参加大会的有多少人？

(169) sɑ⁵⁵-sə³¹　　ʂti³¹　tsə³¹-ʁu⁵⁵-to⁵⁵　 sə³¹-tɕhi³¹　nə³¹？
　　　 谁－施事　饭　　这－碗－非施事　向外－吃　 疑问
　　　 谁把这碗饭吃了？

(170) thə³¹ sɑ³⁵-mi⁵⁵ ɕɑ³¹　pɑ̃³¹ lɑ³¹　die³¹-tshue³⁵？
　　　 他　谁－名下　　　东西　　　离心－丢
　　　 他丢了谁的东西？

(171) ȵɑ³¹　pu³¹　tɕhe³¹ pe³¹　nə³¹？
　　　 什么　做　 应该 变成　疑问
　　　 该做什么了？

(172) qɑ³¹ ɦɑ³¹-ʁəi³⁵-sɑ³¹-dzə⁵⁵　　　　 nə³¹ lɑ⁵⁵ jou⁵⁵　ȵi⁵⁵ khe⁵⁵
　　　 我　向下－离开－实然：1 单－连词　你们　又　 　什么

tə^{31}-z̩da^{55}-ɕi^{55} nə^{31}?

向上－说－实然:2 复　疑问

我走了以后，你们又聊了些什么？

(173) nə^{31} qa^{31}-je^{55}　dʑi^{31}ȵa^{31} ji^{55}-to^{55}　tə^{31}-z̩da^{55}-ma^{31}-nə^{31}?

你　我－位格 字　哪个－非施事　向上－说－将行－非实然:2 单

你给我解释哪个词？

(174) ȵi^{55} pu^{31}　ɕi^{31} sə^{31}　ma^{31}-qa^{31}　nə^{31}?

为什么　到底　否定－行　疑问

到底为什么不行？

(175) ȵi^{55} ɕi^{31}　ki^{31} ji^{55}　tə^{31}-pu^{31}-ma^{31}　nə^{31}?

怎么　这么　向上－做－将行:非实然:1 单　疑问

（我）该怎么办呢？

萝卜寨话疑问代词也都有非疑问用法，在肯定句、疑问句或否定句里表示不定意义。其中 ȵi^{31}/ȵa^{55}/ȵi^{55}khe^{55} "什么"表示不定意义时，只用在肯定句或疑问句中；而 a^{55}mi^{55} "什么"只用在否定句子表示不定意义。当疑问代词表示不定意义时，疑问代词要跟副词 nə^{31} "都"一起出现，如在例句 (176) 中表示 "任何地方"；在例句 (177) a–b 中表示 "任何人"；在例句 (178) a–b 中表示 "任何东西"；在例句 (179) 中表示 "任何方式"：

(176) qa^{31} a^{55}ȵa^{55} qa^{31} nə^{31} ge^{55}　da^{31}-je^{55}　χua^{31} sua^{55}.

我　哪儿　　都 强调　去－名物化　想

我哪儿都想去。

(177) a. mu^{31} tsə^{31}-tsə^{55}-sə^{31}　sa^{55}-to^{55}　nə^{31}　tə^{31}-sə^{55}　nə^{31}?

人　这－个－施事　谁－非施事 都　向上－认识 疑问

这个人认识任何人吗？

b. sa^{55}-sə^{31}　nə^{31} mu^{31} tsə^{31}-tsə^{55}-to^{55}　tə^{31}-sə^{55}　ma^{31}-qa^{31}.

谁－施事 都 人　这－个－非施事　向上－认识 否定－能

谁都不认识这个人。

(178) a. thə^{31}-mu^{55}　ȵi^{55} khe^{55} nə^{31} ta^{55} po^{55} ja^{31}.

他－话题　什么　都 喜欢 语气

他什么都喜欢。

b. thə^{31}-mu^{55}　a^{55} mi^{55}　nə^{31}　ma^{31}-ta^{55} po^{55}　ja^{31}.

他 – 话题 什么 都 否定 – 喜欢 语气
他什么都不喜欢。

(179) ȵi⁵⁵ ji⁵⁵ pu³¹ nə³¹ ma³¹-qa³¹ nə³¹?
怎么 做 都 否定 – 行 疑问
怎么做都不行?

五 不定代词

除了疑问代词表示不定意义外,在我们的语料里,萝卜寨话还有六个常用的不定代词:

a³¹tɕi⁵⁵ "全部",可代指所有的人或物

a³¹khe³¹ "一些",可代指不定的人或物

mu³¹khe⁵⁵ "别人",代指人

thə³¹mi⁵⁵ "别人",代指人

məi³⁵ "别人的",代指人

na³¹ɡa⁵⁵ "其他",代指物

其中,a³¹tɕi⁵⁵ "全部" 既可以用作名词短语的中心词,如例句(180);也可以用作名词短语中心词的修饰成分,如例句(181):

(180) thə³¹ a³¹tɕi⁵⁵-to⁵⁵   tɕi³¹ ma³¹-ta⁵⁵ po⁵⁵ ja³¹.
他 全部 – 非施事 都 否定 – 喜欢 语气
他全都不喜欢。

(181) mu³¹ a³¹tɕi⁵⁵ nə⁵⁵ kho⁵⁵ tsa⁵⁵ ke³¹-ji³¹.
人 全部 都 汶川 去 – 实然: 3
所有人都去汶川了。

a³¹khe³¹ "一些" 是由数词 a³¹ "一" 加复数标记 -khe³¹ 构成,跟 a³¹tɕi⁵⁵ "全部" 一样,它既可以用作名词短语的中心词,如例句(182);也可以用作名词短语中心词的修饰成分,如例句(183):

(182) dʐu³¹ku⁵⁵-sə³¹   a³¹khe⁵⁵   phei⁵⁵tɕa⁵⁵-tɕhe⁵⁵ ja³¹.
家里 – 由格 一些 陪嫁 – 将行 语气
从家里要陪嫁一些。

(183) ɦa³¹ŋa³¹ku⁵⁵ɕa³¹ a³¹khe⁵⁵ dʑi³¹ du³¹, a³¹khe⁵⁵-ma⁵⁵ dzə⁵⁵ dzə⁵⁵ pu³¹ li³¹.
孩子 里面 一些 读书 一些 – 话题 工作

孩子中，一些在读书，一些在工作了。

mu^{31}khe^{55} "别人" 由 mu^{31} "人" 加复数标记-khe^{31}构成，可以代指复数名词和单数名词；thə^{31}mi^{55} "别人" 由远指指示词 thə^{31} "那" 加 mi^{55} "人" 构成，经常代指单数名词。它们一般只能作名词短语的中心词。例如：

（184） mu^{31}khe^{55}-sə^{31} ʁu^{55}-to^{55}　　sə^{31}-khʐe^{31}　 ŋa^{31}.
　　　　别人–施事　碗–非施事　向外–打碎　语气
　　　　别人把碗打碎了。

（185） qa^{31}ɕi^{31}ɕi^{55}ma^{31}-je^{55}-we^{31}　　ma^{31}sua^{55}ŋa^{31}, mu^{31}khe^{55}tɕe^{31}tɕhe^{55}.
　　　　我　钱　否定–连续–有　不算　连词　别人　还　欠
　　　　我不但没有钱，而且还欠别人的。

（186） thə^{31}mi^{55}ʁua^{31}tsə^{31}ge^{55}mu^{55}mi^{31}-ŋuə^{55}　ŋa^{31}.
　　　　那人　萝卜寨　　人　否定–系词　语气
　　　　那人不是萝卜寨人。

mɛi^{35} "别人的" 有点像人称代词的属格形式，在句中一般只能作名词短语的领属成分或修饰成分，如例句（187）：

（187） nə^{31}la^{55}-mu^{55}mɛi^{35}　　fia^{31}ŋa^{31}-to^{55}　　dʐa^{31}-ɕiu^{31}　　　　　ja^{31}.
　　　　你们–话题别人的　孩子–非施事　笑–实然:2复:亲见　语气
　　　　你们嘲笑了别人的孩子了。

na^{31}ga^{55} "其他" 既可以用作名词短语的中心词，如例句（188）；也可以用作名词短语中心词的修饰成分，如例句（189）：

（188） qa^{31}phu^{31}　tsə^{31}-le^{55}-to^{55}　　die^{31}-tʂhu^{55}-tha^{55}-ŋa^{31},
　　　　我　衣服　这–件–非施事　离心–除–汉借–连词
　　　　na^{31}ga^{55}a^{31}-le^{55}　tɕe^{31}we^{31}.
　　　　其他　一–件　还　有
　　　　我不但有这件衣服，其他还有一件。

（189） qa^{55}la^{55}-mu^{31}na^{55}ga^{55}phu^{31}　tɕe^{31}-tɕha^{31}　　　　　ja^{31}.
　　　　我们–话题其他　衣服　连续–要:非实然:1复　语气
　　　　我们还要其他的衣服。

第七节　数词

数词是用来计数的词语，包括基数词、概数词、序数词、分数词和倍数词等。基数词和概数词很少单用，常与量词组成数量短语修饰名词短语的核心。当它们修饰核心名词时，一般出现在所修饰的名词之后。下面我们分述基数词和概数词，以及序数、分数和倍数的表达方式。

一　基数词

萝卜寨话计数系统也采用十进位制。数字"零"是用汉语借词 lin^{35} 表达的，"一"至"九"为基本系数词，均为单音节词。

a^{55}	一	tɕi^{55}	一
ni^{31}	二	ɕe^{55}	三
dzˌə^{31}	四	ʁue^{31}	五
ʂtʂuə^{31}	六	ɕi^{31}	七
khzˌe^{31}	八	zˌgu^{31}	九

其中数词"一"有两种说法：tɕi^{55} 跟曲谷话 tɕi"一"同源，用法也相似，可能是藏语借词，[①] 但它不能单用，仅出现在 ɦa^{31}tɕi^{55}"十一"中；a^{55} 也不能单用，用于"百"以上位数词或量词前，以及"二十"以上个位数为"一"的数词中。

数词"十"至"十九"的构成方式为"ɦa^{31}＋系数"，其中 ɦa^{31} 可能来源于数词 a^{55}"一"，构成 ɦa^{31}dzo^{55}"十"的词根语素 dzo^{55} 已看不出其来源，构成 ɦa^{31}tʂu^{31}"十六"的词根语素 tʂu^{31} 跟基本系数词 ʂtʂuə^{31}"六"相比，辅音和元音已发生了脱落。

ɦa^{31}dzo^{55}	十	ɦa^{31}tɕi^{55}	十一
ɦa^{31}nə^{55}	十二	ɦa^{31}ɕe^{55}	十三
ɦa^{31}zˌə^{31}	十四	ɦa^{31}ŋo^{55}	十五
ɦa^{31}tʂu^{31}	十六	ɦa^{31}ɕi^{31}	十七
ɦa^{31}khzˌe^{55}	十八	ɦa^{31}zˌgu^{31}	十九

[①] 黄布凡、周发成：《羌语研究》，四川人民出版社2006年版，第97页。

若为"十"的整数倍,其倍数为"二"至"九"的数词,它们的构成方式为"系数+位数（ɕye⁵⁵ '十'）"。

nə³¹ɕye⁵　　二十　　ɕe³¹ɕye⁵⁵　三十
dzʅə³¹ɕye⁵⁵　四十　　ʁue³¹ɕye⁵⁵　五十
ʂtʂu³¹ɕye⁵⁵　六十　　ɕi³¹ɕye⁵⁵　七十
khzʅe³¹ɕye⁵⁵　八十　　zʅgu³¹ɕye⁵⁵　九十

若为"十"的非整数倍,且在区间"二十一"至"九十九"的数词,它们的构成方式为"系数+位数（ɕye⁵⁵ '十'）+ȵa³¹+系数"。其中ȵa³¹为并列连词,此时它可以省略。

ne³¹ɕye⁵⁵a³¹　　二十一　　zʅgu³¹ɕye⁵⁵ȵa³¹dzʅə³¹　九十四

在萝卜寨话里,除了位数词ɕye⁵⁵"十"外,还有百、千、万、十万、百万、千万、亿等几个位数词,其中ʂtu⁵⁵"千"是藏语借词,[①] 而ʁuɑ⁵⁵"万"是汉语借词。

a³¹khzʅəi³¹　　一百　　nə³¹ʂtu⁵⁵　　两千
ɕe³¹ʁuɑ⁵⁵　　三万　　ʁue³¹ʁuɑ⁵⁵　　五万
ɦia³¹dzo⁵⁵ʁuɑ⁵⁵　十万　a³¹khzʅəi³¹ʁuɑ⁵⁵　百万
a³¹ʂtu⁵⁵ʁuɑ⁵⁵　千万　ɦia³¹ʁuɑ⁵⁵ʁuɑ⁵⁵　一亿
ɦia³¹tɕi⁵⁵ʁuɑ⁵⁵ʁuɑ⁵⁵　十一亿

多个位数词的组合按高位到低位的顺序排列,每个位数词和个位数之后习惯上都要带上通用量词gu⁵⁵,不同位的位数词之间由ȵa³¹连接,"零"用缺位表示。以位数词ʁuɑ⁵⁵"万"为例,其构成方式为"系数+位数（ʁuɑ⁵⁵ '万'）+gu⁵⁵+ȵa³¹+系数+位数（ʂtu⁵⁵ '千'）+gu⁵⁵+ȵa³¹+系数+位数（khzʅəi³¹ '百'）+gu⁵⁵+ȵa³¹+系数+位数（ɕye⁵⁵ '十'）"+gu⁵⁵+ȵa³¹+系数+gu⁵⁵。其中,在一百以上的数字里,十位数和个位数之间的连词不能省略,其他位置的连词可以省略。

a³¹khzʅə³¹gu⁵⁵ȵa⁵⁵a³¹gu⁵⁵　　　　　　一百零一（个）
a³¹khzʅi³¹gu⁵⁵ȵa³¹a³¹dzo⁵⁵gu⁵⁵ȵa⁵⁵a³¹gu⁵⁵　一百一十一（个）
a³¹khzʅəi³¹gu⁵⁵ȵa⁵⁵ʁue³¹ɕye³¹gu⁵⁵　　　一百五十（个）

---

① 黄布凡、周发成:《羌语研究》,四川人民出版社2006年版,第98页。

ɑ³¹khzʅəi³¹gu⁵⁵ ŋɑ⁵⁵ʂtʂu³¹ ɕye⁵⁵ gu⁵⁵ ŋɑ³¹ ɕi³¹ gu⁵⁵　　一百六十七（个）
dzʅə³¹ ʁuɑ⁵⁵-gu⁵⁵-ŋɑ⁵⁵ nʅi³¹ʂtu⁵⁵-gu⁵⁵-ŋɑ⁵⁵ ɕe⁵⁵khzʅi³¹-gu⁵⁵-ŋɑ⁵
四万－个－连词　两千－个－连词　三百－个－连词
khzʅe³¹ɕye⁵⁵-gu⁵⁵-ŋɑ⁵⁵ɑ³¹-gu⁵⁵　　　　四万两千三百八十一（个）
八十－个－连词——个

二　概数词

概数词主要用作名词的修饰成分。概数词主要采用以下几种方式表示：

（一）十以内的两个相邻的基数词并列（＋位数词）＋量词的模式表达。例如：

ɑ⁵⁵nʅi³¹tsə⁵⁵　　　　　　一两个　　　ɕe³¹dzʅə³¹zʅgu⁵⁵　　　　三四个
ʁue³¹tʂu³¹zʅə⁵⁵　　　　　五六头　　　khzʅe³¹gu³¹ɦiɑ⁵⁵　　　　八九条
dzʅə³¹ʁue³¹khzʅi³¹tsə⁵⁵　四五百个　　tʂu³¹ɕi³¹ʂtu⁵⁵gu⁵⁵　　　六七千个

（二）"十多个""三十多个"等一百以内的概数多采用"基数词（十的整数倍）＋量词＋dzʅu⁵⁵'多'"的模式表达。例如：

ɦiɑ³¹dzo⁵⁵zʅgu⁵⁵dzʅu⁵⁵　十几个　　　ɕi³¹ɕye⁵⁵tsə⁵⁵dzʅu³¹　　七十多个

（三）一百以上的概数，如"几百个""几千个""几万个"等，多采用"ɑ³¹kə⁵⁵＋位数词＋量词"的模式表达。该表达中的量词有时可以不出现。例如：

（190）qɑ⁵⁵lɑ⁵⁵ɑ³¹kə⁵⁵khzʅi³¹-tsə³¹lo³¹-ɕi³¹.
　　　我们　几百－个　　　来－实然：1复
　　　我们来了几百人。

（191）thə³¹ɑ³¹kə⁵⁵ʂtu⁵⁵-piɑ⁵⁵tə³¹-ʐou⁵⁵　jɑ³¹.
　　　他　几千－元　　　向上－花　语气
　　　他花了几千元钱。

（192）qɑ³¹zʅgue³¹ɑ³¹kə⁵⁵ʁuɑ⁵⁵ɦiɑ³¹-tɕo⁵⁵-sɑ³¹.
　　　我　士兵　几万　　　向下－看见－实然：1单
　　　我看见好几万士兵。

其中ɑ³¹kə⁵⁵可能是不定数词，目前ɑ³¹kə⁵⁵和kə⁵⁵已经不能单用，我们发现它还可以跟指示词tsə³¹和thə³¹构成指量短语"tsə³¹/thə³¹kə⁵⁵＋量词"表概数。

（193） tse³¹kə⁵⁵-tse⁵⁵　ʁuɑ³¹tsə³¹ɡe⁵⁵　mu³¹ʑiu³⁵,　thə³¹　kə⁵⁵-tse⁵⁵
　　　　这几-个　　萝卜寨　　　人 系词　那　　几-个
　　　　tshɑ³¹ɡe⁵⁵　mu³¹　ʑiu³⁵.
　　　　索桥　　　人　　系词
　　　　这几个是萝卜寨人，那几个是索桥人。

（四）在数词或数量短语后加 ȵɑ⁵⁵ "大约""大概""左右"表示。如下所示：

　　　ɕe⁵⁵tsə⁵⁵ȵɑ³¹　　　三个左右　　ʂtʂu³¹ɕye⁵⁵ʐə⁵⁵ȵɑ³¹　六十头上下
　　　ɑ³¹khzə³¹ʐɡu⁵⁵ȵɑ⁵⁵　百把个　　ɑ³¹ʂtu⁵⁵ʐɡu⁵⁵ȵɑ⁵⁵　千把个

数词连用后还可以加 ȵɑ⁵⁵ 表示概数，例如：

（194） liɑn³¹χo⁵⁵tiɑn⁵⁵tsɑn³¹　ʐi³¹-mi⁵⁵　　mu³¹
　　　　联合电站　　　　　　在-名物化 人
　　　　ni³¹ɕe⁵⁵khʐi³¹-tsə³¹-ȵɑ³¹ʑiu³⁵.
　　　　二三百-个-左右　　　有：亲见
　　　　在联合电站的人有二三百个。

（五）在数词或数量短语后加 mɑ³¹ɕi⁵⁵ "不止"表示。如下所示：

（195） kho⁵⁵tsɑ⁵⁵dɑ³¹-mi⁵⁵　　ɕe⁵⁵-tsə⁵⁵mɑ³¹ɕi⁵⁵tɕhe³¹.
　　　　汶川　去-名物化　三-个　不止　需要
　　　　需要不止三个人去汶川。

（196） mu³¹thə³¹tsə³¹ʐɡu³¹ɕye⁵⁵-pu⁵⁵mɑ³¹ɕi⁵⁵.
　　　　人 那个　九十-岁　　不止
　　　　那个人不止90岁了。

三　序数词

萝卜寨话没有序数词体系，多用方位词或指示词加方位词表示一般事物顺序或次第，例如：

　　　die³¹qe¹³¹　　　　　　　第一个（最前面）
　　　tɑ³¹qɑ⁵⁵to⁵⁵　　　　　　第二个（后面）
　　　thi⁵⁵tɑ³¹qɑ⁵⁵to⁵⁵　　　　第三个（那个后面）
　　　thi⁵⁵thi⁵⁵tɑ³¹qɑ⁵⁵to⁵⁵　　第四个（那个那个后面）
　　　die³¹tɑ³¹qɑ⁵⁵to⁵⁵　　　　第五个（最后面）

表示家里孩子的排行时，排行中的第一位强制用"最大"表示，而最后一位常用"最小"表示。排行中的其他次第则采用"基数词＋量词 tsə⁵⁵＋ʐe⁵⁵"的构造，其中 ʐe⁵⁵有点儿像汉语里表示排行的前缀"老－"。例如：

die³¹bʐɑ³¹	老大（最大）	ni³¹tsə⁵⁵ʐe⁵⁵	老二
çe⁵⁵tsə⁵⁵ʐe⁵⁵	老三	dzə³¹tsə⁵⁵ʐe⁵⁵	老四
ʁue³¹tsə⁵⁵ʐe⁵⁵	老五	tʂu³¹tsə⁵⁵ʐe⁵⁵	老六
çi³¹tsə⁵⁵ʐe⁵⁵	老七	khʐe³¹tsə⁵⁵ʐe⁵⁵	老八
ʐgu³¹tsə⁵⁵ʐe⁵⁵	老九	die³¹ʂtʂɑ³¹	老幺（最小）

目前，在表达一般事物顺序或次第时，年轻人使用"基数词＋量词 tsə⁵⁵＋ʐe⁵⁵"的频率更高。

萝卜寨话采用十二地支纪年法，与十二生肖对应，其基本构造方式为"生肖动物名称＋ʐu⁵⁵"。如下所示：

dzə³¹ʂku³¹ʐu⁵⁵	子鼠	fiə³¹tsə³¹ʐu⁵⁵	丑牛
pi³¹du³¹ʐu⁵⁵	寅虎	ʐde⁵⁵ʐu⁵⁵	卯兔
ʐbu⁵⁵ʐu⁵⁵	辰龙	bə³¹tʃhə³¹ʐu⁵⁵	巳蛇
ʐo⁵⁵ʐu⁵⁵	午马	tɕhe³¹ʐu⁵⁵	未羊
ʁuɑ³¹sɑ³¹ʐu⁵⁵	申猴	jy³¹ʐu⁵⁵	酉鸡
khu³¹ʐu⁵⁵	戌狗	piɑ⁵⁵ʐu⁵⁵	亥猪

表示月份的序数词是由基数词后加 le³¹"月"构成，其中一月（正月）比较特殊，ʂpe³¹to⁵⁵来源不详。如下所示：

ʂpe³¹to⁵⁵le³¹	一月（正月）	ni³¹le³¹	二月
çe⁵⁵le⁵⁵	三月	dzə³¹le³¹	四月
ʁue³¹le³¹	五月	ʂtʂu³¹le³¹	六月
çi³¹le³¹	七月	khʐe³¹le³¹	八月
ʐgu³¹le³¹	九月	fiɑ³¹dʐo³¹le³¹	十月
fiɑ³¹tɕi⁵⁵le³¹	十一月	fiɑ³¹nə⁵⁵le³¹	十二月

表示日期顺序的序数词则采用"tɕi³¹tʂo⁵⁵＋基数词＋çi³¹'天'"的构造，tɕi³¹tʂo⁵⁵来源不详。如下所示：

| tɕi³¹tʂo⁵⁵ɑ³¹çi³¹ | 初一 | tɕi³¹tʂo⁵⁵ni³¹çi³¹ | 初二 |
| tɕi³¹tʂo⁵⁵çe³¹çi⁵⁵ | 初三 | tɕi³¹tʂo⁵⁵dzə³¹çi⁵⁵ | 初四 |

tɕi³¹ tʂo⁵⁵ ʁue³¹ ɕi⁵⁵　　初五　　　　tɕi³¹ tʂo⁵⁵ ʂtʂu³¹ ɕi⁵⁵　　初六

tɕi³¹ tʂo⁵⁵ ɕi³¹ ɕi⁵⁵　　　初七　　　　tɕi³¹ tʂo⁵⁵ khz̩e³¹ ɕi⁵⁵　　初八

tɕi³¹ tʂo⁵⁵ z̩gu³¹ ɕi⁵⁵　　初九　　　　tɕi³¹ tʂo⁵⁵ ɦa³¹ dzu⁵⁵ ɕi⁵⁵ 初十

其中，"初一"还有另外一种表达模式"a³¹ + tʂo⁵⁵"，其中 tʂo⁵⁵ 可变读为 tɕo⁵⁵，该词跟曲谷话里的 tɕu 应该同源。① 基数词可以表达"初十"以上的日期。如下所示：

（197） ɦa³¹ dzo³¹ -lə³¹ a³¹ tɕo⁵⁵ tsə³¹ ɕi⁵⁵ mi⁵⁵-ŋuə⁵⁵.
　　　　十 – 月　　初一　　这天　　否定 – 系词
　　　　不是十月初一这天。

（198） ni³¹ -lə³¹ -je⁵⁵　　a³¹ tʂo⁵⁵　　qa⁵⁵la⁵⁵　　zi³¹ to⁵⁵ go⁵⁵　　ki⁵⁵ ji⁵⁵　　tɕi⁵⁵ ɳa³¹
　　　　二 – 月 – 位格　　初一　　　我们　　　成都　　　　这么　　再

　　　　dz̩a³¹ tʂhu⁵⁵　　je⁵⁵.
　　　　玩耍　　　　语气
　　　　二月初一我们再去成都耍。

（199） pəi⁵⁵ ɕi⁵⁵ tsə³¹ ɕi⁵⁵ -je⁵⁵　　z̩gu³¹ -lə³¹ -je⁵⁵　　nə³¹ ɕye⁵⁵ pe³¹.
　　　　今天　这天 – 位格　　九 – 月 – 位格　　二十　　变成
　　　　今天是 9 月 20 号。

四　分数和倍数

分数用"分母基数词 + gu⁵⁵'个'+ ku³¹z̩ə³¹'里面'+ 分子基数词 + gu⁵⁵'个'"的构造表达。例如：

（200） ɕin⁵⁵ -gu⁵⁵ ku³¹ z̩ə³¹ an⁵⁵ -gu⁵⁵　　三分之一
　　　　三 – 个　里面　一 – 个

（201） a³¹ khz̩əi³¹ -gu⁵⁵ ku³¹ z̩ə³¹ khz̩e³¹ ɕye⁵⁵ -gu⁵⁵　　百分之七十
　　　　一百 – 个　　里面　　七十 – 个

倍数用基数词加 z̩gu⁵⁵"倍"表示。例如：

（202） a. mia³¹ piɑ³¹ qhua⁵⁵　　thə³¹ -tɕe³¹ z̩gu³¹ ɕye⁵⁵ -ɳa³¹　　dz̩ə³¹ -pu³¹ lie³¹,
　　　　老太婆　　　　　　那 – 个　九十 – 连词　　四 – 岁　　有

---

① 黄布凡、周发成：《羌语研究》，四川人民出版社 2006 年版，第 99 页。

qa³⁵　　　　　pu³⁵ʂu⁵⁵-so⁵⁵ko⁵⁵　ȵi³¹-ʐgu⁵⁵ba³¹.
我：属格　　　年龄－比较　　　二－倍　大
那个老太婆94岁了，比我的年龄大两倍。

b.　thəi³⁵　　　pu³⁵ʂu⁵⁵qa³⁵　　　ɕe³¹-ʐgu⁵⁵ŋuə⁵⁵.
她：属格 年龄　我：属格　三－倍　系词
她的年龄是我的三倍。

第八节　量词

量词在意义上表示事物或动作的计量单位。量词不能单独出现，当量词修饰名词时，量词始终与数词或指示词一起修饰名词短语的中心词。指示词、数词、量词和名词结合的次序是"指示词－名词－指示词－数词－量词"。需要说明的是，当第二个指示词出现时，第一个指示词才可以出现；当指示词出现且数词为"一"时，数词"一"不能出现。

量词根据其语义可分为度量词和类别词。度量词是指人类语言普遍具有的计量单位词，类别词是汉语及部分语言特有的、因对象种类不同而使用的类别词。在萝卜寨话中，二者语法表现相同，但在语义上有差异。由于量词不能单独使用，本节例词中的量词均与数词 a³¹ "一"共现。

一　度量词

度量词可以分为三类：度量衡单位词、时间单位词和容器单位词。本书只列举口语中常用的单位词。它们既可以作名词的修饰成分，也可以作中心词和话题。

（一）度量衡单位词

萝卜寨话的度量衡单位词主要有以下几类：

①长度单位词，例如：

a³¹-li⁵⁵　一华里　　　　　　　　a³¹-dʐa⁵⁵ 一丈
a³¹-tʂhə³¹ 一尺　　　　　　　　a³¹-tɕhy⁵⁵ 一寸
a³¹-phe⁵¹ 一庹（两臂伸开，中指两端间的长度）
a³¹-tu³¹　一大拃（拇指和中指伸开两端间的宽度，约6寸）

a^{31}-kha^{31} 一小拃（拇指和食指伸开两端间的宽度，约 5 寸）

②重量单位词，例如：

a^{31}-tɕi^{55} 一斤　　　　　　　　a^{31}-dʐo^{31} 一两

a^{31}-fəi^{31} 一分　　　　　　　　a^{31}-li^{31} 一厘

a^{31}-dʑe^{31} 一钱

③面积单位词，例如：

a^{31}-po^{55} 一亩　　　　　　　　a^{31}-fəi^{31} 一分

④容积单位词，例如：

a^{31}-po^{55} 一斗（相当于 15 或 16 斤）　　a^{31}-lu^{55} 一桶（相当于 8 斤）

a^{31}-ʂə^{55} 一升（相当于 4 斤）

⑤币值单位词，例如：

a^{31}-pia^{55} 一元　　　　　　　　a^{31}-ʂto^{55} 一角

a^{31}-fəi^{31} 一分

（二）时间单位词

萝卜寨话的时间单位词主要有两类：表示基数的单位词和表示序数的单位词。两者的差别可以用差比结构 "A + B – so^{55}ko^{55} + 数词 + 单位词 + 比较参项" 来测试，表示基数的单位词可以进入这个结构，而表示序数的单位词不能进入这个结构。

萝卜寨话常见的只能用来表示基数的时间单位词主要有 zə^{155} "夜" 等。它们跟时间名词（如 pu^{31}zə^{31} "小时"、ɕi^{31}tsə^{55} "白天" 等）不同：时间单位词 ɕi^{31} "天" 能够直接受数词修饰，而 pu^{31}zə^{31} "小时" 等词不能直接受数词修饰。时间名词经常做数量短语的中心语。例如：

(203) thə^{31} ɕe^{55}-ɕi^{31} ɕe^{55}-zə^{155} məi^{31}　ʑe^{31}-mi^{55}-ʑi^{31}　　ja^{31}.

　　　他　三 – 天三 – 夜　觉　　向里 – 否定 – 睡　语气

　　　他三天三夜未合眼。

(204) thə^{31} pu^{31}zə^{31}　a^{31}-gu^{55}-sə^{31}　dʑə^{55}-to^{55}

　　　他　小时　　一 – 个 – 由格　事情 – 非施事

　　　tə^{31}-pu^{31}-qau^{31}.

　　　向上 – 做 – 完成：亲见

　　　他一个小时把事情做完了。

萝卜寨话常见的只能用来表示序数的时间单位词主要有 le^{31} "月"、

gu⁵⁵ "点"等。它们只能出现在"数词+单位词"的结构里,而不能进入差比结构。例如:

(205) pəi⁵⁵ ɕi⁵⁵ tsə³¹ ɕi⁵⁵-je⁵⁵ ʑgu³¹-le³¹-je⁵⁵ nə³¹ ɕye⁵⁵ pe³¹.
今天　这天–位格　九–月–位格　二十　变成
今天是9月20号。

(206) qa³¹ nə³¹-so⁵⁵ ko⁵⁵ le³¹ ʁue³¹-ʑgu⁵⁵ ʂtʂa³¹.
我　你–比较　月　五–个　　小
我比你小五个月。

需要注意的是,le³¹"月"只有在表示序数时是量词,如例句(205);表示基数时是名词,如例句(206)中的le³¹"月"为名词,受数量短语修饰时可以进入差比结构,此句中的量词 ʑgu⁵⁵"个"不能省略。

pu³¹"年、岁"、ɕi⁵⁵"天、日"既可以表示基数,也可以表示序数。例如:

(207) fia³¹ ŋa³¹-thi³¹ ɕe⁵⁵-pu³¹ lie³¹-ŋa³¹ thə³⁵　　pi⁵⁵ die³¹-ɕa³¹ su⁵⁵,
孩子–定指　三–岁　在–状语　他:属格　父亲　离心–死
ʑi⁵⁵ lin³¹-pu³¹ lie³¹-ŋa³¹　mia³¹-ti³¹　　jou⁵⁵ die³¹-ɕa³¹ su⁵⁵.
一零–年　在–状语　母亲–定指　又　离心–死
孤儿三岁死了父亲,一零年又死了母亲。

(208) qa³¹ sa⁵⁵ tʂu⁵⁵-so⁵⁵ ko⁵⁵ ʁue³¹-pu⁵⁵ bʐa³¹.
我　妹妹–比较　　五–岁　大
我比妹妹大五岁。

"一+时间单位词+ma⁵⁵ qa⁵⁵"的组合可以用来表达数量多且遍指的含义。例如:

(209) ʁua³¹ tsə³¹ ge⁵⁵ a⁵⁵-ɕi⁵⁵-ma⁵⁵ qa⁵⁵ me˞³¹　lui³¹
萝卜寨　一–天–每　　雨　来:实然:3
萝卜寨天天下雨。

(三)容器单位词

容器类单位词只有个别的专用量词,在我们材料里只发现了一个容器类单位词专用量词 a³¹ tʂa⁵⁵ "一杯",其他的诸如 tsha³¹ pia⁵⁵ "锅"、ʁu³¹ "碗"均与名词是兼类。一般只要是能够容纳、承载其他物体的名词均能用作容器类单位词，它们与名词的搭配具有较强的临时性。例如：

（210） thə³¹ ɕe³¹-ʁu⁵⁵ fia³¹-die³¹　qɑ³¹.
　　　　他　三－碗　　向下－吃　　能
　　　　他能吃三大碗

（211） nə³¹ lu³¹ ɕi⁵⁵　ɑ⁵⁵-phin³¹ tsə³¹ tɕhi⁵⁵-mɑ⁵⁵-nə³¹　　　　mɑ⁵⁵?
　　　　你　究竟　　一－瓶子　　　喝－将行－非实然：2 单　疑问
　　　　你难道要喝一瓶吗？

二　名词类别词

名词类别词又称名量词，主要分为个体量词和集合量词两类。

（一）个体量词

类别词反映人类感知，根据名词固有特征，如以生命度、形状、特质和功能为基础进行分类的。个体量词是个体化的类范畴，用来修饰可数名词，并对名词起分类、区分作用。羌语通用量词有生命度区分，存在人、动物和无生命之分，但在各方言土语中，生命度区分程度不一致。[①] 萝卜寨话有四个广泛使用的通用量词，它们已经比较严格地区分人、动物和无生命体。其中，量词 tsə⁵⁵ 指人，ʐə⁵⁵/fiɑ⁵⁵ 指动物，而 gu⁵⁵ 指无生命物体。表 2－8 是萝卜寨话通用量词及其与名词的搭配：

表 2－8　　　　　　萝卜寨话通用量词及其与名词的搭配

生命度	量词	语义	量名搭配
人类	ɑ³¹-tsə⁵⁵	一个	指人名词，如人、司机、老师、医生、厨师等
动物	ɑ³¹-ʐə⁵⁵	一匹	非长条状形体较大的动物，如牛、马、羊、猪、狗、鸡、鸭、鹅等
动物	ɑ³¹-fiɑ⁵⁵	一只	非长条状形体较小的动物或长条状动物，如鱼、蛇、蚊虫等
无生命物体	ɑ³¹-gu⁵⁵	一个/块/口	多数普通名词和抽象名词，如学校、医院、肺、肾、球、馒头、米粒、苹果、湖、洞、香皂、汽车、嘴巴、盒子、棺材、香味、办法、故事、想法等

---

① 黄成龙：《羌语的名量词》，《民族语文》2005 年第 5 期，第 17 页。

形状和大小是名词范畴化为量词的最基本、最普遍的特征之一。① 萝卜寨话还有一些指具体事物形状特质和功能的个体量词。量词 tɕhe⁵⁵ 多用于片状的无生命物体，而 fiə˞⁵⁵ 多用于修饰条状的名词，既可以出现在动物之后，也可以用来修饰无生命物体。球状类别词在萝卜寨话里既可以使用表示无生命的通用量词，也可以使用 tɕe⁵⁵。表示工具的量词 ɕe⁵⁵ 是按照物体的功能进行分类的。表 2－9 是萝卜寨话常用个体量词及其与名词的搭配：

表 2－9　　　　萝卜寨话常用个体量词及其与名词的搭配

形状	量词	语义	量名搭配
条状（一维）	ɑ³¹-fiə˞⁵⁵	一根/条/支	长条状物体，如河流、道路、草、木条、火柴、皮带、拐杖、笛子、箭、头发、手指、尿、绳子、船、笔等
片状（二维）	ɑ³¹-tɕhe⁵⁵	一片/张/面	片状物体，如树叶、木板、石片、竹片、纸张、相片、网、布、被子、席子、毛巾、镜子、湖面等
球状（三维）	ɑ³¹-tɕe⁵⁵	一颗/件	球状物体，如球、珠子、事情等
工具（把形）	ɑ³¹-ɕe⁵⁵	一把	带柄或把的物体，如锄头、刀、锁、伞、梳子、斧子、扫帚等

除了以形状和功能成类的个体量词外，萝卜寨话还有一些表示具体事物类别但不成类的量词。例如：

ɑ³¹-bu⁵⁵	一棵（树）	ɑ³¹-tʂhu⁵⁵	一朵（花）
ɑ³¹-ʐi⁵⁵	一张（桌子）	ɑ³¹-qo⁵⁵	一座/间（房子）
ɑ³¹-pəi³¹	一本（书）	ɑ³¹-qu⁵⁵	一句（话）
ɑ³¹-to⁵⁵	一座（桥）	ɑ³¹-tuɑ⁵⁵	一顿（饭）
ɑ³¹-tsɑ³¹	一节（木头）	ɑ³¹-tɕe⁵⁵tɕe⁵⁵	一节（电池）
ɑ³¹-qu⁵⁵	一句（话）	ɑ³¹-χo⁵⁵	一口（井）
ɑ³¹-tsuɑ³¹	一把（黄土）	ɑ³¹-thiɑu⁵⁵	一条（香烟）
ɑ³¹-tshə³¹	一层（皮）	ɑ³¹-phie³¹	一章（经文）
ɑ³¹-pu⁵⁵/to⁵⁵	一扇（门）	ɑ³¹-pie³¹	一堵（墙）

---

① 黄成龙：《羌语的名量词》，《民族语文》2005 年第 5 期，第 17 页。

a^{31}-tye^{55}	一担（柴）	a^{31}-phie^{31}	一片（叶子）
a^{31}-ɕe^{31}	一类（事物）	a^{31}-jaŋ^{31}tsə^{31}	一门（技术）
a^{31}-jaŋ^{31}tsə^{31}	一样（东西）	a^{31}-jaŋ^{31}tsə^{31}	一种（水果）

下面这些量词是个体量词中比较特殊的一个类别，通常用于某个个体的一部分。如萝卜寨话用 tɕy^{55}tsə^{51} a^{31}-mi^{55} "一瓣橘子"表示橘子的一角，虽然这一角是整个橘子的构成部分，但是这一角也是以个体的方式呈现的，所以我们把这类用于某个个体的构成部分的量词也算作个体量词。例如：

a^{31}-mi^{55}	一瓣（橘子）	a^{31}-bo^{55}	一牙（西瓜）
a^{31}-tɕe^{55}tɕe^{55}	一段（藕）	a^{31}-tɕe^{55}tɕe^{55}	一节（甘蔗）
a^{31}-qa^{55}	一汪（眼泪）		

下面是名量词在句中使用的一些例句：

(212) qa^{31}pəi^{55}ɕi^{55}jy^{31}a-fiə⌐^{155}　　zə^{55}-pu^{55}-sa^{31},　　　zə^{35}ɲi^{55}-fiə⌐^{155}
我　今天　鸡 一 只　向心-买-实然:1单 鱼　两-条
zə^{55}-pu^{55}-sa^{31},　　pia^{31}tshə^{31}ɕe^{31}-tɕi^{55}zə^{31}-pu^{55}-sa^{31}
向心-买-实然:1单 猪肉　　三-斤 向心-买-实然:1单
我今天买了一只鸡、两条鱼、三斤肉。

(213) nə^{31}la^{55}mu^{55}tʂhu^{55}je^{31}tin^{35}a^{31}-tsə^{55}31-sə^{31}　a^{31}-tsə^{55}
你们　以后　一定　一-个-施事　一-个
so^{31}-tɕhe^{31}-ɲe^{31},
学-将行-非实然:2复
a^{31}-tsə^{55}-sə^{31}　　　a^{31}-tsə^{31}　　ʁua^{31}-tɕhe^{31}-ɲe^{31}.
一-个-施事　　　一-个　　帮助-将行-非实然:2复
你们今后一定要互相学习，互相帮助。

（二）集合量词

萝卜寨话有四个通用的集合量词，它们有生命度区分，存在人、动物和无生命体之分。其中，量词 a^{31}phəi^{31} 用于人，a^{31}khue^{31}/je^{31} 用于动物，而 a^{31}khe^{55}/ɲa^{35} 多用于无生命物体，有时也可以用于人和动物。其中，a^{31}khe^{55} 指偏大量，而 a^{31}ɲa^{35} 指偏小量。下面是一些集合量词：

a^{31}-phəi^{31}	一群	a^{31}-khue^{31}/je^{31}	一群/窝
a^{31}-khe^{55}	一些	a^{31}-ɲa^{35}	一点

tʂə⁵⁵ tʂə⁵⁵	一点点	ɑ³¹-pi⁵⁵	一笔（费用）
ɑ³¹-tue³¹	一对	ɑ³¹-khui³¹	一捆
ɑ³¹-tʂhu⁵⁵	一簇/束	ɑ³¹-luŋ⁵⁵ luŋ⁵⁵	一丛
ɑ³¹-tʂhuɑ⁵⁵	一串葡萄	ɑ³¹-piɑ³¹	一堆（垃圾）
ɑ³¹-fu⁵⁵	一副（眼镜、中药）	ɑ³¹-χan³⁵	一行（字）
ɑ³¹-phəi³¹	一班（人马）	ɑ³¹-than⁵⁵ than⁵⁵	一滩（水）
ɑ³¹-phɛ³¹ phɛ³¹	一排（房屋）	ɑ³¹-tʂhuɑn³¹ tʂhuɑn³¹	一串（钥匙）
ɑ³¹-phɛ³¹	一排（牙齿）	ɑ³¹-tʂhu⁵⁵	一缕（头发）
ɑ³¹-khe⁵⁵	一批（货物）	ɑ³¹-le⁵⁵	一套（衣服）
ɑ³¹-ta⁵⁵	一打（纸）	ɑ³¹-tʂhu⁵⁵	一炷（香）
ɑ³¹-tuŋ³¹	一筒（茶饼）	ɑ³¹-piɑ³¹	一篷（稻草）
ɑ³¹-thuɑ⁵⁵	一摞（盘子）	ɑ³¹-tsuɑ³¹	一捧（沙子）

下面是集合量词在句中使用的一些例句：

（214）tɑ³¹ ʁuɑ³⁵ tɕu³¹ ku³¹ zɑ³¹ qɑ³¹ tɕi⁵⁵ zə³¹-ɕy³¹-qɑu³⁵，　tsə³¹ lɑ⁵⁵
　　　 达娃　家　庄稼　全部　向心-收-完：亲见 他们
　　　 tɕu³¹ ku³¹ ɑ³¹-khe³¹ zɑ³¹ qɑ³¹ zə³¹-ɕy³¹　mi³¹-je³¹-qɑu³⁵.
　　　 家　　一一些 庄稼　向心-收 否定-连续-完：亲见
　　　 达娃家的庄稼收完了，但他们家的一些庄稼还没有收完。

（215）qɑ³¹ thə³¹-so⁵⁵ ko⁵⁵　tʂə⁵⁵ tʂə⁵⁵　ge³¹ n̥ɑ³¹　bɑu³¹.
　　　 我　他-比较　　　一点点　　这么　　　大：亲见
　　　 我比他大一点点。

三　动词类别词

动词类别词又称动量词，是用来量化动作行为和方式的，表示动作的频率或持续的时间。它们只能置于动词之前，作动词或句子的修饰成分。下面是一些动量词：

ɑ³¹-ɕi⁵⁵（打）一下　　　　　ɑ³¹-χo⁵⁵（打）一顿
ɑ³¹-tuɑ⁵⁵（下了）一阵/会儿（雨）　ɑ³¹-gu⁵⁵（去了）一趟
ɑ³¹-tʂhu⁵⁵（玩）一次　　　　ɑ³¹-thu⁵⁵ 一遍

萝卜寨话的名词很难临时借用为动量词，不存在由数词"一"＋具体名词的构式，如汉语中表达动作方式的"一拳""一脚"等，萝卜寨话则使用"名词+数词+量词"进行表达。例如：

（216） thə^{31} qa^{55}-to^{55}　　go^{31} tʂhu^{31} a^{31}-ʐgu^{55} fia^{31}-lie^{35}.
　　　　他　我–非施事　脚头　　一–个　向下–踢
　　　　他踢了我一脚。

（217） nə^{31} qa^{55}-to^{55}　　gu^{31} ŋu^{31}　a^{31}-ʐgu^{55} fia^{31}-tua^{55}-nə^{31},
　　　　你　我–非施事　拳头　　一–个　向下–打–非实然:2单
　　　　qa^{55} nə^{31}-to^{55}　　ɕe^{55}-ʐgu^{55}　ʐe^{31}-la^{55} tɕhi^{31}-ma^{31}.
　　　　我　你–非施事　三–个　　向里–偿还–将行
　　　　你打我一拳，我回你三拳。

下面是动量词在句中使用的一些例句：

（218） ʂu^{35} tsə^{31}-pei^{31}-to^{55}　　qa^{31} ɕe^{31}-thu^{55} sə^{31}-pu^{31}-sa^{31}.
　　　　书　这–本–非施事　我　三–遍　向外–做–实然:1单
　　　　这本书我看过三遍了。

（219） qa^{31} pe^{31} tɕin^{55} ŋi^{31}-thu^{55} ke^{31}-tɕe^{31}-sa^{31}.
　　　　我　北京　两–次　去–经验–实然:1单
　　　　我去过北京两次。

（220） thə^{31} a^{31} tua^{55} tə^{31}-be^{31} lo^{31}, fia^{31}-sa^{31} ko^{31}-dzə^{55}　tə^{31}-be^{31} lo^{31} qau^{35}.
　　　　他　一会儿向上–想　　向下–结束–连词　向上–想　成功:亲见
　　　　他想了一会儿，终于想到了。

上面分别介绍了萝卜寨话中常用的个体量词、集合量词和动量词。萝卜寨话数量"一"+量词重叠是能产的，可以表达类似汉语中"个个""人人""条条"等数量多且全指的含义。例如：

（221） ʐa^{31} thə^{31} khe^{55}　a^{31}-je^{31} a^{31}-je^{31}　a^{31} tɕi^{55}　ba^{35} ba^{55}　ʑiu^{31}.
　　　　鱼　那些　　一–条一–条　都　　大大　　是
　　　　那些鱼条条都很大。

（222） tɕhe^{31} thə^{31} khe^{55}　a^{31}-je^{31} a^{31}-je^{31}　a^{31} tɕi^{55} ŋin^{35} gə^{31} lu^{35} ja^{31}.
　　　　羊　那群　　一–只一–只　都　　实在　肥　语气
　　　　那群羊只只都很肥

（223） nə^{31} la^{55} a^{31}-tsə^{31} a^{31}-tsə^{31} ʑi^{31} mi^{31} tsə^{31}-qu^{55}-to^{55}　a^{31} ɕi^{55} die^{31}-du^{31}-ŋe^{55}.
　　　　你们　一个　一个　话　这–句–非施事　一下　离心–读–非实然:2复
　　　　你们一个一个把这句话念一遍。

萝卜寨话数量"一"+量词+nə³¹，可以表达全指或任指的含义。例如：

(224) sɑ⁵⁵-je³¹　　　　qe³¹pia⁵⁵　ʑiu³¹? ɑ³¹tsə⁵¹nə³¹mi³¹-ŋuə⁵⁵.
谁－语尾助词　老师　　是　一个　都 否定－是
谁是老师？谁都不是。

(225) pəi⁵⁵ɕi⁵⁵mu⁵⁵pia⁵⁵-je³¹　　du³⁵χɑ³¹so³⁵, ɑ³¹-ʐə⁵⁵nə³¹mi³¹-lo⁵⁵.
今天　天气－语尾助词　热　很　　一－只　都 否定－来
今天天气热，任何一只都没出来。

第九节　连词

连词可以连接词、短语或小句，根据其连接成分句法地位的异同，可以细分为并列连词和从属连词。

一　并列连词

并列连词所连接的两个句法成分的句法地位相同。萝卜寨话有两个并列连词：ȵɑ³¹和mɑ³¹。它们均可以连接词、短语或小句，所连接的成分既可以是名词性成分，也可以是谓词性成分。其中ȵɑ³¹表示合取关系（A and B）。并列连接标记ȵɑ³¹用来连接两个句法地位等同的词或短语。例如：

(226) qe³¹pia⁵⁵ȵɑ³¹so³¹-mi³¹-khe³¹　　ɑ⁵⁵so⁵⁵　dʐɑ³¹tʂhu⁵⁵.
老师　和　学－名物化－复　一起　玩
老师和学生们一起玩耍。

(227) ɕi³¹phu⁵⁵-ti³¹tə³¹-bɑ³¹　ȵɑ³¹tə³¹-lu³⁵　jɑ³¹.
树－定指　向上－大　和　向上－粗 语气
这棵树变大变粗了。

(228) thə³¹tə³¹-bʐɑ³¹-nə³¹qɑu³⁵　　ȵɑ³¹, phu³¹tsə³¹-le⁵⁵thə³¹
她　向上－大－已经：亲见　连词　衣服这－件 她
tə³¹-ku³¹　mɑ³¹-qɑ³¹-pu³¹-nə³¹qɑu³⁵
向上－穿 否定－能－做－已经：亲见
她已经长大了，这件衣服穿不上了。

疑问标记mɑ³¹常常用来表达选择关系。在萝卜寨话里，疑问标记

ma³¹出现在第一个并列项的末尾，表示选择关系。例如：

（229）thə³¹ dʐu³¹-ku⁵⁵ zi³¹-ma³¹ ma³¹-zi³¹ nə³¹?
　　　他　家－位格　　在－疑问　否定－在　疑问
　　　他在不在家里？

（230）qa³¹-to⁵⁵　çi³¹çi⁵⁵　fia³¹-ẓda⁵⁵-ma³¹-nə³¹　　　　　ma³¹,
　　　我－非施事　钱　　向下－给－将行－非实然:2单　疑问
　　　pã³¹la³¹　a³¹-jaŋ³⁵tsə³¹　fia³¹-ẓda⁵⁵-ma³¹-nə³¹.
　　　东西　　一－样子　　向下－给－将行－非实然:2单
　　　要么还我钱，要么给我一样东西。

汉语借词 χue⁵⁵tse³¹ "或者"也可用来表达选择关系。例如：

（231）tʂu³¹tɕhi⁵⁵-ge⁵⁵　　χue⁵⁵tse³¹tie³¹-ge⁵⁵　　a³¹tɕi⁵⁵
　　　水　喝－名物化　　或者　吃－名物化　　全部
　　　tsə⁵⁵tʂha³¹-ge⁵⁵　　fia³⁵-çi³⁵.
　　　那边－位格　　　向下－放
　　　喝的水或者吃的都放到那边了。

二　从属连词

状语从句指的是占据主句的旁格成分位置的小句，通常可以为主句提供时间、地点、条件、结果、方式等信息。[①] 状语从句也是从形式上定义的，即从句在句法上不能单独使用，必须依赖主句而存在。因此并不是表示上述的时间、地点等语义成分的就一定是从句。由此，不同语言状语从句的范围并不相同，即某种语言的状语从句在其他语言中可能会采用并列或单句等方式来表达。在萝卜寨话的主从结构中，从属小句往往出现在主句之前。

萝卜寨话状语从句的标记主要有 dʐə⁵⁵/tə³¹ma³¹dʐə⁵⁵、nə³¹dʐə⁵⁵/ma³¹dʐə⁵⁵、ge⁵⁵、sə³¹、nə³¹、thi³¹mu⁵⁵，它们基本功能不同，但都可以表达较为多样的状语功能。它们既可以单用，也可以相互组合使用，还可以跟并列结构的标记连用，表达不同的意义。下面分别来看。

[①] Aikhenvald, Alexandra Y. *The Art of Grammar*, Oxford: Oxford University Press, 2015, pp. 253-256.

1. dzʐə⁵⁵/tə³¹ma³¹dzʐə⁵⁵

从属连接标记 dzʐə⁵⁵/tə³¹ma³¹dzʐə⁵⁵ 出现在从句末尾，连接时间状语从句和主句。例如：

（232）tɕi³¹　thə³¹-tsə⁵⁵　su³¹-ge⁵⁵-sə³¹　　　fiɑ³¹-lo³¹　dzʐə⁵⁵,
　　　　男人　那－个　　山－位格－由格　　　向下－来　连词
　　　　khu³¹　tsə³¹-zʐə⁵⁵-to⁵⁵　fiɑ³¹-tɕo³¹-sə³¹.
　　　　狗　　这－只－非施事　向下－看见－听说
　　　　听说那个男人从山上下来后，看见了这只狗。

（233）[qɑ³⁵　　pzʐə³⁵] -to⁵⁵　tə³¹-tye⁵⁵-sɑ⁵⁵　　　　dzʐə⁵⁵,
　　　　我：属格　日子－位格　向上－好－实然：1单　连词
　　　　[thəi³⁵　pzʐə³⁵] -thi³¹　zʐe³¹-mɑ³¹-tye⁵⁵.
　　　　他：属格　日子－定指　向里－否定－好
　　　　我的日子好的时候，他的日子不好。

从属连接标记 dzʐə⁵⁵ 出现在从句末尾，可以连接因果状语从句和主句。例如：

（234）thə³¹ʂu⁵⁵sə⁵⁵die³¹-dzʐu⁵⁵　dzʐə⁵⁵,　die³¹-zʐeu³¹　　jɑ³¹.
　　　　他　书　看　最－多　　　连词　　离心－病：亲见　语气
　　　　他看书太多病倒了。

（235）thə³¹-to⁵⁵　　bo⁵⁵ɕi⁵⁵tə³¹-ɕi³¹　　dzʐə⁵⁵, jɑ³⁵ji³¹fiɑ³¹-ɕi³¹χəu³¹.
　　　　他－非施事　奖励　向上－颁发　连词　非常　向下－高兴：亲见
　　　　他获得奖励高兴极了。

从属连接标记 dzʐə⁵⁵ 出现在从句末尾，可以连接条件状语从句和主句。例如：

（236）sɑ⁵⁵dzo⁵⁵ʁo³¹lie³¹dzʐə⁵⁵,　sɑ⁵⁵pɑ̃³¹lɑ³¹　fiɑ³¹-tʂuɑ⁵⁵　n̠e³¹.
　　　　谁　力气　　有　连词　　谁　东西　　向下－拿　　语气
　　　　谁有力气，谁就拿东西。

（237）qɑ³¹fiɑ³¹-die³¹-bɑ³¹-je⁵⁵　　　ŋuɑ⁵⁵-sɑ³¹　　　dzʐə⁵⁵,
　　　　我　向下－离心－累－名物化　系词－实然：1单　连词
　　　　məi³¹　zʐe³¹-dzʐe³¹-ge⁵⁵　　χuɑ³¹.
　　　　觉　　向里－睡－名物化　　想
　　　　如果我累了，就想睡觉。

从属连接标记 dzə⁵⁵ 出现在从句末尾，可以连接假设状语从句和主句。例如：

(238) nə³¹ ki⁵⁵ ji˞⁵⁵ tə³¹-pu⁵⁵ ma³¹-qa³¹-sə³¹   dzə⁵⁵, ge⁵⁵ pe³¹!
　　　你　那样　向上－做　否定－能－实然:2单　连词　算了
　　　你那样做不了的话，算了！

(239) zi³¹ sə³¹-tɕhi³¹ tə³¹-dzu⁵⁵ dzə⁵⁵   a³¹ ɕi³¹ pia⁵⁵-je⁵⁵ ma⁵⁵-tye⁵⁵-ma³¹.
　　　酒　向外－喝向上－多连词　身体－位格　否定－好－将行
　　　酒喝多的话，将对身体不好。

2. nə³¹ dzə⁵⁵/ma³¹ dzə⁵⁵

从属连接标记 nə³¹ dzə⁵⁵/ma³¹ dzə⁵⁵ 出现在从句末尾，连接条件或假设状语从句和主句，表示其表述在现实世界可能存在或发生，即为可能性条件或假设；如果要表示与已然事实相反，即反事实假设的时候，则复句的连接词只能用 ma³¹ dzə⁵⁵。其中，这两种类型的假设关系复句跟蒲溪羌语类似，[①] 其意义也通过主从结构所使用的体标记来体现。试比较以下两组例句：

(240) a. thə³¹ tə³¹ pəi⁵⁵ ɕi⁵⁵ lo³¹-je⁵⁵   ŋuə⁵⁵   nə³¹ dzə⁵⁵/ma³¹ dzə⁵⁵,
　　　　　他　明天　　来－名物化系词　　连词
　　　　qa³¹ kho⁵⁵ tsa⁵⁵ ge⁵⁵ ke³¹-ma³¹.（条件句）
　　　　我　汶川　　就　去－将行
　　　　只要他明天来，我明天就去汶川。

　　 b. thə³¹ lo³¹   nə³¹ dzə⁵⁵/ma³¹ dzə⁵⁵, qa³¹ kho⁵⁵ tsa⁵⁵ da⁵⁵-ma³¹.
　　　　他　来　　连词　　　　　　　　我　汶川　去－将行
　　　　假如他来，我将去汶川。（可能假设句）

　　 c. thə³¹   nə⁵⁵ ɕi⁵⁵   lo³¹-je⁵⁵   ma³¹ dzə⁵⁵,
　　　　他　　昨天　　来－名物化　连词
　　　　qa³¹ zi³¹ to⁵⁵ go⁵⁵　fia³¹-ke³¹-sa³¹   ŋa³⁵.
　　　　我　成都　　　　向下－去－实然:1单　语气
　　　　要是他昨天来了，我就去了成都。（反事实假设句）

(241) a. pəi⁵⁵ ɕi⁵⁵ me¹³¹ ma³¹-lo³¹   nə³¹ dzə⁵⁵/ma³¹ dzə⁵⁵,

---

① 黄成龙：《蒲溪羌语研究》，民族出版社 2006 年版，第 223—224 页。

今天　　雨　　否定－来　连词

qɑ³¹su³¹-ge⁵⁵　ke³¹-mɑ³¹　ȵɑ³⁵.（条件句）

我　山－位格　去－将行　语气

如果今天不下雨，我就去山上。

b. tə³¹pəi⁵⁵ɕi⁵⁵me¹³¹mi³¹-lo³¹　　ŋuə⁵⁵　nə³¹dzə⁵⁵/mɑ³¹dzə⁵⁵,

明天　　　雨　否定－来　系词　　连词

qɑ³¹su³¹-ge⁵⁵　ge⁵⁵ke³¹-mɑ³¹.（可能假设句）

我　山－位格　就　去－将行

如果明天不下雨，我会去山上。

c. nə⁵⁵ɕi⁵⁵　me¹³¹　mɑ³¹-lo³¹　mɑ³¹dzə⁵⁵,

昨天　　雨　　否定－来　连词

qɑ³¹su³¹-ge³¹　tə³¹-ke³¹-tɕhɑ³¹-sɑ³¹　　　　　ȵɑ³¹.

我　山－位格　向上－去－将行－实然:1 单　语气

要是昨天没下雨的话，我就去了山上。（反事实假设句）

以上两组例句的 a–b 都是现实世界可能存在或发生的真实条件句或假设句，它们主句的谓语都带有将行体标记，而两组例句的 c 是反事实假设句，其主句的谓语都带有表状态变化的实然体标记。

3. ʁuɑ³¹dzə⁵⁵/nə³¹

从属连接标记 ʁuɑ³¹dzə⁵⁵/nə³¹ 出现在从句末尾，连接让步状语从句和主句。例如：

（242）thə³¹jɑ⁵⁵ji⁵⁵ʂtʂɑ³¹nə³¹, ʁɑ¹³¹　zi³¹mi³¹tə³¹-zdɑ⁵⁵　zə³¹.

他　非常　小　连词　汉族　话　　向上－说　会

虽然他很小，但会说汉话。

（243）thə³¹tɕe³¹-ʂtʂɑ³¹ʁuɑ³¹dzə⁵⁵/nə³¹, dzə³¹-to⁵⁵　　jɑ³⁵ji³¹sɑ⁵⁵-pu⁵⁵.

他　连续－小　连词　　　　事情－非施事　非常　懂事－做

虽然他还小，但很懂事。

在从属连接标记 ʁuɑ³¹dzə⁵⁵ 连接的让步状语从句中，可以插入中缀 -to⁵⁵-，作为同一个动词的两个表征，如例句（244）：

（244）ɕi³¹mi⁵⁵tsə³¹khe³¹bɑ³¹-to⁵⁵-bɑ³¹　ʁuɑ³¹dzə³¹, ɑ³¹ȵɑ³¹qɑ⁵⁵

水果　这些　　大－连词－大　连词　　　一点儿

tʂuɑu⁵⁵　jɑ³¹.

酸：亲见 语气

这些水果大是大，但是有点儿酸。

4. ʂui³⁵ʐan³¹

借自汉语的从属连接标记 ʂui³⁵ʐan³¹ "虽然" 可以出现在从句的句首连接让步状语从句和主句。例如：

(245) ʂui³⁵ʐan³¹ qa⁵⁵ dza⁵⁵ qeʴ³¹   a³¹-tsə⁵⁵-sə³¹   a³¹-tsə³¹
　　　虽然　　咱们　以前　一－个－施事　一－个
　　　tə³¹-sə³¹sə³¹　　ma³¹-qa³¹,　pəi⁵⁵ɕi⁵⁵　qa⁵⁵la⁵⁵
　　　向上－看：重叠　否定－能　今天　　我们
　　　ge³¹-je³¹-thi³¹　　a³¹tɕi⁵⁵pia⁵⁵-ɕi⁵⁵　ki⁵⁵ji⁵⁵　pe³¹.
　　　亲－名物化－定指　一家人－比较　　如此　　变成

虽然你和我从前不认识，但是现在变得如此亲如一家。

5. sə³¹/ɕi³¹sə⁵⁵

从属连接标记 sə³¹ 既可以用在名词短语之后，标记源点，也可以用在从句的末尾，连接时间状语从句和主句。例如：

(246) thə³¹ dʑu³¹   ʐe³¹-ʁa⁵⁵-ȵa³¹   sə³¹, pã³¹la³¹-to⁵⁵
　　　他　　门　　向里－跨－状语　　连词　东西－非施事
　　　ko³¹to⁵⁵ɕa³¹　　sə³¹-qui³¹.
　　　地上　　　　　向外－扔：实然：3

他一进门就把东西扔在地上。

(247) nə³¹-to⁵⁵   die³¹-χa³¹-ȵa⁵⁵   sə³¹,
　　　你－非施事　离心－出生－状语　连词
　　　nəi³⁵   a³¹ɕi³¹pia⁵⁵   χua⁵⁵   χa³¹so³⁵.
　　　你：属格　身体　　　　瘦　　　很

你出生以来，你身体瘦得很。

(248) nə³¹la⁵⁵   ni³¹-tsə⁵⁵   lo³¹-je⁵⁵   qeʴ³¹   sə³¹, qa³¹
　　　你们　　　两－个　　　来－名物化　以前　连词　我
　　　ʂti³¹-to⁵⁵   tə³¹-pu³¹-ȵa³¹   ʐe³¹-pu³¹-sa³¹.
　　　饭－非施事　向上－做－状语　　向里－做－实然：1 单

你俩来之前，我饭都做好了。

从属连接标记 sə⁵⁵/ɕi³¹sə⁵⁵ 出现在从句的末尾，还可以表示从句和主句之间存在先因后果的因果关系。例如：

(249) mu⁵⁵ pia⁵⁵-ti³¹ ja³⁵ ji³¹ du³⁵-thi³¹　　sə⁵⁵, qa⁵⁵ la⁵⁵ ma³¹-ke³¹
　　　 天－定指　　非常　热－定指　连词　我们　否定－去
　　　 pe³¹-ɕi³¹.
　　　 变成－实然：1 复
　　　 由于天气太热了，我们不去了。

(250) qa³¹　ɕi⁵⁵ pia⁵⁵　ja³¹ ji³¹　die³¹-ba³¹　ɕi⁵⁵ sə³¹
　　　 我　　身体　　　非常　　　离心－累　　连词
　　　 qa³¹ a³¹ ŋa³¹ qa⁵⁵　nə⁵⁵ ke³¹-je³¹　ma³¹-χua³¹ sua⁵⁵.
　　　 我　一点　　　　　去－名物化　　　否定－想
　　　 因为我实在太累了，（所以）一点都不想去。

另外，从属连接标记 ɕi³¹ sə⁵⁵ 连接因果关系的主从结构时，表示结果的主句有时也可以出现在表示原因的从句之前，即通常所说的先果后因的因果关系。例如：

(251) ʁua³¹ tsə³¹ qe⁵⁵ dʐa³¹ tʂhu⁵⁵-lo⁵⁵-mi⁵⁵　ja⁵⁵ khe³¹ dʐu³⁵, thi³¹-mu⁵⁵
　　　 萝卜寨　　玩－来－名物化　　　　　　　　很　　多　　　那－话题
　　　 ʁua³¹ tsə³¹ ge³¹ tʂhua⁵⁵-thi³¹　ʐda⁵⁵　gu³¹ ʐə³¹ ɕa³¹　ʂtə³⁵　ɕi⁵⁵ sə³¹.
　　　 萝卜寨　　寨子－定指　　　　　云　　　里面　　　　　　在　　　连词
　　　 来萝卜寨参观的人很多，因为萝卜寨是云上羌寨。

(252) qa³¹ tɕhan³⁵ jy³¹ so⁵⁵-tɕha³¹,　　　　qa³¹-mu³¹　tɕhan³⁵ tʂhu³¹-mi⁵⁵
　　　 我　羌语　　学－将行：非实然：1 单　我－话题　　羌族－名物化
　　　 ŋuə³¹　ɕi⁵⁵ sə³¹.
　　　 系词　　连词
　　　 我要学习羌语，那是因为我是羌族。

6. thi³¹ mu⁵⁵

从属连接标记 thi³¹ mu⁵⁵ 出现在从句句末，连接目的状语从句和主句。例如：

(253) nə³¹ la⁵⁵ pəi³¹ ɕi³¹ so⁵⁵-ge³¹　　thi³¹ mu⁵⁵, mu⁵⁵ tʂhu⁵⁵
　　　 你们　　现在　　学－名物化　　　连词　　　以后
　　　 dʐə⁵⁵-pu³¹-ŋa³¹ pe⁵⁵ ɕa³¹ χua³¹ sua⁵⁵-ŋe³¹.
　　　 事－做－状语　　能干　　　　打算－非实然：2 复

你们现在学习，是为了以后更好。

(254) qɑ⁵⁵la⁵⁵ ʁuɑ³¹tsə³¹ qe³¹lo³¹-ge³¹　　thi³¹mu⁵⁵, tɕhan³⁵jy³¹
　　　我们　萝卜寨　　来-名物化　连词　　羌语
　　　so⁵⁵-ge³¹　　χuɑ³¹suɑ³¹-ge³¹.
　　　学-名物化　打算-语尾助词
　　　我们来萝卜寨，是为了学羌语。

第十节　构词法

　　构词法主要研究的是句法词构造的各种手段。句法词的构造方式以复合构词法和派生构词法为主。复合构词法是用句法的方式进行构词，而派生构词法则是用形态手段进行构词。讨论构词法，就需要区分构词形态与构形形态。属于同一个词的不同形式之间的变化叫构形形态或屈折变化，用来构成另一个词的形态变化叫构词形态或派生形态。

一　复合构词法

　　复合是用句法手段构造新词的方法。理论上复合法是可以循环运用的，本节只讨论简单的复合构词，复杂的复合构词将不再讨论。
　　考察复合构词法，主要有语法关系和词类两个维度。萝卜寨话复合词的主要构成方式如下：

（一）并列式

　　从词类的角度看，并列复合词主要由"名词+名词=名词""动词+动词=动词""形容词+形容词=形容词""形容词+形容词=名词"和"副词+副词=副词"等5种方式构成。例如：

1. 名词+名词=名词

pi³¹ + miɑ³¹	=	pi³¹miɑ⁵⁵	tɕi³¹ + tɕe³¹	=	tɕi⁵⁵tɕe³¹
父亲+母亲	=	父母	男人+女人	=	男女
khu³¹ + piɑ³¹	=	khu³¹piɑ⁵⁵	tɕi³¹ + tɕe³¹	=	tɕi³¹tɕe³¹
狗+猪	=	动物	儿子+女儿	=	儿女
miɑ³¹ + tɕe³¹	=	miɑ³¹tɕe³¹			
母亲+女儿	=	母女			

2. 动词 + 动词 = 动词

ke³¹ + lo³¹　　=　　ke³¹ lo⁵⁵　　　　ba³¹ + ʐi³¹　　=　　ba³¹ ʐi³¹

去 + 来　　　 =　　来往　　　　　　休息 + 歇　　 =　　休息

ʂtu⁵⁵ + tɕa³⁵　=　　ʂtu⁵⁵ tɕa⁵⁵

躲 + 藏　　　 =　　躲藏

3. 形容词 + 形容词 = 形容词

na³¹ + ʑe³¹　　=　　na³¹ ʑe³¹

好 + 容易　　 =　　舒服

4. 形容词 + 形容词 = 名词

bo⁵⁵ + be³¹　　=　　bo⁵⁵ be³¹　　　　bʐa³¹ + ʂtʂa³¹　=　　bʐa³¹ ʂtʂa³¹

高 + 矮　　　 =　　高矮　　　　　　大 + 小　　　 =　　大小

5. 副词 + 副词 = 副词

a³¹ tɕi⁵⁵ + nə³¹　=　　a³¹ tɕi⁵⁵ nə³¹

全部 + 都　　=　　完全

（二）陈述式

从词类的角度看，陈述式复合词的构成方式主要包含"名词 + 动词 = 动词"和"名词 + 形容词 = 形容词"。例如：

1. 名词 + 动词 = 动词

ʂu³¹ + ʑe³¹　　=　　ʂu³¹ ʑe⁵⁵　　　　mu³¹ + ta⁵⁵ po⁵⁵　=　　mu³¹ ta⁵⁵ po⁵⁵

牙 + 疼　　　 =　　牙疼　　　　　　人 + 喜欢　　 =　　讨喜

2. 名词 + 形容词 = 形容词

ɕi³¹ mi⁵⁵ + na³¹　=　　ɕi³¹ na³¹　　　　pu⁵⁵ ʂu⁵⁵ + ʂtʂa³¹　=　　pu⁵⁵ ʂu⁵⁵ ʂtʂa⁵⁵

心 + 好　　　 =　　高兴　　　　　　年龄 + 小　　 =　　年轻

（三）修饰式

从词类的角度看，修饰式复合词主要由"名词 + 名词 = 名词""名词 + 形容词 = 名词""形容词 + 名词 = 名词"和"名词 + 数词 = 名词"等 4 种方式构成。例如：

1. 名词 + 名词 = 名词

pəi³¹ + su³¹　　=　　pəi³¹ su³¹　　　　su³¹ + phu³¹　　=　　su³¹ phu³¹

雪 + 山　　　 =　　雪山　　　　　　土墙 + 衣服　 =　　墙壁

sɑ³¹ + gzˌə³¹	=	sɑ³¹ gzˌə⁵⁵①	meᴊ³¹zˌə⁵⁵ + zˌə⁵⁵	=	meᴊ³¹zˌə⁵⁵
血 + 筋	=	血管	夜晚 + 路	=	夜路
ɕi³¹ + tɕe⁵⁵	=	ɕi⁵⁵tɕi⁵⁵	ku⁵⁵zˌə³¹ + phu³¹	=	ku³¹phu³¹
神仙 + 房子	=	庙宇	里面 + 衣服	=	内衣

2. 名词 + 形容词 = 名词

tʂu³¹ + ʂto⁵⁵	=	tʂu³¹ʂto⁵⁵	ɕe³¹ + tɕe⁵⁵	=	ɕe³¹tɕe⁵⁵
水 + 凉	=	凉水	筛子 + 细	=	细筛

3. 形容词 + 名词 = 名词

ʂtʂɑ³¹ + meᴊ³¹	=	ʂtʂɑ³¹meᴊ³¹	χe³¹ + zˌə³¹	=	χe³¹zˌə⁵⁵
小 + 雨	=	小雨	本土的 + 公牛	=	野牛

4. 名词 + 数词 = 名词

tu³¹ + ni³¹	=	tu³¹ni³¹	zo³¹ + ni³¹	=	zo³¹ni³¹
兄弟间的称呼 + 二	=	两兄弟	别人的姐妹 + 二	=	两姐妹

（四）支配式

从词类的角度看，支配式复合词主要由"名词 + 动词 = 名词"和"名词 + 动词 = 动词"两种方式构成。例如：

1. 名词 + 动词 = 名词

pəi⁵⁵pəi⁵⁵ + zˌə⁵⁵	=	pəi⁵⁵pəi⁵⁵zˌə⁵⁵	tʂu³¹ + ʁu⁵⁵	=	tʂu³¹ʁu⁵⁵
花 + 绣	=	绣花	水 + 凫	=	游泳

2. 名词 + 动词 = 动词

ʐe³¹ + sə³¹	=	ʐe³¹sə⁵⁵②	dʐi³¹ + du³¹	=	dʐi³¹du³¹
病 + 看	=	看病	字 + 读	=	读书
tho³¹ + zɑ⁵⁵	=	tho³¹zɑ⁵⁵	zu³¹ + phiɑ³¹	=	zu³¹phiɑ³¹
汤 + 舀	=	舀汤	田 + 种	=	种田

在萝卜寨话中，复合构词法是构造新词的最重要的手段。支配式是几种复合构词法中最能产的，修饰式的能产性次之。修饰式构成的词多为双音节的名词，也有三音节或四音节名词或动词。在"名词 + 名词 = 名词"结构里，构成复合名词的语素都是表示实体意义的语素。除了极

---

① sɑ³¹gzˌə⁵⁵ "血管" 由 sɑ³¹ "血" 和 gzˌə³¹ "筋" 复合而成时，gzˌə³¹ 的声调变读为高平调。

② ʐe³¹sə⁵⁵ "看病" 由 ʐe³¹ "病" 和 sə³¹ "看" 复合而成时，sə³¹ 的声调变读为高平调。

个别情况，形容词性修饰成分一般都居于中心词之后。陈述式构成的词一般都是动词或形容词，但其能产性不高。并列复合词数量比较少，只有名词、动词、形容词和副词能进入这个结构，多数为两个名词并列构成一个新名词。

二 派生构词法

派生是一种用形态手段构成新词的方法，具体地说就是"在词基（作为原形的词或者语素）上加上形态成分构成新词"。① 能用作派生的手段主要有如下几种：附加、重叠、内部交替、超音段手段等。内部交替指的是用改变音段成分的手段进行构词的方法，例如藏缅语中的自动与使动的清浊别义。超音段手段指的是用改变超音段成分（如声调、重音等）的手段进行构词的方法，例如羌语北部方言麻窝话重音的转移和羌语南部方言桃坪话声调的改变等。下面主要讨论附加和重叠这两种最主要的派生方式。

（一）附加

附加又可称加缀，是在词根的基础上添加词缀的手段。萝卜寨话的词缀 a^{31}-、-mi^{55}、-je^{55}、-ge^{31}、-pi^{31}、-mia^{31} 主要构成名词。

1. 前缀 a^{31}-

构成亲属称谓词，例如：a^{31}-pi^{55} "父亲"、a^{31}-ma^{55} "妈妈"、a^{31}-pa^{31} "爷爷" 和 a^{31}-do^{55} "奶奶" 等。（详见第三章）

2. 后缀-mi^{55}、-je^{55}和-ge^{31}

在萝卜寨话里，名物化后缀-mi^{55}、-je^{55}和-ge^{31}既可以作为构形成分用于名物化关系子句，又可以作为构词形态用于动词或形容词之后，表示由动作体现的从事某种活动的人（-mi^{55}）或构成无生命的名词（-je^{55}和-ge^{31}）。（详见第三章）例如：

bza^{31}-mi^{55}　　大人、老大　　　　ta^{55}-mi^{55}　　　　摆渡人
大 – 名物化　　　　　　　　　　　　带 – 名物化

ʂtʂe^{31}-mi^{55}　　穷人
贫穷 – 名物化

---

① 刘丹青编著：《语言调查研究手册》，上海教育出版社 2008 年版，第 564 页。

tie³¹-je³¹	吃的	tɕhi³¹-ge⁵⁵	食物
吃－名物化		喝－名物化	
tʂhu⁵⁵-je⁵⁵	糖	ʂtʂa³¹-ge⁵⁵	小的
甜－名物化		小－名物化	
be³¹lo³¹-je³¹	主意	la⁵⁵-ge³¹	长度
想－名物化		长－名物化	

3. 后缀-pi³¹和-mia³¹

在萝卜寨话中，雄性标记-pi³¹和雌性标记-mia³¹可用在动植物的名词的后面，表示动植物的性别，构成新的名词。（详见第三章）例如：

ʐo³¹-pi³¹	公马	ʐo³¹-mia³¹	母马
马－雄性		马－雌性	
ɕi³¹-pi³¹	公岩羊	ɕi³¹-mia³¹	母岩羊
岩羊－雄性		岩羊－雌性	
phu³¹-pi³¹	公树	phu³¹-mia⁵⁵	母树
树－雄性		树－雌性	

（二）重叠

重叠这种形式广泛存在于藏缅语中。萝卜寨话中重叠形式可用于名词、形容词、动词等词类。

1. 构词名词

在我们的语料里，用重叠形式构成的名词有如下几个：

dʐəi³¹dʐəi³⁵	缝儿	pəi⁵⁵pəi⁵⁵	花儿
ba³¹ba³¹	地方	ɕi³¹ɕi⁵⁵	钱
pia³¹pia⁵⁵	嘴唇	ʐge³¹ʐge³¹	开关
mo³¹mo³¹	曾孙	tʂa⁵⁵tʂa⁵⁵	姑姑
dʑi³¹dʑi⁵⁵	外甥女		

2. 构成形容词

在我们的语料里，用重叠形式构成的形容词有如下几个：

tsu³¹tsu⁵⁵	细小	ɕy⁵⁵ɕy⁵⁵	好好
ma³¹ma⁵⁵	弱	ba³⁵ba⁵⁵	大大
du³⁵du³⁵	暖和	ma³¹ma³⁵	软

3. 构成动词

在我们的语料里，用重叠形式构成的动词多用来表示互动义或动作的反复。例如：

gou³¹ gou³¹	爬	le³¹ le⁵⁵	滴
pe³¹ pe³¹	抢	sə³¹ sə⁵⁵	顶
ʂe³¹ ʂe³¹	捋（袖子）	dzi³¹ dzi⁵⁵	问
tʂhi³¹ tʂhi³¹	跑	ẓda⁵⁵ ẓda⁵⁵	说说
tshui³⁵ tshui⁵⁵	掉落	qua³¹ qua⁵⁵	吵架
dẓe⁵⁵ dẓe⁵⁵	咬	ɕi³¹ ɕi⁵⁵	喂

4. 构成拟声词

用重叠的手段构成的拟声词多用来指代鸟类或昆虫。例如：

| ɕa³¹ ɕa⁵⁵ | 喜鹊 | gu³¹ gu³¹ | 斑鸠 |
| tshə³¹ tshə³¹ | 蜘蛛 | | |

5. 构成副词

tʂə⁵⁵ tʂə⁵⁵　　一点点

6. 构成代词

| a³¹-je³¹ a³¹-je³¹ | 条条 | a³¹ mi⁵⁵ a³¹ mi⁵⁵ | 什么什么 |
| 一－条：重叠 | | 什么：重叠 | |

三　复杂的构词法

重叠、附加、复合三种构词法一共能组成7种复杂的构词法，分别是：重叠＋重叠，重叠＋附加，重叠＋复合，附加＋附加，附加＋复合，复合＋复合，重叠＋附加＋复合。萝卜寨话除了不存在"重叠＋重叠"这种构词法外，其他6种都存在。"复合＋复合"这种构词法在这里不做讨论。

（一）重叠＋附加

根据重叠与附加的前后位置，主要有两类：（1）前缀＋重叠；（2）重叠＋后缀。萝卜寨话以"前缀＋重叠"这种方式为主，主要用来构成动词和形容词，多用来表示互动或动作的反复。

1. 构成名词

ʂku³¹ ʂku³¹-mi⁵⁵　　贼
偷：重叠－名物化

2. 构成动词

| tə³¹-lə³¹lɑ³¹ | 交换 | zɤ³¹-tʂhə³¹tʂhə³¹ | 溅 |

向上－换：重叠　　　　　　　　向心－溅：重叠

fiɑ³¹-tye³¹tye³¹　　拍　　　fiɑ³¹-tsho³¹tsho³¹　　（震）垮

向下－捶：重叠　　　　　　　　向下－垮：重叠

tə³¹-ʑi⁵⁵ʑi³¹　　修理　　　tə³¹-sə³¹sə³¹　　认识

向上－修：重叠　　　　　　　　向上－看：重叠

tə³¹-tye³¹tye³¹　　敲　　　ʐe³¹-phɑ⁵⁵phɑ⁵⁵　　趴

向上－捶：重叠　　　　　　　　向里－趴：重叠

fiɑ³¹-dʐi³¹dʐi⁵⁵　　问　　　tə³¹-tɕi³¹tɕi³¹　　挤

向下－问：重叠　　　　　　　　向上－挤：重叠

3. 构成形容词

die³¹-mi⁵⁵mi⁵⁵　　密　　　tə³¹-tye⁵⁵tye⁵⁵　　好

离心－密：重叠　　　　　　　　向上－对：重叠

die³¹-bɑ³¹bɑ³¹　　累　　　fiɑ³¹-ʂku³¹ʂku³¹　　缩（衣服～）

离心－累：重叠　　　　　　　　向下－缩：重叠

4. 构成副词

tə³¹-ɕy³¹ɕy³¹　　偷偷地

向上－装：重叠

（二）重叠＋复合

根据重叠与复合的前后位置，主要有两类：复合语素＋重叠和重叠＋复合语素，主要用以构成名词和动词。

1. 构成名词

ʂu³¹＋dʐəi³¹dʐəi³¹　牙缝　　　mu³¹＋ʐəi³¹ʐəi³¹　　影子

牙＋缝：重叠　　　　　　　　　人＋路：重叠

2. 构成动词

ʐi³¹-go³¹go⁵⁵　　走路　　　fiũ³¹-phu⁵⁵phu⁵⁵　　拔毛

路－走：重叠　　　　　　　　　毛－拉：重叠

ɕe³¹-tye³¹tye³¹　　打铁　　　tʂu³¹tʂu⁵⁵＋ʁo³¹　　产崽

铁－捶：重叠　　　　　　　　　小：重叠＋生产

（三）附加+附加

根据附加与附加的前后位置，主要有四类：（1）［前缀+词根］+后缀；（2）前缀+［前缀+词根］；（3）前缀+［词根+后缀］；（4）［词根+后缀］+后缀。

萝卜寨话中只存在"［前缀+词根］+后缀"这一种形式，主要用以构成名词。

die^{31}-ça^{31}-mi^{55}　　死人　　　　sə^{31}-ke^{55}tə^{55}-mi^{55}　　证人
离心－死－名物化　　　　　向外－证明－名物化

die^{31}-ça^{31}+je^{55}　　死的　　　　tə^{31}-ʐ̩da^{31}-je^{31}　　所说
离心－死－名物化　　　　　向上－说－名物化

（四）附加+复合

根据附加与复合的前后位置，主要有五类：（1）［前缀+词根］+词根；（2）词根+［前缀+词根］；（3）［前缀+词根］+［前缀+词根］；（4）［词根+词根］+后缀；（5）［词根+后缀］+词根。在萝卜寨话中这五种都存在，下面分别举例。

1. ［前缀+词根］+词根

　　［a^{31}-pa^{31}］+çi^{55}　　菩萨、仙　　　［tə^{31}-tçha^{55}］+zu^{31}　　梯田
　　爷爷+神　　　　　　　　　　　　［向上－分层］+地

2. 词根+［前缀+词根］

　　çi^{31}+［sə^{31}-sa^{55}］　　满意　　　zu^{31}+［ɦa^{31}-ʂui^{55}］　　地陷
　　心+［向外－懂］　　　　　　　地+［向下－钻］

　　ʂtʂu^{31}+［sə^{31}-phu^{35}］　　发汗
　　汗+［向外－溢］

3. ［前缀+词根］+［前缀+词根］

　　［die^{31}-sua^{31}］+［zə^{31}-sua^{31}］　　=　　die^{31}-sua^{31} zə^{31}-sua^{31}
　　［离心－数］+［向心－数］　　　　　=　　数来数去

　　［ɦa^{31}-to^{55}ʐə^{31}］+［ɦa^{31}-to^{55}ʐə^{31}］　　=　　ɦa^{31}-to^{55}ʐə^{31} ɦa^{31}-to^{55}ʐə^{31}
　　［向下－站］+［向下－站］　　　　　=　　站着站着

　　［ma^{31}-χua^{55}］+［ma^{31}-tçi^{31}］　　=　　ma^{31}-χua^{55} ma^{31}-tça^{31}
　　［否定－慌乱］+［否定－忙］　　　　=　　不慌不忙

　　［zə^{31}-pu^{55}］+［tə^{31}-pu^{35}］　　=　　zə^{31}-pu^{55} tə^{31}-pu^{35}

［向内－买］＋［向上－卖］　　　＝　　买卖
[tə³¹-bɑ³¹] ＋ [tə³¹-lu³⁵]　　　＝　　tə³¹-bɑ³¹ tə³¹-lu³⁵
［向上－大］＋［向上－粗］　　　＝　　变大

4. ［词根＋词根］＋后缀

[ʐɑ³¹＋pe³¹]-mi⁵⁵　　渔夫　　　[ʁo³¹＋ɲu⁵⁵]-mi⁵⁵　　赶马人
［鱼＋捕］－名物化　　　　　　　［马＋驾驭］－名物化
[dʑi³¹＋du⁵⁵]-mi⁵⁵　　学生　　　[phu³¹＋tɕhe⁵⁵]-mi⁵⁵　　裁缝
［字＋读］－名物化　　　　　　　［衣服＋裁］－名物化

5. ［词根＋后缀］＋［词根＋后缀］

[bo⁵⁵-je⁵⁵] ＋ [be³¹-je⁵⁵]　　　＝　　bo⁵⁵-je⁵⁵ be³¹-je⁵⁵
［高－名物化］＋［矮－名物化］　＝　　高的矮的
[die³¹-ge³¹] ＋ [gu³⁵-ge³¹]　　　＝　　die³¹-ge³¹ gu³⁵-ge³¹
［吃－名物化］＋［穿－名物化］　＝　　吃的穿的
[pu⁵⁵-mi⁵⁵] ＋ [pu³⁵-mi⁵⁵]　　　＝　　pu⁵⁵-mi⁵⁵ pu³⁵-mi⁵⁵
［买－名物化］＋［卖－名物化］　＝　　商人

（五）重叠＋附加＋复合

由三种方式一起构成的词很少，如：

gʐə³¹ ＋ [tə³¹-dzʐəi³¹ dzʐəi⁵⁵]　　　　　＝　　gʐə³¹ tə³¹-dzʐəi³¹ dzʐəi⁵⁵
筋＋［向上－裂:重叠］　　　　　　　　＝　　抽筋
[ɕe³¹＋tye³¹ tye³¹]-mi⁵⁵　　　　　　　　＝　　ɕe³¹ tye³¹ tye³¹-mi⁵⁵
［铁＋捶:重叠］－名物化　　　　　　　＝　　铁匠
[die³¹-go³¹ go³¹] ＋ [zə³¹-go³¹ go³¹]　　＝　　die³¹-go³¹ go³¹ zə³¹-go³¹ go³¹
［离心－走:重叠］＋［向心－走:重叠］　走来走去

由重叠、附加、复合三种构词法共同构成的词虽然很少，但它们之间的结构关系比较复杂，还需要进一步深入研究。

第十一节　汉语借词

羌族双语制的形成，应该追溯到西汉时期。[①] 萝卜寨村日常交际用语

---

① 孙宏开：《论羌族双语制—兼谈汉语对羌语的影响》，《民族语文》1988 年第 4 期，第 55 页。

存在三种复杂情况：(1) 在羌族聚居区，中老年人基本使用萝卜话进行交流。(2) 羌族与汉族的日常交往都使用四川方言进行交流。(3) 当地政府、机关等单位使用四川方言，各级学校的教育语言都是汉语普通话。

借词也称外来词，即从外民族语言中借到本族词汇系统里的词。汉语借词在萝卜寨话中所占的比重比较大，而且随着社会的发展，语言接触更加频繁，汉语借词所占比重还在不断地增长。汉语借词涵盖范围比较广，主要包括名词、动词和形容词，还有少量的数词、量词和副词等。根据高韬的统计，在萝卜寨话3290个词中汉语借词共有458个，占总数的14.27%。[①] 在这些借词中，名词有135个，占借词总数的29.48%；动词有210个，占借词总数的45.85%；形容词68个，占借词总数的14.85%；量词45个，占借词总数的9.83%。

其中，数词、量词和副词以全词借入的方式为主，形态及其构成上没有太大的变化；而名词、动词和形容词的借入方式比较复杂，形态及其构成方式有较多的变化。在借入时，为了适应羌语的语音特点，汉语借词的声母、韵母和声调都会发生变化。

一 名词的借入方式

在吸收汉语借词时，如吸收的是名词，一般不加任何附加成分，以全词借入方式为主，以音译加意译方式为辅。

（一）全词借入

在萝卜寨话里，以全词借入方式借入的汉语借词可以是单音节词、双音节词、三音节词或重叠词及其构成的四音节词。

pɑ^{55}	坝	tʂuan^{55}	砖
ʁuɑ^{31}	瓦	tshə^{35}	刺儿
məi^{31} jəu^{31}	煤油	χɑi^{55} tsə^{31}	海子
kai^{31} kai^{55}	盖子	tʂhəu^{55} tʂhəu^{55}	抽屉
tʂhuɿ^{55} tʂhuɿ^{55}	哨子	kəu^{55} kəu^{55}	钩子
kuɑ^{55} thən^{31} thən^{55}	瓜蔓	χoŋ^{55} ko^{31} ko^{55}	枸杞

---

① 高韬：《语言接触视野下的南部羌语比较研究》，博士学位论文，西南交通大学，2018年，第236页。

fa³¹phie³¹phie³¹	发条	ɕe³¹thie³¹ʂə³¹	磁石
lo³¹χua³¹tsə⁵⁵	花生	koŋ³⁵tʂhan⁵⁵daŋ⁵⁵	共产党
tʂha⁵⁵je³¹tsə⁵¹	茶叶	lɑu⁵⁵tʂa³⁵mu⁵¹	岳母
jy³¹ma⁵⁵po³¹po³¹	玉米包		

（二）音译加意译

在萝卜寨话里，以音译加意译方式借入的汉语借词，主要包括以下几种方式：汉语词根＋羌语词根、羌语词根＋汉语词根、汉语词根＋单音节汉语借词的辅助词 tha⁵⁵、汉语词根＋名物化标记 li³¹ 和羌语词根＋汉语词根＋单音节汉语借词的辅助词 tha⁵⁵＋名物化标记。

1. 汉语词根＋羌语词根

tɕhi³¹mi³¹＋ɕi⁵⁵	清明节	jy⁵⁵＋fiũ⁵⁵	羽毛
清明＋天		羽＋毛	
jaŋ⁵⁵tsə³¹＋zu³¹	秧田	kon⁵⁵＋ko³⁵	供品
秧子＋田		供＋菜	
ly⁵¹＋tsha³¹pia⁵⁵	铝锅	ŋen⁵⁵thə³¹＋phu³¹	樱桃树
铝＋锅		樱桃＋树	

2. 羌语词根＋汉语词根

ɕi⁵⁵phu⁵⁵＋tɕaŋ⁵⁵	树浆	ɕi⁵⁵tʂu⁵⁵＋pian³¹tsə³¹	河岸
树＋浆		河＋边子	
ɕi³¹＋tsə⁵⁵	白天	tɕe³¹jo⁵⁵＋kho³¹kho⁵⁵	刀鞘
天＋子		刀＋壳壳	
ʐa³¹pia⁵⁵＋ɕan⁵⁵tsə³¹	皮箱		
皮＋箱子			

3. 汉语词根＋单音节汉语借词的辅助词 tha⁵⁵

单音节汉语借词的辅助词 tha⁵⁵ 常常用于借自汉语的动词或形容词之后，构成动词或形容词，只有极少数构成名词。例如：

ɕuan⁵⁵-tha⁵⁵	悬崖	ɕo³¹-tha⁵⁵	学校
悬－汉借		学－汉借	

4. 汉语词根＋名物化标记 li³¹（汉语借词）

tʂhəu³¹＋tɕhi³¹-li³¹	记仇	χo³¹-li³¹	活的
仇＋记－名物化		活－名物化	

tɕɑ⁵¹-li⁵⁵　　　　　假的　　　　ʂun³¹-li⁵⁵　　　　纯的

假 – 名物化　　　　　　　　　纯 – 名物化

5. 羌语词根 + 汉语词根 + 单音节汉语借词的辅助词 tha⁵⁵ + 名物化标记①

dzə³¹ + taŋ⁵⁵-tha⁵⁵-mi⁵⁵　官员　　ʁu⁵⁵pia³¹ + χua³⁵-tɑ³¹　花岗岩

事情 + 当 – 汉借 – 名物化　　　　石头 + 花 – 汉借

二 动词和形容词的借入方式

在吸收汉语借词时，如吸收的是动词或形容词，一般都要加上羌语的词缀或后置词。以音译加意译方式为主，以全词借入方式为辅。

（一）全词借入

在萝卜寨话里，我们只发现了少量以全词借入方式吸收的汉语借词。

tu⁵⁵po³¹　　　　赌博　　　khu³¹ɕi⁵⁵ɕi⁵⁵　　哭兮兮

tʂuaŋ⁵⁵kuai³¹　　装怪　　　pe³¹thiau⁵⁵　　　聊天儿、摆条

（二）音译加意译

除了少量以全词借入方式借入的汉语借词外，萝卜寨一般都要加上方向前缀、单音节汉语借词的辅助词 tha⁵⁵/tɑ⁵⁵ 或助动词 pu³¹，也有少量通过汉语词根 + 羌语词根和羌语词根 + 汉语词根 + 单音节汉语借词的辅助词 tha⁵⁵ 等方式借入的汉语借词。

1. 方向前缀 + 汉语词根

含有方向性的动词，一般要带上方向前缀。例如：

ɦia³¹-tʂha³¹　　　　插　　　sə³¹-thue³¹　　　　推

向下 – 插　　　　　　　　　向外 – 推

die³¹-soŋ⁵⁵χo³¹　　松　　　tə³¹-ʂɑ³¹lia³¹　　商量

离心 – 松活　　　　　　　　向上 – 商量

2. 汉语词根 + 单音节汉语借词的辅助词 tha⁵⁵

单音节汉语借词的辅助词 tha⁵⁵ 多出现在借自汉语的单音节动词或形容词之后，只在极少数借词之后读为 tɑ⁵⁵。例如：

---

① tha⁵⁵ 有时会读为 tɑ⁵⁵。

tho⁵⁵-thɑ⁵⁵	抖	wən⁵⁵-tɑ⁵⁵	闻
抖 – 汉借		闻 – 汉借	
phin³¹-thɑ⁵⁵	平	phi³¹-thɑ⁵⁵	慢
平 – 汉借		疲 – 汉借	
pi³¹-thɑ⁵⁵	比赛	tʂho³¹-thɑ⁵⁵	愁、担心
比 – 汉借		愁 – 汉借	
kue⁵⁵-thɑ⁵⁵	责怪	tɕhi⁵⁵-thɑ⁵⁵	欺负
怪 – 汉借		欺 – 汉借	

3. 汉语词根 + 助动词 pu³¹

当汉语双音节动词借入羌语时，这些动词经常被处理为名词，其后往往要加助动词 pu³¹ "做"。例如：

ɕan⁵⁵ʂən⁵⁵-pu³¹	现身	ʂəu⁵⁵su³¹-pu³¹	动手术
现身 – 做		手术 – 做	
pɑu³⁵tʂhəu³¹-pu³¹	报仇	ɕiu⁵⁵tɑu⁵⁵-pu³¹	修道
报仇 – 做		修道 – 做	

4. 方向前缀 + 汉语词根 + thɑ⁵⁵/pu³¹

tə³¹-ʂan³¹-thɑ⁵⁵	骟、阉	zə³¹-khəu⁵⁵-thɑ⁵⁵	扣
向上 – 骟 – 汉借		向内 – 扣 – 汉借	
sə³¹-ɕɑ³¹nɑ⁵⁵-pu³¹	切除	fiɑ³¹-ke³¹-pu³¹	离开
向外 – 切 – 做		向下 – 走 – 做	

5. 汉语词根 + 羌语词根

kho³¹tsə³¹ + phu³¹	吹牛、吹壳子	pan³⁵faŋ⁵⁵ + to⁵⁵dzə⁵⁵	坐牢
壳子 + 吹		板房 + 坐	
tʂu³¹ + sə³¹	看书	tɕhi⁵⁵ + ŋu³¹	生气
书 + 看		气 + 生	
mo³¹ + pu⁵⁵	做梦	je⁵⁵ + tɕhi³¹	吸烟
梦 + 做		烟 + 吸	

6. 羌语词根 + 汉语词根 + 单音节汉语借词的辅助词 thɑ⁵⁵

qə³¹-jɑu³¹-thɑ⁵⁵	摇头	dzɑ⁵⁵-ko⁵⁵-thɑ⁵⁵	过年
头 – 摇 – 汉借		年 – 过 – 汉借	
khzˌə⁵⁵mi⁵⁵-thɑu³⁵-thɑ⁵⁵	淘米		
大米 – 淘 – 汉借			

萝卜寨话汉语借词占有一定的比例，借用的方式不仅表现在汉语的整体输入，而且表现在改变汉语词的结构以适应羌语的表达方式。

三 汉语借词的层级

萝卜寨话与四川方言灌赤片（以下简称"灌赤片"）、汉语普通话等都保持了较长时间的密切接触，因此，萝卜寨话在这两个来源上都有汉语借词。本节简单地对这两个来源的借词进行分析。

（一）借自汉语普通话的借词

总体上看，萝卜寨话借自汉语普通话的词语是比较晚近的。从语音形式上看，借自汉语普通话的借词在萝卜寨话中的语音对应关系比较整齐；从语义来源上看，这些借词的来源比较单一。如：toŋ^{55}tʂə^{31} "冬至"、tso^{31} pian^{55} "左边"、tʂhə^{35} "刺儿"、phin^{31} ko^{51} "苹果"、fia^{31}-tʂha^{31} "插"、die^{31}-tʂhu^{31} "戳"、fia^{31}-pi^{31} "闭"等。

（二）借自汉语四川方言的借词

总体上看，萝卜寨话借自四川话的词语比较早。从语音形式上看，借自四川话的借词在萝卜寨话中的变化形式比较复杂；从语义来源上看，这些借词的来源多样，不像借自汉语普通话那样单一。如：tɕhi^{31} mi^{31} ɕi^{55} "清明节"、ti^{55} ɕa^{55} "下面"、go^{31} sa^{55} qa^{55} "膝盖"、tɕe^{31} ta^{55} "眨"、die^{31}-tʂha^{31} tie^{55} "擦"、ʂtʂua^{55} tie^{55} "揉（面）"、die^{31}-phəŋ^{55}-tha^{55} "靠"等。

陈保亚观察到语言之间借用和方言之间借用有不同的机制。不同语言之间的借用，遵循"相似原则"；方言之间的借用则依照"对应原则"。[①] 汉语普通话与汉语四川方言，对应于萝卜寨话都是两种不同的语言，那么，这种借用情况又是如何呢？根据高韬的研究，羌语借自汉语普通话大致遵循"相似原则"，而借用四川方言则大致依照"对应原则"，并认为羌语借用汉语普通话主要是书面语，而借用四川话根本就是口语。[②]

（三）汉语借词的历史层次

羌语与四川方言灌赤片、汉语普通话等都保持了较长时间的密切接

[①] 陈保亚：《论语言接触与语言联盟——汉越（侗台）语源关系的解释》，语文出版社1996年版，第162—164页。

[②] 高韬：《语言接触视野下的南部羌语比较研究》，博士学位论文，西南交通大学，2018年，第245页。

触，形成的这些借词不是同时平面的，而是存在历史层次。孙宏开和高韬提出了区分借词层次的五个线索。

线索一：鼻音韵尾的有无。孙宏开曾指出：羌语中早期汉语的借词在语音上为了适应羌语的特点，脱落了鼻音韵尾。① 萝卜寨话缺少鼻音韵尾，早期借入的汉语借词为了适应羌语音系而丢失了鼻音韵尾，而后期借入的则保留了鼻音韵尾，如 mo^{55} pha^{51} "磨盘" 和 ɕan^{35} lian^{31} "项链" 同样具有鼻音韵尾的汉语借词在借入之后呈现出不同的面貌，是借入时间的不同所造成的。

线索二：复合元音变为了单元音。孙宏开曾指出：前响的复元音变成了单元音是羌语中早期汉语借词的语音特点，如 pe^{31}-tha^{55} "摆（碗筷）" 和 χe^{31} tɕo^{31} "辣椒" 说明这类借词是早期借入的，而相同的复合元音却没有发生变化的，则可能是较晚时期借入的，如 χai^{31} ɕi^{55} "害喜" 和 kuai^{55}-tha^{55} "快"。②

线索三：借词的构词方式。借词为了适应借入语言的语音系统，往往要对其构词方式加以改造，借入越早的词，发生改造的可能性就越大。因此，可以根据借词的构词方式，再结合其他的因素加以判断借词的历史层次。如"桃子"，汉语语音是 thautsə，在绵虒方言中是 to^{55} tsə^{31}，而在萝卜寨话中是 tho^{31} mi^{55}，这是一个合璧词，应该借入的时间早于绵虒方言。③

线索四：源语中的汉语词语的语音演变。同一个词，在汉语的不同历史发展过程中发生了语音形式的变化，羌语在不同的历史阶段借用汉语的这个词时，就会留下不同的语音形式，在不同方言中形成不同的层次。高韬以"撚（撚线）"为例，通过羌语方言比较（萝卜寨话为 lən^{55}、龙溪两河口话为 lie^{31} ta^{55}，绵虒话借用为 ni^{31} lie^{31}）及其跟"撚"在四川话中两种读音 nən^{55}（一般用于草、线等物体）和 niɛn^{213}（广泛使用于日常生活中）对比的方式，认为萝卜寨的借音形式早于后两者。④

---

① 孙宏开：《论羌族双语制——兼谈汉语对羌语的影响》，《民族语文》1988 年第 4 期，第 58 页。
② 孙宏开：《论羌族双语制——兼谈汉语对羌语的影响》，《民族语文》1988 年第 4 期，第 58 页。
③ 高韬：《语言接触视野下的南部羌语比较研究》，博士学位论文，西南交通大学，2018 年，第 246 页。
④ 高韬：《语言接触视野下的南部羌语比较研究》，博士学位论文，西南交通大学，2018 年，第 246 页。

线索五：复合词中的词根。过去的一些单独使用的词在历史演变过程作为语素沉积在复合词中，这是历史词汇学中常常发现的现象。通过现在使用的复合词中的词根语素与现在的词汇进行对照，可以知道借词的历史层次。高韬以"砍"在羌语不同方言不同的读音（蒲溪话是 phi，而萝卜寨话、龙溪两河口话、绵虒话是 tshua^{55}）及其在蒲溪羌语复合词 sitshua"砍柴"为例，说明 tshua 是羌语原有的语音形式，而 phi 则是后来借入的形式。[①]

根据这五个线索我们大致可以判断出萝卜寨话汉语借词的历史层次。

[①] 高韬：《语言接触视野下的南部羌语比较研究》，博士学位论文，西南交通大学，2018 年，第 247 页。

第 三 章

名词和名词性短语形态

本章我们讨论名词和名词性短语的形态，即亲属称谓前缀、性别标记、数标记、小称标记、有定性标记和格标记。

第一节 亲属称谓前缀

萝卜寨话中部分表示长辈的亲属称谓有两套系统：直接称谓和引称称谓。直接称谓常常由亲属称谓词根加前缀 a^{31}-①构成，引称称谓多为单音节形式。这一前缀源于原始藏缅语，多数藏缅语表示辈分大的亲属称谓词都有类似的前缀。

直接称谓	引称称谓	意义
a^{31}-pu^{55}	pi^{31}	父亲
a^{31}-ma^{55}	mia^{31}	妈妈
a^{31}-$tɕi^{31}$	$tɕi^{31}$	姨妈
a^{55}-ku^{55}	ku^{55}	舅舅
a^{31}-pa^{31}	–	爷爷
a^{31}-do^{55}	–	奶奶

第二节 性别标记

在萝卜寨话中，只有部分有生命的名词和个别无生命的名词有性别

---

① 前缀 a^{31}-和后缀-mia^{31} 与-pi^{31} 跟不同的词根结合时，低降调经常可变读为高平调.

标记。通常情况下，萝卜寨话用不同的后缀标记动植物的性别，表示动物的性别以及植物的自然属性。

雄性标记-pi^{31}和雌性标记-mia^{31}只能用在动植物名词的后面，表示动植物的性别，并且只能以后缀的形式出现在词根名词的后面。

khu^{31}-pi^{31}	公狗	khu^{55}-mia^{55}	母狗
狗 – 雄性		狗 – 雌性	
bia^{55}ȵu^{55}-pi^{31}	公猫	bia^{55}ȵu^{55}-mia^{31}	母猫
猫 – 雄性		猫 – 雌性	
ɦə^{131}tsə^{55}-pi^{31}	公黄牛	ɦə^{131}tsə^{55}-mia^{31}	母黄牛
黄牛 – 雄性		黄牛 – 雌性	
ʐo^{31}-pi^{31}	公马	ʐo^{31}-mia^{31}	母马
马 – 雄性		马 – 雌性	
dʐe^{31}pe^{31}-pi^{55}	公驴	dʐe^{31}pe^{31}-mia^{55}	母驴
驴 – 雄性		驴 – 雌性	
tʂhə^{31}li^{31}-pi^{31}	公獐子	tʂhə^{31}li^{31}-mia^{31}	母獐子
獐子 – 雄性		獐子 – 雌性	
pi^{31}do^{55}-pi^{31}	公老虎	pi^{31}do^{55}-mia^{31}	母老虎
老虎 – 雄性		老虎 – 雌性	
ɕi^{31}-pi^{31}	公岩羊	ɕi^{31}-mia^{31}	母岩羊
岩羊 – 雄性		岩羊 – 雌性	
phu^{31}-pi^{31}	公树	phu^{31}-mia^{55}	母树
树 – 雄性		树 – 雌性	
pia^{31}-mia^{55}	母猪	jy^{31}-mia^{55}	母鸡
猪 – 雌性		鸡 – 雌性	
ʐə^{31}-mia^{31}	母牦牛		
牦牛 – 雌性			

除了-pi^{31}表示动物的雄性外，还有用别的词汇形式表示雄性动物，如ɕtɕy^{55}在pia^{31}"猪"之后表示"公猪"、pu^{55}在ʐə^{31}"牦牛"之后表示"公牦牛"、qo^{55}在jy^{31}"鸡"之后表示"公鸡"等。具体见下面的例词：

| pia^{31}-ɕtɕy^{55} | 公猪 | ʐə^{31}-pu^{55} | 公牦牛 |
| 猪 – 雄性 | | 牦牛-雄性 | |

jy^{31}-qo^{55}　　　　公鸡

鸡－雄性

指人名词可以用词汇形式表示性别意义，tɕi^{31}"男人、儿子"和 tɕe^{31}"女人、女子"既可放在词根名词的前面，也可放在词根名词的后面。例如：

ɦa^{31}ŋa^{31}+tɕi^{31}　男孩　　　　ɦa^{31}ŋa^{31}+tɕe^{31}　女孩

孩子＋男　　　　　　　　　孩子＋女

tɕi^{31}+ʑi^{55}dzu^{55}　男朋友　　tɕe^{31}+ʑi^{55}dzu^{55}　女朋友

男＋朋友　　　　　　　　　女＋朋友

tɕi^{31}+ʑi^{55}pəi^{55}①　丈夫　　 tɕe^{31}+ʐə^{55}pəi^{55}　妻子

男＋夫妻的一方　　　　　　女＋夫妻的一方

tɕi^{31}+tu^{55}　　丈夫　　　　tɕe^{31}+tu^{55}　　妻子

男＋同辈的一方　　　　　　女＋同辈的一方

在一些亲属称谓名词里，男性通常是无标记形式，女性则需要在该形式前加 tɕe^{31}"女人"。例如：

ʐə^{55}tʂu^{55}　　　孙子　　　　tɕe^{31}+ʐə^{55}tʂu^{55}　孙女

孙子　　　　　　　　　　　女＋孙子

在收集整理出来的语料里，我们发现可以用后缀或词汇形式表达姻亲关系，如后缀-mia^{31} 在单词 tɕi^{31}"儿子"之后表示"女婿"、tɕi^{55} 在单词 mu^{55}"人"之后表示"妯娌"、tɕe^{31} 在单词 ʐo^{31}"对下一代的称呼"之后表示"儿媳妇"。具体见下列例词：

tɕi^{31}-mia^{31}　　女婿　　　　mu^{55}+tɕi^{55}　　妯娌

儿子－雌性　　　　　　　　人＋男

tɕe^{31}+ʐo^{31}　　儿媳妇

女＋对下一代的称呼

在萝卜寨话里，借自汉语的 lan^{55}"男"和 ny^{55}"女"可以放在亲属名词的前面，分别表示男性和女性。例如：

lan^{55}-tsu^{55}tsu^{55}　祖父　　　ny^{55}-tsu^{55}tsu^{55}　　祖母

---

① 应为 ʐə^{55}pəi^{55}"夫妻的一方"与 tɕi^{31}"男"元音和谐而引起的语音变化形式。

第三节　数标记

萝卜寨话的名词和代词有数范畴，单数为无标记的零形式，复数和双数分别用后缀和后缀加词汇形式表示。萝卜寨话的数范畴由后缀表示，在我们收集到的材料里，没发现由屈折形态表达数范畴的情况。后缀-khe³¹经常出现在名词、指示代词或名词短语之后表示复数。例如：

（1）ɦa³¹ŋa³¹-khe⁵⁵ tɕi³¹ dʐu³¹-ku⁵⁵　zə³¹-pe³¹.
　　　孩子－复　　　都　家－位格　　向心－变成
　　　孩子们都到家了。

（2）qa³¹ pəi⁵⁵ ɕi⁵⁵ die³¹-ʐe⁵⁵-sau³¹,　　　　dʐə³¹-khe⁵⁵-to⁵⁵
　　　我　今天　离心－病－实然:1单:亲见　事情－复－非施事
　　　tɕe³¹ tə³¹-pu³¹　mi⁵⁵-ʐe⁵⁵-qa³¹.
　　　还　向上－做　否定－连续－完成
　　　我今天病了，活路不没做完。

（3）tsə³¹-khe⁵⁵-to⁵⁵　nə³¹ tə³¹-tʂəi³¹-ɲa³¹　ɦa³¹-ŋu³⁵,
　　　这－复－非施事　你　向上－拿－状语　向下－走
　　　thə³¹-khe⁵⁵-to⁵⁵　tsəi³⁵　ɦa³¹-tʂəi³¹　ɲa³¹.
　　　那－复－非施事　这里　向下－拿　语气
　　　这些你拿走，那些放在这里。

（4）ʁue³¹-lə³¹-je⁵⁵　ɦa³¹ŋo⁵⁵　thə³¹-ɕi³¹　zə³¹-taŋ⁵⁵-tha⁵⁵-mi³¹-khe⁵⁵
　　　五－月－位格　十五　　那－天　向里－当－汉借－名物化－复
　　　qa⁵⁵ la⁵⁵　tshua⁵⁵ qə⁵⁵　lo³¹-ma³¹-sə³¹.
　　　我们　　村　　　　来－将行－听说
　　　听说五月十五日领导要来我们村里。

后缀-khe³¹也可以出现在数词a³¹"一"之后，构成a³¹-khe⁵⁵"一些"，例如：

（5）mu³¹ a⁵⁵ khe⁵⁵ mi⁵⁵-lo³¹　ja³¹.
　　　人　一些　　否定－来　语气
　　　一些人没来。

（6）ʁu⁵⁵　a⁵⁵khe⁵⁵　sə³¹-dzˌəi³⁵　ja³¹.
　　　碗　　一些　　向外－烂　　语气
　　一些碗烂了。

后缀-khe³¹还可以出现在副词 ja³⁵ji⁵⁵ "非常"之后，构成 ja³⁵khe⁵⁵ "很多"。例如：

（7）zu³¹pu³¹-to⁵⁵　mu⁵⁵　ja³¹khe⁵⁵　ʑiu³¹　ja³¹.
　　　地－位格　　人　　很多　　　有：亲见　语气
　　地里有很多人。

（8）thə³¹　ɕi³¹ɕiː⁵⁵　ja³⁵khe⁵⁵　we³¹.
　　　他　　钱　　　很多　　　有
　　他有很多钱。

萝卜寨话还有一对后缀-la⁵⁵和-tsa⁵⁵，出现在人称代词的后面，构成人称代词的复数。其中后缀-tsa⁵⁵只能加在第一人称代词的后面表达复数包括式的概念，即 qa⁵⁵-tsa⁵⁵ "咱们"，与第一人称复数排除式 qa⁵⁵-la⁵⁵ "我们"相对，如表3－1，具体例句见（9）—（14）：

表3－1　　　　　　　　人称代词的单复数形式

人称代词	单数	复数	
第一人称	qa³¹	排除式	qa⁵⁵-la⁵⁵
		包括式	qa⁵⁵-tsa⁵⁵
第二人称	nə³¹	nə³¹-la⁵⁵	
第三人称	tsə³¹	tsə³¹-la⁵⁵	

（9）qa³¹-to⁵⁵　　tə³¹-tua⁵⁵ qua³¹.
　　　我－非施事　向上－打
　　我挨打了。

（10）nə³¹-to⁵⁵　　tə³¹-tau⁵⁵　ŋa³¹.
　　　你－非施事　向上－打　语气
　　你挨打了。

（11）thə³¹-to⁵⁵　　tə³¹-tua⁵⁵ qua³¹.
　　　他－非施事　向上－打
　　他挨打了。

(12) qɑ⁵⁵-lɑ⁵⁵-to⁵⁵　　tə³¹-tau⁵⁵　ŋ̪ɑ³¹.
　　 我－复－非施事 向上－打 语气
　　 我们挨打了。

(13) nə³¹-lɑ⁵⁵-to⁵⁵　　tə³¹-tau⁵⁵　ŋ̪ɑ³¹.
　　 你－复－非施事 向上－打 语气
　　 你们挨打了。

(14) thə³¹-lɑ⁵⁵-to⁵⁵　　tə³¹-tau⁵⁵　ŋ̪ɑ³¹.
　　 他－复－非施事 向上－打 语气
　　 他们挨打了。

另外，后缀-lɑ⁵⁵还可以出现在指示代词之后，再加数量词，构成数量短语，可以直接充当动词的论元，如例句（15）：

(15) tsə³¹-lɑ⁵⁵　ɕe⁵⁵-jaŋ³⁵ tsə³¹　we³¹-pe³¹　dʑə⁵⁵,　ge⁵⁵　dʑə⁵⁵　pe³¹.
　　 这－复　　三－样子　　　有－变成　连词　　就　　够　　变成
　　 有这三样东西的话，就足够了。

后缀-khe⁵⁵单独出现在mu³¹"人"之后，表示类指或复数概念，即mu³¹-khe⁵⁵"人们"，如例句（16）—（17）：

(16) mu³¹-khe⁵⁵　go³¹ ni³¹-ʐə⁵⁵　we³¹.
　　 人－复　　 脚 两－条　　 有
　　 人有两条腿。

(17) zə³¹-taŋ⁵⁵-thɑ⁵⁵-mi³¹-khe⁵⁵　　mu³¹-khe⁵⁵-to⁵⁵　tʂuan³¹ tɕɑ³¹
　　 向心－当－汉借－名物化－复　 人－复－非施事 庄稼
　　 ɕy³¹-je⁵⁵　　ʁuɑ³¹　ʑiu³⁵　jɑ³¹.
　　 收－名物化　帮助　 系词　语气
　　 干部帮农民收割庄稼去了。

后缀-khe⁵⁵和-lɑ⁵⁵可以同时依次出现在mu³¹"人"之后，即mu³¹-khe⁵⁵-lɑ⁵⁵表示不确定的"某人"，如例句（18）：

(18) nə³¹　die³¹ dʑɑ⁵⁵ mɑ³¹-lo³¹-je⁵⁵　　ŋuə⁵⁵-sə³¹　　 dʑə⁵⁵,
　　 你　 明年　 否定－来－名物化 系词－实然:2 单 连词
　　 thə³¹ mu³¹-khe⁵⁵-lɑ⁵⁵-je⁵⁵　　zo³⁵-mɑ³¹-ji³¹.
　　 她　 人－复－复－位格　　嫁－将行－实然:3
　　 你明年不回来的话，她将嫁给别人。

萝卜寨话没有双数人称代词。当不强调所指的精确数目时，人称代词复数可以指代双数所指。当需要强调所指是双数时，由人称代词复数形式后加 ni³¹-tsə⁵⁵ "两 – 个" 表示。例如：

（19）qa⁵⁵la⁵⁵　ni³¹-tsə⁵⁵　ʐo³¹qo³¹　ʁa⁵⁵sə⁵⁵　bo⁵⁵.
　　　 我们　　 两 – 个　　 个子　　 一样　　 高
　　　 我们俩个子一样高。

（20）qa³¹dza⁵⁵ni³¹-tsə⁵⁵ ʐo³¹qo³¹ ʁa⁵⁵sə⁵⁵ bo⁵⁵je⁵⁵.
　　　 咱们　　 两 – 个　 个子　 一样　 高 语气
　　　 咱俩个子一样高。

（21）nə³¹la⁵⁵　ni³¹-tsə⁵⁵　ʐo³¹qo³¹　ʁa⁵⁵sə⁵⁵　bo⁵⁵nə³¹.
　　　 你们　　 两 – 个　　 个子　　 一样　　 高 语气
　　　 你俩个子一样高。

（22）thə³¹la⁵⁵　ni³¹-tsə⁵⁵　ʐo³¹qo³¹　ʁa⁵⁵sə⁵⁵　bo⁵⁵je⁵⁵.
　　　 他们　　 两 – 个　 个子　　 一样　　 高 语气
　　　 他俩个子一样高。

第四节　小称标记

萝卜寨话小称标记 tʂu⁵⁵，出现在名词之后，表示小称意义。例如：

tu⁵⁵-tʂu⁵⁵　　　弟弟　　　　　　sa⁵⁵-tʂu⁵⁵　　　妹妹
对同辈中男性的称呼 – 小称　　　　对同辈中女性的称呼 – 小称

ɦia³¹ŋa³¹-tʂu⁵⁵　小孩　　　　　　pɑn³¹ti³¹-tʂu⁵⁵　小板凳
孩子 – 小称　　　　　　　　　　　板凳 – 小称

tɕya³¹-tʂu³¹　　小锄头　　　　　ʁu⁵⁵-tʂu⁵⁵　　　小碗
锄头 – 小称　　　　　　　　　　　碗 – 小称

mu³¹lia³¹-tʂu³¹　小弯刀　　　　ʂte³¹zə³¹-tʂu⁵⁵　小斧头
弯刀 – 小称　　　　　　　　　　斧头 – 小称

出现在名词之后的小称标记 tʂu⁵⁵ 可以重叠使用，与小称标记单用时表达的意义有所不同。小称标记单用时，表示事物外在形体较小或发展程度较低，如 tɕe⁵⁵-tsu⁵⁵ "小房子"、ŋu⁵⁵-tʂu⁵⁵ "小绵羊"、ɦiə˞³¹tsə⁵⁵-tʂu⁵⁵

"小牛"等。小称标记重叠使用时，表示说话人喜爱的情感或动物的幼崽，如 tɕe⁵⁵-tsu³¹tsu⁵⁵ "小巧的房子"、ȵu⁵⁵-tʂu⁵⁵tʂu⁵⁵ "小绵羊羔"、fiə˧¹³¹tsə⁵⁵-tʂu⁵⁵tʂu⁵⁵ "小牛犊"。具体见下列例词：

tɕe⁵⁵-tsu⁵⁵	小房子	tɕe⁵⁵-tsu³¹tsu⁵⁵	小小房子
房子－小称		房子－小称：重叠	
ȵu⁵⁵-tʂu⁵⁵	小绵羊	ȵu⁵⁵-tʂu⁵⁵tʂu⁵⁵	小绵羊羔
绵羊－小称		绵羊－小称：重叠	
fiə˧¹³¹tsə⁵⁵-tʂu⁵⁵	小牛	fiə˧¹³¹tsə⁵⁵-tʂu⁵⁵tʂu⁵⁵	小牛犊
牛－小称		牛－小称：重叠	

有些词既可以用形容词 ʂtʂɑ⁵⁵ "小"，也可以用小称标记 tʂu⁵⁵ 表示小称。例如：

tshɑ³¹piɑ⁵⁵ + ʂtʂɑ⁵⁵	小锅	tshɑ³¹piɑ⁵⁵-tʂu⁵⁵	小锅
锅＋小		锅－小称	
tʂhəi⁵⁵ + ʂtʂɑ³¹	小秤	tʂhəi⁵⁵-tʂu⁵⁵	小秤
秤＋小		秤－小称	
ʐɑ³¹pu⁵⁵ + ʂtʂɑ⁵⁵	小洞	ʐɑ³¹pu⁵⁵-tʂu⁵⁵	小洞
洞＋小		洞－小称	

但从整理出来的材料看，在萝卜寨话里，使用形容词 ʂtʂɑ⁵⁵ "小"表示小称的情况更普遍。例如：

mu³¹liɑ³¹ + ʂtʂɑ³¹	小弯刀	su³¹ + ʂtʂɑ³¹	小山
弯刀＋小		山＋小	
tson³¹tʂu⁵⁵ + ʂtʂɑ³¹	小柱子	ɕi³¹phu⁵⁵ + ʂtʂɑ⁵⁵	小树
柱子＋小		树＋小	
ʂpo³¹ʂti³¹ + ʂtʂɑ³¹	竹儿	ʐo³¹phu⁵⁵ + ʂtʂɑ⁵⁵	小柏树
竹子＋小		柏树＋小	
ɕpiɑ⁵⁵phu⁵⁵ + ʂtʂɑ⁵⁵	小松树	lu³¹phu⁵⁵ + ʂtʂɑ⁵⁵	小杉树
松树＋小		杉树＋小	
toŋ⁵⁵tu⁵⁵ + ʂtʂɑ⁵⁵	小洞	ʁu³¹piɑ⁵⁵ + ʂtʂɑ⁵⁵	石子
洞＋小		石头＋小	
ŋe³¹ + ʂtʂɑ⁵⁵	小病		
病＋小			

除了形容词 ʂtʂa⁵⁵ "小" 和小称标记 tʂu⁵⁵ 表示小称外，还有其他词汇方式表示小称意义，如 pie⁵⁵ 在 tson³¹tʂu⁵⁵ "柱子" 后表示 "小柱子"、bʑe⁵⁵ 在 pu³¹qha³¹ "肠" 后表示 "小肠"、tɕhe³¹ 在 ʐəi³¹ "路" 后表示 "小路"、tɕe³¹tʂu⁵⁵ 在 jy³¹ "鸡" 后表示 "小鸡"、lan³¹tʂu⁵⁵ 在 khu³¹ "狗" 后表示 "小狗"、ge³¹tʂu⁵⁵ 在 ʐə³¹ "牛" 后表示 "小牛" 等。具体见下面例词：

tson³¹tʂu⁵⁵	柱子	tson³¹tʂu⁵⁵ + pie⁵⁵	小柱子
柱子		柱子 + 小	
pu³¹qha³¹	肠子	pu³¹qha³¹ + bʑe⁵⁵	小肠
肠子		肠子 + 小	
ʐəi³¹	路	ʐəi³¹ + tɕhe³¹	小路
路		路 + 小	
jy³¹	鸡	jy³¹ + tɕe³¹tʂu⁵⁵	小鸡
鸡		鸡 + 小	
khu³¹	狗	khu³¹ + lan³¹tʂu⁵⁵	小狗
狗		狗 + 小	
ʐə³¹	牛	ʐə³¹ + ge³¹tʂu⁵⁵	小牛犊
牛		牛 + 小	

萝卜寨话还有两个例子是用不同的词根再加小称标记或其他词汇方式表示小称意义。我们有词 pia³¹ "猪"，但其小称却必须是由另一个词根 pian³¹ 和小称标记 tʂu⁵⁵ 构成；词 tɕhe³¹ "山羊" 的小称形式必须是由另一个词根 tɕhin³¹ 和词 lan³¹tʂu⁵⁵ 构成：

pia³¹	猪	pian³¹-tʂu⁵⁵	小猪崽
猪		猪崽 – 小称	
tɕhe³¹	山羊	tɕhin³¹ + lan³¹tʂu⁵⁵	小山羊羔
山羊		山羊羔 + 小	

另外，我们发现萝卜寨话里的汉语借词可以用重叠形式表示小称。例如：

tie³¹tie³¹	小碟子	tʂa³¹tʂa³¹	渣渣
碟：重叠		渣：重叠	

萝卜寨话没有表示大称的语法标记，其大称意义由形容词 ba^{31}/bz̯a^{31}① "大"加在名词之后表示。例如：

tsha^{31}pia^{55}+ba^{55}	大锅	tɕya^{31}+ba^{31}	大锄头
锅+大		锄头+大	
tʂhəi^{55}+ba^{31}	大秤	mu^{31}lia^{31}+ba^{31}	大弯刀
秤+大		弯刀+大	
ʂte^{31}z̯ə^{31}+ba^{31}	大斧头	su^{31}+ba^{31}	大山
斧头+大		山+大	
tson^{31}tʂu^{55}+ba^{55}	大柱子	ɕi^{31}phu^{55}+ba^{55}	大树
柱子+大		树+大	
ɕpia^{55}phu^{55}+ba^{55}	大松树	lu^{31}phu^{55}+ba^{55}	大杉树
松树+大		杉树+大	
z̯o^{31}phu^{55}+ba^{31}	大柏树	ʂpo^{31}ʂti^{31}+ba^{31}	大竹
柏树+大		竹子+大	
z̯a^{31}pu^{55}+ba^{55}	大洞	toŋ^{55}tu^{55}+ba^{55}	大洞
洞+大		洞+大	
ʁu^{31}pia^{55}+ba^{55}	大石头	tɕe^{55}+ba^{31}	大房子
石头+大		房子+大	
ŋe^{31}+bz̯a^{31}	大病		
病+大			

第五节　有定性标记

萝卜寨话名词的有定性有不定指与定指的区别。当一个名词或名词短语的所指是不可识别时，就用无标记形式来表明其为不定指的。下面是一些有关名词或名词短语为不定指的例句，如例句（23）—(25)：

(23) ko^{31} tsua^{55} tho^{31} ku^{31} ɕa^{55} tu^{31} lie^{31}.
　　酸菜　汤　里面　油　有
　　酸菜汤里有油。

---

① 萝卜寨话的声调不太稳定，在组词过程中，词根的声调有时会发生变化。

(24) thə³⁵　　　　　a³¹ɕi³¹pia⁵⁵　ŋe³¹　we³¹.
　　　他：属格　身体　　病　有
　　　他身体有病。
(25) ɕi³¹phu⁵⁵-je⁵⁵　ɕi³¹mi⁵⁵　we³¹.
　　　树－位格　　水果　　有
　　　树上有水果。

例句（23）—（25）里的 tu³¹"油"、ŋe³¹"病"和 ɕi³¹mi⁵⁵"水果"都是用零形式标示，表明它们是不可识别的。

标记-thi³¹和-ti³¹①表示名词或名词短语的所指是定指的，二者并无差异，且常常可以互换，二者均可用于有生命的实体和无生命的实体。下面是一些有关名词或名词短语定指的例句，如例句（26）—（29）：

(26) fia³¹ŋa³¹-thi³¹ɕe⁵⁵-pu³¹lie³¹-ɲa³¹　thə³⁵　　pi⁵⁵　die³¹-ɕa³¹su⁵⁵,
　　　孩子－定指 三－岁　在－状语 他：属格　父亲 离心－死
　　　ʁue³¹-pu³¹lie³¹-ɲa³¹mia³¹-ti³¹　　jou⁵⁵die³¹-ɕa³¹su⁵⁵.
　　　五－岁　在－状语母亲－定指　又　离心－死
　　　孩子三岁死了父亲，五岁又死了母亲。
(27) pe³¹tɕin⁵⁵-thi³¹qa⁵⁵la⁵⁵tʂoŋ³⁵kue³¹mi⁵⁵ɕa³¹səu³⁵tu⁵⁵ʑiu³¹.
　　　北京－定指 我们　中国　　名下　首都　系词
　　　北京是中国的首都。
(28) nə³¹ta³¹-thi³¹-to⁵⁵　　　qa³¹-je⁵⁵　　zə³¹-la⁵⁵-sə³¹.
　　　你 帽子－定指－非施事我－位格　离心－扔－实然：2 单
　　　你把那个帽子扔给我。
(29) phʐe⁵⁵-je⁵⁵-ti³¹　　tau³⁵,　　ni³¹-je⁵⁵-ti³¹
　　　白－名物化－定指　漂亮：亲见黑－名物化－定指
　　　ma³¹-tau³⁵.
　　　否定－漂亮：亲见
　　　白的好看，黑的不好看。

例句（26）里的定指标记 thi³¹用于有生命的实体名词 fia³¹ŋa³¹"孩

---

① 在作定指标记时，-thi³¹和-ti³¹可以自由变读。

子"之后，表明这个"孩子"在话语活动参与者之间是确定的、可识别的；例句（27）—（28）的定指标记-thi^{31}分别用于没有生命的处所名词 pe^{31}tɕin^{55}"北京"和普通名词 tɑ^{31}"帽子"之后，表明它们在话语活动参与者之间是确定的、可识别的；例句（29）的定指标记-ti^{31}用于分别由形容词 phẓe^{55}"白"和 ni^{31}"黑"构成的名物化短语后，表明它们在话语活动参与者之间是确定的、可识别的。

第六节　格标记

萝卜寨话没有屈折性的"格"形态标记，但有表示动词与其论元（动词和名词）或论元（名词和名词）之间关系的标记。它们不是放在词干上，而是附着在名词性成分之后并作为名词性成分的一部分。在语法上它们是独立词，语音上与其他音合并，其实质应是后置词。因其是表示动词与动词论元或论元之间关系的标记，故本书称其为格标记。

大多数藏缅语的格标记是以语义为基础的，即基于施事者与非施事者的对立，而不是宾语与非宾语的对立。从语义的角度看，名词常常可以作施事者、非施事者（包括受事者、接受者、受益者、经历者和主题）、工具、源点和处所等论元。萝卜寨话有标记这些不同语义角色的格标记，但因标记施事者和非施事者论元的后置词的使用是非强制的、不成系统的，故我们称其为施事者标记和非施事者标记。黄成龙系统分析了羌语多个方言土语的语料，发现这些方言土语都有施事者标记，大多数方言土语都有非施事者标记，其形式、使用条件及功能有一定的差异。[①] 本节我们讨论萝卜寨话格标记的形式、功能和分布。

一　施事者及其相关标记

我们发现萝卜寨话的后置词 sə^{31} 既可以标记施事者，也可以标记工具和源点论元。以下我们分别举例说明。

[①] 黄成龙：《羌语的施事者及其相关标记》，《语言暨语言学》2010 年第 11 卷第 2 期；黄成龙：《羌语的非施事者及其相关标记》，《语言学论丛》2010 年第 41 辑。

(一) 施事者

施事者是指动作的发动者或致使者,在萝卜寨话里施事者由后置词 sə^{31} 标记,但其使用是选择性的,既可以用,也可以不用,如例句 (30)—(33):

(30) thə^{31} χo^{31} pu^{55} ma^{31}-qo^{31} ja^{31}.
　　 他　 鬼　　　 否定－怕语气
　　 他不怕鬼。

(31) khu^{31}　tsə^{31}-ʐə^{55} a^{55} ɕi^{55} ma^{55} nə^{31} mu^{31} dzе^{55}　ja^{31}.
　　 狗　 这－只　 经常　　　　 人 咬　　 语气
　　 这只狗经常咬人。

(32) fiə˞^{131} tsə^{55}-sə^{31} nə^{31}-to^{31}　　 ʑe^{31}-thui^{55}　ŋa^{31}.
　　 牛－施事　 你－非施事　 向里－顶　 语气
　　 牛顶到你了。

(33) mu^{31} dzə^{55}-sə^{31} tɕe^{55}-to^{55}　　 die^{31}-qo^{31} ta^{55}-ʂə^{31}.
　　 地震－施事　 房子－非施事　 离心－倒－致使
　　 地震把房子弄倒了。

例句 (30) 是一个典型的及物动词句,施事者 thə^{31} "他" 和受事 χo^{31} pu^{55} "鬼" 是心理动词 qo^{31} "怕" 的论元,但施事者 thə^{31} "他" 没有使用施事者标记 sə^{31};例句 (31) 和例句 (32) 都是及物动词句,作为施事者的 khu^{31} "狗" 没带施事者标记 sə^{31},但同样作为施事者的 fiə˞^{131} tsə^{55} "牛" 却带了施事者标记 sə^{31};例句 (33) 是一个致使结构,mu^{31} dzə^{55} "地震" 和 tɕe^{55} "房子" 分别是致使者和被致使者,作为致使者的 mu^{31} dzə^{55} "地震" 要带施事者标记 sə^{31}。

(二) 工具

后置词 sə^{31} 不仅可以出现在施事者之后标记施事论元,还可以出现在工具论元之后,表示工具格,如例句 (34)—(35):

(34) qa^{31}-mu^{55}　χe^{31}-sə^{31}　phu^{31}　ʐa^{55}.
　　 我－话题　 针－工具　 衣服　 缝
　　 我用针缝衣服。

(35) thə^{31}-mu^{55}　ʂkuə^{31} ŋu^{31}-sə^{31} mu^{31} qə^{31} tie^{31}.
　　 他－话题　 拳头－工具　 人　 打

他用拳头打人。

如果工具论元是一种容器，萝卜寨话既可以使用位格 ge^{55} 标记，也可以使用工具格 sə^{31} 标记，如例句（36）—（37）：

(36) mu^{31}-khe^{55}［ɕe^{31}tɕe^{31}tsha^{31}pia^{55}］-ge^{55}　ʂti^{31} pu^{35}.
　　 人－复　铁锅－位格　　　　 饭　做
　　 人们在铁锅里做饭。

(37) qa^{31}-mu^{55}　ʁu^{55}-ge^{55}　tʂu^{31}tɕhi^{31}-je^{55}　pu^{31}-ma^{31}.
　　 我－话题　碗－位格　水　喝－名物化做－将行
　　 我要用碗喝水。

施事者标记 sə^{31} 和工具格 sə^{31} 可以出现在同一个句子里，这是用相同的形式标记不同论元的最明显表现，如例句（38）：

(38) dʑi^{31}-ti^{31}-to^{55}　　thə^{31}-sə^{31}　pi^{55}-sə^{31}　fia^{31}-ʐa^{131} ʑiu^{35}　ja^{31}.
　　 字－定指－非施事他－施事　笔－工具 向下－写系词　语气
　　 字是他用笔写的。

另外，我们发现及物动词 zy^{55} "用"也可以用在无生命实体之后表示动作所凭借的工具，如例句（39）—（40）：

(39) phu^{31}　thə^{31}-le^{31}-to^{55}-mu^{55}　　qa^{31}-sə^{31}　ʁue^{31}ɕye^{55}-pia^{31}-ti^{31}
　　 衣服　那－件－非施事－话题 我－施事　五十－元－定指
　　 ʐə^{55}①-ȵa^{31}ʐə^{31}-pu^{55}-je^{55}　　ŋua^{55}.
　　 用－状语　向心－买－名物化系词：非实然：1 单
　　 那件衣服我用五十元买的。

(40) nəi^{35}　　pi^{31}-to^{55}　qa^{31}　a^{31}ɕi^{55}　tə^{31}-zy^{55}-ma^{31}　　ma^{31}.
　　 你：属格　笔－非施事 我　一下　向上－用－将行　语气
　　 你的笔我用一下呗。

（三）源点

由格 sə^{31} 可以标记方位和时间论元，作为命题动作所进行的源点或参照点的方向，其形式跟施事者和工具格相同，如例句（41）—（42）：

---

① ʐə^{55} "用"应是 zy^{55} "用"的语流变体。

(41) nə³¹ɑ⁵⁵-sə³¹   lo³¹-sə³¹?
你 哪儿－由格　来－实然:2 单
你从哪儿来？

(42) nə³¹tsə³¹tuɑ³¹-sə³¹　ge⁵⁵　ʑe³¹-tɕhe⁵⁵　pi³¹.
你 现在－由格　必须　睡觉－将行 变成
你必须现在睡觉。

由格 sə³¹ 还可以表示"通过、经过"，既可以用于方位名词，也可以用于一段时间，如例句（43）—（45）：

(43) thə³¹　tsu⁵⁵tɕɑ³¹-sə³¹　kho⁵⁵tsɑ⁵⁵-sə³¹　ke³¹-ŋɑ³¹　ʑi³¹to⁵⁵go⁵⁵
他　雁门－由格　汶川－由格　走－状语　成都
ɦɑ³¹-ke³¹　je⁵⁵.
向下－去 语气
他从雁门经过汶川去了成都。

(44) thə³¹ɑ³¹-gu⁵⁵-sə³¹　dzə⁵⁵-to⁵⁵　tə³¹-pu³¹-qɑu³¹.
他 一－小时－由格 事情－非施事 向上－做－完成:亲见
他经过一个小时把事情做完了。

(45) ȵɑ³¹so³¹qo⁵⁵-sə³¹ɦɑ³¹ŋɑ³¹tsə³¹-ʐgu⁵⁵-to⁵⁵
很久－由格　孩子　这－个－非施事
mɑ³¹-tɕo⁵⁵-pu³¹-sɑu³¹,
否定－看见－做－实然:1 单:亲见
thə³¹　ge⁵⁵　bʐɑ³¹-je⁵⁵　peu³¹　ȵɑ³¹.
他　就　大－名物化 变成:亲见　语气
很久没看见这个孩子了，他就长大了。

由格除了可以用 sə³¹ 标记外，还可以用汉语借词 ko⁵⁵-thɑ³¹ "经过、过"表示，如例句（46）：

(46) ʑi³¹to⁵⁵go⁵⁵　ɦɑ³¹-pe³¹-je⁵⁵　　tɕu³⁵　lo⁵⁵χo³¹-thi³¹-to⁵⁵
成都　　向下－到－语尾助词 就　都江堰－定指－位格
ko⁵⁵-thɑ³¹　tɕhe³¹.
过－汉借 要
到成都就要经过都江堰。

如果源点论元是生命度较高的指人名词时，也可以由位格 ge⁵⁵/je⁵⁵ 标记，如例句（47）—（48）：

(47) thə³¹   qɑ³¹-ge⁵⁵/je⁵⁵   ʁu⁵⁵ɑ³¹-gu⁵⁵   tə³¹-ŋe³¹sɑi⁵⁵.
　　 他　　　我－位格　　　　碗　一－个　　 向上－借:实然:3
　　 他向我借了一个碗。

(48) qɑ³¹   thə³¹-ge⁵⁵/je⁵⁵   mi³¹ʐə³⁵   suɑ⁵⁵.
　　 我　　 他－位格　　　　 羌语　　　 学:非实然:1 单
　　 我向他学羌语。

萝卜寨话的由格 sə³¹ 可以跟位格 ge⁵⁵/je⁵⁵ 同时出现在一个句子里，这与黄成龙所描写的蒲溪羌语相同。① 位格 ge⁵⁵/je⁵⁵ 单独使用只表示方位或处所，而由格 sə³¹ 单独使用只表示动作进行的源点。由格标记和位格一起使用，既表示方位、处所，同时也表示源点。例如：

(49) ɦɑ³¹ŋɑ³¹ thə³¹-ʐgu⁵⁵χo⁵⁵ tʂu⁵⁵-je⁵⁵-sə³¹   tʂɿ³¹tʂhi³¹-ŋɑ⁵⁵
　　 孩子　 那－个　　房间－位格－由格　 跑:重叠－状语
sə³¹-kəi³⁵.
向外－走:实然:3
那个孩子从房间里跑走了。

(50) qə³¹pɑ⁵⁵tʂə⁵⁵-je⁵⁵-sə³¹   go³¹-to⁵⁵   ɦɑ³¹-pəi⁵⁵-je⁵⁵   ʁue³¹-tʂhə³¹
　　 头－位格－由格　　　 脚－位格 向下－到－名物化 五－尺
bo⁵⁵   jɑ³¹.
高　　 语气
从头上到脚下有五尺高。

如果某物源于某动物，其由格形式在羌语中存在差异，有的土语由格出现在位格之后，有的土语不用由格，用位格。② 萝卜寨话既可以用由格表示，也可以用由格出现在位格之后的方式表示，如例句（51）：

(51) tɕhin³¹fiũ⁵⁵-ti³¹   tɕhe⁵⁵-sə³¹/-ge⁵⁵-sə³¹   lo³¹   ʑiu³⁵.
　　 羊毛－定指　　 羊－由格/－位格－由格　 来　 系词
　　 羊毛是来自羊。

---

① 黄成龙:《蒲溪羌语研究》，民族出版社 2007 年版，第 120 页。
② 黄成龙:《羌语的施事者及其相关标记》，《语言暨语言学》2010 年第 11 卷第 2 期，第 287 页。

二 非施事者及其相关标记

黄成龙指出羌语格标记有三种主要的"异种同形"：施事者—工具格—由格类型、受事格—非施事—向格—位格类型和工具格—随同格类型。① 萝卜寨话不仅符合施事者—工具格—由格类型，也存在类似的受事格—非施事—向格—位格类型。萝卜寨话非施事者及其相关标记的形式如表3-2：

表3-2　　　　　　　　萝卜寨话非施事者及其相关标记

语义	受事/被致使者	接受者/目标/处所	领属	受益者
标记	to^{55}	to^{55}/ge^{55}/je^{55}②	ge^{55}/je^{55}/mi^{55}ɕa^{31}/li^{31}	mi^{55}ɕa^{31}

（一）非施事论元

在萝卜寨话中，一般情况下，非施事论元（包括受事者、被致使者、接受者、受益者、目标和主题等）可以带上相应的标记，其形式跟标记处所的位格或标记领属关系的属格标记相同。下面我们分别通过例句进行说明。

1. 受事

在萝卜寨话里，后置词 to^{55} 出现在动作的受事论元之后，标记该论元为受事者，如例句（52）—（53）：

（52）thə^{31} tshə^{31} pia^{31}　ke^{55} ta^{31} tsə^{51}-to^{55}　sə^{31}-ɕa^{31} na^{55}-pu^{31}.
　　　他　肉　　　疙瘩 – 非施事　向外 – 切 – 做
　　　他切除瘤子了。

（53）mu^{31} thə^{31}-tsə^{55}　ʂti^{31} a^{31}-tsha^{31} pia^{55}-to^{55} tɕi^{31}　sə^{31}-tɕhiu^{35}.
　　　人　那 – 个　饭　一 – 锅 – 非施事　都　向外 – 吃：亲见
　　　那个人一锅饭都吃了。

---

① 黄成龙：《羌语的施事者及其相关标记》，《语言暨语言学》2010 年第 11 卷第 2 期，第 283 页；黄成龙：《羌语的非施事者及其相关标记》，《语言学论丛》2010 年第 41 辑，第 355 页。
② 在萝卜寨话里，标记 je^{55} 是年轻人常用的说法，年长的人经常读为 ge^{55}，二者可以自由变读。

在萝卜寨话里，后置词 to⁵⁵ 标记感官动词、心理动词形式上的宾语的例句如下：

(54) qa³¹ nə³¹-to⁵⁵　　fiɑ³¹-tɕo⁵⁵-sɑ³¹.
　　 我　你－非施事　向下－看见－实然：1 单
　　 我看见你了。

(55) qa³¹ nə³¹-to⁵⁵　　ta⁵⁵ po⁵⁵-sɑ³¹.
　　 我　你－非施事　喜欢－实然：1 单
　　 我喜欢上你了。

后置词 to⁵⁵ 标记双及物动词形式上的直接宾语的例句如下：

(56) ʐi³¹ dzə³¹ thə³¹-pəi³¹-to⁵⁵　　thə³¹-sə³¹　qa³¹-je⁵⁵　tə³¹-pu³¹　ʑiu³⁵.
　　 书　那－本－非施事　他－施事　我－位格　向上－卖　系词
　　 那本书是他卖给我的。

2. 被致使者

在萝卜寨话里，后置词 to⁵⁵ 还可以用在使役动词的被致使者之后，在文本标注我们统一标注为"非施事"，如例句（57）—（58）：

(57) thə³¹-sə³¹　qa³¹-to⁵⁵　　fiɑ³¹-ŋu⁵⁵-ʂə³¹-sə³¹.
　　 她－施事　我－非施事　向下－离开－致使－听说
　　 听说她让我走。

(58) qa³¹-sə³¹　　ʁu³¹ pia⁵⁵-to⁵⁵　　fiɑ³¹-da⁵⁵ ku⁵⁵-ʂə³¹-ȵa³¹
　　 我－施事　石头－非施事　向下－滚－致使－状语
　　 fiɑ³¹-da⁵⁵-sɑ³¹.
　　 向下－去－实然：1 单
　　 我让石头滚下去了。

3. 接受者

在萝卜寨话里，后置词 to⁵⁵/je⁵⁵ 还可以用来标记接受者，如例句（59）—（60）：

(59) thə³¹-sə³¹　qa³¹-to⁵⁵　　ʐi³¹ dzə³¹　ɑ³¹-pəi³¹　zə³¹-dai⁵⁵.
　　 他－施事　我－非施事　书　　一－本　向心－带：实然：3
　　 他带给我一本书。

(60) thə³¹-sə³¹　qa³¹-je⁵⁵　dzə³¹　ɑ³¹-tɕe⁵⁵　tə³¹-ʐda⁵⁵ te³¹.
　　 他－施事　我－位格　事情　一－件　向上－告诉

他告诉我一件事。

4. 目标

在萝卜寨话里，后置词 to⁵⁵/je⁵⁵ 还可以用来标记目标，如例句 (61)—(62)：

(61) qə³¹pa⁵⁵tʂə⁵⁵-je⁵⁵-sə³¹ go³¹-to⁵⁵ ɦia³¹-pəi⁵⁵-je⁵⁵ ʁue³¹-tʂhə³¹
头–位格–由格 脚–位格 向下–到–名物化 五–尺
ŋuə⁵⁵.
系词
从头上到脚下有五尺。

(62) tsu⁵⁵tɕa³¹-sə³¹ kho⁵⁵tsa⁵⁵-je⁵⁵ sə³¹-pəi⁵⁵-je⁵⁵
雁门–由格 汶川–位格 向下–到–名物化
ɦia³¹ŋo⁵⁵-koŋ⁵⁵li³¹ we³¹.
十五–公里 有
从雁门到汶川有 15 公里。

5. 受益者

在萝卜寨话里，汉语借词 mi⁵⁵ɕa³¹ "名下"① 可以用在受益者之后，表示该论元是动作的受益对象，如例句 (63)—(64)：

(63) qa³⁵ mia³¹-sə³¹ ʐgue³¹mi⁵⁵ɕa³¹ phu³¹ χu³¹la³¹ʁua³¹.
我:属格 母亲–施事 兵 名下 衣服 洗 帮助
我母亲帮解放军洗衣服。

(64) qa⁵⁵la⁵⁵-sə³¹ ɦia³¹ŋa³¹mi⁵⁵ɕa³¹ tʂhou³⁵-tha³¹-ɳa³¹ʑi³¹.
我们–施事 孩子 名下 愁–汉借–状语在
我们在替孩子发愁。

人称代词的领属形式及其与汉语借词 mi⁵⁵ɕa³¹ "名下" 的组合也都可以用在动作的受益者之后表示受益格，如 (65)—(66)：

(65) thə³¹-sə³¹ qa³⁵ ɕi³¹tshua⁵⁵ʁua³¹.
他–施事 我:属格 柴砍 帮助
他帮助我砍柴。

---

① mi⁵⁵ɕa³¹ "名下" 借自汉语西南官话是黄成龙老师告诉笔者的。

(66) qa³⁵　　　mi⁵⁵ɕa³¹dʐu³¹die³¹-zge⁵⁵jɑ³¹.
　　　我：属格　名下　门　离心－开 语气
　　　给我开门。

（二）与非施事者相关的其他格标记

1. 领属

领属表示属于、拥有或类似关系的意义，是名词短语内部之间的关系。人称代词的领属形式是由词内部的声调屈折或人称代词的复数形式表示的，如例句（67）—（71）：

(67) qa³⁵　　　qe³¹pa⁵⁵tʂə⁵⁵tə³¹-qe³¹go³¹-ji³¹.
　　　我：属格　头　　　　向上－晕－实然：3
　　　我的头晕了。

(68) nəi³⁵　　　χqo⁵⁵　　stʂa³¹.
　　　你：属格　嘴　　小
　　　你的嘴小。

(69) thəi³⁵　　pi³¹-thi³¹　khzəu⁵⁵　jɑ³¹.
　　　他：属格 笔－定指 坏：亲见 语气
　　　他的笔坏了。

(70) sa⁵⁵tʂu⁵⁵-sə³¹　　sa⁵⁵bza⁵⁵　　ni³¹-tɕe³¹　　tə³¹-zda⁵⁵-dzə⁵⁵,
　　　妹妹－施事　　姐姐　　　　两－个　　向上－说－标句词
　　　məi³⁵　　fia³¹ŋa³¹-to⁵⁵　　tɕe³¹-dza³¹-pu³¹-ŋe³¹.
　　　人：属格 孩子－非施事　禁止－嘲笑－做－非实然：2 复
　　　妹妹对两个姐姐说："你们别嘲笑别人的孩子"。

(71) sa³⁵　　　pã³¹la³¹　ŋuə⁵⁵?
　　　谁：属格　东西　　系词
　　　是谁的东西？

如果领有者不是由人称代词的所指充当，后置词 ge⁵⁵/je⁵⁵ 也可以标记领属关系，如例句（72）—（74）：

(72) nə³¹tʂhə³¹pu³¹-je⁵⁵ŋuə⁵⁵-nə³¹　　　　ma³¹?
　　　你 藏族－属格 系词－非实然：2 单 疑问
　　　你是藏族的吗？

(73) pã³¹la³¹-ti³¹　sa⁵⁵-je⁵⁵　ʑiu⁵⁵?
　　　东西－定指　谁－属格　系词
　　　是谁的东西？

(74) [tshua⁵⁵thə³¹-tshua⁵⁵] -ge⁵⁵　mu⁵⁵-khe³¹ [tshua⁵⁵　tsə³¹-tshua⁵⁵]
　　　[村寨　那－村] －属格　人－复　[[村寨　这－村]
　　　mu⁵⁵] -so⁵⁵ko⁵⁵dʐə³¹-ʁue³¹-tsə⁵⁵dʐu⁵⁵.
　　　人]－比较　四－五－个　　多
　　　那村的人比这村的人多四五个。

如果领有者不是由人称代词的所指充当，那么也可以通过在指称领有者的名词或名词短语之后加上 mi⁵⁵ɕa³¹ "名下"，如例句（75）—(77)：

(75) pe³¹tɕin⁵⁵-thi³¹qɑ⁵⁵la⁵⁵tʂoŋ³⁵kue³¹mi⁵⁵ɕa³¹səu³⁵tu⁵⁵ʑiu³¹.
　　　北京－定指　我们　中国　　名下　首都　系词
　　　北京是中国的首都。

(76) mu³¹pɑ⁵⁵-sə³¹mu³¹thə³¹-tsə³¹mi⁵⁵ɕa³¹ta³¹-to⁵⁵　　die³¹-phu⁵⁵-ŋa³¹
　　　风－施事　人　那－个　名下　帽子－非施事　离心－吹－状语
　　　ɦia³¹-tsho³⁵-səi³¹.
　　　向下－掉落－致使：实然：3
　　　风把那个人的帽子吹掉了。

(77) tsə³¹-mu⁵⁵　　nə⁵⁵pu⁵⁵　mi⁵⁵ɕa³¹　pau³⁵tsə⁵⁵　ʑiu³⁵　ja³¹.
　　　这－话题　　去年　　　名下　　　报纸　　　系词　语气
　　　这是去年的报纸。

汉语借词 mi⁵⁵ɕa³¹ "名下"还可以与人称代词的领属形式连用表达领属关系，如例句（78）—(80)：

(78) nəi³⁵　　　mi⁵⁵ɕa³¹　　go³¹-ti³¹　　tɕe³¹-ze⁵⁵　mi⁵⁵?
　　　你：属格　名下　　　脚－定指　　连续－疼　疑问
　　　你的脚还疼不？

(79) thəi³⁵　　mi⁵⁵ɕa³¹　mia³¹pu⁵⁵　ɦia³¹-ɕya³¹.
　　　他：属格　名下　　眼睛　　　向下－瞎
　　　他的眼睛瞎了。

(80) thə³¹sa³⁵　　　mi⁵⁵ɕa³¹　　pã³¹la³¹　die³¹-tshue³⁵?
　　　他　谁：属格　名下　　　东西　　　离心－丢

他丢了谁的东西？

借自汉语的后置词 li^{31} 在专有名词之后表达属格/领有的意义，但它不能与人称代词领属形式连用，如例句（81）：

(81) ɕau^{31} tʂaŋ^{55}-li^{31} bia^{55} niu^{55} a^{31}ȵa^{31}-ga^{55}①nə^{31} ge^{55} tʂhi^{31} tʂhi^{31}　ja^{31}.
小张 – 属格　猫　　什么 – 位格　都　更　跑：重叠　语气
小张的猫到处跑。

人称代词的复数形式与亲属称谓或表家庭的名词连用表达属格/领有的意义，但它们不能与汉语借词 mi^{55} ɕa^{31} 连用，如例句（82）—(84)：

(82) qa^{55} la^{55}　tu^{55} tʂu^{55}　qa^{31}-ȵa^{31}　a^{31} so^{55}　　dʑi^{31} du^{31}　je^{55}.
我们　　弟弟　　我 – 随同　一起　　读书　　语气
我弟弟跟我一起上学。

(83) nə^{31} la^{55}　pi^{31}-mu^{55}　　mia^{31} pu^{55}　tɕe^{31}-ʐe^{55}　mi^{55}?
你们　　父亲 – 话题　眼睛　　　连续 – 疼　疑问
你父亲眼睛还疼不？

(84) thə^{31} la^{55} dʐu^{31}-ku^{55}　ŋu^{55}　we^{31}.
他们　　家 – 位格　　银子　有
他家里有银子。

人称代词的领属形式或人称代词的领属形式与汉语借词 mi^{55}ɕa^{31} "名下"的组合还可以标记双及物动词的接受者和目标，如（85）—(86)：

(85) thə^{31}-sə^{31}　pã^{31} la^{31}-to^{55}　　qa^{35}　　mi^{55}ɕa^{31} tʂua^{55}-ȵa^{31}
他 – 施事　东西 – 非施事　我：属格　名下　带 – 状语
sə^{31}-lo^{31}-ji^{31}.
向外 – 来 – 实然：3
他把东西带给我。

(86) qa^{31}-sə^{31}　nəi^{35}　　　mi^{55}ɕa^{31}ɕin^{35} a^{55}-fəŋ^{55} ʐe^{31}-ʐda^{55}-sa^{31}.
我 – 施事　你：属格　名下　信　一 – 封　向心 – 给 – 实然：1 单
我给你寄了一封信。

---

① ga^{55} 应该是位格标记 ge^{55} 受 a^{31}ȵa^{31} 的影响而发生的元音和谐变化。

2. 处所/时间

位格标记空间意义或时间意义。在萝卜寨话中，位格主要有 ge⁵⁵、je⁵⁵、to⁵⁵、ku³¹ 等四种形式。

（1） ge⁵⁵

后置词 ge⁵⁵ 可以用来标记空间，且多为水平面或坡度较小的斜面，如例句（87）—（88）：

（87） thə³¹nə³¹ ʂta⁵⁵-ge⁵⁵　ɦɑ³¹-ɕe³¹-ȵɑ³¹　　ʑiu³⁵.
　　　他　床－位格　　　向下－躺－状语　 在:亲见
　　　他在床上躺着。

（88） su³¹-ge⁵⁵　　ɕi³¹phu⁵⁵jɑ³⁵ji³¹　　ŋuə⁵⁵　jɑ³¹.
　　　山－位格　树　　　　　　很多　　存在　语气
　　　山上有很多树。

后置词 ge⁵⁵ 也可以标记具体的方位，如外面、里面、上面、下面、这边或那边，具体见例句（89）—（90）：

（89） thə³⁵　　　qe³¹pɑ⁵⁵tʂə⁵⁵-ge⁵⁵　pɑ³¹lɑ⁵⁵　lieu⁵¹.
　　　他:属格　脑子－位格　　　　东西　　　存在:亲见
　　　他脑子更灵活。（直译:他脑子里有东西）。

（90） mu⁵⁵thə³¹-tsə³¹dʐu³¹　　thə³¹-ge⁵⁵　ʑiu³⁵.
　　　人 那－个 门　　　　　那－位格　在:亲见
　　　那个人在门那里。

后置词 ge⁵⁵ 还可以标记目标，多用于方位或处所，如例句（91）—（92）：

（91） su³¹ke³¹-sə³¹　su³¹tɕo³¹tsə³¹-ge⁵⁵　ɦɑ-pe³¹-ge³¹　　ɕe³¹ɕye⁵⁵-lĭ⁵¹
　　　山上－由格　山脚下－位格　　　向下－到－名物化　三十－里
　　　dʐu⁵⁵zį³¹weu³¹.
　　　多　　路 有:亲见
　　　从山上到山下有三十多里路。

（92） thə³¹qə³¹ti⁵⁵ɕɑ⁵⁵-sə³¹　tɕi⁵⁵ɕɑ⁵⁵-ge⁵⁵　ɦɑ³¹-tʂəi³⁵-ȵɑ³¹　sə⁵⁵.
　　　他　上面－由格　　　　下面－位格　向下－伸－状语 看
　　　他从上面看下面。

在我们的材料里，还发现后置词 ge⁵⁵ 标记具体时间的情况，如例句

(93)—(94)：

(93) qa³¹ ȵa³¹ tɕi⁵⁵ ȵi⁵⁵ -je³¹   to³¹ dzə⁵⁵ -je³¹   ma³¹ nə⁵⁵   a³¹ -ʐɡu⁵⁵ pu³¹ zə³¹ -ge⁵⁵
　　我　怎么样－名物化　坐－名物化　再　　一－个　小时－位格
　　ge⁵⁵ ti⁵⁵ die³¹ -to⁵⁵ dzə⁵⁵ ma³¹ -qa³¹.
　　大概　离心－坐　　否定－行
　　我最多坐得了一个小时。

(94) nə³¹ tsə³¹ tua⁵⁵ -ge³¹　［ba³¹　a³¹ ȵa⁵⁵ die³¹ -ʑi³¹］①, qa³¹ thə³¹ -to⁵⁵
　　你　这会儿－位格　休息　一下　离心－休息 我　他－非施事
　　a³¹ ɕi⁵⁵ ʐe³¹ -ʂə⁵⁵ -tha³¹ -ȵa³¹　　pe³¹ thio⁵⁵ -pu³¹ -ma⁵⁵.
　　一下　向里－试－汉借－状语　　摆－做－将行
　　你这会儿先休息休息，我试着跟他谈谈。

(2) je⁵⁵

后置词 je⁵⁵ 多用来标记空间和时间。其表示的空间多为垂直面或坡度较大的斜面，如例句（95）—（96）：

(95) thə³¹ la⁵⁵　su³¹ ke³¹ -thi³¹ -je⁵⁵　fiəɹ¹³¹ tsə⁵⁵ ɕy³¹ ja³¹.
　　他们　　山坡－定指－位格 　放　语气
　　他们在山坡上放牛。

(96) ɕi³¹ phu⁵⁵ -je⁵⁵ ɕi³¹ mi⁵⁵　we³¹.
　　树－位格　水果　　有
　　树上有水果。

后置词 je⁵⁵ 也可以标记具体的方位，如前面、后面、这边、那边、里面等，具体见例句（97）—（98）：

(97) nə³¹ qeɹ¹³¹ -je⁵⁵　ʐe³¹ -ke³¹ -tɕhe³¹ -nə³¹.
　　你　前－位格　向里－去－将行－非实然:2 单
　　你到前面去。

(98) thə³¹ -mu⁵⁵ qa³⁵　　tsei³⁵ -je⁵⁵　a³¹ khʐə³¹ -pia³¹ tə³¹ -ŋe³¹ sa⁵⁵ ʑiu³⁵.
　　他－话题 我:属格　这里－位格　一百－元　　向上－借　系词
　　他在我这儿借了 100 元钱。

---

① 在短语 ba³¹ a³¹ ȵa⁵⁵ die³¹ -ʑi³¹ "休息一下"里，a³¹ ȵa⁵⁵ "一下"以插入词 ba³¹ die³¹ -ʑi³¹ "休息"内部的方式构成。

后置词 je⁵⁵还可以出现在时间名词之后标记时间，下面是标记时间的一些例句：

(99) nə³¹ ɕin³¹ tɕhi⁵⁵ thian³¹-je⁵⁵　　dʑi³¹ du³¹-ma³¹-nə³¹　　　　mi⁵⁵?
　　 你　星期天－位格　　　　读书－将行－非实然: 2 单疑问
　　 你在星期天上学吗？

(100) tsə³¹-lə³¹-je⁵⁵　tsa³¹ qa³¹　ja³⁵ ji³¹　tho⁵⁵.
　　　正－月－位格　这里　　　非常　　冷
　　　在正月这里很冷。

(101) pəi⁵⁵ ɕi⁵⁵　tsə³¹ ɕi⁵⁵-je⁵⁵　ʐgu³¹-lə³¹-je⁵⁵　nə³¹ ɕye⁵⁵ pe³¹.
　　　今天　　这天－位格　　九－月－位格　　二十　　变成
　　　今天是 9 月 20 日。

(3) to⁵⁵

后置词 to⁵⁵也用来标记处所或方位，但其出现的频率较低，如例句 (102)—(103)：

(102) thə³¹ ʐi³¹-to⁵⁵　fiɑ³¹-ʐe³¹-ŋɑ³¹　ʐiu³¹.
　　　他　路－位格　向下－睡－状语　在: 亲见
　　　他睡在路上。

(103) thə³¹ qeʴ³¹　go³¹ go⁵⁵, qa³¹ ʂtɑ³¹ qa³¹-to⁵⁵　tʂhi⁵⁵ dɑ³¹.
　　　他　前面　　走　　 我　后面－位格　　追赶
　　　他在前头走，我在后边赶。

(4) ku³¹

后置词 ku³¹、ge⁵⁵和 je⁵⁵都可以标记物体的内部或里面，但后置词 ku³¹的使用频率要高得多，如例句 (104)—(106)：

(104) nə³¹-to⁵⁵　　tə³¹-tsuo⁵⁵-je⁵⁵　　ɕi³¹ mi⁵⁵-ku⁵⁵ ja³⁵ ji⁵⁵
　　　你－非施事　向上－接触－名物化　心－位格　　非常
　　　ɕi³¹ χəi⁵⁵-ʂəu³¹.
　　　高兴－致使: 亲见
　　　跟你认识让我心里很高兴。

(105) tshɑ³¹ pia⁵⁵-je⁵⁵ pia³¹ tshɑ³¹　ɑ³¹-tho³¹-je³¹　　χqo³¹ ʂtəu³¹.
　　　锅－位格　　肉　　　一－块－语尾助词　煮　　在: 亲见
　　　锅里一块肉在煮。

(106) tiɑn³⁵ sə⁵⁵-je⁵⁵　tiɑn³⁵ sə⁵⁵ tɕy³¹ ɕi³¹-ɲɑ³¹　　ʐiu³⁵　　pɑ³¹.
电视－位格　电视剧　　　播放－状语　　在:亲见　语气
电视里在播放电视剧。

3. 随同格

随同格标记 ɲɑ³¹ 出现在名词或名词短语后表示一个所指"与、跟、随"或者"跟随"另一个所指，如例句（107）—（108）：

(107) nə³¹ thə³¹ lɑ⁵⁵-ɲɑ³¹ ɑ³¹ ɕi³¹ tə³¹-ʐdɑ⁵⁵-nə³¹.
你　他们－随同　一下　向上－说－非实然:2 单
你去跟他们说一下。

(108) thə³¹ thə³¹ lɑ⁵⁵ pɑ⁵⁵ pɑ⁵⁵-ɲɑ³¹　ɑ³¹ so⁵⁵ ʂqe³¹ ɲu³⁵ dɑ³⁵.
他　他们　爸爸－随同　一起　茂县　到
他跟他爸爸去了茂县。

出现在名词或名词短语之后的随同格标记 ɲɑ³¹ 经常与 ɑ³¹ so⁵⁵ "一起"同时出现，在语流中变读为 ɲɑ³¹ so⁵⁵，如例句（109）—（110）：

(109) thə³¹ thəi³⁵　　　ɑ³¹ mɑ³¹-ɲɑ³¹　ɑ³¹ so⁵⁵ ʁuɑ⁵⁵ sə⁵⁵ tɑ³¹.
她　她:属格　妈妈－随同　一起　一样　漂亮
她跟她妈妈一样漂亮。

(110) qɑ³¹ nə³¹-ɲɑ³¹ so⁵⁵　ɑ³¹ tɕɑ⁵⁵ so⁵⁵　ʐi³¹ to⁵⁵ go⁵⁵ ke⁵⁵-je⁵⁵　qɑ³¹　mi⁵⁵?
我　你－随同　　一起　　　成都　　去－名物化　可以　疑问
我可以跟你一起去成都不?

三　格标记的功能及其分布

羌语格标记的功能及其分布比较复杂，尤其是施事者标记和非施事者标记的功能和分布。本小节主要讨论施事者标记和非施事者标记的功能及其强制出现的条件。

藏缅语的格标记或者不存在，或者相对松散，或者比较稳定。罗仁地指出在藏缅语特定的语义和语用条件下作施事者或非施事者的名词短语才会带格标记，其出现与否主要受语义和语用条件的制约。[①]

[①] 黄成龙:《羌语的施事者及其相关标记》,《语言暨语言学》2010 年第 11 卷第 2 期,第 290—291 页。

许多研究都发现,羌语中施事者标记与非施事者标记不是强制使用的,多数情况是当施事者与非施事者不容易辨认或需要强调时使用,从而消除语义上的歧义。黄成龙指出,施事者标记的使用与否跟静态-动态动词并无直接的联系,但与动词的及物性有很大的关系。不及物动词的论元一律不带施事者标记或非施事者标记,及物动词的论元是否带标记主要受生命度及指称性限制、句法结构和信息结构的制约。一般来说,只有当两个或两个以上的论元出现在句中,为了区分施事者与非施事者,才使用施事者标记或非施事者标记。[①] 及物动词的施事者与非施事者是否带标记也是不成系统的,其使用也是非强制的。施事者标记或非施事者标记的主要功能与分布表现在以下两个方面。

(一)辨别施事者与非施事者,消除歧义。

在萝卜寨话里,动词的一致关系经常反映施事者的人称和数,但附加在动词之后的人称和数标记并不强制出现。在以下语用、语义或特定句法条件下,为了辨别施事者与非施事者,常常通过添加格标记的方式以消除歧义,如例句(111)—(112):

(111) mu^{31}tsə^{31}-tsə^{55}-sə^{31}　sa^{55}-to^{55}　nə^{31}tə^{31}-sə^{55}　ma^{31}-qa^{31}.
　　　 人　这-个-施事　谁-非施事　都　向上-认识　否定-能
　　　 这个人不认识所有人。

(112) mu^{31}tsə^{31}-tsə^{55}-to^{55}　sa^{55}-sə^{31}　nə^{31}tə^{31}-sə^{55}　ma^{31}-qa^{31}.
　　　 人　这-个-非施事　谁-施事　都　向上-认识　否定-能
　　　 谁都不认识这个人。

1. 施事者为无生命所指或非施事者为人称代词

Silverstein 指出某些语言格标记与生命度等级有很大的关系。其所谓的生命度等级为:第一、第二人称代词>第三人称代词>专有名词>人类普通名词>非人类有生命普通名词>无生命普通名词。[②] 在羌语中,施事者标记与非施事者标记可以出现在人称代词、专有名词、人类普通名词、非人类

[①] 黄成龙:《羌语的施事者及其相关标记》,《语言暨语言学》2010 年第 11 卷第 2 期,第 290 页。

[②] Silverstein, Michael. "Hierarchy of features and ergativity", in Dixon, R. M. W. eds., *Grammatical categories in Australian languages*, Canberra: Australian Institute of Aboriginal Studies, 1976, pp. 112–171.

有生命普通名词、无生命普通名词之后，但其出现的频率及功能不同。①在萝卜寨话及物动词句里，生命度等级越高越倾向于作施事者，生命度等级越低越倾向于作非施事者，但生命度等级高的所指并不总是充当施事者，生命度等级低的所指也并不总是作非施事者。② 为了辨别施事者与非施事者，当施事者为无生命所指时，施事者标记要强制出现，如例句（113）；当非施事者为人称代词时，非施事者标记要强制出现，如例句（114）；当且仅当施事者为无生命所指，非施事者为人称代词时，施事者标记和非施事者标记才都要强制出现，如例句（115）：

(113) mu³¹ pɑ⁵⁵-sə³¹ ɕi³¹ phu⁵⁵ (-to⁵⁵) sə³¹-phu⁵⁵-n̠ɑ⁵⁵ die³¹-qə³¹ to⁵⁵.
　　　风 – 施事　树（– 非施事）　向外 – 吹 – 状语离心 – 倒
　　　风吹倒了树。

(114) qɑ³¹ (-sə³¹) nə³¹-to⁵⁵　me⁵⁵ liɑ⁵⁵ lo³¹ mɑ³¹-ɕou⁵⁵-sɑu³¹.
　　　我（– 施事）你 – 非施事 找　来 否定 – 敢 – 实然:1 单:亲见
　　　我不敢来找你。

(115) ʁu³¹ piɑ⁵⁵-sə³¹　qɑ³¹-to⁵⁵　ɦiɑ³¹-dʐe³¹.
　　　石头 – 施事　我 – 非施事　向下 – 砸
　　　石头砸到我了。

2. 非施事者处于句首

萝卜寨话典型语序为 SV 或 APV，作为话题评述结构的羌语，S 或 A 并不总是出现在句首位置。当施事者不出现在句首，而其他论元（即非施事者）出现在施事者之前时，施事者或非施事者至少有一个要带相应的格标记以消除歧义，如例句（116）—（117）：

(116) dʐə⁵⁵-thi³¹-to⁵⁵　　qɑ³⁵-ge⁵⁵　　tə³¹-pu³¹
　　　事情 – 定指 – 非施事我:属格 – 反身　向上 – 做
　　　mɑ³¹-qɑ³¹-pu³¹-sɑ³¹.
　　　否定 – 能 – 做 – 实然:1 单
　　　那件事我自己做不完了。

---

① 黄成龙:《羌语的施事者及其相关标记》,《语言暨语言学》2010 年第 11 卷第 2 期,第 339—367 页。

② 黄成龙:《羌语中的生命度等级序列》,《汉藏语学报》2013 年第 7 期,第 33 页。

(117) dzi³¹-thi³¹ qə³¹ pia⁵⁵-sə³¹　die³¹-tui⁵⁵　　　　ja³¹.
　　　书－定指老师－施事　离心－读：实然：3　语气
　　　那本书被老师读了。

3. 施事者或非施事者省略

在萝卜寨话里，动词论元省略的现象非常普遍。当施事者省略时，单及物动词的受事论元、双及物动词的接受者、受益者和致使结构的被致使者都要强制带上相应的格标记，如例句（118）—（121）：

(118) qɑ³¹-to⁵⁵　　sə⁵⁵!
　　　我－非施事　看
　　　看我！

(119) tu³¹ bɣɑᴵ³¹-to⁵⁵　　qɑ³¹-je⁵⁵　　tə³¹-ʐdɑ⁵⁵ te³¹.
　　　哥哥－非施事　　我－位格　　向上－介绍
　　　（他把）他哥哥介绍给我了。

(120) qɑ³⁵　　　mi⁵⁵ ɕɑ³¹ dzu³¹　die³¹-ʐge⁵⁵　ja³¹.
　　　我：属格　名下　门　　离心－开　语气
　　　给我开门。

(121) ɦiɑ³¹ ŋɑ³¹-to⁵⁵　son³¹ to⁵⁵　tə³¹-gui⁵⁵-ʂə³¹-nə³¹.
　　　孩子－非施事　裤子　　向上－穿－致使－非实然：2 单
　　　让孩子穿裤子。

当非施事者省略时，及物动词施事论元要强制带上相应的格标记，如例句（122）—（123）：

(122) ʂqe³¹ n̥u³⁵-sə³¹ tɕəu⁵⁵ ʂə³¹ ge³¹　po³¹ ʁo³¹ tsu³¹-sə³¹　ze³¹-tʂhui⁵⁵ tsə³¹.
　　　茂县－施事　就是呢　　　柏窝竹－由格　　向里－侦查
　　　茂县（的士兵）就从柏窝竹向里侦查。

(123) thə³¹-sə³¹　tɕəu⁵⁵ ʂə³¹　sə³¹-lo³¹　mɑ⁵⁵-ɕo⁵⁵-pu⁵⁵　ge³¹.
　　　他－施事　就是　　向外－来　否定－敢－做　语气
　　　他就不敢来（这里）。

4. 有生命的无所指

在论元为有生命的无所指结构里，如果同一个名词短语是不同的无所指，并且在句中同时作施事者和非施事者时，那么作施事者和非施事者的名词短语一定要带相应的格标记，如例句（124）—（125）：

（124） sa⁵⁵-sə³¹　　　　sa⁵⁵-to⁵⁵　　　　qo³¹.
　　　 谁－施事　　　　谁－非施事　　　害怕
　　　 谁怕谁？

（125） khu³¹-sə³¹ khu³¹-to⁵⁵　　　dʐe⁵⁵.
　　　 狗－施事 狗－非施事　　　咬
　　　 狗咬狗。

5. 反身结构

在反身结构中，如果反身代词在同一个句子中既作施事者又作受事者，作施事者的反身代词一定要用施事者标记，受事者的格标记是选择性的，可以用，也可以不用，如例句（126）—（128）：

（126） qa³¹-je⁵⁵-sə³¹　　　qa³¹-je⁵⁵（-to⁵⁵）　　　ge⁵⁵　sə⁵⁵.
　　　 我－反身－施事　　我－反身（－非施事）　更　　看
　　　 我自己看我自己。

（127） nəi³⁵-je⁵⁵-sə³¹　　　　　nəi³⁵-je⁵⁵（-to⁵⁵）
　　　 你：属格－反身－施事　你：属格－反身（－非施事）
　　　 fa³⁵-nə³¹.
　　　 骂－非实然: 2 单
　　　 你自己骂你自己。

（128） jo⁵⁵-je⁵⁵-sə³¹　　　　jo⁵⁵-je⁵⁵（-to⁵⁵）　　　　　ge⁵⁵ qə³¹ tie³¹.
　　　 自己－反身－施事　自己－反身（－非施事）　更　打
　　　 他就自己打自己。

6. 双及物结构

在双及物结构中，一般有三个参与者，包括给予者或者施事者、受事、接受者或者受益者。除了受事可以是有生命的所指或无生命的所指外，给予者或者施事者与接受者或者受益者都是指人所指，为了区分不同所指的具体语义角色，萝卜寨话的给予者或者施事者与接受者或者受益者至少要带一个相应的格标记，如例句（129）—（131）：

（129） qa³¹ thə³¹-to⁵⁵　　　məi³¹ zi̱³¹　　so⁵⁵.
　　　 我　他－非施事　　羌语　　　　教
　　　 我教他羌语。

（130） nə³¹ qa⁵⁵-to⁵⁵　　　ʁu⁵⁵-thi³¹-to⁵⁵　　　zə³¹-zda⁵⁵-nə³¹.

你 我–非施事　碗–定指–非施事 向心–给–非实然: 2 单
你把那个碗递给我。

(131) thə³¹ (-sə³¹) qɑ³⁵-mi⁵⁵çɑ³¹　　pã³¹lɑ³¹tʂuɑ⁵⁵-ŋɑ³¹sə³¹-lo³¹-ji³¹.
他–施事　我: 属格–受益　东西　带–状语 向外–来–实然: 3
他给我带来东西了。

7. 致使结构

在致使结构里，萝卜寨话的致使者与被致使者至少要带上一个相应的格标记，如例句（132）—（133）：

(132) thə³¹-sə³¹ ʁu⁵⁵-to⁵⁵　　　sə³¹-dʐəi³⁵-ʂə³¹.
他–施事 碗–非施事　向外–碎–致使
他把碗打碎了。

(133) thə³¹-sə³¹ qɑ³¹-to⁵⁵　　phu³¹tsə³¹-le³¹-to⁵⁵　　nə³¹-to⁵⁵
他–施事 我–非施事 衣服 这–件–非施事　你–非施事
ɦiɑ³¹-zɭdɑ⁵⁵-ʂə³¹.
向下–给–致使
他让我把这件衣服给你。

8. 引语结构

在引语结构里，如果是直接引语时，不论动词 zɭdɑ⁵⁵ "说" 是否带有听话者，引语外的叙述者在萝卜寨话里都要带施事者标记，听话者是否带非施事者标记则是可选的，如例句（134）—（135）：

(134) qɑ³⁵　　　pi³¹　ŋɑ³¹miɑ⁵⁵-sə³¹　　tə³¹-zɭdɑ⁵⁵-dʐə⁵⁵
我: 属格　爸爸 和　妈妈–施事　向上–说–标句词
ʁo³¹tsə³¹　tɕi³¹tɑ⁵⁵-je⁵⁵-thi³¹　　çi³¹çi⁵⁵mɑ³¹-phu⁵⁵lo³¹.
棍子　　拄–名物化–定指 钱　　否定–值
我爸妈说:"拐杖不值钱。"

(135) sɑ⁵⁵tʂu⁵⁵-sə³¹　　sɑ⁵⁵bʐɑ⁵⁵ni³¹-tɕe³¹ (-to⁵⁵)　　tə³¹-zɭdɑ⁵⁵-dʐə⁵⁵,
妹妹–施事　姐姐　　两–个（–非施事)向上–说–标句词
məi³⁵　ɦiɑ³¹ŋɑ³¹-to⁵⁵　tɕe³¹-dʐɑ³¹-pu³¹-ŋe³¹　　　　məi³⁵.
人: 属格 孩子–非施事 禁止–嘲笑–做–非实然: 2 复 语气
妹妹对两个姐姐说:"你们别嘲笑别人的孩子。"

9. 双话题结构

在萝卜寨话里，存在这样的 NP，NP$_1$ + NP$_1$ + V 或 NP，NP$_1$ + NP$_2$ + V 的双话题结构，施事者和受事者都是人，且都是不同的所指，这种结构表示互动意义。① 在这种结构里，为了辨别施受关系，施事者和受事者至少有一个要带相应的格标记，如例句（136）—（137）：

(136) qɑ⁵⁵la⁵⁵mu⁵⁵tʂhu⁵⁵ɑ³¹-tsə⁵⁵-sə³¹　ɑ³¹-tsə³¹　ʁuɑ³¹　je⁵⁵.
　　　 我们　 以后　　　一一个－施事一一个　 帮助　 语气
　　　 我们今后互相帮忙。

(137) ɦiɑ³¹ŋɑ⁵⁵thə³¹khe⁵⁵, qɑ³¹nə³¹-to⁵⁵　ʑdu³¹, thə³¹thə³¹-to⁵⁵　ʑdu³¹.
　　　 孩子　 那些　　我 你－非施事 骂　　他 他－非施事 骂
　　　 那些小孩，我骂你，他骂他。

（二）对比或凸显

在萝卜寨话里，施事者标记或非施事者标记除了具有区分施事者与非施事者以消除歧义的功能外，还具有语用上的对比或凸显的功能，如例句（138）—（140）：

(138) tɕi³¹　kha³¹ɕi³¹-sə³¹ ɦiɑ³¹-dʑy³¹　　 mɑ⁵⁵, χai³¹ʂə³¹
　　　 这　　 扎西－施事 向下－留下　 疑问　还是
　　　 kha⁵⁵tɕɑ³¹-sə³¹　ɦiɑ³¹-dʑy³¹　nə³¹?
　　　 卡佳－施事　　 向下－留下 疑问
　　　 是扎西留下，还是卡佳留下？

(139) sɑ⁵⁵-sə³¹　　ʁu⁵⁵-to⁵⁵　 sə³¹-khʐe³¹　 nə³¹?
　　　 谁－施事　 碗－非施事 向外－打碎　 疑问
　　　 谁把碗打碎了？

(140) ʑi³¹dzə³¹thə³¹-pəi³¹-to⁵⁵　thə³¹-sə³¹　zə³¹-mi⁵⁵-pu⁵⁵　ʑiu³⁵,
　　　 书　 那－本－非施事 他－施事　向心－否定－买 系词
　　　 qɑ³¹-sə³¹　zə³¹-pu⁵⁵-je⁵⁵　ŋuɑ³⁵.
　　　 我－施事　向心－买－名物化　系词: 非实然:1 单
　　　 那本书不是他买的，是我买的。

---

① 黄成龙、王术德：《蒲溪羌语的话题—评述结构》，《语言暨语言学》2007 年第 8 卷第 1 期，第 538 页。

第七节　话题标记与语调单位尾助词

在话题－评述结构中，为了辨别哪个所指是话题，哪个所指不是话题，萝卜寨话有时要用后置词标记其所指是话题成分，我们把这个标记称为话题标记。除了话题标记之外，萝卜寨话还存在类似汉语里可以标记话题的停顿词，可以出现在话题之后，也可以出现在非话题之后，这是辨别语调单位的重要线索，我们将之称为语调单位尾助词。

一　话题标记

在萝卜寨话里，不论名词短语充当什么语义角色，也不论其是否带有格标记，名词短语都可以充当话题。一个话题－评述结构可以有多个话题成分。如果有两个话题，一个通常是表布景时间、地点或范围的成分。话题可以是实义名词、代词或名物化的句子补足语（带不带名物化标记均可）。话题标记是语用标记，而不是语义格标记，是标记话题的重要形式手段，其使用并不是强制的。萝卜寨话有两个话题标记 mu^{55} 和 $ma^{31}dʐə^{55}$，只出现在充当话题的所指之后，标记话题。它们可以单独使用，也可以成对出现。

话题标记 mu^{55} 可以出现在任何充当话题的名词短语之后，具有强调、停顿或对比等语用功能。下面是话题标记 mu^{55} 的一些用例：

（141）　$thə^{31}$-mu^{55}[du^{55} 　$ŋe^{31}$-$thα^{55}$] 　　 $tα^{55}po^{55}$.
　　　　他－话题批评　挨－汉借　　喜欢
　　　　他老挨批评。

（142）　$thə^{31}$-mu^{55}　　$go^{31}tə^{31}$-$khəu^{55}$　　$jα^{31}$.
　　　　他－话题　脚　向上－伤　语气
　　　　他脚伤了。

（143）　$thə^{31}lα^{55}$-mu^{55}　　$α^{31}$-$tsə^{55}$-$sə^{31}$　　　$α^{31}$-$tsə^{55}$-to^{55}　　　$sə^{55}$.
　　　　他们－话题　　一－个－施事　　一－个－非施事　看
　　　　他们，一个看一个。

（144）　$ʁuα^{31}ɕα^{55}$-$mu^{55}tho^{35}$, $ku^{31}ʐə^{31}$-$mu^{55}du^{35}du^{35}$.
　　　　外面－话题　冷　里面－话题　热：重叠

外面嘛，冷；里面嘛，暖和。

在例句（141）中，第三人称单数 thə³¹ "他" 作为情感动词 ta⁵⁵po⁵⁵ "喜欢" 的受事，在句首充当话题，可以带话题标记 mu⁵⁵ 以示强调；例句（142）和（143）是一种跟汉语和日语相似的"双话题"结构，其中例句（142）的两个话题 thə³¹ "他" 和 go³¹ "脚" 是领属关系，而例句（143）的两个话题 thə³¹la⁵⁵ "他们" 和 a³¹tsə⁵⁵ "一个" 是部分－整体的关系，因此处于句首的 thə³¹ "他" 和 thə³¹la⁵⁵ "他们" 可以带话题标记 mu⁵⁵，具有强调的功能；在例句（144）中，话题标记 mu⁵⁵ 分别出现在对比话题 ʁua³¹ça⁵⁵ "外面" 和 ku³¹ʐə³¹ "里面" 之后，具有对比的功能。

话题标记 ma³¹dʐə⁵⁵ 用于名词、名词短语之后，功能上侧重于强调和对比。下面是话题标记 ma³¹dʐə⁵⁵ 的一些用例：

(145) phu³¹-ma³¹dʐə⁵⁵　çi⁵⁵-ti³¹　　tye⁵⁵ʑiu³⁵,
　　　 衣服－话题　　 新－定指 好　系词

　　　 ʑi³¹dʑu³¹-ma³¹dʐə⁵⁵ ɕia³¹-bəi⁵⁵-ti³¹　　tye⁵⁵ʑiu³⁵.
　　　 朋友－话题　　 向下－老－定指 好 系词

　　　 衣服嘛，是新的好；朋友嘛，是旧的好。

(146) a³¹mi⁵⁵　ɕia³¹-ʐda⁵⁵　nə³¹　mo⁵⁵, [məi³⁵　dʑu³¹ku⁵⁵
　　　 什么　 向下－给　　都　 没有　人：属格 家里

　　　 ʐo³¹-ge⁵⁵]-ma⁵⁵dʐə³¹　a³¹mi⁵⁵　ɕia³¹-ʐda⁵⁵　nə³¹　mo⁵⁵.
　　　 嫁－名物化－话题　 什么　 向下－给　　都　 没有

　　　 什么都给不了，嫁到别人家里呢，什么都给不了。

不同的话题标记还可以同时出现在一个句子里，表达不同的含义。如例句（147）—(148)：

(147) [ʑi³¹dʐ³¹-thə³¹-so⁵⁵]-mu⁵⁵,　a³¹-tɕhe⁵⁵-ma³¹dʐə⁵⁵
　　　 纸－那－种－话题　　　 一－张－话题

　　　 ʁue³¹-dəu⁵⁵pia⁵⁵　tɕhe³¹.
　　　 五－毛　　　 要

　　　 那种纸嘛，一张的话要5毛钱。

(148) qə³¹çi⁵⁵çi⁵⁵-mu⁵⁵, [tɕe³¹-thi³¹　ʐo³¹-pu⁵⁵-ge⁵⁵]-ma⁵⁵dʐə³¹
　　　 以前－话题　　 女子－定指 出嫁－做－名物化－话题

　　　 dʑu³¹ku⁵⁵-sə³¹　tʂha³¹tʂu⁵⁵phei⁵⁵tɕa⁵⁵tɕhe⁵⁵, çaŋ⁵⁵tsə³¹

家里-由格　柜子　　陪嫁　　需要　箱子
phei⁵⁵tɕɑ⁵⁵tɕhe⁵⁵，be³¹tʂu³¹phu⁵⁵　tɕue⁵⁵tie³¹sə³¹sou⁵⁵tou³¹-sə³¹

陪嫁　　需要　鞋子　衣服　裹脚　　　麻布-工具
tɕe³¹khe⁵⁵　tə³¹-pu³¹.

这些　　　向上-做

以前嘛，女子出嫁的话，需要从娘家要陪嫁柜子、箱子，要用麻布做些鞋子、衣服、裹脚。

例句（147）是一个双话题结构，两个话题 ʑi³¹dzə³¹-thə³¹-so⁵⁵"那种纸"和 ɑ³¹-tɕhe⁵⁵"一张"是部分—整体的关系，它们之后分别带有话题标记 mu⁵⁵和 mɑ⁵⁵dzʅə³¹，具有强调和停顿的功能；而例句（148）也是一个双话题结构，处于句首的 qə³¹ɕi⁵⁵ɕi⁵⁵"以前"充当布景话题，并由 mu⁵⁵标记，交代事件发生的时间，由 mɑ⁵⁵dzʅə³¹标记的复杂名词短语 tɕe³¹-thi³¹ʐo³¹-pu⁵⁵-ge⁵⁵"女子出嫁"充当次要话题。

二　语调单位尾助词

语调单位是指一连串的词在一个单一的、连贯的语调曲线下结合在一起，通常有停顿或者在语调单位末尾用助词，一般以词、短语或小句为主。[①] 萝卜寨话有五个语调单位尾助词：je⁵⁵/ge⁵⁵、mɑ³¹、nə³¹和 dzʅə⁵⁵/tə³¹mɑ³¹dzʅə⁵⁵。它们经常出现在口语和长篇语料里，但跟话题标记不同。话题标记只出现在话题之后标记话题，而语调单位尾助词既可以出现在话题所指之后，也可以出现在非话题的所指之后。它们是辨别语调单位有用的线索，仅仅起到语流断开的作用，是语调单位的界限标记。je⁵⁵/ge⁵⁵、mɑ³¹和 nə³¹经常出现在词和短语之后，而 dzʅə⁵⁵和 tə³¹mɑ³¹dzʅə⁵⁵经常出现在小句或句子末尾。在口语和长篇语料里，它们的使用都是非强制的，可以用，也可以不用。例如：

(149) ɑ³¹tshuɑ⁵⁵mu⁵⁵-ge³¹　　　ɕi³¹thuɑ⁵⁵die³¹-tshue³⁵-ȵɑ³¹

一寨　人-语尾助词　柴垛　离心-丢-状语

fiɑ³¹-lo³¹-tə³¹mɑ³¹dzʅə⁵⁵.

向下-来-语尾助词

[①] 黄成龙：《羌语的话题标记》，《语言科学》2008 年第 6 期，第 611 页。

一个寨子的人向下丢柴垛。

（150） a⁵⁵ tua⁵⁵　tə³¹-zda⁵⁵-je³¹　　　　dzə⁵⁵, tɕəu⁵⁵ʂə³¹ ge³¹
　　　　一会儿　向上－吼－语尾助词　连词　就是呢
　　　　jo⁵⁵-la³¹-ge³¹　　　　a³¹ tɕi⁵⁵　ze³¹-kə³¹-ŋa³¹ tə³¹ ŋa³¹.
　　　　自己－复－反身　全部　向里－走－连词
　　　　（老头子们）吼了一会儿，就是呢，他们自己都走了过去。

（151） tɕi³¹-ma⁵⁵　　ʂqe³¹ ŋu³⁵-sə³¹　kuan⁵⁵-tha³¹-pu³¹.
　　　　这－语尾助词　茂县－施事　管－汉借－做
　　　　这个地方由茂县管理。

（152） ʂo³¹ fu⁵⁵-nə³¹　　ɕe⁵⁵-tɕe³¹　tə³¹-pu³¹-dzə³¹.
　　　　火坟－语尾助词　三－个　向上－做－语尾助词
　　　　火坟呢，做了三个。

例句（149）语调单位尾助词 ge³¹ 出现在 a³¹ tshua⁵⁵ mu⁵⁵ "一寨子人"作为话题的语调单位之后，语调单位尾助词 tə³¹ ma³¹ dzə⁵⁵ 出现在非话题位置的句子末尾；例句（150）语调单位尾助词 ge³¹ 出现在汉语借词 tɕəu⁵⁵ʂə³¹ "就是"之后，处于非话题位置，而语调单位尾助词 je³¹ 出现在非话题的语调单位 tə³¹zda⁵⁵ "吼"后；例句（151）语调单位尾助词 ma⁵⁵ 出现在指示代词 tɕi³¹ "这"作为话题的语调单位之后；例句（152）语调单位尾助词 nə³¹ 出现在 ʂo³¹fu⁵⁵ "火坟"作为话题的语调单位之后，而语调单位尾助词 dzə³¹ 出现在非话题位置的句子末尾。

第八节　比较标记

在萝卜寨话里，比较标记 so⁵⁵ko⁵⁵ 和 ɕi³¹ 通常出现在比较基准之后。下面讨论萝卜寨话的两个比较标记。

一　差比标记

比较标记 so⁵⁵ko⁵⁵ 经常用于差比结构的肯定句和否定句中，如例句（153）—（154）：

（153） tu³¹ bzɑ³¹-je³¹　　　tu⁵⁵ tʂu⁵⁵-so⁵⁵ko⁵⁵　bou³¹.

哥哥 – 语尾助词　弟弟 – 比较　　高: 亲见
哥哥比弟弟高。

(154) qa³¹nə³¹-so⁵⁵ko⁵⁵　ɕe⁵⁵-pu³¹　ma⁵⁵-ba³¹.
我　你 – 比较　　三 – 年　否定 – 大
我比你大不了三岁。

二　等比标记

比较标记 ɕi³¹ 经常用于等比结构的肯定句，如例句（155）；也用于等比结构和差比结构的否定句中，如例句（156）：

(155) nə⁵⁵　qa³⁵-ɕi³¹　ki⁵⁵ji⁵⁵　bou³¹.
你　我 – 比较　如此　高: 亲见
你跟我一样高。

(156) qa³¹　ni³¹-ɕi³¹　ki⁵⁵ji⁵⁵　ma⁵⁵-bou³¹.
我　你 – 比较如此　否定 – 高: 亲见
我没有你这么高。

第九节　名物化标记

在萝卜寨话里，名物化标记共有三个：mi⁵⁵、je⁵⁵/ge³¹、thi³¹/ti³¹。它们主要出现在动词、形容词或名 – 动短语之后，构成派生名词。名物化标记 mi⁵⁵ 出现在动词、形容词或名 – 动短语之后，构成有生命的名词，表示动作的施事者或由动作体现的从事某种活动的人。下面是一些例句：

(157) dʐə³¹zɑ³¹pu³¹-mi⁵⁵-thi³¹　thə³¹　ŋuə³¹　ɕɑ³¹tɑu³⁵.
好事　　做 – 名物化 – 定指　他　系词　可能
那个做好事的可能是他。

(158) nə³¹-to⁵⁵　ʁua³¹-mi⁵⁵　ȵa³¹-tsə⁵⁵-ȵa³¹　tɕhe³¹?
你 – 非施事　帮助 – 名物化　几 – 个 – 左右　需要
需要几个帮你的人？

(159) pu⁵⁵-mi⁵⁵　　pu³⁵-mi⁵⁵　ɑ³¹tɕi⁵⁵lui³¹,　te³¹ɕi⁵⁵
买 – 名物化　卖 – 名物化　全部　来: 实然: 3　生意

pu³⁵pei⁵⁵.

做 变成：实然：3

买的、卖的都来了，可以做生意了。

名物化标记 je⁵⁵ 和 ge⁵⁵ 可能是一对自由变体，使用上没有区别，可以互换。它们出现在动词、形容词、名－动短语或小句之后，既可以构成有生命的名词，也可以构成无生命的名词，充当名词短语的中心语、名词短语的修饰成分、动词的论元或补足语。下面是一些例句：

（160） ɕi³¹mi⁵⁵　ʐɑ³¹-je⁵⁵　　mu³¹.
　　　　心　　好－名物化　人
　　　　好心人。

（161） nə³¹lɑ⁵⁵ şə⁵⁵tɕhi⁵⁵pu³¹-mɑ³¹-je⁵⁵-to⁵⁵　　qɑ³¹
　　　　你们　　结婚－将行－名物化－非施事我
　　　　tə³¹-mi⁵⁵-sɑ³¹-sɑu³¹.
　　　　向上－否定－听见－实然：1 单：亲见
　　　　你们要结婚（这件事情）我没听说。

（162） thə³⁵　　ʁu⁵⁵-ti³¹　ʂtʂɑ³¹-je⁵⁵　　　ŋuə⁵⁵.
　　　　他：属格　碗－定指小－名物化系　词
　　　　他的碗是个小的。

定指标记 thi³¹ 或 ti³¹ 也可以将动词或形容词派生成名词，充当动词的论元或补足语。如例句（163）—（166）：

（163） qɑ³¹ɕi³¹ ɕi⁵⁵tə³¹-tʂuɑ⁵⁵-ti³¹　　mo³⁵-sɑu³¹.
　　　　我　钱　　向上－拿－定指 没有－实然：1 单
　　　　我拿钱（这事儿）不存在。

（164） nə³¹mɑ³¹-lo³¹-thi³¹-to⁵⁵　　　tɕe³¹-pu³¹-nə³¹.
　　　　你 否定－来－定指－非施事禁止－做－非实然：2 单
　　　　你别不来哦（你别做不来的事儿哦）。

（165） phu³¹-mɑ³¹ dzʐə⁵⁵　ɕi⁵⁵-ti³¹　tye⁵⁵　　ʑiu³⁵,
　　　　衣服－话题　　新－定指好　　系词
　　　　ʑi³¹dzʐu³¹-mɑ³¹ dzʐə⁵⁵　fiɑ³¹-bəi⁵⁵-ti³¹　　tye⁵⁵　　ʑiu³⁵.
　　　　朋友－话题　　　　向下－老－定指 好　　系词
　　　　衣服是新的好，朋友是旧的好。

（166） qa³¹ bu³¹ ti⁵⁵ -ti³¹ -to⁵⁵   tɕha³¹.
       我 圆－定指－非施事   要：非实然：1 单
       我要那个圆的。

第四章

动词和动词性短语形态

本章我们讨论动词和动词性短语形态，即方向前缀、人称标记、体标记、否定标记、禁止式标记、状语标记、致使标记、互动标记和示证标记。

第一节 方向前缀

动词的趋向范畴主要通过附加前缀表示。萝卜寨话有六个方向前缀，表示相对于说话者而言，动作所进行的方向。在这六个方向前缀中，前缀 tə^{31}-表示动作朝"上方""水源方向"或"斜上方"进行；前缀 fiɑ^{31}-表示动作朝"下方""流水方向"或"斜下方"进行；ʑe^{31}-表示动作朝"里面"进行；sə^{31}-表示动作朝"外面"进行；zə^{31}-表示动作朝"说话者方向"进行；die^{31}-表示动作朝"听话者方向"进行。在羌语中，有的动词方向性很强，可以带六个方向前缀，有的动词只能带几个方向前缀，有的动词只能带一个方向前缀。下面我们列举几个方向很强的动词，如：

表4-1

lo^{31} "来"		
方向前缀	例词	意义
tə^{31}-	tə^{31}-lo^{31}	上来
fiɑ^{31}-	fiɑ^{31}-lo^{31}	下来
ʑe^{31}-	ʑe^{31}-lo^{31}	进来
sə^{31}-	sə^{31}-lo^{31}	出来

续表

zə^{31}-	zə^{31}-lo^{31}	过来
die^{31}-	–	无

ke^{31} "去"

方向前缀	例词	意义
tə^{31}-	tə^{31}-ke^{31}	上去
fiɑ^{31}-	fiɑ^{31}-ke^{31}	下去
ʑe^{31}-	ʑe^{31}-ke^{31}	进去
sə^{31}-	sə^{31}-ke^{31}	出去
zə^{31}-	–	无
die^{31}-	die^{31}-ke^{31}	过去

so^{55}tɑ^{55} "跳"

方向前缀	例词	意义
tə^{31}-	tə^{31}-so^{55}tɑ^{55}	向上跳
fiɑ^{31}-	fiɑ^{31}-so^{55}tɑ^{55}	向下跳
ʑe^{31}-	ʑe^{31}-so^{55}tɑ^{55}	向里跳
sə^{31}-	sə^{31}-so^{55}tɑ^{55}	向外跳
die^{31}-	die^{31}-so^{55}tɑ^{55}	跳过去
zə^{31}-	zə^{31}-so^{55}tɑ^{55}	跳过来

sə^{31} "看"

方向前缀	例词	意义
tə^{31}-	tə^{31}-sə^{31}	看上去
fiɑ^{31}-	fiɑ^{31}-sə^{31}	看下去
ʑe^{31}-	ʑe^{31}-sə^{31}	向里看
sə^{31}-	sə^{31}-sə^{31}	向外看
die^{31}-	die^{31}-sə^{31}	看过去
zə^{31}-	zə^{31}-sə^{31}	看过来

从上面列举的四个例子可以看出，lo^{31}"来"和ke^{31}"去"都是方向动词，可以带六个方向前缀中的五个。由于方向动词lo^{31}"来"是朝听话者方向，因此不能带朝说话者方向的前缀die^{31}-；而方向动词ke^{31}"去"是朝听话者方向，故不能带朝说话者方向的前缀zə^{31}-。动作动词so^{55}tɑ^{55}"跳"和sə^{31}"看"都可以带所有的六个方向前缀。

那些本身不具有方向特性的动词通常只能带一个方向前缀，而有些动词可以带一个或两个方向前缀。形容词、情感动词、心理动词、话语动词和感知动词等只能带一个方向前缀，并且这个方向前缀与词根已经词汇化。

fia³¹-ɕya⁵⁵	"亮"	sə³¹-phu⁵¹	"破"
向下－光		向外－裂	
die³¹-qo³¹	"害怕"	tə³¹-fu³¹	"许愿"
离心－怕		向上－佛	
die³¹-ʐmu³¹	"忘记"	tə³¹-sə³¹	"认识"
离心－忘		向上－看	
tə³¹-ʐda⁵⁵	"告诉"	fia³¹-ʑe³¹	"睡"
向上－说		向下－睡	

也有些动词的词根相同，带不同的前缀表示不同的含义，如：

| zə³¹-dzu³¹ | "系" | tə³¹-qhue⁵⁵ | "淹" |
| ʑe³¹-dzu³¹ | "捞" | fia³¹-qhue⁵⁵ | "盖" |

方向前缀 die³¹-附加在动词、形容词的前面，表示比较的最高级，如例句（1）—（2）：

(1) thə³¹-mu⁵⁵　　die³¹-χə⁵⁵ɲi³¹-ji³¹　　ŋuə³¹　peu³⁵.
　　他－话题　　最－懂事－实然:3　系词　变成:亲见
　　他是最懂事的。

(2) nə³¹　die³¹-bʐɑ³¹　tɕhe³¹-nə³¹　　　ma³¹,
　　你　最－大　　要－非实然:2单　疑问
　　die³¹-ʂtʂau³¹　tɕhe³¹-nə³¹　　　nə³¹？
　　最－小:亲见要－非实然:2单　疑问
　　你要最大的，还是最小的？

方向前缀 die³¹-附加在形容词的前面，与副词 tshu⁵⁵pu³¹ "太"一起表示"太XX"，如例句（3）—（4）：

(3) qa³⁵　　phu³¹　die³¹-tha⁵⁵　tshu⁵⁵pu³¹.
　　我:属格　衣服　离心－长　太
　　我的衣服太长了。

(4) nə³¹gu⁵⁵-je⁵⁵　die³¹-ʂtʂa³¹tshu³¹pu³¹, zə³¹-ʂtu⁵⁵-ma³¹-nə³¹.
　　你 穿－名物化 离心－少 太　　向心－着凉－将行－非实然:2单

你穿得太少，要着凉了。

方向前缀附加在动词的前面，有表示命令的意思，如例句（5）—（6）：

(5) nə³¹　ɦɑ⁵⁵-tɕhe⁵⁵！

　　你　　向下－吃

　　你吃！

(6) məi³¹　ɦɑ³¹-ʑe³¹-nə³¹！

　　觉　　向下－睡－非实然：2 单

　　你快睡觉！

第二节　人称标记

萝卜寨话的动词有人称和数范畴，人称分第一、第二和第三人称，数分单数和复数。萝卜寨话动词的人称和数范畴跟其他方言土语（如麻窝、桃坪、曲谷、荣红）一样，都是主要通过动词后缀的变化来表示的。Comrie 认为，在一个没有时态的语言中，事情所处的阶段可以区分为处于真实的世界或者处于不真实的世界，这种区分是由实然和非实然这两种语法形式来表达的。[①] 实然与非实然可以用来说明状态所处的位置，实然是指某个状态处在真实的世界，非实然是指某个状态处在非真实的世界。萝卜寨话是一种没有时态的语言，可以从事情所处的阶段来选择不同的人称标记。在萝卜寨话中，人称标记同时标记了人称、数、实然及非实然，其中后缀-ɑ³¹、-nə³¹和-ȵe³¹是非实然人称标记，后缀-sɑ³¹、-ɕi³¹、-sə³¹、-ɕi³¹和-ji³¹是实然人称标记。萝卜寨话动词的人称标记形式如表 4-2：

表 4-2　　　　　　　　　萝卜寨话动词的人称标记

	第一人称		第二人称		第三人称
	单数	复数	单数	复数	
非实然	ɑ³¹		nə³¹	ȵe³¹	Ø
实然	sɑ³¹	ɕi³¹	sə³¹	ɕi³¹	ji³¹

---

① Comrie, Bernard. *Tense*, Cambridge：Cambridge University Press，1985，p. 5.

在萝卜寨话里，凡是动词都可以带人称标记，包括形容词和带补足语的动词，但其使用是非强制的。动词的人称标记出现在限定句子的最末动词上。一般情况下，动词的人称标记跟及物动词的施事论元或不及物动词有生命的单一论元的人称和数保持一致。无生命论元不反映人称标记。

"完整的事件"（完整体）和"经验过某事"（经验体）：在萝卜寨话中，完整体是把一个事件看作一个整体，不区分事件的各个分开的阶段，而经验体表示以前经验过的事情。人称标记是表示完整体和经验体的重要标记，而肯定的完整体和肯定的经验体则是由实然人称标记表示的。例（7）第一个小句是"我们吃完饭"的肯定形式，吃饭被看作一个整体，是一个真实的事件；例（10）第一个小句的实然人称标记-sa^{31}表示"我去年来过（雁门）"是一个真实的事件。在萝卜寨话中，否定的完整体和否定的经验体都带有非实然人称标记。否定的完整体和否定的经验体表示"某个事情是不真实的"。如在例（8）和例（10）中，否定的完整体和否定的经验体是由非实然人称标记表示的。例（8）"我们没吃饭"被看作是没有实现的非真实的状态，即"吃饭"这个事件没有完成；在例（10）的第二个小句中，"今年没来过"表示一种非真实、未实现的事件，它的肯定形式"之前来过"表示已经实现的真实事件。在萝卜寨话中，完整体和经验体的是非疑问句也都带有非实然人称标记。例（7）的第二个小句和例（9）均为是非疑问句，人称标记用非实然人称标记-nə^{31}。

(7) qa^{55} la^{55} ʂti^{31}-to^{55} sə^{31}-tɕhi^{31}-qa^{31}-çi^{31},
　　 我们　饭－非施事　向外－吃－完成－实然：1复
　　 nə^{31} sə^{31}-tɕhi^{31}-nə^{31} mi^{55}?
　　 你　向外－吃－非实然：2单　疑问
　　 我们吃完饭了，你吃了吗？

(8) qa^{31} ʂti^{31} mi^{55}-tɕha^{31}.
　　 我　饭　否定－吃：非实然：1单
　　 我没吃饭。

(9) nə^{31} tsu^{55}tɕa^{31} lo^{31}-tɕe^{31}-nə^{31} mi^{55}?
　　 你　雁门　来－经验－非实然：2单　疑问

你来过雁门吗？

（10） qa³¹-mu⁵⁵　nə⁵⁵pu⁵⁵　lo³¹-tɕe³¹-sɑ³¹,

我－话题　去年　　来－经验－实然：1 单

tsə³¹pu⁵⁵　lo³¹　mi³¹-tɕɑ³¹.

今年　　来　否定－经验：非实然：1 单

我去年来过，今年没来过。

"不完整的事件"（未完整体）：未完整体关注事件的内部结构，[①] 表示的是一个未完整实现的事件。在例（11）a－b 是关于说话人和听话人的问答，"正在吃饭"处在事情发生的中间阶段，不论是在疑问句还是在肯定句中，动词短语"正在吃饭"均带上了相应人称的非实然标记。

（11） a. nə³¹　ʂti³¹tɕhi³¹-ŋɑ³¹　ʑi³¹-nə³¹　　　　mɑ³⁵？

　　　　你　饭　吃－状语　在：非实然：2 单　疑问

　　　　你正在吃饭吗？

　　b. qɑ³¹ʂti³¹tɕhi³¹-ŋɑ³¹　ʑɑ³¹.

　　　　我　饭　吃－状语　在：非实然：1 单

　　　　我正在吃饭。

"即将做某事"（将行体）：将行体表示"即将发生的事情"，这是一种处在非真实世界的状态。例（12）中，"今天我要走"表示一个非真实、未实现的状态，这里的后缀-ɑ³¹反映了动作施事者非实然的人称和数。

（12） pəi⁵⁵ɕi⁵⁵　qɑ³¹　fiɑ³¹-ŋu³¹-mɑ³¹/tɕhɑ³¹.

　　　　今天　　我　向下－走－将行：非实然：1 单

　　　　今天我要走。

"将连续做某事"（将行体＋连续体）：连续体是未完整体的其中一种，表示某一动作在连续进行。在例（13）中，"还要吃团年饭"还没有变为现实，被看作一个非实然事件，人称标记用非实然第一人称标记-ɑ³¹。

（13） tɕɑ³¹so³¹go⁵⁵qɑ⁵⁵lɑ⁵⁵zə⁵⁵tso³¹ŋɑ³¹tɕɑ³¹-tɕhi³¹-tɕhɑ³¹.

　　　　春节　　　我们　团年饭　　连续－吃－将行：非实然：1 单

[①] Comrie, Bernard. *Aspect: An Introduction to the Study of Verbal Aspect and Related Problems* (2ⁿᵈ edition). Cambridge: Cambridge University Press, 1981, p. 16.

在春节我们还要吃团年饭。

"即将重复做某事"（将行体+重复体）：当将行体和重复体同时出现时，人称标记也是由将行体决定的。在例（14）中，"又要去成都"是一个即将重复的事件，属于非真实世界，人称标记用非实然第二人称单数标记-nə³¹。

（14）nə³¹　ʐi³¹ to⁵⁵ go⁵⁵　da³¹-tɕi³¹-ma³¹-nə³¹　　　ma³¹？
　　　 你　　成都　　　去-重复-将行-非实然:2单 疑问
　　　 你又要去成都了吗？

"变得怎样"（状态变化体）：与状态变化体结合紧密的是实然人称标记。例（15）中"已经吃过饭"是一个真实的事件。不同于否定的完整体和否定的经验体，否定的状态变化体依然带上实然人称标记，因为状态变化体的否定仍然是表示一种变化的。例（16）中"我们变得不去了"表示"我们由以前想去变成现在不去了"，强调变化，这同样是一个已经实现的事件。例如：

（15）nə³¹ la⁵⁵　ʂti³¹　sə³¹-tɕhi⁵⁵-nə³¹ qa³¹-ɕiu³¹　　　 ȵa³¹.
　　　 你们　　 饭　　 向外-吃-已经-实然:2复:亲见　 语气
　　　 你们已经吃过饭了。

（16）mu⁵⁵ pia⁵⁵-ti³¹ ja³⁵ ji³¹　du³⁵ thi³¹-sə⁵⁵,
　　　 天-定指　　　非常　热　那-连词
　　　 qa⁵⁵ la⁵⁵　ma³¹-ke³¹　pe³¹-ɕi³¹.
　　　 我们　　 否定-去 变成-实然:1复
　　　 由于天气太热了，我们变得不去了。

"命令、禁止、建议"：命令式表示要求和命令听话人做某事，被看作是听话人还没有实施的动作或还没有实现的状态，即非实然的状态或事件。禁止式表示禁止某人做某事，建议式表示建议某人做某事。它们也通常被看作非实然的事件。例如：

（17）thə³¹-to⁵⁵　phu³¹　fia³¹-χu³¹ la³¹-ʂə³¹-ȵe³¹.
　　　 他-非施事 衣服　　向下-洗-致使-非实然:2复
　　　 你们让他洗衣服。

（18）tɕe³¹-tʂhi³¹ ta⁵⁵-nə³¹！
　　　 禁止-追-非实然:2单
　　　 别追！

(19) məi³⁵　　　ɦa³¹ŋa³¹-to⁵⁵　　tɕe³¹-dzˌa³¹-pu³¹-ɳe³¹.
　　 人：属格　孩子－非施事　禁止－嘲笑－做－非实然：2复
　　 你们别嘲笑别人的孩子。
(20) pəi⁵⁵ɕi⁵⁵　　qa⁵⁵la⁵⁵　　xui³⁵　ke³¹-je⁵⁵　　tɕha³¹.
　　 今天　　　我们　　　会议　去－名物化　应该－非实然：1复
　　 今天我们得去开会。

有时，人称标记还可以反映有生命的领有者的人称和数，但这种用法极少，如例句（21）：

(21) nəi³⁵　　　mia³¹pu⁵⁵　tɕe³¹-ʐe⁵⁵-nə³¹-mi⁵⁵　　　　nə³¹?
　　 你：属格　眼睛　　连续－疼－非实然：2单－疑问　疑问
　　 你眼睛还疼不呢？

第三节　体标记

萝卜寨话共有八种不同类型的体标记。在这些体标记中，完成体、连续体用前缀表示；而将行体、状态变化体、起始体、经验体和进行体用后缀表示；反复体用动词的重叠或后缀表示。这些不同的体标记可以单用，也可以相互结合使用表达不同的语法意义。

一　将行体

萝卜寨话的将行体用动词 ma³¹/tɕhe³¹ "要、应该" 表示，ma³¹/tɕhe³¹ "要、应该" 可以用作主要动词，如例句（22）—（23）；也可以用作助动词，出现在主要动词之后人称标记之前，萝卜寨话将行体与人称标记相结合的情况，如例句（24）—（25）：

(22) nə³¹məi³¹zˌi³¹　so³¹-je⁵⁵　　ma³¹-nə³¹　　　　ma³¹,
　　 你　羌话　　　学－名物化　要－非实然：2单　疑问
　　 ʁə³¹zˌi³¹　　so³¹-je⁵⁵　　ma³¹-nə³¹?
　　 汉话　　　学－名物化　要－非实然：2单
　　 你去学羌话还是去学汉话？

(23) qa³¹ ni³¹-tsə⁵⁵-n̩a³¹ tɕha³¹
    我 二－个－左右   需要：非实然：1 单
    我需要两个人。

(24) qa³¹ thə³¹-to⁵⁵   ge⁵⁵ sə³¹-ma³¹/tɕhe³¹.
    我 他－非施事   必须 看－将行
    我必须去看他。

(25) nə³¹ ɕin³¹ tɕhi⁵⁵ thian³¹-je⁵⁵ dzi³¹ du¹-ma³¹/tɕhe³¹-nə³¹   mi⁵⁵?
    你 星期天－位格   字   读－将行－非实然：2 单   疑问
    你星期天要上学不？

将行体标记-ma³¹/-tɕhe³¹加相应人称的实然人称标记或者加上 pi³¹"变成"表示立刻就要发生的动作，其中动词前的方向前缀一般不出现：

(26) qa³¹ ʂti³¹ pu³¹-ma³¹-sa³¹.
    我 饭 做－将行－实然：1 单
    我就要做饭了。

(27) ʁə³¹-thi³¹-to⁵⁵   ge⁵⁵ ʐgeu⁵⁵-ma³¹ pi³¹.
    麦子－定指－非施事   该 割－将行   变成
    麦子快要割了。

(28) nə³¹   tsə³¹ tua³¹-sə³¹ ge⁵⁵ ʐe³¹-tɕhe⁵⁵ pi³¹.
    你   现在－由格   必须 睡觉－将行 变成
    你必须现在睡觉。

实然人称标记和 pi³¹ "变成"可以同时出现在将行体标记-ma³¹/-tɕhe³¹之后，表示立刻就要发生的动作，如例句（29）：

(29) pia³¹-ti³¹   ʁo⁵⁵-ma³¹-ji³¹   pi³¹
    猪－定指   生－将行－实然：3   变成
    猪就要生了。

-ma³¹/-tɕhe³¹出现在动词 a³¹tɕe⁵⁵ "开始"之后，再加上实然人称标记，表示动作或事件在未来的时间框架内将要开始进行，如例句（30）：

(30) thə³¹ tə³¹ pəi⁵⁵ ɕi⁵⁵ ʐa⁵⁵ qa³¹ ɕy³¹-je⁵⁵   a³¹ tɕe⁵⁵-ma³¹-ji³¹.
    他 明天   庄稼   收－名物化   开始－将行－实然：3
    他明天开始收割庄稼。

将行体标记 ma³¹/tɕhe³¹出现在动词 qa³¹"完"之后，表示动作或事件在未来的时间框架内将要完成，如例句（31）：

(31) nə³¹dʐə³¹-ti³¹-to⁵⁵   ge⁵⁵   tə³¹-pu³¹-qɑ³¹-tɕhe³¹.
你 事－定指－非施事 必须 向上－做－完成－将行
你一定要把这件事做完。

二 起始体

起始体表示动作或事件刚开始进行。萝卜寨话的起始体通常由带补足语的动词 ɑ³¹tɕe⁵⁵"开始"与实然人称标记表示，也可以在 ɑ³¹tɕe⁵⁵"开始"与实然人称标记之间插入 nə³¹qe³¹"已经"，如例句（32）—（33）：

(32) a. meʴ³¹   lo³¹   ɑ³¹tɕe⁵⁵-ji³¹.
雨   来   开始－实然:3
开始下雨了。

b. meʴ³¹   lo³¹   ɑ³¹tɕe⁵⁵   nə³¹qe³¹-ji³¹.
雨   来   开始   已经－实然:3
已经开始下雨了。

(33) a. qɑ³¹   ʂti³¹   tɕhi³¹   ɑ³¹tɕe⁵⁵-sɑ³¹.
我   饭   吃   开始－实然:1 单
我开始吃饭了。

b. qɑ³¹   ʂti³¹   tɕhi³¹   ɑ³¹tɕe⁵⁵   nə³¹qɑ³¹-sɑ³¹.
我   饭   吃   开始   已经－实然:1 单
我已经开始吃饭了。

三 状态变化体

状态变化体表示一个状态或情景刚发生变化。状态变化体通常是与人称标记结合在一起的，如例句（34）—（35）：

(34) qɑ³¹nə³¹-to⁵⁵   fiɑ³¹-tɕo⁵⁵-sɑ³¹.
我 你－非施事 向下－看见－实然:1 单
我看见你了。

(35) mu³¹pɑ⁵⁵-sə³¹   ɕi³¹phu⁵⁵-to⁵⁵   die³¹-dɑ⁵⁵kɑ³¹-ʂəi³¹.
风－施事   树－非施事   离心－吹倒－致使:实然:3
风把树吹倒了。

也可以通过在动词词根与方向前缀之间插入副词 ɕa³¹ "刚刚"的方式表示，如例句（36）：

(36) qa⁵⁵ la⁵⁵　tu⁵⁵ tʂu⁵⁵　ze³¹-ɕa³¹-pe³¹.
　　 我们　　弟弟　　向里－刚刚－到达
　　 我弟弟刚到。

助动词 pe³¹ "变成"出现在肯定或否定存现结构的动词后表示状态或情景发生了变化，如例句（37）—（38）：

(37) mi⁵⁵-lo³¹-mi⁵⁵　　　　ma³¹-ʑi³¹　　pe³¹.
　　 否定－来－名物化　　否定－存在　变成
　　 不来的人不存在。

(38) thə³¹ la⁵⁵　bzˌa³¹ mi⁵⁵-thi³¹　ma³¹-ʑi³¹　pe³¹.
　　 他们　　老人－定指　　否定－在　变成
　　 他老人不在了。

四 连续体

连续体表示在过去、现在或未来时间框架内某一动作在连续进行。萝卜寨话用前缀 tɕe³¹-表示这个意义。一般来说，连续进行的动作可以不中断，如例句（39）—（40）：

(39) thə³¹　ʑi³¹ to⁵⁵ go⁵⁵　tɕe³¹-ʑi³¹.
　　 他　　成都　　　　连续－在
　　 他还在成都。

(40) qa³¹ ɦa³¹-tɕo⁵⁵-je⁵⁵　　　qə³¹ pia⁵⁵-sə³¹　　ɦa³¹ ŋa³¹-to⁵⁵
　　 我　向下－看见－名物化　老师－施事　　孩子－非施事
　　 tɕe³¹-so³¹　ja³¹.
　　 连续－教　语气
　　 我看见老师还在教学生。

连续体标记 tɕe³¹-还可以跟将行体标记-ma³¹/-tɕhe³¹一起使用，表示"仍然想或正要"做某事儿，即动作已经中断，但还有继续的可能性。例如：

(41) qa³¹　　ʂu⁵⁵-to⁵⁵　　　tɕe³¹-sə⁵⁵-ma³¹.
　　 我　　书－非施事　　连续－看－将行

他还要看书。

(42) ɑ³¹tuɑ⁵⁵ pe³¹ dzə⁵⁵, thə³¹ ʂti³¹tɕe³¹-tɕhi³¹-mɑ³¹-sə³¹.
一会儿 变成 连词 他 饭 连续－喝－将行－听说
过了一会儿，听说他还要吃饭。

在否定结构里，连续体标记 tɕe³¹-还有另一个形式 ʑe³¹-，tɕe³¹-和 ʑe³¹-都可以出现在否定前缀和动词之间，表达"尚未"做某事儿，如例句（43）—（44）：

(43) qɑ³¹ ʂti³¹ mi⁵⁵-tɕe³¹-tɕhɑ³¹.
我 饭 否定－连续－吃：非实然：1 单
我饭还没吃。

(44) qɑ³¹ pəi⁵⁵ ɕi⁵⁵ die³¹-ʑe⁵⁵-sɑu³¹, dzə³¹-khe⁵⁵-to⁵⁵
我 今天 离心－病－实然：1 单：亲见 事情－复－非施事
ɑ³¹tɕi⁵⁵ tə³¹-pu³¹ mi⁵⁵-ʑe³¹-qɑ³¹.
全部 向上－做 否定－连续－完成
我今天病了，事情都还没做完。

连续体标记 tɕe³¹-可以用来表示同时进行的动作，如例句（45）—（46）：

(45) qɑ³¹ ʂu⁵⁵ tɕe³¹-sə⁵⁵-pu³¹ ʂti³¹ tɕe³¹-tɕhi³¹-pu³¹.
我 书 连续－看－做 饭 连续－吃－做
我边看书边吃饭。

(46) thə³¹ tɕe³¹-bʑi⁵⁵-pu³¹ tɕe³¹-dzɑ³¹-pu³¹.
他 连续－哭－做 连续－笑－做
他边哭边笑。

五 进行体

进行体表示在当前时间范围内正在进行的动作或持续的状态。在存在结构里，萝卜寨话用状语标记-ŋɑ³¹附加在动词词根上的方式表达这种意义，其中动词的方向前缀可以不出现，如例句（47）；也可以出现，如例句（48）：

(47) thə³¹ ɕi³¹ to³¹ khʐo³¹-ŋɑ³¹ ʑiu³⁵.
他 木头 锯－状语 在：亲见

他在锯木头。

(48) thə³¹ nə³¹ʂtɑ⁵⁵-ge⁵⁵ ɦiɑ³¹-ɕe³¹-ŋɑ³¹ ʑiu³⁵.
　　　他　　床－位格　　　向下－躺－状语在：亲见
　　　他在床上躺着。

进行体还可以通过动词和助动词 pu³¹ "做" 表示，如例句（49）—（50）：

(49) thə³¹ mə³¹ ʑi³¹ qhu⁵⁵-pu³¹.
　　　他　呼噜－做
　　　他在打呼噜。

(50) thə³¹ qɑ³¹-to⁵⁵　　dʐɑ³¹-pu³¹.
　　　他　我－非施事　嘲笑－做
　　　他在嘲笑我。

六　经验体

在主要动词后面用助动词 tɕe³¹ 或 ʑe³¹ "过" 和状态变化后缀一起标记动词所代表的那个行为是施事者经验过的，如例句（51）—（52）：

(51) qɑ³¹ ʑi³¹ to⁵⁵ go⁵⁵　　dɑ³¹ mi⁵⁵-tɕɑ³¹,　　　　　　　kho⁵⁵ tsɑ⁵⁵
　　　我　成都　　　　去　否定－经验：非实然：1 单　汶川
　　　dɑ³¹-tɕe³¹-sɑ³¹.
　　　去－经验－实然：1 单
　　　我没去过成都，去过汶川。

(52) qɑ³¹ ɦiɑ³¹-ke³¹-ŋɑ³¹　　qɑ⁵⁵ lɑ⁵⁵ qə³¹ piɑ⁵⁵-to⁵⁵　sə⁵⁵-ʑe³¹-sɑ³¹.
　　　我　向下－去－状语　我们　老师－非施事　看－经验－实然：1 单
　　　我去汶川看过我的老师。

如果要表达一个还没有经验过的行为，那么否定前缀要加在助动词 tɕe³¹ 或 ʑe³¹ "过" 之前，句尾的人称标记要用非实然形式，如例句（53）—（54）：

(53) qɑ³¹-mu⁵⁵　nə⁵⁵　pu⁵⁵　lo³¹-tɕe³¹-sɑ³¹,
　　　我－话题　去年　来－经验－实然：1 单
　　　tsə³¹ pu⁵⁵　lo³¹　mi³¹-tɕɑ³¹.

今年　　来　否定-经验: 非实然: 1 单
我去年来过，今年没来过。

(54) mu³¹ tsə³¹-tsə⁵⁵ ʐo³¹-to⁵⁵　　dzu⁵⁵　mi⁵⁵-tɕeu⁵⁵.
　　 人　这-个　马-非施事　骑　否定-经验: 亲见
　　 这个人没骑过马。

七　完整体

在萝卜寨话里，完整体往往需要动词的方向前缀和助动词 qa³¹ "完成、结束"表示，是把一个事件看作一个整体，不区分事件的各个分开的阶段，如例句（55）；有时还需要在句尾带上实然人称标记，如例句（56）：

(55) thə³¹ ɑ³¹-gu⁵⁵-sə³¹　dzʐə⁵⁵-to⁵⁵　　tə³¹-pu³¹-qɑu³¹.
　　 他　一-个-由格　事情-非施事　向上-做-完成: 亲见
　　 他一小时内把事情做完了。

(56) qɑ³¹ ʂti³¹-to⁵⁵　　sə³¹-tɕhi³¹-qa³¹　nə³¹ gɑ³¹-sɑ³¹.
　　 我　饭-非施事　向外-吃-完成　已经-实然: 1 单
　　 我已经吃完饭了。

助动词 qa³¹ "完成、结束"应该是来自于主要动词 qa⁵⁵ "完成"，但现在 qa⁵⁵ "完成"作为主要动词的用法很少，在我们的语料里只发现了一例，如例句（57）：

(57) phu³¹　thə³¹-lɛ³¹　fia³¹-ŋe³¹　tə³¹-qɑu⁵⁵　　　jɑ³¹.
　　 衣服　那-件　向下-短　向上-完成: 亲见　语气
　　 那件衣服变短了。

如果要表达一个还没有完成的行为，那么否定前缀要加在助动词 qa³¹ "完成、结束"之前，如例句（58）—（59）：

(58) thə³¹ nə⁵⁵ ɕi⁵⁵　mi⁵⁵ ɕɑ³¹　dzʐə³¹-thi³¹-to⁵⁵
　　 他　昨天　名下　事情-定指-非施事
　　 tə³¹-pu⁵⁵　mi⁵⁵-qa³¹.
　　 向上-做　否定-完成
　　 他没做完昨天的事情。

(59) qa³¹ pəi⁵⁵ ɕi⁵⁵ die³¹-ʐe⁵⁵-sɑu³¹,　　　　dzə³¹-khe⁵⁵-to⁵⁵
　　　我　今天　　离心－病－实然：1 单：亲见　事情－复－非施事
　　　tɕe³¹ tə³¹-pu³¹　　mi⁵⁵-je⁵⁵-qɑ³¹.
　　　还　向上－做　否定－连续－完成
　　　我今天病了，事情还没做完。

八　反复体

反复体表示动作或事件"又"进行。重复一个动作由后缀-tɕi³¹"又"表示，后缀-tɕi³¹"又"经常放在动词之后，其他后缀，如人称和体标记之前，也可以与将行体标记和实然人称标记一起出现，如例句（60）—（61）：

(60) nə³¹ ʑi³¹ to⁵⁵ go⁵⁵　dɑ³¹-tɕi³¹-mɑ³¹-nə³¹　　　　mɑ³¹？
　　　你　成都　　　去－反复－将行－非实然：2 单　疑问
　　　你又要去成都了吗？

(61) qɑ³¹ ʑi³¹ to⁵⁵ go⁵⁵　dɑ³¹-tɕi³¹-mɑ³¹　ȵɑ³¹.
　　　我　成都　　　去－反复－将行　语气
　　　我又要去成都了。

在萝卜寨话里，有些动词的重叠可以表示动作本身所固有动作的反复性，可以通过动词重叠或动词重叠加助动词 pu³¹"做"表示。动词重叠可以是词根的重叠，也可以是方向前缀与动词词根一起重叠。以下是一些重叠形式表示反复体的例子：

(62) tə³¹-sə⁵⁵-sə⁵⁵
　　　向上－看－重叠
　　　仔细看。

(63) qɑ³¹ nəi³⁵　　　pɑn³¹ ti⁵⁵-thi³¹-to³⁵
　　　我　你：属格　　板凳－定指－非施事
　　　tə³¹-ʑi⁵⁵ ʑi³¹-tɕi³¹-sɑ³¹.
　　　向上－修：重叠－反复－实然：1 单
　　　我把你的板凳修好了。

(64) thə³¹ fiɑ³¹-ʐdɑ⁵⁵　fiɑ³¹-ʐdɑ⁵⁵　ge⁵⁵ die³¹-bʐi⁵⁵.
　　　他　向下－说　　向下－说　　就　离心－哭
　　　他说着说着就哭了。

第四节　否定标记

萝卜寨话表示否定意义的前缀主要有两个：mi⁵⁵-/mɑ³¹-。否定标记 mi⁵⁵-主要出现在主要动词之前、方向前缀之后或系词之前或助动词之前，如例句（65）—（68）；否定标记 mɑ³¹-主要出现在主要动词和带补足语的动词之前，如例句（69）—（71）；二者都依赖于被否定的动词来构成否定句，且都只管辖紧随其后的动词。

(65) thə³¹　die³¹-mi⁵⁵-pho⁵⁵　jɑ³¹.
　　　他　　离心－否定－跑　　语气
　　　他没跑。

(66) thə³¹　ʐi³¹　thə³¹-fiɑ⁵⁵-to⁵⁵　　sə³¹-tɕhi³¹ mi⁵⁵-qɑ³¹　je⁵⁵.
　　　他　　酒　　那－瓶－非施事　　向外－喝　否定－能　语气
　　　他没能喝完那瓶酒。

(67) qɑ³¹ ʂti³¹ mi⁵⁵-tɕe³¹-tɕhɑ³¹.
　　　我　饭　否定－连续－吃：非实然：1 单
　　　我还没吃饭。

(68) qɑ³¹ khu³¹　piɑ³¹ tshə³¹　die³¹　mi⁵⁵-tɕe³¹.
　　　我　狗　　肉　　　　　吃　　　否定－经验
　　　我没吃过狗肉。

(69) pəi⁵⁵ ɕi⁵⁵　thə³¹　mɑ³¹-lo³¹　jɑ³¹.
　　　今天　　他　　否定－来　语气
　　　今天他不来。

(70) thə³¹　pho⁵⁵　mɑ³¹-ɕou⁵⁵.
　　　他　　跑　　否定－敢
　　　他不敢跑。

(71) tsə³¹ tuɑ⁵⁵-sə³¹   ɦiɑ³¹-tɕi⁵⁵   n̩ɑ³¹,   qɑ³¹ je⁵⁵ ge⁵⁵
     现在－由格   向下－开始   连词   我 烟 都
     mɑ³¹-tɕhi⁵⁵-pu⁵⁵-sɑ³¹.
     否定－吸－做－实然:1 单
     从现在起，我烟都不吸了。

一般情况下，否定标记 mɑ³¹-只能用在未完成体中，如例句（72）—（73）中的 a；否定标记 mi⁵⁵-只能用在完成体中，如例句（72）—（73）中的 b：

(72) a. thə³¹ ʐi³¹   mɑ³¹-tɕhi³¹   jɑ³¹.
        他   酒   否定－喝   语气
        他不喝酒。

     b. thə³¹ ʐi³¹ mi⁵⁵-tɕhi³¹   jɑ³¹.
        他 酒 否定－喝   语气
        他没喝酒。

(73) a. qɑ³¹ thə³¹-to⁵⁵   mɑ³¹-sə⁵⁵-pu³¹-sɑ³¹.
        我 他－非施事   否定－看－做－实然:1 单
        我不去看他了。

     b. qɑ³¹ thə³¹-to⁵⁵   mi⁵⁵-sə⁵⁵-je⁵⁵   pɑ³¹.
        我 他－非施事 否定－看－名物化   变成:非实然:1 单
        我没去看他。

在表示非现实的条件子句里，否定标记 mi⁵⁵-能用在未完成体中，如例句（74）：

(74) tə³¹ pəi⁵⁵ ɕi⁵⁵   mer³¹   mi⁵⁵-lo³¹   ŋuə⁵⁵   nə³¹ dzə⁵⁵,
     明天   雨   否定－来 系词   连词
     qɑ³¹ su³¹-ge⁵⁵   ge⁵⁵ ke³¹-mɑ³¹.
     我   山－位格   就   去－将行
     要是明天不下雨，我就去山上。

第五节　禁止式标记

前缀 tɕe³¹-可以表示禁止意义，如例句（75）—（76）：

(75) nə³¹ la⁵⁵   ni³¹-tsə³¹   tɕe³¹-ba³¹ba³¹-ŋa³¹
你们   两－个   禁止－争：重叠－状语
tɕe³¹-quə³¹ qua⁵⁵   pe³¹-ȵe³¹!
禁止－吵：重叠   变成－非实然：2 复
你俩别争吵。

(76) nəi³⁵-je⁵⁵-sə³¹   nəi³⁵-je⁵⁵   tɕhi⁵⁵
你：属格－反身－施事   你：属格－反身   气
tɕe³¹-zo⁵⁵-nə³¹   ma³¹!
禁止－生－非实然：2 单   语气
你别跟自己生气。

禁止式前缀 tɕe³¹-还有一个自由音变形式 ze³¹-，如例句（77）—（78）：

(77) nə³¹ tə³¹-ze³¹-ku⁵⁵-nə³¹!
你 向上－禁止－穿－非实然：2 单
你别穿！

(78) nə³¹ ɦa³¹-ze³¹-ŋu³¹-nə³¹.
你 向下－禁止－走－非实然：2 单
你别走。

第六节　状语标记

在萝卜寨话里，-ŋa³¹除了能充当随同格和并列连接标记外，还可以出现在动词、动词短语或小句之后、中心语之前，指明前面的成分是作为状语修饰后面成分的，如例句（79）—（81）：

(79) thə³¹ zi³¹ go³¹ go⁵⁵-ŋa³¹   ze³¹-lo³¹   ziu³⁵.
他 路 走：重叠－状语   向里－来 系词
他是走路回来的。

(80) qa⁵⁵ la⁵⁵ ma³¹ ta⁵⁵ ma³¹ su⁵⁵ thə³¹-to⁵⁵   kən³¹-tha⁵⁵-ŋa³¹
我们 盲目地   他－非施事 跟－汉借－状语
la³¹ pa⁵⁵-to⁵⁵   tə³¹-tʂhə³¹-ɕiu³¹.

手－非施事　向上－举－实然：1 复：亲见
我们盲目地跟他举手。

(81) nə³¹ die³¹-ke³¹-ȵa⁵⁵　　pã³¹ la³¹　　thə³¹-khe⁵⁵-to⁵⁵　　tʂua⁵⁵
　　 你　离心－去－状语　东西　那－复－非施事　拿
　　 zə³¹-lo³¹-ȵa⁵⁵　　ze³¹-χqo³¹-ȵa⁵⁵　　a⁵⁵ ɕi⁵⁵
　　 向心－来－状语　向里－煮－状语　一下
　　 tə³¹-ʂə⁵¹-thɑ⁵⁵-ne³¹.
　　 向上－试－汉借－非实然：2 单
　　 你试着去拿那些东西来煮一下。

在萝卜寨话里，-ȵa³¹还可以出现在动词或动词短语之后，指明后面的成分为动词或动词短语的结果，如例句（82）—（83）：

(82) thə³¹ bʐi⁵⁵-ȵa⁵⁵ nə³¹ gu³¹ nə³¹　　die³¹-tʂu³¹ pia⁵⁵-ʂə³¹.
　　 他　哭－状语 枕头　　离心－湿－致使
　　 他哭湿了枕头。

(83) thə³¹ ʐi³¹ tə³¹-χe³¹-ȵa³¹　　ʐi³¹ mi³¹-to⁵⁵　　ȵi⁵⁵
　　 他 酒 向上－醉－状语　话－非施事 什么
　　 nə³¹　qə⁵⁵ khe⁵⁵ tə³¹-ʐdau⁵⁵　　ja³¹.
　　 都　胡乱　向上－说：亲见　语气
　　 他酒醉得什么话都胡乱说。

第七节　致使标记

在萝卜寨话里，致使标记-ʂə³¹①出现在不及物动词或及物动词后可以增加动词的论元。

一　不及物动词

在不及物动词后添加致使标记-ʂə³¹可以使原来的不及物动词变为使役不及物动词，同时增加一个致使者论元。不及物动词的单一论元变为

---

① 致使标记-ʂə³¹常常自由变读为-sə³¹。

使役不及物动词的被致使者，如例句（84）—（85）：

(84) a. tɕe⁵⁵-ti³¹　　die³¹-qo³¹tɑu⁵⁵　　jɑ³¹.
　　　房子－定指 离心－倒: 亲见　语气
　　　房子倒了。

　　b. mu³¹dzə⁵⁵-sə³¹　tɕe⁵⁵-to⁵⁵　　die³¹-qo³¹tɑ⁵⁵-ʂ³¹.
　　　地震－施事　　房子－非施事 离心－倒－致使
　　　地震把房子弄倒了。

(85) a. phu³¹　sə³¹-phu³¹.
　　　衣服　向外－破
　　　衣服破了。

　　b. thə³¹-sə³¹　　phu³¹-to⁵⁵　　sə³¹-phu³¹-ʂ³¹.
　　　你－施事　　衣服－非施事　向外－破－致使
　　　你把衣服弄破了。

二　及物动词

在及物动词后添加致使标记-ʂə³¹可以使原来的及物动词变为使役及物动词，同时增加一个致使者论元。及物动词的施事者变为使役及物动词的被致使者，同时被致使者论元也是原来及物动词受事者的施事者，如例句（86）：

(86) a. qɑ³¹ su⁵⁵tsə³¹-pəi³¹ tə³¹-pu⁵⁵-sɑ³¹.
　　　我　书 这－本　向上－买－实然: 1 单
　　　我买了这本书。

　　b. su⁵⁵tsə³¹-pəi³¹-to⁵⁵　qɑ³¹-sə³¹　　tə³¹-pu⁵⁵-sə³¹-sɑ³¹.
　　　书 这－本－非施事 我－施事　向上－买－致使－实然: 1 单
　　　这本书让我买了。

　　c. thə³¹qɑ³¹-to⁵⁵　　su⁵⁵tsə³¹-pəi³¹ tə³¹-pu⁵⁵-sə³¹.
　　　他 我－非施事 书 这－本　向上－买－致使
　　　他让我买这本书。

三　双及物动词

在双及物动词后添加致使标记-ʂə³¹可以使原来的双及物动词变为使

役双及物动词，同时增加一个致使者论元。双及物动词的施事者变为使役双及物动词的被致使者，同时被致使者论元也是原来双及物动词的施事者，如例句（87）：

(87) a. qɑ³¹-sə³¹　　phu³¹tsə³¹-le³¹-to⁵⁵　　nə³¹-to⁵⁵　　ɦɑ³¹-ʐdɑ⁵⁵.
　　　　我－施事　衣服这－件－非施事　你－非施事　向下－给
　　　　我把这件衣服给你。

　　b. thə³¹-sə³¹　　qɑ³¹-to⁵⁵　　phu³¹　tsə³¹-le³¹-to⁵⁵
　　　　他－施事　我－非施事　衣服　这－件－非施事
　　　　nə³¹-to⁵⁵　　ɦɑ³¹-ʐdɑ⁵⁵-ʂə³¹.
　　　　你－非施事　向下－给－致使
　　　　他让我把这件衣服给你。

第八节　互动标记

在萝卜寨话里，动词的重叠或重叠形式 + dɑu³¹ 可以构成互动形式。在互动结构里，施事者通常也是受事者，并且表示动作相互进行的动词论元通常是复数形式，如例句（88）—（89）：

(88) phiɑn⁵⁵niu³¹　　ŋɑ³¹　ɦə̃¹³¹tsə⁵⁵ɑ³¹so⁵⁵　tə³¹-tɕi³¹ tɕi³¹　　jɑ³¹.
　　犏牛　　　和　　黄牛　　一起　　向上－挤:重叠　语气
　　犏牛和黄牛相互挤。

(89) nə³¹lɑ⁵⁵ni³¹-tsə³¹　　tɕe³¹-bɑ³¹bɑ³¹-ŋɑ³¹　　tɕe³¹-quə³¹quɑ⁵⁵
　　你们　两－个　　禁止－争:重叠-状语　　禁止－吵:重叠
　　pe³¹-ɕi³¹.
　　变成－实然:2复
　　你俩别争吵。

在有些情况下，表示互动的助词 dɑu³¹ 可以选择性地出现在互动结构里，如例句（90）—（91）：

(90) thə³¹lɑ⁵⁵　ni³¹-tsə³¹　ɑ³¹so⁵⁵　pã³¹lɑ³¹　lə³¹lɑ³¹-dɑu³¹.
　　他们　　两－个　　一起　　东西　　交换:重叠－互相
　　他俩互相换东西。

(91) khu³¹ phz̞e⁵⁵　ŋa³¹　khu³¹ni³¹-thi³¹　a³¹so⁵⁵　dz̞e⁵⁵dz̞e⁵⁵-dɑu³¹.
　　　白狗　　　 和　　黑狗－定指　　一起　　咬：重叠－互相
　　白狗和黑狗互相咬。

第九节　示证标记

示证标记表示我们所说的话是建立在什么形式信息源的基础上。萝卜寨话有表示示证差异的标记：亲见示证、听说示证、推测示证和引述示证。亲见示证后缀－u 表示说话人亲眼所见的情景或事件；听说示证后缀-sə³¹表示说话人被告知的内容是第二手信息；ɕa³¹tau³⁵"可能"出现在句尾位置，表示说话者所获得证据是在看见动作结果的基础上的推测，但是 ɕa³¹tau³⁵"可能"＋sə³¹出现在句尾位置，表示说话者所获得证据是在听说的第二手信息基础上的推测。例如：

(92) a. thə³¹　z̞i³¹to⁵⁵go⁵⁵　fia³¹-keu³¹.（亲见示证）
　　　　他　　成都　　　　向下－去：亲见
　　　他去了成都。

　　b. thə³¹　z̞i³¹to⁵⁵go⁵⁵　fia³¹-ke³¹-sə³¹.（听说示证）
　　　　他　　成都　　　　向下－去－听说
　　　（听说）他去了成都。

　　c. thə³¹　z̞i³¹to⁵⁵go⁵⁵　fia³¹-ke³¹　ɕa³¹tau³⁵.（推测示证）
　　　　他　　成都　　　　向下－去　 可能
　　　（猜测）他去了成都。

　　d. thə³¹　z̞i³¹to⁵⁵go⁵⁵　fia³¹-ke³¹　ɕa³¹tau³⁵-sə³¹.（听说＋推测）
　　　　他　　成都　　　　向下－去　 可能－听说
　　　（猜测）他去了成都。

(93) a. thə³¹a³¹-gu⁵⁵-sə³¹　dz̞ə⁵⁵-to⁵⁵　　tə³¹-pu³¹-qau³¹.（亲见示证）
　　　　他 一－个－由格 事情－非施事 向上－做－完成：亲见
　　　他一小时内把事情做完了。

　　b. thə³¹a³¹-gu⁵⁵-sə³¹　dz̞ə⁵⁵-to⁵⁵　　tə³¹-pu³¹-qa³¹-sə³¹.（听说示证）
　　　　他 一－个－由格 事情－非施事向上－做－完成－听说
　　　（听说）他一小时内把事情做完了。

c. thə³¹　　a³¹-gu⁵⁵-sə³¹　　　dzʅə⁵⁵-to⁵⁵　　tə³¹-pu³¹-qa³¹
　　他　　一－个－由格　　事情－非施事　向上－做－完成
　　ɕa³¹tɑu³⁵. （推测示证）
　　可能
　　（猜测）他一小时内可能把事情做完了。

d. thə³¹　　a³¹-gu⁵⁵-sə³¹　　　dzʅə⁵⁵-to⁵⁵　　tə³¹-pu³¹-qa³¹
　　他　　一－个－由格　　事情－非施事　向上－做－完成
　　ɕa³¹tɑu³⁵-sə³¹. （听说＋推测）
　　可能－听说
　　（猜测）他一小时内可能把事情做完了。

第 五 章

语法关系

语法关系是指谓语与论元之间独立于语义和语用影响的语言结构关系，而直接体现语法关系的表现形式包括：语序、格系统和一致关系。跨语言研究表明，这三种语法关系的表现形式并不相互排斥，在语言中综合运用，只是其中的某种表现形式占主导地位。

萝卜寨话是动词居尾、具有一定分析性的黏着型语言。萝卜寨话没有语法化的所谓的"主语""直接宾语"和"间接宾语"，其语法关系主要受语义和语用条件的制约。格标记和一致关系是萝卜寨话论元结构配置的重要手段。作为典型的 SPV 语序类型语言，萝卜寨话具有较为固定的语序。

第一节 论元结构配置与编码

论元结构可以展现一个动词所拥有的论元数，各论元之间存在优先级关系。这种优先级关系是由动词的语义表现和施事性高低所决定的，并影响着各论元的句法表现。Comrie 提出三个语义概念：[S] 指不及物动词的单一论元、[A] 指及物动词的施事论元和 [P] 指及物动词的受事论元。[1]

及物动词句中论元 [A] 的施事性明显高于论元 [P]，跟论元 [S] 同为句中最凸显的论元。各类小句中最凸显的论元往往具有相同的句法

---

[1] Comrie, Bernard. *Language Universals and Linguistic Typology*, Oxford: Basil Blackwell, 1989, pp. 124 – 137.

表现。跨语言中虽然有不少语法结构受限于论元结构，但也往往表现在动词的人称一致关系上。

一　语义为基础的格标记

格标记是标记动词和动词的论元（动词和名词）之间或论元（名词与名词）之间关系的标志。一般来说，小句中的名词短语的所指至少充当两种角色：语义角色和语用角色。在不严格区分语义格和句法格的体系中，通常主格与施事相关，而宾格与受事相关。

从跨语言角度看，根据小句谓语动词所关涉的核心论元之数量，我们可以将世界语言句子分为及物句、不及物句等结构。依据核心论元的格标记情况，Dixon将世界语言分为不同格标记模式类型，其中最常见的是主宾格模式和作通格模式，如表5-1所示。[①]

表5-1　　　　　　　　　两种主要的格标记模式

主宾格模式		作通格模式	
S－A	P	A	S－P
主格	宾格	作格	通格

在跨语言研究中，就形态句法而言，主宾格型语言，如英语，其不及物动词的单一论元［S］与及物动词的施事者［A］具有相同的标记或相同的句法特征，而及物动词的受事者［P］具有不同的标记或不同的句法特征；作通格语言，如澳大利亚Dyirbal语，其不及物动词单一论元［S］与及物动词的受事者［P］具有相同的标记或相同的句法特征，而及物动词的施事者［A］具有不同的标记或不同的句法特征。主宾格型语言的句子结构是由主格和宾格决定的，而作通格型语言的句子结构主要是由作格和通格决定的：它们都是用句法基础上表示论元句法功能的标记。

萝卜寨话施事者标记-sə^{31}和非施事者标记-to^{55}的使用与否跟静态－动

[①] Dixon, R. M. W. "Ergativity". *Language* 55, 1979, pp.59–138.

态动词无关，与动词的及物性有很大的关系。根据动词的性质，萝卜寨话不及物动词的单一论元［S］可分为施事性和非施事性。其中，若不及物动词为动作动词，其论元具有施事性；若不及物动词为静态动词，其论元不具有施事性。不论不及物动词的论元是否具有施事性，［S］一律不带格标记，如例句：

（1）ʁu^{31}pia^{55}　fia^{31}-da^{55}ku^{55}-ŋa^{31}　fia^{31}-lɯ^{35}.
　　　石头　　　向下－滚－状语　　向下－来：实然：3
　　　石头滚下来。

（2）qa^{31}qo^{31}-sau^{31}.
　　　我　害怕－实然：1 单：亲见
　　　我害怕。

例句（1）中的 ʁu^{31}pia^{55} "石头"是动作动词 fia^{31}-da^{55}ku^{55} "滚"的单一论元，具有一定的施事性；例句（2）中的 qa^{31} "我"是静态动词 qo^{31} "害怕"的单一论元，不具施事性。这两个句子的［S］均未带格标记。

及物动词的施事者［A］会选择性地添加施事者标记-sə^{31}，受事者［P］会选择性地添加非施事者标记-to^{55}，如例句：

（3）qa^{31} ʁu^{31}pia^{55} zə^{31}-tsa^{55}-sə^{31}.
　　　我　石头　　向心－砸－实然：1 单
　　　我砸了石头。

（4）ʁu^{31}pia^{55}-sə^{31}　qa^{31}-to^{55}　fia^{31}-tsa^{55}.
　　　石头－施事　我－非施事　向下－砸
　　　石头砸到我了。

例句（3）中的 qa^{31} "我"是动作动词 zə^{31}-tsa^{55} "砸"的施事论元［A］，具有很强的施事性；而 ʁu^{31}pia^{55} "石头"是动作 zə^{31}-tsa^{55} "砸"的承受者，即该句的受事论元［P］。该句的施事论元［A］和受事论元［P］均不需要带格标记。例句（4）中的 ʁu^{31}pia^{55} "石头"是动作 fia^{31}-tsa^{55} "砸"的施事论元［A］，具有很强的破坏性；而 qa^{31} "我"是动作 fia^{31}-tsa^{55} "砸"的承受者，即该句的受事论元［P］。该句的施事论元［A］和受事论元［P］均带有相应的格标记。

由此可以发现，萝卜寨话语义角色和语用功能并没有结合在一起，也没有完全语法化为宾格型或作格型。萝卜寨话格系统标记的语法关系并不是独立于语义角色的自主形式范畴，其格标记是以语义为基础的，即基于施事者与非施事者的对立，而不是宾语与非宾语的对立。萝卜寨话及物动词的论元是否带标记主要受生命度及指称性限制、句法结构和信息结构的制约，其功能主要是为了有效区分施事者与非施事者以消除歧义或语用上的对比或突显。具体论述及例句请看第三章第六节。

双及物结构一般包含三个核心论元，除了施事论元［A］以外，还包括一个作为接受者的论元［R］，以及由论元［A］传递或转移到论元［R］的事物或信息承担的客体［T］，能够支配三个核心论元的动词被称为双及物动词。萝卜寨话双及物动词所支配的［R］论元通常接非施事者标记-to^{55}，表示接受者的语义角色。

(5) ［ʂtʂɑ^{31}-ge^{31} wəi^{31}-mi^{31}］-sə^{31}　　qɑ^{31}-to^{55}　　je^{35}
　　　小－名物化　魏－名物化－施事　我－非施事　烟
　　　ɑ^{31}-pɑu^{31}　　　zə^{31}-ẓdɑ^{55}.
　　　一－包　　　　向心－给
　　　小魏送递给我一包烟。

例句（5）中的 ʂtʂɑ^{31}-ge^{31} wəi^{31}-mi^{31} "小魏"是双及物动词 ẓdɑ^{55} "给"的施事论元［A］，带有施事者标记-sə^{31}；qɑ^{31} "我"是接受者［R］论元，带有非施事者标记-to^{55}；而 je^{35} ɑ^{31}-pɑu^{31} "一包烟"是客体论元［T］，未带格标记。

语法关系可以通过增加、减少或重新排列小句论元等配价手段而发生改变。调节小句句法配价的形态句法手段可以改变小句论元的基本结构，有增价操作和减价操作之分。萝卜寨话配价调节操作常见的形态手段是致使结构。致使结构在基本小句中增加表示致使者的核心论元。在形式类型方面，萝卜寨话的致使结构以形态型致使为主，具体表现为在不及物动词或及物动词后加致使标记-ʂə^{31}。被致使事件的［A］论元成为被致使者（causee），其后接非施事者标记-to^{55}，致使者接施事者标记-sə^{31}。

(6) mu^{31}pɑ^{55}-sə^{31}　　çi^{31}phu^{55}-to^{55}　　die^{31}-dɑ^{55}kɑ^{31}-ʂəi^{31}.
　　　风－施事　　　树－非施事　　　离心－倒－致使：实然：3
　　　风把树吹倒了。

(7) thə^{31}-sə^{31}　　ɦiɑ^{31}ŋɑ^{31}-to^{55}　　sə^{31}ke^{55}　　ɦiɑ^{31}-die^{31}-ʂə^{31}-sə^{31}.

他－施事　　孩子－非施事　　药　　　　向下－吃－致使－听说

听说是他让孩子吃了药。

（8）thə^{31}-sə^{31} qa^{31}-to^{55}　　　phu^{31}　tsə^{31}-le^{31}　nə^{31}-to^{55}

他－施事我－非施事　衣服　这－件　你－非施事

fia^{31}-ʐda^{55}-ʂə^{31}.

向下－给－致使

他让我把这件衣服给你。

　　例句（6）中的不及物动词 die^{31}-da^{55}ka^{31}"倒"通过添加致使标记-ʂə^{31}变为使役不及物动词 die^{31}-da^{55}ka^{31}-ʂə^{31}"使倒",增加了一个致使者论元 mu^{31}pa^{55}"风",后接施事者标记-sə^{31},不及物动词的单一论元 ɕi^{31}phu^{55}"树"变为使役不及物动词的被致使者,其后接非施事者标记-to^{55}。例句（7）中的及物动词 fia^{31}-die^{31}"吃"通过添加致使标记-ʂə^{31}变为使役及物动词 fia^{31}-die^{31}-ʂə^{31}"使吃",增加了一个致使者论元 thə^{31}"他",后接施事者标记-sə^{31},及物动词的施事论元 fia^{31}ŋa^{31}"孩子"变为使役及物动词的被致使者,其后接非施事者标记-to^{55}。例句（8）中的双及物动词 fia^{31}-ʐda^{55}"给"通过添加致使标记-ʂə^{31}变为使役双及物动词 fia^{31}-ʐda^{55}-ʂə^{31}"使给",增加了一个致使者论元 thə^{31}"他",后接施事者标记-sə^{31},双及物动词的施事论元 qa^{31}"我"变为使役及物动词的被致使者,其后接非施事者标记-to^{55},接受者论元 nə^{31}"你"仍接非施事者标记-to^{55}。

　　Dryer 提出主要宾语和次要宾语的概念,如果在一个语言中,双及物动词概念上的间接宾语（接受者、目标、受益者等）在句法上或者形态上被看作是与单及物动词概念上的宾语（受事者、主题等）标记相同,那么该语言可以说是有主要宾语和次要宾语的区别。[1] 概念上双及物动词的间接宾语和概念上单及物动词的宾语就是主要宾语,概念上双及物动词的直接宾语就是次要宾语。许多羌语土语存在类似区分主要宾语和次要宾语的标记。[2] 萝卜寨话主要宾语和次要宾语也体现在名词的格标记里。本章例句（3）中及物动词的受事论元 ʁu^{31}pia^{55}"石头"是无标记

---

[1] Dryer, Matthew S. "Primary objects, Secondary objects, and antidative". *Language* 62, 1986, pp. 808–845.

[2] 黄成龙:《羌语的非施事者及其相关标记》,《语言学论丛》2010 年第 41 辑,第 341 页。

的，例句（4）中概念上单及物动词的宾语（受事者）qa^{31}"我"带-to^{55}标记，而例句（5）中概念上双及物动词的间接宾语（接受者）qa^{31}"我"也用-to^{55}标记，但概念上双及物动词的直接宾语（主题）je^{35} a^{31}-pau^{31}"一包烟"不带任何标记。例句（4）受事者和例句（5）中的接受者 qa^{31}"我"均带有-to^{55}标记，是主要宾语；而例句（5）中的主题 je^{35} a^{31}-pau^{31}"一包烟"无标记，是次要宾语。

黄成龙指出羌语施事者标记和非施事者标记在藏缅语格标记发展连续体中处于相对松散、非系统的阶段。① 根据黄成龙②和本书第三章第六节及本节的描述，萝卜寨话存在施事者标记和非施事者标记，也存在主要宾语标记，但他们的使用是非强制的，并不成系统，其功能主要是为了消除语义上的歧义，表面上看，这些标记使用与否受生命度等级差异、指称性、句法结构以及信息结构的制约，但其内在原因都是因为以上这些结构中出现了两个潜在的施事论元，为了区分哪个论元是施事者或哪个论元不是施事者，相应的论元要带上相应的标记。③

二 一致关系

一致关系是指小句中的谓语动词在形式上被标记，用于反映其名词性论元的多种语法特征。作为语法关系的显性标记，一致关系和格系统都用于标注名词性成分与谓语动词之间的关系，本质并无不同，只是编码方式有所区别。从语法关系的标记位置类型来看，格标记为从属标记（dependentmarking），一致关系标记为核心标记（head-marking）。

羌语是核心和从属语双重标记的语言。除了格标记以外，萝卜寨话还运用黏附在谓语动词词干后的一致关系标记来标注名词性论元与谓语动词的语法关系。跟格标记没有完全语法为宾格型或作格型不同的是，

---

① 黄成龙：《羌语的施事者及其相关标记》，《语言暨语言学》2010 年第 11 卷第 2 期，第 290—291 页；黄成龙：《羌语的非施事者及其相关标记》，《语言学论丛》2010 年第 41 辑，第 364 页。

② 黄成龙：《羌语的施事者及其相关标记》，《语言暨语言学》2010 年第 11 卷第 2 期。黄成龙：《羌语的非施事者及其相关标记》，《语言学论丛》2010 年第 41 辑。

③ 黄成龙：《羌语的施事者及其相关标记》，《语言暨语言学》2010 年第 11 卷第 2 期。黄成龙：《羌语的非施事者及其相关标记》，《语言学论丛》2010 年第 41 辑。

萝卜寨话句子的语义角色和语用功能在动词的人称一致关系上语法化为主－宾格一致关系模式了。一致关系标记是区分萝卜寨话限定性动词和非限定性动词的重要标准之一，只有充当小句谓语的动词才能接体后缀和一致关系标记，构成限定性小句。动词的人称标记出现在限定句子的最末动词上。一般情况下，其谓语动词仅与小句施事者（S 或 A）保持一致关系。在非限定动词上，比如名物化小句中的动词，则不用人称标记。在祈使句中，人称标记选择性出现。在萝卜寨话中，人称标记同时标记了人称、数、实然及非实然。第一人称和第三人称非实然人称标记不区分单复数，前者用后缀-a^{31} 表示，后者是无标记形式；第二人称单数和复数非实然人称标记分别为-$nə^{31}$ 和-$ŋe^{31}$。第一人称和第二人称单数实然人称标记分别为-sa^{31} 和-$sə^{31}$；第一人称和第二人称复数实然人称标记相同，均为-$ɕi^{31}$；第三人称实然人称标记不区分单复数，均为-ji^{31}。关于各人称标记跟其他语法范畴相结合的例句已在第四章第二节列出，这里不再列举。

在萝卜寨话中，句子的语义角色和语用功能在动词的人称一致关系上虽然已经语法化为主－宾格一致关系模式，但所指即使在句中承担了［S］或［A］论元，也不一定会反映在动词的人称标记上。这是因为人称标记的使用还要求所指在句中具有较高的施事性。例如：

(9) qa^{31}　　$qe^{\text{·}31}je^{55}\,tɕhi^{55}$,　　$pəi^{55}\,ɕi^{55}je^{55}$　　ma^{31}-$tɕhi^{55}$-pu^{31}-sa^{31}.
　　我　　以前烟吸　　　　现在　烟　　否定－吸－做－实然：1 单
　　我以前抽烟，现在变得不抽烟了。

例句（9）前后两个小句的谓语动词均为 $je^{55}\,tɕhi^{55}$ "吸烟"，第一人称均作这两个小句的［A］论元，因为第一个小句表达的是"以前的吸烟习惯"，与之相比，第二个小句所表达的"现在变得不抽烟了"则需要很高的自我克制，具有更高的施事性，因此第一个小句的谓语动词未带人称标记。

第二节　语序

语序是人类语言中最普遍的语法形式，具有语言历史演变中最稳定、最基本的性质，也是标记不同类型语言语法关系的重要手段之一。语序不仅包括词与词之间的语序，而且涵盖语素、短语及小句之间的语序。

一　基本语序

在类型学研究中，及物小句内部的基本成分主语 S、宾语 O 和谓语动词 V 被看作是语序类型学的核心参项，基本语序是指三个基本成分的语序，即区别于其他句法结构的语序。当 S、O、V 在某种语言中有多种排列可能时，基本语序是指其中最重要、最有代表性的语序，是作为考察其他结构语序类型的参照语序。判定基本语序的三项标准为：频率标准、标记性标准和语用中性标准。

萝卜寨话句子的语义角色和语用功能并没有完全语法化为宾格型或作格型，句子的组织结构主要受语义和语用的制约。因此，在讨论萝卜寨话语序时，我们仍采用 Comrie 所提出的三个语义概念：[S] 指不及物动词的单一论元、[A] 指及物动词的施事论元和 [P] 指及物动词的受事论元。① 萝卜寨话的小句语序跟羌语其他方言土语基本一致，是以 SV 或 APV 为主要语序的具有一定分析性的黏着型语言（前缀和后缀）语言，典型的不及物动词句的语序为 NP + VP，即由一个名词短语加谓语（Verb Complex）组成；而典型的及物动词句的语序为 NP1 + NP2 + VP，即由两个名词短语加谓语组成。羌语句子的典型语序如图 5 – 1 所示：

　　（i）名词短语（NP）_[S] + 谓语（VP）　　　　　　　　　　（不及物动词句）
　　（ii）名词短语（NP1）_[A] + [名词短语（NP2）_[P] + 谓语（V）]_VP　　（及物动词句）

图 5 – 1　句子的典型语序②

根据以上三种判定标准，萝卜寨话的基本语序为 APV（SOV）类型，三个基本成分的位置相对固定，施事者通常接施事者标记位于小句句首，谓语动词居于句末，受事接非施事者标记在两者之间，如例句（10）—

---

① Comrie, Bernard. *Language Universals and Linguistic Typology*, Oxford: Basil Blackwell, 1989, pp. 124 – 137.
② 黄成龙：《蒲溪羌语研究》，民族出版社 2006 年版，第 167 页；黄成龙：《羌语的话题标记》，《语言科学》2008 年第 6 期，第 600 页；黄成龙、王术德：《蒲溪羌语的话题—评述结构》，《语言暨语言学》2007 年第 8 卷第 1 期，第 525—526 页。

（12）：

(10) qa³¹ ko⁵⁵ a³¹-tɕe³¹　die³¹-ʐa³¹-ma³¹.
　　 我　歌　一－首　　离心－唱－将行：非实然：1 单
　　 我要唱一首歌。

(11) nə³¹ qa³¹-to⁵⁵　　tə³¹-sə⁵⁵ qa³⁵-nə³¹?
　　 你　我－非施事　向上－认识－非实然：2 单
　　 你认识我？

(12) mu³¹-sə³¹　　qa³¹-to⁵⁵　　tə³¹-qə³¹ tie³¹　ja³¹.
　　 人－施事　　我－非施事　向上－打　　语气
　　 有人打了我呀。

二　名词性短语的语序

萝卜寨话名词性短语的最小结构可以是一个名词。名词可以带一个或多个修饰限定成分。名词、领属成分、形容词、指量短语、数量短语和关系子句等成分都可以充当名词短语中心词的修饰成分。当它们单独修饰中心词时，它们与中心词的位置相对固定。当它们一起出现共同修饰中心词时，它们之间的位置关系要复杂得多。

在具体语境可还原的情况下，指量短语、数量短语和带名物化标记的动词短语等都可以作名词短语的中心词，如例句（13）—(15)：

(13) tɕe⁵⁵　　tsə³¹-gu⁵⁵　　thə³¹-gu⁵⁵-so⁵⁵ko⁵⁵　　bo⁵⁵.
　　 房子　　这－座　　　那－座－比较　　　　　高
　　 这座房子比那座房子高。

(14) phin³¹ko⁵¹ɕe⁵⁵-ʐgu⁵⁵-je⁵⁵, ni³¹-ʐgu⁵⁵　　fia³¹-tɕye³¹ qau⁵⁵,
　　 苹果　　三－个－位格　　 两－个　　　向下－坏：亲见
　　 a³¹-ʐgu⁵⁵ fia³¹-die³¹.
　　 一－个　 向下－吃
　　 三个苹果，两个坏了，一个吃了。

(15) [[qoŋ³¹pia⁵⁵-lia³¹-mi³¹]　　thi³¹-ʐgu³¹]　　lo³¹-pu³¹-ji³¹.
　　 脸－厚－名物化　　　　　　那－个　　　　来－做－实然：3
　　 那个厚脸皮的人来了。

在萝卜寨话里，名词、领属成分、形容词、指量短语、数量短语和关系子句等成分既可以单独修饰名词短语的中心词，也可以多个成分一起共同修饰名词短语的中心词。

（一）名词短语基本结构的语序

在这里，我们只讨论名词、领属成分、形容词、指量短语、数量短语和关系子句等成分单独修饰名词短语中心词的情况。

1. 名词+名词

在萝卜寨话里，普通名词总是出现在专有名词之前，如例句（16）—（17）：

   普通名词   专有名词

（16）qe^{31} pia^{55} χuɪ^{51} χoŋ^{55} 绘红老师

   老师   绘红（人名）

（17）tu^{55} tʂu^{55} χuɪ^{51} χoŋ^{55} 绘红弟弟

   弟弟   绘红（人名）

当名词修饰名词时，泛指名词通常在特指名词之后，如例句（18）—（19）：

   特指名词   泛指名词

（18）ʁuɑ^{31} tsə^{31} qe^{55} tshuɑ^{55} 萝卜寨村

   萝卜寨   村

（19）ko^{31} tsuɑ^{55} tho^{31} 酸菜汤

   酸菜   汤

2. 领属+名词

不论领属成分是否带属格标记，它们始终都位于其所修饰的名词之前，如例句（20）—（21）：

（20）qɑ^{35} ɦiɑ^{31} ŋɑ^{31}

   我：属格 孩子

   我的孩子

（21）pe^{31} tɕin^{55}-thi^{31} [tʂoŋ^{35} kue^{31} mi^{55} ɕɑ^{31} səu^{35} tu^{55}] ʑiu^{35}.

   北京-定指 中国   名下 首都   系词

   北京是中国的首都。

3. 名词+形容词

当单个形容词修饰名词时，形容词经常出现在名词中心语之后，如例句（22）—（23）：

(22) tsɑ³¹ qɑ³¹ qe¹³¹ ［ʐ̩i³¹ bʐ̩ɑ³¹］ mo³⁵.
这里 以前 路 大 没有
这里过去没有公路。

(23) nə³¹tɕi⁵⁵-je⁵⁵ ［phu³¹ ɕi⁵⁵］ ku⁵⁵-mi⁵⁵ mu³¹thə³¹-tsɑ³¹
听说－名物化 衣服 新 穿－名物化 人 那－个
zu³¹ ɕe³¹ liɑ³¹pu⁵⁵ ʐiu³¹-sə³¹.
地主 系词－听说
听说那个穿新衣服的人是地主。

4. 名词＋数量短语

在萝卜寨话里，数量短语单独修饰名词时，数量短语始终出现在其所修饰的中心词之后，如例句（24）—（25）：

(24) dʐ̩ə³¹ ɑ³¹-tɕe⁵⁵
事情 一－件
一件事情

(25) thə³¹-sə³¹ qɑ³¹-je⁵⁵ ʐɑ³¹ ɕe⁵⁵-fiɑ¹⁵⁵ tə³¹-pu³¹-ji³¹.
他－施事 我－位格 鱼 三－条 向上－卖－实然:3
他卖给我三条鱼。

5. 名词＋指量短语

在萝卜寨话里，指示代词要与量词或数量短语才能修饰名词，指量短语只出现在其所修饰的名词之后。当所指对象的数量为一时，数词 ɑ⁵⁵"一"往往不出现，如例句（26）—（27）：

(26) ʐo³¹tsə³¹-ʐɑ³¹ tʂhi³¹tʂhi³¹ qɑ³¹.
马 这－匹 跑:重叠 能
这匹马能跑。

(27) ［qo³¹piɑ⁵⁵tsə³¹-ʐe³¹ qo³¹piɑ⁵⁵-thi³¹-so⁵⁵ ko⁵⁵ dzəu³⁵.
袋子 这－个 袋子－定指－比较 重:亲见
这一袋比那一袋重。

当所指对象的数量不是具体数目时，指示词后往往带复数标记 khe⁵⁵ 或类指量词，如例句（28）—（29）：

(28) mu³¹thə³¹-khe⁵⁵ jɑ³⁵ji⁵⁵ mɑ³¹-ʐɑ³¹.

　　　　人　　那－复　　非常　　否定－好
　　　那些人很凶。

(29) ɦiə˩˧¹tsə⁵⁵thə³¹-khue³¹　ku³¹ɕa⁵⁵wu³¹mia⁵⁵-thi³¹ma³¹-tɕo³¹-pu³¹.
　　　牛　　　那－群　　　中间　　母牛－定指　否定－看见－做
　　　那群牛中母牛不见了。

当所指对象的数量是确定的多个时，指示词后往往带数量短语，如例句（30）—(31)：

(30) ʁua³¹tsə³¹thə³¹-ɕe⁵⁵-pie³⁵bu³¹dzə³⁵ni³¹qə³¹ɕa⁵⁵ʂtəu³⁵.
　　　袜子　　那－三－双　绳子　　　上面　在：亲见
　　　那三双袜子在绳上。

(31) ɦiə³¹ŋa⁵⁵　thə³¹-n̠i³¹-ʐgu³¹　a⁵⁵ɕi⁵⁵ma⁵⁵ga³¹　ʂqu³¹n̠u⁵⁵
　　　孩子　　那－两－个　　　天天　　　　　　拳头
　　　ɦiə˩⁵⁵da³¹-je³¹　da³¹pu⁵⁵　je³¹.
　　　打架－名物化　　喜欢　　　语气
　　　那两个小孩喜欢打架。

另外，萝卜寨话跟羌语北部方言麻窝话和荣红话一样，① 根据话语信息焦点的不同，可以在"名词＋指量短语"之前加指示代词，表明信息的焦点不在"名词＋指量短语"上，而在其前的指示代词上，如例句（32）—(33)：

(32) [thə³¹-χua⁵⁵-thə³¹-fu⁵⁵]　tɕi⁵⁵-so⁵⁵ko⁵⁵　tʂha⁵⁵　a³¹-to⁵⁵　dʐu⁵⁵.
　　　那－画－那－幅　　　　这－比较　　　桥　　　一－座　　多
　　　那幅画比这幅画多一座桥。

(33) [thə³¹　ɕu³¹khʐo³⁵-mi⁵⁵　thə³¹-tɕe³¹]　ʐe³¹-lo⁵⁵　ŋa⁵⁵
　　　那　　打猎－名物化　　那－个　　　　向里－来　　和
　　　sə³¹-ke³¹-ji³¹　　　　ŋa⁵⁵, mu⁵⁵tʂhu⁵⁵　jy³¹a³¹-tɕe³¹
　　　向外－去－实然：3　　连词　后来　　　　鸡　一－只
　　　tʂua⁵⁵-n̠a³¹　lo³¹.
　　　拿－状语　　来

---

① 刘光坤：《麻窝羌语研究》，四川民族出版社1998年版，第135—136页；黄成龙：《羌语名词短语的词序》，《民族语文》2003年第2期。

那个猎人进来以后又出去了，随后拿回来一只野鸡。

6. 关系子句与名词

当关系子句单独修饰中心词时，关系子句常常放在中心词之前，如例句（34）—（35）：

(34) [ɕi³¹mi⁵⁵ẓɑ³¹-je⁵⁵]　　　mu³¹
　　　心　　好-名物化　　　人
　　　好心人

(35) thə³¹lɑ⁵⁵-sə³¹[[bẓɑ³¹mi⁵⁵mɑ⁵⁵-ẓi³¹-je⁵⁵]　　　ɦiɑ³¹ŋɑ³¹]-to⁵⁵
　　　他们-施事[[大人　　否定-有-名物化]　孩子]-非施事
　　　ɕi³¹ɕi⁵⁵　ẓə⁵⁵.
　　　钱　　　捐
　　　他们给孤儿捐钱。

当名词短语末尾带有定指标记-thi³¹时，中心词可以出现在关系子句之内，如例句（36）—（37）；也可以出现在关系子句之前，如例句（38）—（39）：

(36) [qɑ³¹-sə³¹ ʂu⁵⁵ ẓə³¹-pu⁵⁵-je⁵⁵]-thi³¹　　　tye⁵⁵ jɑ³¹.
　　　我-施事　书　向心-买-名物化-定指　　　好　语气
　　　我买的那本书好。

(37) [thə³¹lɑ⁵⁵-sə³¹ khẓə³¹mi⁵⁵　ɦiɑ³¹-dɑ⁵⁵-je⁵⁵]-thi³¹-to⁵⁵
　　　他们-施事　大米　　　　向下-给-名物化-定指-非施事
　　　ɦiɑ³¹-tie³¹-qɑ³¹-sɑ³¹.
　　　向下-吃-完成-实然：1单
　　　他们给的大米吃完了。

(38) qɑ³⁵　　pi³¹ ŋɑ³¹ miɑ⁵⁵-sə³¹ tə³¹-ẓdɑ⁵⁵ dẓə⁵⁵
　　　我：属格　爸爸 和　妈妈-施事　向上-说　标句词
　　　[ʁo³¹tsə³¹[tɕi³¹tɑ⁵⁵-je⁵⁵]-thi³¹　ɕi³¹ɕi⁵⁵ mɑ³¹-phu⁵⁵lo³¹].
　　　棍子　　挂-名物化-定指　　钱　　否定-值
　　　我爸妈说："拐杖不值钱"。

(39) tɕe⁵⁵piɑ⁵⁵tʂu⁵⁵　[sə³¹-qə³¹tie³¹-je⁵⁵]-thi³¹-to⁵⁵
　　　老熊　　　　　向外-打-名物化-定指-非施事
　　　nə³¹ɦiɑ³¹-tɕo⁵⁵-sə³¹　　　　mi⁵⁵?

你　向下－看见－实然:2单　疑问
打死的老熊你看见了吗？

（二）名词短语的复杂结构

名词、领属成分、形容词、指量短语、数量短语和关系子句等成分一起出现共同修饰中心词时，它们之间的位置关系要复杂得多。在我们收集的语料里，发现了以下几个主要的结构类型。

1. 领属短语 + 名词

在萝卜寨话里，领属短语可以是一个由不同成分构成的复杂结构。不论领属短语由什么成分构成，中心词往往出现在其他成分之后，如例句（40）—（42）：

(40) [qa^{35}　　　go^{31} qe^{r31} ze^{55}] khu^{31}　　a^{31}-z̠ə^{55}　z̠iu^{31}.
我:属格　脚 前面　　狗　　　一－只　存在:亲见
我的脚跟前有一只狗。

(41) nan^{31} tɕin^{55} [qa^{55} la^{55} tʂoŋ^{35} kue^{31} mi^{55} ɕa^{31} səu^{35} tu^{55}] mi^{55}-ŋuə^{55}.
南京　我们　　中国　　　　名下　首都　　否定－系词
南京不是中国的首都。

(42) mu^{31} pa^{55}-sə^{31} [mu^{31}　　thə^{31}-tsə^{31} mi^{55} ɕa^{31}
风－施事　人　　那－个　　　名下

ta^{31}]-to^{55}　　die^{31}-phu^{55}-ɳa^{31}　fia^{31}-tsho^{35}-səi^{31}.
帽子－非施事　离心－吹－状语 向下－掉落－致使:实然:3
风把那个人的帽子吹掉了

2. 领属 + 名词 + 指示代词 + （数词）+ 量词

当一个名词受领属成分、指示代词加数量短语修饰时，领属成分则要出现在名词之前，其他修饰成分出现在名词之后，如例句（43）—（44）：

(43) thi^{35}　　　nia^{31} pu^{55}　a^{31}-z̠ə^{31}　ma^{31}-tɕo^{55}.
他:属格　眼睛　　　一－只　否定－看见
他的一只眼睛看不见。

(44) nə^{31} qa^{35}　　　su^{31} tsə^{31}-pəi^{31}-to^{55}　　tə^{31}-sə^{55}-nə^{31}.
你 我:属格　书 这－本－非施事　　向上－看－非实然:2单
你看我的这本书。

3. 名词+形容词+指示代词+（数词）+量词

当名词受形容词、指示代词加数量短语修饰时，名词往往居首，形容词出现在名词之后，其他修饰成分出现在形容词之后，如例句（45）—（47）：

(45) pəi⁵⁵pəi⁵⁵ ẓĩ⁵⁵ ɑ⁵⁵-tʂhu⁵⁵
　　　花儿　　红　一－朵
　　一朵红花

(46) ɕi³¹phu⁵⁵ bẓɑ³¹ ɑ³¹-bu⁵⁵
　　　树　　大　　一－棵
　　一棵大树

(47) qɑ³¹ [[khu³¹ χuɑ⁵⁵-thɑ⁵⁵] thə³¹-ẓgu³¹] -to⁵⁵ tə³¹-so⁵⁵
　　　我　　狗　　花－汉借　　那－只－非施事　向上－跳
　　fiɑ³¹-so⁵⁵　ge³¹ji³¹　fiɑ³¹-tɕo³¹-sɑ³¹,
　　向下－跳　那样　　向下－见－实然:1 单
　　jɑ⁵⁵ji⁵⁵　dẓɑ³¹tʂhu⁵⁵　nau³¹.
　　非常　玩　　　好:亲见
　　我亲眼看见那只花狗跳上跳下，可好玩了。

在该结构里，形容词可以带上名物化标记-je⁵⁵，形容词的名物化形式还可以带上表示最高级的方向前缀 die³¹-，如例句（48）—（49）：

(48) ɕi³¹phu⁵⁵　bẓɑ³¹-je⁵⁵　　ɑ³¹-bu⁵⁵
　　　树　　　大－名物化　一－棵
　　一棵大树

(49) ɕi³¹phu⁵⁵ die³¹-bẓɑ³¹-je⁵⁵　　ɑ⁵⁵-bu⁵⁵
　　　树　　最－大－名物化　　一－棵
　　一棵最大的树

另外，形容词的名物化形式前还可以插入副词性修饰成分 jɑ³⁵ji⁵⁵"非常"，如例句（50）—（51）：

(50) pəi⁵⁵pəi⁵⁵ jɑ³⁵ji⁵⁵　ẓĩ⁵⁵-je⁵⁵　　ɑ⁵⁵-tʂhu⁵⁵
　　　花儿　非常　红－名物化　一－朵
　　一朵很红的花

(51) ɕi³¹phu⁵⁵　jɑ³⁵ji⁵⁵　bẓɑ³¹-je⁵⁵　　ɑ⁵⁵-bu⁵⁵
　　　树　　非常　大－名物化　一－棵

一棵很大的树

4. 关系子句、形容词、指量短语与名词

当关系子句与指量短语共同修饰名词时，关系子句可以出现在其所修饰的名词之前，如例句（52）—（53）；也可以出现在其所修饰的名词之后，如例句（54）：

(52) [qa³¹-sə³¹ ɕi³¹ ɕi⁵⁵ ŋe³¹ sa⁵⁵-mi⁵⁵] mu³¹ thə³¹-tsə³¹ li³¹ pa⁵⁵
　　　我－施事 钱　　借－名物化　人　那－个　　手
　　ja³⁵ ji³¹　khzɿa³¹.
　　非常　　大方
　　我借了他钱的那个人很大方。

(53) [nə³¹-sə³¹ tə³¹-fɑ³⁵-mi⁵⁵]　　mu³¹ thə³¹-tsə³¹ zɿi³¹ mi³¹
　　　你－施事 向上－骂－名物化人　那－个　　　话
　　mɑ³¹-ʂo³¹ tɕəu³⁵.
　　否定－听：亲见
　　被你骂的那个人不听话。

(54) khu³¹ [qa³¹-sə³¹ fiɑ³¹-tɕo⁵⁵-je⁵⁵]　　thə³¹-zɿə⁵⁵
　　　狗　　我－施事 向下－看见－名物化　那－只
　　ja³⁵ ji³¹　bzɿau³¹.
　　非常　　大：亲见
　　我看见的那只狗非常大。

在我们所收集的语料里，还发现了一例关系子句、形容词、指量短语一起共同修饰名词的现象，如例句（55）：

(55) [thə³¹-sə³¹ pəi⁵⁵ ɕi⁵⁵ phu³¹　zɿi⁵⁵ tə³¹-gu⁵⁵-je⁵⁵]　　thə³¹-le³¹
　　　她－施事 今天　衣服　　红 向上－穿－名物化　　那－件
　　qa³¹-sə³¹　zə³¹-pu⁵⁵-nə³¹　　　　thə³¹-to⁵⁵
　　我－施事　向心－买－语尾助词　他－非施事
　　fiɑ³¹-zɿdɑ⁵⁵-je⁵⁵　　　ŋuɑ⁵⁵.
　　向下－给－名物化　系词：非实然：1 单
　　她今天穿的那件红衣服是我买给她的。

（三）小结

大体来看，在萝卜寨话里，普通名词始终出现在专有名词之前；特指名词出现在泛指名词之前；无论是否带有属格标记，领属成分总是出现在其所修饰的名词之前。当形容词单独修饰名词时，形容词往往出现在其所修饰的名词之后。当指量短语修饰名词时，不论是否还有其他修饰成分，指量短语往往出现在其所修饰的名词之后。数词必须跟量词组合成数量短语才能修饰名词，当数量短语修饰名词时，数量短语出现在其所修饰的名词之后。中心词既可以出现在关系子句之前，也可以出现在关系子句之后，还可以出现在关系子句之中。

三　谓词性短语的语序

在萝卜寨话里，一个谓词性短语的最大结构可能包含如图5-2所示的所有成分：

副词＋方向前缀＋禁止式前缀＋否定前缀＋连续体前缀
＋
动词
＋
致使标记＋反复体标记＋非实然/实然人称标记＋示证标记

图5-2　谓词性短语的语序

以下是一些谓语动词多个成分同时出现的常见情形，我们将之分为带前缀、后缀和副词进行说明。

（一）前缀

当动词带有方向标记、禁止式标记、否定标记和连续体前缀时，所有这些标记都出现在动词之前。萝卜寨话常见的几种情况如下：

1. 禁止/否定＋动词

(56) tɕe³¹-tʂhi³¹ ta⁵⁵-nə³¹!
　　 禁止 – 追 – 非实然：2 单
　　 别追！

(57) sɑ⁵⁵ tʂu⁵⁵-sə³¹　　sɑ⁵⁵ bzɑ⁵⁵　　ni³¹-tɕe³¹　　tə³¹-zda⁵⁵-dzə⁵⁵，
　　 妹妹 – 施事　姐姐　　　两 – 个　　向上 – 说 – 标句词
　　 məi³⁵　　　fiɑ³¹ŋɑ³¹-to⁵⁵　　tɕe³¹-dzɑ³¹-pu³¹-ŋe³¹　　　　　məi³⁵.
　　 人：属格 孩子 – 非施事禁止 – 嘲笑 – 做 – 非实然：2 复　语气

妹妹对两个姐姐说:"你们别嘲笑别人的孩子"。

(58) nə³¹ thə³¹-to⁵⁵　　ma³¹-ta⁵⁵ po⁵⁵-pu³¹-je⁵⁵　　ŋuə⁵⁵-sə³¹　　dzə³¹,
　　　你　他－非施事　否定－喜欢－做－名物化　系词－听说　连词

　　　thə³¹-ȵa⁵⁵　　　a³¹ so⁵⁵　　　tɕe³¹-ʑi³¹-pu³¹-sə³¹　　　　　ma³¹.
　　　他－随同　　　一起　　　禁止－在－做－实然:2 单　语气
　　　如果你不喜欢他，就不要跟他在一起。

　　2. 方向 + 禁止 + 动词

(59) nə³¹ tə³¹-ʑe³¹-ku⁵⁵-nə³¹!
　　　你　向上－禁止－穿－非实然:2 单
　　　你别穿!

(60) nə³¹ ɦa³¹-ʑe³¹-ŋu³¹-nə³¹!
　　　你　向下－禁止－走－非实然:2 单
　　　你别走!

　　3. 否定 + 连续 + 动词

(61) qa³¹ ɕi³¹ ɕi⁵⁵　　ma³¹-ʑe⁵⁵-we³¹　　ma³¹-sua⁵⁵　　ȵa³¹,
　　　我　钱　　　否定－连续－有　　否定－算　　连词

　　　mu³¹-khe⁵⁵　　tɕe³¹-tɕhe⁵⁵.
　　　别－复　　　连续－欠
　　　我不但没有钱，而且还欠别人的。

(62) qa³¹ ʂti³¹ mi⁵⁵-tɕe³¹-tɕha³¹.
　　　我　饭　否定－连续－吃:非实然:1 单
　　　我还没吃饭。

(二) 后缀

当动词带有致使标记、将行体标记、反复体标记、人称标记和示证标记时，所有这些标记都出现在动词之后。它们可以共现的几种情形如下:

　　1. 动词 + 致使 + 将行体 + 人称 + 听说示证

(63) nə³¹-sə³¹　　　ɦa³¹ ŋa³¹-to⁵⁵　　sə³¹ ke⁵⁵
　　　你－施事　　孩子－非施事　药

　　　die³¹-ʂə³¹-ma³¹-nə³¹.
　　　吃－致使－将行－非实然:2 单－听说

听说你要让孩子吃药。

2. 动词+致使+反复体+将行体+人称+听说示证

(64) nə^{31}-sə^{31}　　fiɑ^{31}ŋɑ^{31}-to^{55}　　sə^{31}ke^{55}
你－施事　　孩子－非施事　　药
die^{31}-ʂə^{31}-tɕi^{31}-ma^{31}-nə^{31}-sə^{31}.
吃－致使－反复－将行－非实然：2 单－听说
听说你又要让孩子吃药。

3. 动词+致使标记+反复体标记+人称标记+示证标记

(65) qɑ^{31}-sə^{31}　　fiɑ^{31}ŋɑ^{31}-to^{55}　　sə^{31}ke^{55}
我－施事　　孩子－非施事　　药
fiɑ^{31}-die^{31}-ʂə^{31}-tɕi^{31}-sɑu^{31}.
向下－吃－致使－反复－实然：1 单：亲见
我又让孩子吃了药。

(66) qɑ^{31}-sə^{31}　　ʐɑ^{31}piɑ^{55}-to^{55}
我－施事　　皮子－非施事
die^{31}-dʐəi^{35}-ʂə^{31}-tɕi^{31}-sɑu^{31}.
离心－破－致使－反复－实然：1 单：亲见
我又把皮子弄破了。

(三) 副词

另外，需要说明的是，除了副词"太"是由结构"die^{31}-形容词+tshu^{31}pu^{31}"表示外，其他副词都出现在动词/形容词的前缀的前面，如例句（67）—（68）：

(67) nə^{31}ɑ^{31}khɑ^{31}tsə^{55}　　fiɑ^{31}-ke^{31}.
你 慢慢地　　　向下－走
你慢走。

(68) nə^{31}　　gu^{55}-je^{55}　　die^{31}-ʂtʂɑ^{31}　　tshu^{31}pu^{31},
你　　穿－名物化　　最－少　　太
zə^{31}-ʂtu^{55}-ma^{31}-nə^{31}.
向心－着凉－将行－非实然：2 单
你穿得太少，要着凉了。

（四）小结

谓词性短语最小结构可以是一个无任何标记的动词。动词最多可以带有禁止式前缀、方向前缀、否定前缀和连续体前缀等 4 个前缀，它们的顺序应为"禁止式前缀+方向前缀+否定前缀+连续体前缀+动词"，但它们很少同时共现。助动词或趋向动词，往往出现在主要动词之后。不论有无助动词出现，将行体标记始终出现在主要动词之后。人称标记和体标记始终出现在示证标记之前。如果致使标记、反复体标记、人称标记和示证标记同时出现在一个动词之后时，它们的顺序应为"动词+致使标记+反复体标记+人称标记+示证标记"。

第三节　话题—评述结构

萝卜寨话句子的语义角色和语用功能除了动词的人称一致关系语法化为主-宾格型 S/A 标记外，其他结构的语义角色和语用功能并没有结合在一起，也没有完全语法化为宾格型或作格型。其句子的组织原则主要由语用关系决定的。[①] 在话语或者长篇语料中，为了辨别哪个所指是话题，哪个所指不是话题，可以使用话题标记表明其所指是话题成分。萝卜寨话的话题-评述结构可以分为以下几类。

一　典型结构

萝卜寨话以 SV 或 APV 为主要语序，其句子的基本结构是话题-评述结构，话题一般出现在句首，施事论元比其他论元更具有话题性。萝卜寨话典型的话题-评述结构如同羌语其他方言土语，用公式表示为：名词短语$_{S/A[话题]}$ +［（名词短语$_P$）+谓语］$_{[评述]}$。[②] 一般来说，在不及物动词句里，NP$_S$ 通常是话题，而 V 是评述，如例句（69）—（70）：

[①] 黄成龙：《蒲溪羌语研究》，民族出版社 2006 年版，第 183—184 页；黄成龙、王术德：《蒲溪羌语的话题—评述结构》，《语言暨语言学》2007 年第 8 卷第 1 期；黄成龙：《羌语的话题标记》，《语言科学》2008 年第 6 期。

[②] 黄成龙、王术德：《蒲溪羌语的话题—评述结构》，《语言暨语言学》2007 年第 8 卷第 1 期；黄成龙：《羌语的话题标记》，《语言科学》2008 年第 6 期。

(69) ɦɑ³¹ ŋɑ³¹₍话题₎ [tə³¹-mo³¹ zuɪ⁵⁵]₍评述₎.
　　 孩子　　　　向上 – 醒: 实然: 3
　　 孩子醒了。

(70) meɹ³¹₍话题₎ [lo³¹-mɑ³¹　ʑiu³⁵]₍评述₎.
　　 雨　　　　来 – 将行　系词
　　 是要下雨了。

在以 APV 为基本语序的施 – 受结构里,居首的施事者就是话题,而受事和谓语共同构成评述。该结构的施事者往往不需要带施事者标记,其他语义角色通常是评述的一部分,如例句 (71)—(72):

(71) nə³¹₍话题₎ [ɕin³⁵　ɑ³¹-z̩gu⁵⁵　sə³¹-z̩ə⁵⁵-nə³¹]₍评述₎.
　　 你　　　　信　 一 – 封　　向外 – 写 – 非实然: 2 单
　　 你要写一封信。

(72) qɑ³¹₍话题₎ [nə³¹-to⁵⁵　ɦɑ³¹-tɕi⁵⁵ to⁵⁵]₍评述₎.
　　 我　　　 你 – 非施事 向下 – 记得
　　 我记得你。

萝卜寨话经常由两个或两个以上的话题句构成对比话题,话题成分后常常带有话题标记,如例句 (73)—(74):

(73) [ʁuɑ³¹ ɕɑ⁵⁵-ge⁵⁵]₍话题₎　tho⁵⁵₍评述₎, [ku³¹ z̩ə³¹-ge⁵⁵]₍话题₎ du³⁵₍评述₎.
　　 外面 – 位格　　　　 冷　　 里面 – 位格　　　 热
　　 外面冷,里面热。

(74) [thə³¹-mu⁵⁵]₍话题₎　[ʑĩ⁵⁵-je⁵⁵　　ɑ³¹-tɕe³¹　zə³¹-puɪ⁵⁵]₍评述₎,
　　 他 – 话题　　　　 红 – 名物化　一 – 个　　向心 – 买: 实然: 3
　　 [qɑ³¹-mu⁵⁵]₍话题₎　[phz̩e⁵⁵-je⁵⁵　ɑ³¹-tɕe³¹　zə³¹-pu⁵⁵-sɑ³¹]₍评述₎.
　　 我 – 话题　　　　 白 – 名物化　一 – 个　 向心 – 买 – 实然: 1 单
　　 他买了一个红的,我买了一个白的。

如果话题与评述存在动词一致关系,话题可以是零形式。在萝卜寨话里,动词的人称和数始终跟不及物动词的单一论元和及物动词的施事论元保持一致。而施事论元比其他论元更具有话题性,施事论元的话题性允许话题由零形式体现,如例句 (75):

(75) ø₍话题₎ [thə³¹-to⁵⁵　mɑ³¹-sə⁵⁵-pu⁵⁵-sɑ³¹]₍评述₎.
　　 ø　 他 – 非施事　否定 – 看 – 做 – 实然: 1 单

我没去看他。

二 非施事者论元居首结构

萝卜寨话所有论元（核心论元和旁格论元）均可提前至句首充当话题。最常见的是及物动词的受事论元和双及物动词的接受者论元提前至句首充当话题，提前后原位置用零形式表示。时间和处所论元提前至句首则构成布景次要话题结构。

（一）及物动词句

及物动词的受事论元出现在小句首充当话题时，施事者要强制带上施事者标记，而受事也要强制带上非施事者标记的同时，可以选择性地带话题标记，如例句（76a–b）：

(76) a. $qa^{31}_{[话题]}$　　［$nə^{31}$ a^{31}-$ɕi^{55}$　fia^{31}-$tɕhya^{31}$-$sə^{31}$］$_{[评述]}$.
　　　　我　　　　你　　一一下　向下–踩–实然:1 单
　　　　我踩了你一下。

b. ［qa^{31}-to^{55} (-$mɯ^{55}$)］$_{[话题]}$［$nə^{31}$-$sə^{31}$　a^{31}-$ɕi^{55}$　fia^{31}-$tɕhya^{31}$-$sə^{31}$］$_{[评述]}$.
　　　我–非施事–话题　　你–施事　一一下　向下–踩–实然:2 单
　　　我被你踩了一下。

例句（76a）是以 APV 为基本语序的施–受结构，第一人称代词单数 qa^{31}"我"是施事者，在句首作话题，而第二人称代词单数 $nə^{31}$"你"是受事者；它们均未带任何标记。例句（76b）的受事者 qa^{31}"我"在句首充当话题，强制带有非施事者标记-to^{55}，并选择性地带话题标记-$mɯ^{55}$；而施事者 $nə^{31}$"你"出现在非句首位置，不同于基本语序位置，所以施事者强制带上了施事者标记-$sə^{31}$。

（二）双及物动词句

萝卜寨话典型的双及物结构的语序为 NP_1 + NP_2 + NP_3 + VP。一般来说，NP_1 为施事论元［A］，比其他论元更具有话题性，在句首作话题，其后的施事者标记是非强制使用的；NP_2 为接受者论元［R］，其后要强制带相应的格标记；NP_3 作客体论元［T］，其后的非施事者标记也是非强制使用的，如例句（77a）。其他语义角色（如接受者、受益者、目标等）均可以出现在句首充当话题，此时这些出现在句首的非施事者论元需要强制带上相应的格标记或话题标记，而施事者也要强制带施事者标记，如例句（77b-c）。

(77) a. thə³¹ (-sə³¹)[话题]　　[qɑ³¹-to⁵⁵　　ʑi³¹dzə³¹　ɑ³¹-pəi³¹ (-to⁵⁵)
　　　　他-施事　　　我-非施事　书　　一-本-非施事
　　　　tə³¹-pu³¹　　ʑiu³⁵][评述].
　　　　向上-卖　系词
　　　　他卖给我一本书。

b. qɑ³¹-to⁵⁵/-mu⁵⁵[话题]　　[thə³¹-sə³¹　ʑi³¹dzə³¹　ɑ³¹-pəi³¹
　　我-非施事/-话题　他-施事　书　　一-本
　　tə³¹-pu³¹　　ʑiu³⁵][评述].
　　向上-卖　系词
　　至于我嘛，他卖给我了一本书。

c. ʑi³¹dzə³¹thə³¹-pəi³¹-to⁵⁵[话题]　　[thə³¹-sə³¹qɑ³¹-to⁵⁵/-je⁵⁵
　　书　那-本-非施事　　他-施事我-非施事/-位格
　　tə³¹-pu³¹　　ʑiu³⁵][评述].
　　向上-卖　系词
　　那本书是他卖给我的。

例句（77a）中的 thə³¹ "他" 是双及物动词 tə³¹-pu³¹ "卖" 的施事论元[A]，其后的施事者标记-sə³¹是非强制的；qɑ³¹ "我" 是接受者[R]论元，带有非施事者标记-to⁵⁵；而 ʑi³¹dzə³¹ɑ³¹-pəi³¹ "一本书" 是客体论元[T]，其后的非施事者标记-to⁵⁵也是非强制的。例句（77b）中的[R]论元出现在句首作话题，其后的非施事者标记-to⁵⁵或话题标记-mu⁵⁵要强制出现，[A]论元处于[R]论元和[T]论元之间，其后的施事者标记-sə³¹要强制出现。例句（77c）中的[T]论元出现在句首作话题，其后的非施事者标记-to⁵⁵要强制出现，[A]论元仍处于[R]论元和[T]论元之间，其后的施事者标记-sə³¹也要强制出现，而[R]论元也要强制使用非施事者标记-to⁵⁵或位格标记-je⁵⁵。

（三）布景次要话题结构

为事件提供时间或处所的时间名词短语和处所名词短语通常出现在非句首位置，但它们也可以出现在句首作为时间参照点或空间参照点，充当布景次要时间或处所话题。此时句子的意义不发生变化，只是发生了一些语用上的变化，如例句（78）—(79)：

(78) pəi⁵⁵ɕi⁵⁵（-mu⁵⁵）qɑ³¹ tə³¹ tɕye³¹ ȵɑ⁵⁵-sə³¹ kho⁵⁵ tsɑ⁵⁵ ɦiɑ³¹-ke³¹ ŋɑ³¹.
今天－话题　　我　早晨－由格　汶川　　向下－去　语气
今天我一大早去了汶川。

(79) ge⁵⁵ to⁵⁵（-mu⁵⁵）mu³¹ jɑ³⁵ ji³¹　ʑiu³⁵　jɑ³¹.
街上－话题　　人　很多　　有/在　语气
街上有很多人。

例句（78）中的 pəi⁵⁵ɕi⁵⁵ "今天" 和例句（79）中的 ge⁵⁵ to⁵⁵ "街上" 都出现在句首充当布景话题，并选择性地带上话题标记-mu⁵⁵。它们均可以分别出现在话题 qɑ³¹ "我" 和 mu³¹ jɑ³⁵ ji³¹ "很多人" 之后，句子的语义并不发生变化。

三　双话题结构

萝卜寨话的一个句子也存在具有两个话题的现象，即双话题－评述结构：NP₁ [NP₂+V]。在双话题结构中，NP₁ 是 NP₂+V 的话题，而 NP₂+V 是 NP₁ 的评述；NP₂ 又是 V 的话题，而 V 又是 NP₂ 的评述。两个名词短语之间存在领有与被领有的关系，如例句（80）；整体与部分的关系，如例句（81）；特殊的双话题结构，如例句（82）：

(80) nə³¹[话题1] [[miɑ³¹ pu⁵⁵][话题2] [tɕe³¹-ʑe⁵⁵-nə³¹][评述2]][评述1].
你　　　眼睛　　　　　　连续－疼－非实然:2 单
你眼睛还疼。

(81) [phin³¹ ko⁵¹ ɕe⁵⁵-ʑgu⁵⁵-je⁵⁵][话题1], [[ni³¹-ʑgu⁵⁵-mu⁵⁵][话题2]
苹果　　　　三－个－位格　　　　　　两－个－话题
[ɦiɑ³¹-tɕye³¹ qɑu⁵⁵][评述2], [ɑ³¹-ʑgu⁵⁵-mu⁵⁵][话题3] [ɦiɑ³¹-die³¹][评述3]][评述1].
向下－坏:亲见　　　　　一－个－话题　　　向下－吃
三个苹果，两个坏了，一个吃了。

(82) [thə³¹ lɑ⁵⁵-mu⁵⁵][话题1], [nə³¹[话题2] [qɑ³¹-to⁵⁵　sə⁵⁵][评述2],
他们－话题　　　　　你　　　我－非施事 看
qɑ³¹[话题3] [nə³¹-to⁵⁵　sə⁵⁵][评述3]][评述1].
我　　　你－非施事 看
他们，你看我，我看你。

例句（80）的 nə^{31}"你"和 miɑ^{31}pu^{55}"眼睛"虽然存在领有与被领有的语义关系，但在句法上不是领属关系，而是双话题结构。领有者 nə^{31}"你"是首要话题，而被领有者 miɑ^{31}pu^{55}"眼睛"是第二话题。如果这种结构在句法上是领属关系，领有者应该使用第二人称单数的属格 nə^{35}"你的"，句末动词的一致关系应该与 miɑ^{31}pu^{55}"眼睛"保持一致。例句（81）表示整体的所指 phin^{31}ko^{51} ɕe^{55}-ʐgu^{55}"三个苹果"是首要话题，表示部分的所指 ni^{31}-ʐgu^{55}"两个"和 ɑ^{31}-ʐgu^{55}"一个"分别是第二、三话题，并分别带有话题标记。例句（82）的施事论元和受事论元分别指代不同的所指，表达互动意义。thə^{31}la^{55}"他们"作 nə^{31}qɑ^{31}-to^{55} sə^{55} qɑ^{31} nə^{31}-to^{55} sə^{55}"你看我，我看你"的话题，并带有话题标记，为了辨别谁是施事者，谁是非施事者，两个小句的受事论元均带有非施事者标记。

参考文献

陈保亚：《论语言接触与语言联盟——汉越（侗台）语源关系的解释》，语文出版社1996年版。

戴庆厦：《景颇语参考语法》，中国社会科学出版社2012年版。

范俊军编译：《联合国教科文组织关于保护语言与文化多样性文件汇编》，民族出版社2006年版。

费孝通主编：《中华民族多元一体格局》，中央民族大学出版社2018年版。

耿静：《汶川萝卜寨田野调查报告》，民族出版社2014年版。

国家民委民族问题五种丛书编辑委员会《中国少数民族》编写组编：《中国少数民族》，人民出版社1981年版。

胡素华：《彝语结构助词研究》，民族出版社2002年版。

黄布凡、周发成：《羌语研究》，四川人民出版社2006年版。

黄布凡主编：《藏缅语族语言词汇集》，中央民族学院出版社1992年版。

黄成龙：《蒲溪羌语研究》，民族出版社2006年版。

黄成龙主编：《羌语言文字通览》，四川民族出版社2021年版。

蒋颖：《大羊普米语参考语法》，中国社会科学出版社2015年版。

李云兵：《苗语动词的句法语义属性研究》，中国社会科学出版社2015年版。

李云兵：《中国南方民族语言语序类型研究》，北京大学出版社2008年版。

林英津编：《汉藏语研究——龚煌城先生七秩寿庆论文集》，台北："中研院"语言学研究所2004年版。

刘丹青编著：《语言调查研究手册》，上海教育出版社2008年版。

刘丹青主编：《名词性短语的类型学研究》，商务印书馆2012年版。

刘光坤：《麻窝羌语研究》，四川民族出版社1998年版。

马学良主编：《藏缅语新论》，中央民族学院出版社1994年版。

马学良主编：《汉藏语概论》，北京大学出版社1991年版。

民族语文编辑部编：《民族语文研究问题》，青海民族出版社1982年版。

潘家荣主编：《基于语言学理论研究——示证范畴研究》，南开大学出版社2021年版。

《庆祝戴庆厦教授80华诞文集》，中国社会科学出版社2017年版。

四川少数民族社会历史调查组编印：《阿坝藏族自治州汶川县雁门羌族乡社会调查报告（初稿）》1963年版。

四川少数民族社会历史调查组编印：《羌族地区近代经济资料汇辑（初稿）》1963年版。

四川少数民族社会历史调查组编印：《羌族社会历史调查》，四川省社会科学院出版社1986年版。

孙宏开：《藏缅语族羌语支研究》，中国社会科学出版社2016年版。

孙宏开：《羌语简志》，民族出版社1981年版。

汶川县地方志编纂委员会编：《汶川县志》，民族出版社1992年版。

西南民族学院民族研究所编印：《西南少数民族情况参考资料——羌族情况》1953年版。

徐烈炯、刘丹青：《话题的结构与功能》（增订本），上海教育出版社2007年版。

藏缅语语音和词汇编写组编：《藏缅语语音和词汇》，中国社会科学出版社1991年版。

张曦、黄成龙编著：《中国羌族》，宁夏人民出版社2012年版。

张曦主编：《持颠扶危：羌族文化灾后重建省思》，中央民族大学出版社2009年版。

中央民族学院少数民族语言研究所编：《中国少数民族语言》，四川民族出版社1987年版。

朱德熙：《语法分析讲稿》（袁毓林整理注释），商务印书馆2010年版。

Aikhenvald, Alexandra Y. "Serial Verb Constructions in Typological Perspective", in Dixon, R. M. W. and Aikhenvald, Alexandra Y. eds., *Serial Verb*

Constructions: A Cross-linguistic Typology, Oxford: Oxford University Press, 2005.

Aikhenvald, Alexandra Y. Classifiers: A typology of noun categorization devices, Oxford: Oxford University Press, 2000.

Aikhenvald, Alexandra Y. The Art of Grammar, Oxford: Oxford University Press, 2015.

Comrie, Bernard. Aspect: An Introduction to the Study of Verbal Aspect and Related Problems (2nd edition). Cambridge: Cambridge University Press, 1981.

Comrie, Bernard. Language Universals and Linguistic Typology, Oxford: Basil Blackwell, 1989.

Comrie, Bernard. Tense, Cambridge: Cambridge University Press, 1985.

Corbett, Greville G. Number, Cambridge: Cambridge University Press, 2000.

Dixon, R. M. W. "Adjective classes in typological perspective", in Dixon, R. M. W. and Aikenvald, Alexandra Y. eds., Adjective Classes: A Cross-Linguistic Typology, Oxford: Oxford University Press. 2004.

Dixon, R. M. W. and Aikhenvald, Alexandra Y. "Word: A typological framework", in Dixon, R. M. W. and Aikenvald, Alexandra Y. eds., Word: A cross-linguistic typology, Cambridge: Cambridge University Press, 2003.

Dixon, R. M. W. Basic Linguistic Theory Ⅰ: Methodology, Oxford: Oxford University Press, 2010.

Dixon, R. M. W. Basic Linguistic Theory Ⅱ: Grammatical Topics, Oxford: Oxford University Press, 2010.

Dixon, R. M. W. Basic Linguistic Theory Ⅲ: Further Grammatical Topics, Oxford: Oxford University Press, 2012.

Dixon, R. M. W. Ergativity, Cambridge: Cambridge University Press, 1994.

Dixon, R. M. W. The Rise and Fall of Language. Cambridge: Cambridge University Press, 1997.

Evans, Jonathan P. （余文生）, "The reconstruction of Proto-Qiang verb inflection", 林英津编：《汉藏语研究——龚煌城先生七秩寿庆论文集》，

台北：中央研究院语言学研究所，2004.

Evans, Jonathan P. （余文生）, *Introduction to Qiang Phonology and Lexicon: Synchrony and Diachrony*. Tokyo: Tokyo University of Foreign Studies, 2001.

LaPolla, Randy J. （罗仁地）and Huang Chenglong（黄成龙）, "Adjectives in Qiang", in Dixon, R. M. W. and Aikhenvald, Alexandra Y. eds., *Adjective Classes: A cross-linguistic typology*, Oxford: Oxford University Press, 2004.

LaPolla, Randy J. （罗仁地）with Huang Chenglong（黄成龙）, *A Grammar of Qiang, with annotated texts and glossary*, Berlin: Mouton de Gruyter, 2003.

LaPolla, Randy J. （罗仁地）, "Evidentiality in Qiang", in Aikhenvald, Alexandra Y. and Dixon, R. M. W. eds., *Studies in Evidentiality*, Amsterdam and Philadelphia: John Benjamins Publishing Company, 2003.

LaPolla, Randy J. （罗仁地）, "Qiang", in Graham Thurgood and LaPolla, Randy J. eds., *The Sino-Tibetan Languages*, London and New York: Routledge, 2003.

Packard, Jerome L. *The Morphology of Chinese: A Linguistic and Cognitive Approach*, Cambridge University Press, 2000.

Payne, Thomas E. *Describing Morphosyntax: A Guide for Field Linguists*, Cambridge: Cambridge University Press, 1997.

Payne, Thomas E. *Exploring Language Structure: A Student's Guide*, Cambridge: Cambridge University Press, 2006.

Schachter, Paul & Timothy Shopen. "Parts-of-speech systems". In Timothy Shopen (eds.,). Language typology and Syntactic Description (vol.1), Cambirdge: Cambirdge University Press, 2007.

Silverstein, Michael. "Hierarchy of features and ergativity", in Dixon, R. M. W. eds., *Grammatical categories in Australian languages*, Canberra: Australian Institute of Aboriginal Studies, 1976.

Van Valin, Robert D. Jr. and LaPolla, Randy J. *Syntax: Structure, Meaning and Function*, Cambridge: Cambridge University Press, 1997.

Vendler, Zeno. *Linguistic in Philosophy*. Ithaca: Cornell University Press, 1967.

白鸽、刘丹青、王芳等:《北京话代词"人"的前附缀化——兼及"人"的附缀化在其他方言中的平行表现》,《语言科学》2012年第4期。
宝乐日:《羌族语言及新创文字使用研究综述》,《阿坝师范专科学校学报》2008年第1期。
宝乐日:《羌族语言及新创文字在学校教育领域使用现状研究——汶川县、茂县中小学调查个案分析》,《阿坝师范专科学校学报》2008年第3期。
宝乐日:《文化资本理论视野下土族、羌族语言及其新创文字使用与发展研究》,《中央民族大学学报》2008年第4期。
戴庆厦、胡素华:《彝语 ta^{33} 的多功能性》,《民族语文》1998年第2期。
杜学元、蔡文君:《羌汉双语文教育的问题及对策研究》,《内蒙古师范大学学报》2007年第2期。
费孝通:《关于我国民族的识别问题》,《中国社会科学》1980年第1期。
费孝通:《谈深入开展民族调查问题》,《中南民族学院学报》1982年第3期。
高韬、周俊勋:《木卡和绵虒羌语格标记对比分析》,《华西语文学刊》2012年第6辑。
高韬、周俊勋:《南部羌语指示词与名词的词序问题》,《语言科学》2018年第17卷第3期。
耿静:《羌语与羌族文化生态保护实验区建设》,《贵州民族研究》2012年第1期。
耿静:《羌族的民间信仰——以汶川县雁门乡萝卜寨村为例》,《阿坝师范高等专科学校学报》2009年第26卷第2期。
胡素华、沙志军:《凉山彝语类别量词的特点》,《中央民族大学学报》2005年第4期。
胡素华、赵镜:《诺苏彝语话题标记的功能及其话题类型》,《民族语文》2015年第2期。
胡素华、赵镜:《彝语诺苏话话题的标示手段》,《汉藏语学报》2016年第

9 期。

胡素华、赵镜:《彝语诺苏话双及物及其他三个论元结构》,《语言暨语言学》2019 年第 20 卷第 3 期。

胡素华、周廷升:《彝语方言受事格标记及基本语序类型比较》,《语言科学》2018 年第 2 期。

胡素华:《凉山彝语的差比句》,《民族语文》2005 年第 5 期。

胡素华:《凉山彝语的话题结构——兼论话题与语序的关系》,《民族语文》2004 年第 3 期。

胡素华:《彝语动词的体貌范畴》,《民族语文》2001 年第 4 期。

胡素华:《彝语结构助词语义虚化的层次》,《民族语文》2000 年第 2 期。

黄布凡:《羌语的体范畴》,《民族语文》2000 年第 2 期。

黄布凡:《羌语构词词缀的某些特征》,《民族语文》2002 年第 6 期。

黄布凡:《羌语语音演变中排斥鼻音的趋势》,《民族语文》1987 年第 5 期。

黄成龙、李云兵,王锋:《纪录语言学:一门新兴交叉学科》,《语言科学》2011 年第 3 期。

黄成龙、王术德:《蒲溪羌语的话题——评述结构》,《语言暨语言学》2007 年第 8 卷第 1 期。

黄成龙、余文生:《羌语关系子句的类型》,《汉藏语学报》2007 年第 1 期。

黄成龙:《2014 年境外与港台藏缅语研究前沿》,《西南民族大学学报》2015 年第 4 期。

黄成龙:《2014 年羌语支语言研究前沿》,《阿坝师范专科学校学报》2015 年第 1 期。

黄成龙:《藏缅语存在类动词的概念结构》,《民族语文》2013 年第 2 期。

黄成龙:《藏羌彝走廊羌语支语言 2013 年研究动态》,《阿坝师范专科学校学报》2014 年第 2 期。

黄成龙:《藏语与喜马拉雅语言中存在类动词的概念结构》,《语言科学》2014 年第 5 期。

黄成龙:《类型学视野中的致使结构》,《民族语文》2014 年第 5 期。

黄成龙:《羌语的存在动词》,《民族语文》2000 年第 4 期。

黄成龙:《羌语的非施事者及其相关标记》,《语言学论丛》2010 年第 41 辑。

黄成龙:《羌语的话题标记》,《语言科学》2008 年第 6 期。

黄成龙:《羌语的空间范畴》,《语言暨语言学》2015 年第 16 卷第 5 期。

黄成龙:《羌语的名量词》,《民族语文》2005 年第 5 期。

黄成龙:《羌语的施事者及其相关标记》,《语言暨语言学》2010 年第 11 卷第 2 期。

黄成龙:《羌语的音节弱化现象》,《民族语文》1998 年第 3 期。

黄成龙:《羌语动词的前缀》,《民族语文》1997 年第 2 期。

黄成龙:《羌语名词短语的词序》,《民族语文》2003 年第 2 期。

黄成龙:《羌语形容词研究》,《语言研究》1994 年第 2 期。

黄成龙:《羌语音位系统分析方法刍议》,《民族语文》1995 年第 1 期。

黄成龙:《羌语中的生命度等级序列》,《汉藏语学报》2013 年第 7 期。

黄成龙:《羌语子句的关系化手段》,《民族语文》2008 年第 4 期。

黄成龙:《语法描写框架及术语的标记》,《民族语文》2005 年第 3 期。

李果、苏婧:《论羌语的核心重音》,《汉语史与汉藏语研究》2021 年第 2 期。

李山、周发成:《论羌语语法中的否定形式》,《民族语文》2002 年第 1 期。

李绍明:《费孝通论藏彝走廊》,《西南民族学院学报》2006 年第 1 期。

李小凡:《汉语方言连读变调的层次和类型》,《方言》2004 年第 1 期。

刘光坤:《论羌语代词的格》,《民族语文》1987 年第 4 期。

刘光坤:《论羌语动词的人称范畴》,《民族语文》1999 年第 1 期。

刘光坤:《论羌语声调的产生和发展》,《民族语文》1998 年第 2 期。

刘光坤:《羌语辅音韵尾研究》,《民族语文》1984 年第 4 期。

刘光坤:《羌语复辅音研究》,《民族语文》1997 年第 4 期。

刘光坤:《羌语中的藏语借词》,《民族语文》1981 年第 3 期。

刘光坤:《羌语中的长辅音》,《民族语文》1986 年第 4 期。

罗乔美:《杨柳羌语趋向前缀及其语法意义》,《玉溪师范学院学报》2024 年第 40 卷第 1 期。

罗仁地:《语言类型学/功能语言学派视野下的语言学田野调查》,《语言学论丛》2007 年第 36 辑。

麻慧群、周俊勋、刘汉文：《木卡羌语语音概述》，《阿坝师范专科学校学报》2011 年第 3 期。

彭泽润：《汉语方言连读变调的层次和类型》，《当代语言学》2006 年第 2 期。

申向阳：《古老羌语：从弱势走向濒危—阿坝州羌语生存现状调查》，《阿坝师范专科学校学报》2011 年第 2 期。

孙宏开、刘光坤：《羌语的调查研究》，《阿坝师范专科学校学报》2014 年第 3 期。

孙宏开、石琳：《藏羌彝走廊的羌语支语言——兼论藏缅语族语言的发生学分类》，《中国语言学研究》2022 年第 2 期。

孙宏开：《古代羌人和现代羌语支族群的关系》，《西南民族大学学报》2011 年第 1 期。

孙宏开：《六江流域的民族语言及其系属分类》，《民族学报》1983 年第 3 期。

孙宏开：《论藏缅语族中的羌语支》，《语言暨语言学》2001 年第 2 卷第 1 期。

孙宏开：《论羌族双语制——兼谈汉语对羌语的影响》，《民族语文》1988 年第 4 期。

孙宏开：《羌语动词的趋向范畴》，《民族语文》1981 年第 1 期。

孙宏开：《羌语概况》，《中国语文》1962 年第 12 月号（总第 121 期）。

孙宏开：《羌语支在汉藏语系中的历史地位》，《云南民族大学学报》2011 年第 6 期。

孙宏开：《试论邛笼文化与羌语支语言》，《民族研究》1986 年第 2 期。

王保锋、董瑶：《萝卜寨羌语的差比句》，《民族语文》2022 年第 5 期。

王保锋、王蓓：《龙溪羌语施事者标记 le^{31} 的实验研究》，《民族语文》2015 年第 4 期。

王保锋、余婷：《羌语白水话概况》，《阿坝师范学院学报》2021 年第 38 卷第 4 期。

王保锋：《龙溪羌语的构词法》，《阿坝师范学院学报》2016 年第 1 期。

王保锋：《萝卜寨羌语的等比句》，《汉藏语学报》2024 年第 15 期。

闻宥、傅懋勣:《汶川萝卜寨话音系》,《中国文化研究所集刊》1943 年第 3 卷第 2 号。

闻宥:《川西羌语之初步分析》,《中国文化研究所集刊》1941 年第 2 卷。

闻宥:《理番后二枯羌语音系（Ⅳ组：后二枯方言）》,《中国文化研究所集刊》1945 年第 4 卷增刊。

闻宥:《论黑水羌语之 final plosives》,《中国文化研究所集刊》1940 年第 1 卷。

闻宥:《羌语方言中若干强子音之来源》,《中国文化研究所集刊》1947 年第 6 卷。

闻宥:《汶川瓦寺组羌语音系》,《中国文化研究汇刊》1943 年第 3 卷。

闻宥:《汶州萝卜寨辞汇简编（萝卜寨方言）》,《中国文化研究所集刊》1951 年第 10 卷。

张金玲、汪洪亮:《灾害与重建语境中的羌族村寨文化保护与旅游重振——以汶川雁门乡萝卜寨为例》,《贵州民族研究》2009 年第 29 卷第 4 期。

赵海红:《羌语濒危的原因透视及对策探讨》,《黑龙江民族丛刊》2011 年第 4 期。

郑武曦:《龙溪羌语程度副词修饰动词的语义分析》,《语言研究》2020 年第 40 卷第 1 期。

郑武曦:《龙溪羌语的人称范畴》,《语言科学》2019 年第 18 卷第 1 期。

郑武曦:《龙溪羌语的致使结构》,《中国民族语言学报》2021 年第 3 辑。

郑武曦:《龙溪羌语动词 pu^{31} "做"的语法化》,《语言学论丛》2022 年第 65 辑。

郑武曦:《龙溪羌语概况》,《民族语文》2010 年第 4 期。

郑武曦:《龙溪羌语连动结构的类型学特征——兼谈与非限定结构和主从结构的区别》,《语言研究》2023 年第 43 卷第 1 期。

郑武曦:《龙溪羌语名词短语的结构》,《阿坝师范专科学校学报》2015 年第 4 期。

郑武曦:《羌汉语言接触引发的底层影响和表层影响》,《汉语史与汉藏语研究》2023 年第 1 期。

周发成:《动词重叠表互动——羌语支语言的共同创新之一》,《民族语文》2019年第6期。

周发成:《简论羌语格助词》,《阿坝师范专科学校学报》2007年第3期。

周俊勋、麻慧群、刘汉文:《木卡羌语的语法标记分析》,《华西语文学刊》2011年第6辑。

Dixon, R. M. W. "Comparative constructions: A cross-linguistic typology", *Studies in Language*, Vol. 32, No. 4, 2000.

Dixon, R. M. W. "Ergativity". *Language*, No. 55, 1979.

Dryer, Matthew S. "Primary objects, Secondary objects, and Antidative", *Language*, No. 62, 1986.

Evans, Jonathan P. (余文生) and Huang Chenglong (黄成龙), "A bottom-up approach to vowel systems: The case of Yadu Qiang", *Cahiers de Linguistique Asie Orientale*, Vol. 36, No. 2, 2007.

Evans, Jonathan P. (余文生), "African 'tone' in the Sinosphere", *Language and Linguistics*, Vol. 9, No. 3, 2007.

Evans, Jonathan P. (余文生), "Contact-induced tonogenesis in Southern Qiang", *Language and Linguistics*, Vol. 2, No. 2, Taiwan: Academia Sinica, 2001.

Evans, Jonathan P. (余文生), "Origins of vowel pharyngealization in Hongyan Qiang", *Linguistics of the Tibeto-Burman Area*, Vol. 29, No. 2, 2006.

Evans, Jonathan P. (余文生), "Vowel quality in Hongyan Qiang", *Language and Linguistics*, Vol. 7, No. 4, Taipei: Academia Sinica, 2006.

Evans, Jonathan P. (余文生), Man-ni Chu, John A. D. Aston, Chao-yu Su, "Linguistic and human effects on F0 in a tonal dialect of Qiang", *Phonetica*, No. 67, 2010.

Huang Chenglong (黄成龙), "Relativization in Qiang", *Language and Linguistics*, Vol. 9, No. 4, 台北: 中央研究院语言学研究所, 2008.

Huang Chenglong (黄成龙), "Shared Morphology in Qiang and Tibetan", *Senri Ethnological, Studies*, No. 75. 大阪: 日本国立民族学博物馆, 2009.

LaPolla, Randy J. (罗仁地), "On transitivity in two Tibeto-Burman languages", *Studies in Language*, Vol. 35, No. 3, 2011.

LaPolla, Randy J. (罗仁地), "Parallel grammaticalizations in Tibeto-Burman: Evidence of Sapir's 'drift'", *Linguistics of Tibeto-Burman Area*, Vol. 17, No. 1, 1994.

Wen Yu (闻宥), "An abridged Ch'iang vocabulary (Chiu Tzu Ying dialect)",《中国文化研究所集刊》第9卷第2号,1950年版。

Wen Yu (闻宥), "Verbal directive prefixes in the Jyarung and their Qiang equivalents",《中国文化研究所集刊》第3卷第1号,1943年版。

Zwicky, Arnold M. "Clitics and particles", *Language*, No. 61, 1985.

Zwicky, Arnold M. and Pullum, Geoffrey K. "Cliticization vs. Inflection: English n't", *Language*, No. 59, 1983.

宝乐日:《土族、羌族语言及新创文字在学校教育领域使用发展研究》,博士学位论文,中央民族大学,2007年。

高韬:《语言接触视野下的南部羌语比较研究》,博士学位论文,西南交通大学,2018年。

贾慧灵:《绵虒羌语研究》,硕士学位论文,西南交通大学,2011年。

卢春红:《麻窝话的一致现象研究》,硕士学位论文,湖南大学,2018年。

麻慧群:《木卡羌语研究》,硕士学位论文,西南交通大学,2011年。

盛益民:《绍兴柯桥话参考语法》,博士学位论文,南开大学,2014年。

田智:《汉语与羌语三种语序对比研究》,硕士学位论文,中央民族大学,2005年。

王小琴:《羌族地区中小学羌语文课程实施问题及对策研究》,硕士学位论文,西南大学,2008年。

张竞艳:《四川茂汶地区羌族语言选择问题》,博士学位论文,中央民族大学,2010年。

周晨磊:《青海周屯话参考语法》,博士学位论文,南开大学,2016年。

周发成:《热额纳羌语参考语法》,博士学位论文,上海师范大学,2020年。

Zhang Sihong（张四红）, *A Reference Grammar of Ersu, a Tibeto-Burman Language of China*, PhD thesis, James Cook University, 2013.

Zheng Wuxi（郑武曦）, *A Grammar of Longxi Qiang*, PhD thesis, National University of Singapore, 2016.

附 录 一

长篇语料

一 萝卜寨的来历

(1) qe¹³¹ ɕi⁵⁵ ɕi⁵⁵   qa⁵⁵ la⁵⁵   ʁuə³¹ tsə³¹ qe⁵⁵   tɕe³¹-zɖa⁵⁵-mu⁵⁵   ɕi³¹ pei⁵⁵
从前　　　　我们　　萝卜寨　　　　连续－说－话题　西北
thə³¹ tsə⁵⁵-sə³¹ zə³¹-lo³¹-sə³¹　　　　dzə⁵⁵, a³¹ tɕi⁵⁵ tɕhe³¹ ɕy³¹　ja³¹.
那边－由格 向心－来－听说　　　　　连词 全部　　牧羊　　　　语气
说起以前我们萝卜寨嘛，听说从西北那边迁过来时，（我们）全都放羊。

(2) tɕi⁵⁵ quə⁵⁵ ta⁵⁵ po⁵⁵   ŋa⁵⁵   ʂkuə³¹ ŋu³¹   fiə¹⁵⁵ tie³¹ ta⁵⁵ po⁵⁵-dzə⁵⁵.
打仗　　喜欢　　　和　　拳头　　　　打　　　　喜欢－语尾助词
（羌人）喜欢打仗，喜欢打拳。

(3) die³¹-tʂhui⁵⁵-ŋa⁵⁵   tsa³¹ qa³¹ zə³¹-phu⁵⁵-ŋa⁵⁵   ze³¹-lo³¹-ge³¹.
离心－撵－状语 这里　　　　向心－跑－状语　　　向里－来－语尾助词
（就这样）把我们撵得跑到这里来了。

(4) [qa⁵⁵ la⁵⁵ ʁuə³¹ tsə³¹ qe⁵⁵ mu⁵⁵ tsə³¹-khe⁵⁵] -nə³¹   ze³¹-lo³¹   dzə⁵⁵
我们　　萝卜寨　　　　人　这－复－语尾助词 向心－来连词
tɕu⁵⁵ ʂə³⁵ ge³¹ ɕy³¹ ku⁵⁵ ɕa³¹ tʂha⁵⁵ zə³¹ pia³¹ fiə⁵⁵-zi³¹   ŋa⁵⁵, ta³¹ qa³¹
就是呢　沟外头　灶房沟　　　　向下－住　　　连词　　那里
ze³¹-mi⁵⁵-lo³¹-ge³¹.
向里－否定－来－语尾助词
我们萝卜寨这些人来的时候，就住在沟外头灶房沟，还没来到那里。

(5) tʂan³⁵ tɕa⁵⁵ ma⁵⁵ tɕa⁵⁵ waŋ³⁵ tɕa⁵⁵   ɕe⁵⁵-dzu³¹ ŋuə³¹-je⁵⁵   pu³¹
张家　　　马家　　王家　　　　三－姓　系词－名物化　　做

dz̺ə⁵⁵, ɕe⁵⁵-dʐu³¹thə³¹-z̺a⁵⁵so⁵⁵ko⁵⁵, mu⁵⁵ʂtʂa³¹ŋuə³¹-dz̺ə⁵⁵.
连词 三 – 姓 那 – 个 时候 人 少 系词 – 语尾助词
有张家马家王家三个家族，那个时候三个家族的人少。

(6) mu⁵⁵ ʂtʂa³¹-n̺a³¹ a³¹so⁵⁵tə³¹-ʂa³¹lia³¹ dz̺ə⁵⁵, tɕu⁵⁵ʂə³⁵ge³¹
    人 少 – 状语 一起 向上 – 商量 连词 就是呢
khai⁵⁵tɕhin⁵¹ma³¹-pu⁵⁵-ɕi⁵⁵. qa⁵⁵dza³¹-ma³¹ a³¹tɕi⁵⁵pia³¹
开亲 否定 – 做 – 实然:1复 咱们 – 语尾助词 一家子
tə³¹-pu⁵⁵-ɕi⁵⁵.
向上 – 做 – 实然:1复
人少嘛，大家一起商量，就是呢，咱们不开亲，做一家人。

(7) mu⁵⁵a³¹tɕi⁵⁵ tə³¹-ʂa³¹lia³¹, mu⁵⁵tʂhu³¹ mu⁵⁵-je³¹
    人 全部 向上 – 商量 以后 人 – 语尾助词
tə³¹-dʐu⁵⁵ dz̺ə⁵⁵, kha³¹χu⁵⁵-to⁵⁵ z̺e³¹-ko³¹-tha³¹ lo³¹
向上 – 多 连词 喀胡 – 位格 向里 – 过 – 汉借 来
dz̺ə⁵⁵, mu⁵⁵-je³¹ tə³¹-dʐu⁵⁵, fia³¹-z̺o⁵⁵-n̺a³¹
连词 人 – 语尾助词 向上 – 多 向下 – 分开 – 状语
lo³¹-ge³¹.
来 – 语尾助词
人们在一起商量了，过后，人就多起来了，（人们）翻过喀胡（那个沟住），人多了嘛，就分开来。

(8) li⁵⁵pia³¹-thi³¹-ge³¹ tə³¹-lo³¹ dz̺ə⁵⁵, li⁵⁵pia³¹-thi³¹-ge³¹ mu⁵⁵
    地方 – 定指 – 位格 向上 – 来 连词 地方 – 定指 – 位格 人
ma⁵⁵-z̺i³¹-ge³¹.
否定 – 住 – 语尾助词
来到这个地方，这个地方没人住。

(9) [li⁵⁵pia³¹-thi³¹] -ma⁵⁵dz̺ə³¹fəŋ³⁵χuaŋ³¹ʂan⁵⁵ ʁua⁵⁵ z̺iu³¹-sə³¹.
    地方 – 定指 – 话题 凤凰山 叫 系词 – 听说
听说这个地方是叫凤凰山。

(10) tɕi³¹-ma⁵⁵ ʂqe³¹n̺u³⁵-sə³¹ kuan⁵⁵-tha³¹-pu³¹.
    这 – 语尾助词 茂县 – 施事 管 – 汉借 – 做
这个地方由茂县管理。

（11） mu⁵⁵ tʂhu³¹, die³¹-ke³¹   ʑe³¹-lo³¹   dzə³¹, mu⁵⁵
　　 后来　　离心－走　　向里－来 连词　人
　　 ʑe³¹-dʐu⁵⁵-pu⁵⁵-dzə⁵⁵.
　　 向里－多－做－语尾助词
　　 后来，来到（凤凰山）后，人就多起来了。

（12） ma⁵⁵ tɕa⁵⁵ tɕi³¹   ʂo³¹ fu⁵⁵ a³¹-tɕe³¹, tʂaŋ³⁵   tɕa⁵⁵ tɕi³¹ ʂo³¹ fu⁵⁵
　　 马家　男人　火坛　一－个　 张家　男人　 火坛
　　 a³¹-tɕe³¹, waŋ³⁵ tɕa⁵⁵ tɕi³¹   ʂo³¹ fu⁵⁵   a³¹-tɕe³¹.
　　 一－个　 王家　男人　 火坛　　一－个
　　 马家、张家和王家各有一个火坛。

（13） ʂo³¹ fu⁵⁵-nə³¹   ɕe⁵⁵-tɕe³¹   tə³¹-pu³¹-dzə³¹.
　　 火坛－语尾助词　三－个　　向上－做－语尾助词
　　 火坛呢，做了三个。

（14） tə³¹-pu³¹   dzə³¹,   mu⁵⁵-je³¹   dʐu⁵⁵-pu⁵⁵   dzə⁵⁵,
　　 向上－做　　连词　　人－语尾助词　多－做　　连词
　　 ɦia³¹-ʐo⁵⁵   tɕu⁵⁵ʂə³⁵ ge³¹.
　　 向下－分开　就是呢
　　 做了后，人就多了，分了下来。

（15） ʂə⁵⁵ tɕhi⁵⁵-pu³¹ n̠a³¹   khai⁵⁵ tɕhin⁵¹-nə³¹   pu⁵⁵-ke³¹   qa³¹.
　　 结婚－做　　和　　开亲－语尾助词　做－去　可以
　　 （三个家族）可以开亲结婚了。

（16） thə⁵⁵-sə³¹   ʁua³¹ tsə³¹ qe⁵⁵   tɕəu⁵⁵ʂə³¹ ge³¹ tʂu⁵⁵   sə³¹-pho⁵⁵-tha³¹
　　 那－由格　萝卜寨　　就是呢　　水　　向外－泡－汉借
　　 ma⁵⁵-qau³¹,   tʂu⁵⁵   ma⁵⁵-dʐu⁵⁵.
　　 否定－能: 亲见 水　否定－多
　　 从那时起，萝卜寨就不能泡水（即缺水），水不多。

（16） a³¹ pu⁵⁵-ma⁵⁵ qa³¹   dzə³¹ ge⁵⁵   ɕy³¹   n̠a³¹ tə³¹ n̠a³¹.
　　 一年－每　　　粮食　　收　　连词
　　 tɕhin⁵⁵ jin³¹-thi³¹-khe³¹   nə³¹   nin⁵⁵ʂə³¹   tye⁵⁵-je³¹.
　　 瘦肉－定指－复　　都　非常　　好－语尾助词
　　 每年收粮食，那些瘦肉都非常好。

附录一 长篇语料 / 217

(17) çi³¹çi⁵⁵ zə³¹-lo³¹-ge³¹   nə³¹ dzu⁵⁵, dzə³¹ ge⁵⁵ nə³¹
    钱   向里－来－名物化   也   多   粮食   也
    zə³¹-çy⁵⁵-ge³¹   dzu⁵⁵.
    向心－收－名物化 多
    收入也多，收成也多。

(18) thi³¹-sə³¹-ma³¹ dzɿə⁵⁵ mu⁵⁵ tə³¹-dzu⁵⁵ dzɿə³¹, fu⁵⁵ʂun³¹tshun⁵⁵
    那－由格－话题   人   向上－多   连词   福顺村
    ʁuɑ⁵⁵-je³¹,   tə³¹-dzu⁵⁵.
    叫－语尾助词   向上－多
    从那时起，人变多了后，(那时取名) 叫福顺村，(人就) 变多了。

(19) bzɿɑ³¹mi⁵⁵-sə³¹ pe³¹-thɑ³¹-ge³¹   fia³¹-jy⁵⁵tsə³¹ tɕəu⁵⁵ʂə³¹ge³¹.
    老人－施事   摆－汉借－名物化 向下－流传   就是呢
    老人流传下来的故事就是：

(20) wɑŋ³⁵tɕhan⁵⁵tsoŋ⁵⁵   ɑ³¹-tsə³¹ ʑiu⁵⁵-sə³¹-dzɿə⁵⁵.
    王千总   一－个   系词－听说－语尾助词
    听说有个王千总。

(21) wɑŋ³⁵tɕɑ⁵⁵-thi³¹mu⁵⁵-mu³¹ bzɿɑ³¹-mi⁵⁵ ɑ⁵⁵-tsə³¹ʑiu³¹-je³¹.
    王家－定指 人－话题 大－名物化 一－个 有：亲见－语尾助词
    王家有个老大（即王千总）。

(22) tu³¹bzɿɑ³¹ ŋɑ³¹ tu⁵⁵tʂu⁵⁵ fən⁵⁵tɕi³¹ we³¹.
    哥哥   和   弟弟   分家   系词
    哥哥和弟弟分了家。

(23) tu³¹bzɿɑ³¹-thi³¹-nə³¹   tsɑ³¹qɑ³¹ mi⁵⁵-tɕe³¹-lo³¹   so⁵⁵ko³¹-sə³¹,
    哥哥－定指－语尾助词 这里   否定－连续－来 时候－由格
    thə³¹-to³¹   dɑ³¹-ŋɑ³¹ lo³¹-ge³¹   ŋuɑ³¹-ge³¹.
    他－非施事 带－状语 来－名物化 系词－语尾助词
    那个哥哥还没来这里之前，他是被带着来的。

(24) tu⁵⁵tʂu⁵⁵-thi³¹-ma³¹ dzɿə³¹ tsɑ³¹qɑ³¹ zə³¹-lo³¹-ge³¹,
    弟弟－定指－话题   这里   向里－来－语尾助词
    thə³¹-ma³¹ dzɿə³¹ ʑiu³¹   we³¹.
    他－话题   有：亲见 语气

那个弟弟嘛，来这里后，才有的他。

(25) tu³¹ bẓa³¹   tɕəu⁵⁵ʂə³¹ ge³¹   tɕhan⁵⁵ tsoŋ⁵⁵   tə³¹-pu³¹-je³¹,
哥哥   就是呢   千总   向上－做－语尾助词
tɕhan⁵⁵ tsoŋ⁵⁵   sə³¹-tsuo⁵⁵tsə³¹-ge³¹   tɕəu⁵⁵ʂə³¹ ge³¹.
千总   向外－做－语尾助词   就是呢
哥哥就做了千总，做了千总。

(26) ʂqe³¹ ȵu³⁵-sə³¹   ʂui³⁵ ɕy³¹-lo³¹ȵa³¹,   ɕi³¹ ɕi⁵⁵ sə³¹-phai³¹-ȵa³¹
茂县－施事   税 收－来连词   钱   向外－派－状语
ɕy³¹-lo³¹-dẓə⁵⁵.
收－来－语尾助词
茂县来收税，派人来收税。

(27) qa⁵⁵ la⁵⁵ quo⁵⁵ tsa⁵⁵ mu⁵⁵ khe³¹ ŋua³¹.
我们   汶川   人们   系词：非实然：1 复
nə³¹ la⁵⁵-ge³¹   ma⁵⁵-tɕye⁵⁵ dia³¹.
你们－语尾助词   否定－交
我们是汶川人，你们那里不交。

(28) quo⁵⁵ tsa⁵⁵-sə³¹   tə³¹-lo³¹-ȵa³¹   ɕy³¹ lo³¹   dẓə⁵⁵,
汶川－施事   向上－来－状语 收 来   连词
qa⁵⁵ la⁵⁵-ma⁵⁵   ʂqe³¹ ȵu³⁵ thi³¹ pia⁵⁵-ge⁵⁵   ja³¹.
我们－语尾助词   茂县   那边－位格   语气
茂县上来收税呢，我们是茂县那边的。

(29) qa⁵⁵ la⁵⁵-ma⁵⁵   nə³¹ la⁵⁵-to⁵⁵   ma⁵⁵-tɕye⁵⁵ dia³¹.
我们－语尾助词   你们－非施事   否定－交
我们不交给你们。

(30) ni³¹ tsə³¹   nə³¹   ɕi³¹ ɕi⁵⁵   zə³¹-ɕy³¹   ma⁵⁵-qa³¹   ȵa³¹,
两边   都   钱   向心－收   否定－能   连词
ɕi³¹ ɕi⁵⁵   phai³¹-ge³¹-to⁵⁵   zə³¹-ɕy³¹   ma⁵⁵-qa³¹   tə³¹ tɕəu³⁵.
钱   派－名物化－非施事   向心－收 否定－能   那就
双方都不能收到钱，不能收到指派下来的钱。

(31) ni³¹-zə³¹ ge³¹ pia⁵⁵ mu⁵⁵ khe³¹-sə³¹ tɕəu⁵⁵ʂə³¹ ge³¹
两－个 地方   人们－施事   就是呢

tə³¹-ʂɑ³¹ liɑ³¹-ŋɑ³¹　　ʐgue³¹-je³¹　　ɸiɑ³¹-phai³¹　ŋɑ³¹.
向上－商量－状语 兵－语尾助词 向下－派　连词
两个地方的人们就商量着派兵来。

(32) ni³¹ tsə³¹-sə³¹ tɕi⁵⁵ quɑ⁵⁵ ŋɑ³¹ qɑ⁵⁵ lɑ⁵⁵-to⁵⁵　　tə³¹-qə³¹ tie⁵⁵-lo³¹.
两个－施事打仗　和　我们－非施事　向上－打－来
双方来攻打我们。

(33) qɑ⁵⁵ lɑ⁵⁵　　tɕhan³⁵ tshu³¹ tɕe³¹-ʐdɑ⁵⁵-nə³¹,　　thə³¹-mɑ³¹ dzə⁵⁵
我们　　羌族　　连续－说－语尾助词　他－话题
tɕəu⁵⁵ ʂə³¹ qɑ⁵⁵ lɑ⁵⁵ tɕhan³⁵ tshu³¹ ʐgue³¹ tə³¹-duɑ⁵⁵ tɕi⁵⁵,
就是　　我们　羌族　　兵　向上－防守
［pu⁵⁵ ʂu⁵⁵ ʂtʂɑ³¹］-mi⁵⁵ lo³¹, ［ɑ⁵⁵ ŋɑ³¹　pe⁵⁵ ɕɑ³¹］-mi⁵⁵
年龄　 小－名物化　来　 一点儿　 能干－名物化
tə³¹-ke³¹-tə³¹ ŋɑ³¹　　tə³¹-mɑ³¹ dzə⁵⁵　dɑ⁵⁵-ŋɑ³¹　zə³¹-lo³¹
向上－去－语尾　助词－话题　带－状语　向心－来
我们羌族就说呢，他就（派）羌族的兵防守，带年轻人来，带能干的一些人上去。

(34) tshuɑ⁵⁵ qə⁵⁵　ɑ³¹-ʐgu⁵⁵　tɕəu⁵⁵ ʂə³¹ mu⁵⁵ tə³¹-phai³¹　mɑ⁵⁵-qɑu⁵⁵.
村寨　　 一－个　　就是　　人　向上－派　否定－能:亲见
整个寨子的人都不够派。

(35) ɑ³¹ tshuɑ⁵⁵ mu⁵⁵-ge³¹　　ɕi³¹ thuɑ⁵⁵ die³¹-tshue³⁵-ŋɑ³¹
一寨　 人－语尾助词　柴垛　离心－丢－状语
ɸiɑ³¹-lo³¹-tə³¹ mɑ³¹ dzə⁵⁵.
向下－来－语尾助词
一个寨子的人向下丢柴垛。

(36) ɕi³¹ thuɑ⁵⁵ ɑ³¹-tɕi⁵⁵-ge⁵⁵-mɑ³¹ dzə⁵⁵　　li³¹ mi⁵⁵ go⁵⁵　ze³¹-tʂha³¹
柴垛　　一－个－位格－话题　　蜡烛　　向里－插
χo³⁵-thə³¹-ʐɑ⁵⁵ ze³¹-tʂha³¹-ge³¹.
香－那－根　向里－插－语尾助词
向柴垛上插蜡烛和香。

(37) quo⁵⁵ tsɑ⁵⁵ ʐgue³¹-khe⁵⁵　tə³¹-lo³¹　ŋɑ³¹ tə³¹ ŋɑ³¹ tʂha⁵⁵ zə³¹ piɑ³¹-sə³¹
汶川　　士兵－复　　向上－来连词　　灶房沟－由格

ʐe³¹-tʂhui⁵⁵tsə³¹.
向里－侦查
汶川的士兵们上来就从灶房沟向里侦查。

(38) ɑ³¹pe⁵⁵ɑ³¹pe⁵⁵, thə³¹la⁵⁵tɕhan³⁵ ʑgue³¹jɑ³⁵khe⁵⁵dʐu⁵⁵, pu³¹tui⁵⁵
阿呗阿呗　　他们　羌兵　　　非常　多　　部队
jɑ³⁵khe⁵⁵　dʐu⁵⁵.
非常　　　多
（汶川的士兵们说）阿呗，他们的羌兵非常多，部队非常多。

(39) qa⁵⁵la⁵⁵tə³¹-ke³¹-ɕi³¹　　　dʐə⁵⁵, qa⁵⁵la⁵⁵-to⁵⁵
我们　向上－走－实然:1复 连词　我们－非施事
ʐe³¹-ɕy⁵⁵-mɑ³¹.
向里－包围－将行
我们上去后，（他们会）包围我们。

(40) ʂqe³¹n̩u³⁵-sə³¹tɕəu⁵⁵ʂə³¹ge³¹po³¹ʁo³¹tsu³¹-sə³¹ʐe³¹-tʂhui⁵⁵tsə³¹.
茂县－施事　就是呢　　柏窝竹－由格　向里－侦查
茂县就从柏窝竹向里侦查。

(41) tʂhə⁵⁵ge³¹piɑ³¹-sə³¹sə⁵⁵tə³¹n̩ɑ³¹.
车阁壩－由格　看 连词
从车阁壩看。

(42) tə³¹-sə⁵⁵　dzə⁵⁵, ɕi³¹thuɑ⁵⁵thə³¹ge³¹-ge⁵⁵　ɑ³¹tɕi⁵⁵nə³¹mo³¹go³¹
向上－看 连词　柴垛　　那里－位格 全部　都　灯
tə³¹-ɕyɑ⁵⁵　n̩ɑ³¹, təŋ⁵⁵loŋ³⁵xou⁵⁵pɑ³¹tə³¹-dzyɑ³¹-pu⁵⁵-je³¹.
向上－亮 连词　灯笼　火把　向上－点燃－做－语尾助词
看后，柴垛那里都亮着灯，点了灯笼和火把。

(43) thə³¹-sə³¹tɕəu⁵⁵ʂə³¹sə³¹-lo³¹　　mɑ⁵⁵-ɕo⁵⁵-pu⁵⁵-ge³¹.
他－施事就是　　向外－来　否定－敢－做－语尾助词
他就不敢来。

(44) tsə³¹-to⁵⁵　ʂou⁵⁵-thɑ³¹-n̩ɑ³¹　ji⁵⁵-liɑŋ⁵¹-ko⁵⁵jye³⁵pu⁵⁵ʐə³¹tɕəu⁵⁵ʂə³¹ge³¹.
这－位格 守－汉借－状语　一－两－个月　时间　就是呢
守这里守了一两个月时间。

(45) mu³¹ khe⁵⁵-thi³¹ die³¹-zə³¹ ba³¹ ŋa³¹, ni³¹-zə³¹-khe⁵⁵-thi³¹
人们 – 定指 离心 – 累 连词 两 – 方 – 复 – 定指
ma⁵⁵-kua⁵⁵-lo³¹ ŋa³¹, ma⁵⁵-lo³¹-pu³¹
否定 – 管 – 来 连词 否定 – 来 – 做
ma⁵⁵-qə³¹ tie³¹-lo³¹-pu³¹-dzə⁵⁵.
否定 – 打 – 来 – 做 – 语尾助词
人们都累了，双方不管了，也不来了，也没打过来。

(46) a³¹ tɕi⁵⁵ tɕe³¹ po⁵⁵ mə³¹ zi³¹ tua⁵⁵-ŋa³¹ mə³¹ zi³¹ tua⁵⁵-ŋa³¹
大家 街波 打瞌睡 – 状语 打瞌睡 – 状语
ŋa³¹ tə³¹ ŋa³¹ tɕəu⁵⁵ sə³¹ ge³¹.
连词 就是呢
大家在街波这个地方打瞌睡。

(47) meɹ³¹ zə¹⁵⁵ tə³¹-sa⁵⁵-pe³¹ dzə⁵⁵, a³¹ tɕi⁵⁵ sə³¹-tɕha³¹-ŋa³¹
晚上 向上 – 知道 – 变 连词 大家 向上 – 攻 – 状语
tə³¹-lo³¹-dzə⁵⁵.
向里 – 来 – 语尾助词
晚上，(他们) 晓得后，大家攻了上来。

(48) waŋ³⁵ tɕhan⁵⁵ tsoŋ⁵⁵-to³¹ sə³¹-tɕo⁵⁵ ŋa³¹ fia³¹-dzya⁵⁵.
王千总 – 非施事 向外 – 杀 和 向下 – 放
杀了王千总并留了下来。

(48) thə³¹ ɭa⁵⁵ zgu³¹ bəi⁵⁵ mu⁵⁵-to³¹ a³¹ tɕi³¹ sə³¹-tɕo⁵⁵.
他们 九族 人 – 非施事 全部 向外 – 杀
杀了他九族的所有人。

(49) tɕhan⁵⁵ tsoŋ⁵⁵ mu³¹-je³¹ thə³¹-khe⁵⁵ a³¹ tɕi³¹, tɕi³¹-je³¹
羌族 人 – 语尾助词 那 – 复 全部 男人 – 语尾助词
thə³¹-khe⁵⁵ a³¹ tɕi³¹, zgue³¹-je³¹ thə³¹-khe⁵⁵ a³¹ tɕi³¹
那 – 复 全部 兵 – 语尾助词 那 – 复 全部
a³¹ tɕi⁵⁵-to³¹ ʁəɹ³¹-sə³¹ sə³¹-tɕo⁵⁵.
大家 – 非施事 汉族 – 施事 向外 – 杀
羌族的那些人，那些男人，那些兵全部被汉人杀了。

（50）sə³¹-qə³¹tie³¹　ɦɑ³¹-dʑya⁵⁵　dʐə⁵⁵,　tɕəu⁵⁵ʂə³¹ge³¹　ȵi⁵⁵ji⁵⁵-ma⁵⁵
　　　离心－打　　向下－放　　　连词　　就是呢　　　怎么－要
　　　nə³¹?　sə³¹-qə³¹tie³¹　dʐə⁵⁵,　tɕəu⁵⁵ʂə³¹thə³¹la⁵⁵-ge⁵⁵　ki⁵⁵ji⁵⁵
　　　疑问　向外－打　　　连词　　就是　　他们－语尾助词　这样
　　　die³¹-ɕɑ³¹-su⁵⁵-pu³¹　tɕəu⁵⁵　pu⁵⁵-ge³¹.
　　　离心－死－做　　　　　就　　　做－语尾助词
　　　打死并丢弃后，就是要怎么做呢？他们死后，他们就这样死了。

（51）ɕi³¹ɕi⁵⁵　ɕy³¹-lo³¹　dʐə⁵⁵,　nə³¹　tɕəu⁵⁵ʂə³¹ge³¹　tɕəu⁵⁵
　　　钱　　　收－来　　连词　　都　　就是呢　　　　就
　　　die³¹-tɕhe³¹-pe³¹-dʐə⁵⁵.
　　　离心－交－变－语尾助词
　　　来收钱，就要交了。

（52）mu⁵⁵luo⁵⁵pu⁵¹tʂai³⁵　ʐda⁵⁵thə³¹　ku⁵⁵-mu⁵⁵ŋuə⁵⁵.
　　　名字　萝卜寨　　　由来－话题　系词
　　　萝卜寨名字的由来是：

（53）χo⁵⁵li³¹ma³¹　waŋ³⁵tɕhan⁵⁵tsoŋ⁵⁵　ȵa³¹　waŋ³⁵tɕhan⁵⁵tsoŋ⁵⁵　ʐgue³¹
　　　好像　　　　王千总　　　　　　　和　　　王千总　　　　　　兵
　　　sə³¹-qə³¹tie³¹　luo³⁵bo⁵⁵　tshua⁵⁵-ɕi³¹-dʐə⁵⁵
　　　向外－打　　　萝卜　　　砍－实然:1复－语尾助词
　　　die³¹-tshua⁵⁵-ɕi³¹-dʐə⁵⁵.
　　　离心－砍－实然:1复－语尾助词
　　　王千总和王千总的士兵好像我们砍萝卜一样（被人）打死了。

（54）tɕəu⁵⁵ʂə³¹　luo⁵⁵pu⁵¹tʂai³⁵-ge⁵⁵　tɕəu⁵⁵　ʁua⁵⁵-ge⁵⁵
　　　就是　　　萝卜寨－位格　　　　就　　　叫－语尾助词
　　　tɕəu⁵⁵　pu⁵⁵-ge³¹.
　　　就　　　做－语尾助词
　　　就是（这样）叫做萝卜寨。

（55）qɑ³¹la⁵⁵　ʁua³¹tsə³¹qe⁵⁵mu⁵⁵khe⁵⁵　tɕəu⁵⁵ʂə³¹ge³¹
　　　我们　　萝卜寨　　　　　　　　　人们　　就是呢
　　　waŋ³⁵tɕhan⁵⁵tsoŋ⁵⁵ʁə¹³¹-thi³¹-to⁵⁵　sə³¹-qə³¹tie³¹pəi⁵⁵ɕi³¹.

　　　　王千总　　　　　汉族-定指-非施事　向外-打　现在
　　　　现在我们萝卜寨的人们就是攻打汉族的王千总（的后代）。

（56）ta^{55}waŋ^{35} thə^{31}-tɕi^{55} bzɑ^{55}-ge^{31}, tu^{31} bzɑ^{31} bzɑ^{55}-ge^{31}-dzə^{55}.
　　　　大王　　那-个　大-名物化哥哥　大-名物化-语尾助词
　　　　tu^{31} bzɑ^{31} bzɑ^{55}-ge^{31}, χo^{31}li^{31}-mu^{55}　mɑ^{55}-ʑi^{31}-pe^{31}-ge^{31}.
　　　　哥哥　大-名物化活-名物化　否定-有-变成-语尾助词
　　　　大王就是那个大的，大哥哥，成了死人。

（57）mu^{55} tsə^{31}-ko^{55} mu^{55}-thi^{31}-nə^{31}　　　　tɕe^{31}　thə^{31}-khe^{55}-to^{55}
　　　　人　这-家　人-定指-语尾助词　女人　那-复-非施事
　　　　ɑ^{31} tɕi^{55}　tɕe^{31}-khe^{55}.
　　　　全部　女人-复
　　　　这家人呢，（活着的）那些全部都是女人。

（58）tɕe^{31}-khe^{55}　tʂhu^{55}ɕi^{31}　mo^{35}-pe^{31}　dzə^{55}, tɕi^{31} mia^{31} ʑe^{31}-tʂəi^{55}
　　　　女人-复　出息　　没有-变　连词　女婿　向心-招
　　　　ɲɑ^{31} tə^{31}ɲɑ^{31}.
　　　　连词
　　　　女人们变得没有出息，都招了上门女婿。

（59）pəi^{55}ɕi^{55}-mi^{31}　waŋ^{35} tɕɑ^{55}　tɕi^{31}　ta^{55} waŋ^{35}　ɑ^{31} tɕi^{55}
　　　　现在-名物化王家　　男人　大王　　全部
　　　　jo^{31}-lɑ^{55}-je^{31}.
　　　　自己-复-语尾助词
　　　　现在王家的人（大王的后代）都是个体（即不是一家人）。

（60）tshə^{31} pia^{31}-sə^{31} die^{31}-tshui^{35}-ge^{55}　　mi^{55}-ŋuə^{55}　　je^{31}.
　　　　肉体-由格　离心-掉-名物化　否定-系词　语气
　　　　不是从（王家）肉体上掉下来的骨肉（不是王家的骨肉）。

（61）ɑ^{31} tɕi^{55}　tɕi^{31} mia^{31}　lə^{55}　pe^{31}-ge^{31}.
　　　　全部　女婿　　根　变成-语尾助词
　　　　全部成了女婿的后代。

（62）qɑ^{31} lɑ^{55} ʁuɑ^{31} tsə^{31}li^{31} pia^{55}-ge^{55} ʁuɑ^{31} tsə^{31} qe^{55} ʐdɑ^{55}-mu^{55}
　　　　我们　瓦兹　地方-位格萝卜寨　说-话题
　　　　tɕəu^{55}ʂə^{31} ge^{31} thi^{31}-sə^{31}　lo^{31}　ʑiu^{55}-sə^{31}.

就是呢　　那－由格　来　系词－听说

我们瓦兹这个地方称为萝卜寨，听说就是从那来的。

讲述人：王 MJ 录制时间：2015 年

二　莲花寺的来历

（1）qe'¹³¹ zˌə³¹ ɕi⁵⁵ ɕi⁵⁵, qa⁵⁵ la⁵⁵ ʁua³¹ tsə³¹ qe⁵⁵ tʂu⁵⁵ ma⁵⁵ -lie³¹
　　从前　　　　　我们　萝卜寨　　水　否定－有
　　ȵa³¹ tə³¹ ȵa³¹　　tʂu⁵⁵ tɕhue³⁵ -tha³¹ -ge³¹　　tɕi⁵⁵ sə³¹.
　　连词　　　　　水　缺－汉借－语尾助词　这样
　　从前，我们萝卜寨没有水，缺水。

（2）a⁵⁵ ɕi⁵⁵ ma⁵⁵ qa⁵⁵ tɕu³¹ ku³¹ ba⁵⁵ -khe⁵⁵ -thi³¹ -je³¹　　loŋ⁵⁵ waŋ³⁵ mi³¹
　　经常　　　　　老头子－复－定指－语尾助词 龙王庙
　　tə³¹ -lo³¹　ȵa³¹　　ʁu³¹ pia⁵⁵ -thi³¹ qə³¹ ti⁵⁵ ɕa⁵⁵ ɦa³¹ -to³¹ dzˌə⁵⁵
　　向上－来 连词　　石头－定指 上面　　向下－坐
　　tə³¹ ma³¹ dzˌə⁵⁵.
　　连词
　　那些老头子们经常来到龙王庙，并坐在石头上面。

（3）tʂu⁵⁵ -thi³¹ -to³¹　　　a³¹ -sə³¹　　　tə³¹ -tɕhi⁵⁵ ɕo⁵⁵?
　　水－定指－非施事 哪儿－由格　向上－引
　　从哪儿引水？

（4）tʂu⁵⁵ ȵi⁵⁵ ji⁵⁵ ze³¹ -me⁵⁵ lia⁵⁵ tɕhi⁵⁵ ɕo⁵⁵?
　　水　怎么　向心－寻找 引
　　水怎么找，怎么引？

（5）tɕəu⁵⁵ dzˌə⁵⁵ -to³¹　　　ʂaŋ⁵⁵ liaŋ³¹ -ȵa³¹ ze⁵⁵ -dzˌə⁵⁵.
　　就　事情－非施事　商量－状语　在－语尾助词
　　就在商量事情。

（6）a⁵⁵ ɕye³¹ -pe³¹ dzˌə⁵⁵, ʁu³¹ pia⁵⁵ -thi³¹ -sə³¹　　tɕəu⁵⁵
　　一段－变　连词　石头－定指－由格 就
　　a⁵⁵ ɕi⁵⁵ tsə³¹ tsə³¹ zˌo³¹ phzˌe⁵⁵　　a³¹ -tɕe⁵⁵　　sə³¹ -lo³¹.

　　　　一下子　　　白马　　　一 – 匹　　向外 – 来
　　　一段（时间）后，从那石头上就一下子出来一匹白马。

(7) ʐo³¹ phẓe⁵⁵-thi³¹ sə³¹-lo³¹　　dʐə⁵⁵, a³¹pe⁵⁵,
　　白马 – 定指　　向外 – 来　连词　阿呗
　　a⁵⁵-sə³¹　　ki⁵⁵ji⁵⁵? nia³¹pu⁵⁵die³¹-χua⁵⁵-tha³¹　 ȵa³¹,
　　哪儿 – 由格　如此　眼睛　离心 – 花 – 汉借 连词
　　ʐo³¹ phẓe⁵⁵tsə³¹-tɕe³¹sə³¹-lo³¹　　ʁu³¹pia⁵⁵ku³¹ʐə³¹?
　　白马　　这 – 匹　　向外 – 来　　石头　　里面
　　那匹白马出来后，阿呗，从哪儿（出来的）？眼睛花了吗？这匹白马
　　从石头里面出来了？

(8) tɕu³¹ku³¹ba⁵⁵-nə³¹　　tʂhi³¹-ȵa³¹　sə³¹-kei³¹.
　　老头子 – 语尾助词　　追 – 状语　向外 – 走: 实然: 3
　　老头子们追了出来。

(9) tʂhi³¹-ȵa³¹　sə³¹-ke³¹　dʐə⁵⁵, tʂu⁵⁵ko⁵⁵to³¹sə³¹-ke³¹　dʐə⁵⁵,
　　追 – 状语　向外 – 走 连词　取水处　　向外 – 走 连词
　　tau⁵⁵kou⁵⁵tʂhə³¹a³¹-pau⁵⁵ge⁵⁵-sə³¹　a³¹tɕe⁵⁵　kou⁵⁵　 ki⁵⁵ji⁵⁵
　　倒钩刺儿　　一 – 丛 – 施事　　　全部　　钩　　这么
　　ʐe³¹- ʂui⁵⁵-dʐə⁵⁵.
　　向里 – 钻 – 语尾助词
　　追出来后，（马）走到取水处，被倒钩刺儿钩到，就这么钻进去了。

(10) ʐo³¹-thi³¹　tɕəu⁵⁵　ge³¹　ma⁵⁵-ʐi⁵⁵-pu³¹.
　　 马 – 定指　就　　连词 否定 – 在 – 做
　　 那马就消失了。

(11) ma⁵⁵-ʐi⁵⁵-pu³¹　dʐə⁵⁵, tɕu³¹ku³¹ba⁵⁵-thə³¹-khe⁵⁵-nə³¹　a³¹tɕi⁵⁵
　　 否定 – 在 – 做 连词　老头子 – 那 – 复 – 语尾助词　全部
　　 ȵi⁵⁵ji⁵⁵　 pu⁵⁵　tɕəu⁵⁵?
　　 什么　　做　　就
　　 消失后，那些老头子们都做什么呢？

(12) tɕəu⁵⁵tɕiŋ³¹ʐo³¹-thi³¹　sə³¹-lo³¹　ȵa³¹ ma⁵⁵-ʐiu⁵⁵　　 nə³¹?
　　 究竟　　马 – 定指 向外 – 来 和　否定 – 在: 亲见　疑问
　　 究竟那马怎么出来后就消失了呢？

（13）tshə⁵⁵-to³¹　　　a³¹ɕi⁵⁵die³¹-ʂa⁵⁵　ŋa³¹,　die³¹-ʂa⁵⁵
　　　 刺儿－非施事　　一下　离心－扒　连词　离心－扒
　　　 tə³¹-sə³¹-dʐə⁵⁵,　　zu³¹tɕi⁵⁵ɕa⁵⁵tʂu pia³¹-ji⁵⁵　ŋue⁵⁵-ge³¹.
　　　 向上－看－语尾助词　地　下面　潮湿－实然:3　系词－语尾助词
　　　 扒了一下刺儿，扒开看到地下是潮湿的。
（14）ʐo³¹-ma³¹　　　ma⁵⁵-ʑi⁵⁵-pu³¹-je³¹　　ŋue⁵⁵　dʐə⁵⁵,
　　　 马－语尾助词　　否定－在－做－名物化　系词　连词
　　　 nia³¹pu⁵⁵-thi³¹χua⁵⁵-tha³¹-ɕi³¹　　　ma³¹?　a⁵⁵sə³¹　ki⁵⁵ji⁵⁵
　　　 眼睛－定指花－汉借－实然:1复　疑问　　怎么　　这样
　　　 pe⁵⁵　nə³¹?
　　　 变　　疑问
　　　 马嘛，是消失了，我们眼睛是花了吗？怎么成这样的？
（15）tɕou⁵⁵ʂə³¹ge³¹ a⁵⁵tua⁵⁵tə³¹-ʐda⁵⁵-je³¹　　dʐə⁵⁵,　tɕou⁵⁵ʂə³¹ge³¹
　　　 就是呢　　一会儿向上－吼－语尾助词　连词　　就是呢
　　　 jo⁵⁵-la³¹-ge³¹　　a³¹tɕi⁵⁵　ʐe⁵⁵-kə³¹　ŋa³¹tə³¹ŋa³¹.
　　　 自己－复－反身全部　　向里－走　连词
　　　 就是呢，（老头子们）吼了一会儿，就是呢，他们自己都走了过去。
（16）loŋ⁵⁵waŋ³⁵mi³¹ʐe³¹-lo³¹,　loŋ⁵⁵waŋ³⁵mi³¹ʐe³¹-lo³¹　 dʐə³¹,
　　　 龙王庙　　　向里－来龙王庙　　向里－来　连词
　　　 ai³⁵jou⁵⁵,　pəi³¹ɕi⁵⁵mu³¹ɲi⁵⁵-nə³¹　 fia³¹-da³¹-ma³¹　　dʐə³¹,
　　　 哎呦　　现在　太阳－语尾助词　向下－落－将行　连词
　　　 fia³¹-da³¹-tɕhe⁵⁵　pu⁵⁵-ji³¹-dʐə³¹.
　　　 向下－落－将行 做－实然:3－语尾助词
　　　 来到了龙王庙，来到龙王庙后，哎呦，现在太阳将要落下去了，要落下去了。
（17）a³¹tɕi⁵⁵　dʐu³¹ku⁵⁵　fia³¹-ke³¹-pu³¹-ɕi³¹.
　　　 全部　　家里　　　向下－走－做－实然:1复
　　　 全部都向下走回家。
（18）dʐu³¹ku⁵⁵　fia³¹-ke³¹　dʐə³¹,　tɕou⁵⁵ʂə³¹nə³¹,　mu³¹tʂhu⁵⁵ɕi³¹
　　　 家里　　　向下－走　连词　　就是呢　　　　第二天
　　　 tɕye³¹ŋa⁵⁵tʂha⁵⁵-to³¹　　fia³¹-die³¹　dʐə³¹,　tɕu³¹ku⁵⁵ba⁵⁵-khe⁵⁵

早晨　　早饭－非施事　　向下－吃　连词　老头子－复
ɑ³¹tɕi⁵⁵　　tə³¹-lo³¹　　mɑ³¹dẓə³¹.
全部　　向上－来　连词
走回家里后，就是呢，第二天早晨吃了早饭后，老头子们全部都上来了。

(19) χe⁵⁵ ʂə³¹　tʂu⁵⁵dẓə⁵⁵-thi³¹-to⁵⁵　　ʂɑŋ⁵⁵liaŋ³¹-ŋɑ³¹　ɑ⁵⁵
　　 还是　水　事情－那－非施事　商量－状语　　哪儿
me⁵⁵liɑ⁵⁵-mɑ³¹-ɕiu³¹?
寻找－将行－实然:1复:亲见
还是商量水那件事情，要到哪里寻找水呢?

(20) dẓə⁵⁵-to³¹　　ʂɑŋ⁵⁵liaŋ³¹-ge³¹　tɕəu⁵⁵　ʂə³¹nə³¹ɑ³¹-tsə³¹-sə³¹
　　 事情－非施事　商量－名物化　　就是呢　　一－个－施事
tɕəu⁵⁵　ʂə³¹　tə³¹-ẓdɑ⁵⁵-je³¹.
就是　　　　向上－说－语尾助词
商量事情就是呢，某人就说。

(21) χe³⁵, qɑ³¹nə⁵⁵me¹³¹ẓə¹⁵⁵mo³¹ ẓe³¹-pu⁵⁵-sɑ³¹.
　　 嗨　　我　也　昨晚　　梦　向里－做－实然:1单
嗨，我昨晚也做梦了。

(22) ȵi³¹　mo³¹ ẓe³¹-pu³¹-sɑ³¹　　　ne³¹? jo³¹-mɑ³¹dẓə⁵⁵
　　 什么 梦　向里－做－实然:2单　疑问　自己－话题
pai³¹mɑ⁵⁵tɕɑŋ³⁵tɕun⁵⁵　ẓe³¹-ʁuɑ⁵⁵　tɕəu³¹　ŋuɑ⁵⁵.
白马将军　　　　　　　向里－叫　　就　　　系词
你做了什么梦呢？自己就叫白马将军。

(23) ẓo⁵⁵phẓe³¹-thi³¹-mɑ³¹dẓə⁵⁵　tsɑ³¹qɑ³¹-ge³¹　ɑ³¹ʂtu⁵⁵-pu⁵⁵dẓu⁵⁵
　　 白马－定指－话题　　　　　　这里－位格　　　一千－年　多
ɕiu³⁵tau⁵⁵-pu³¹-ŋɑ³¹　ẓe⁵⁵-pu³¹-sɑ³¹.
修道－做－状语　　　　向里－做－实然:1单
那白马呢，在这里修道修了一千多年了。

(24) qɑ⁵⁵lɑ⁵⁵fan⁵¹min⁵⁵ɕiaŋ³⁵χuo³¹mi⁵⁵-tɕi³¹-je³¹
　　 我们　凡民　　香火　　　否定－得到－名物化
ŋuɑ⁵⁵.　　　　　　jo⁵⁵-to⁵⁵　　　χo³⁵die³¹-ẓyɑ⁵⁵mɑ⁵⁵-ẓiu³⁵.

系词－非实然:1单　自己－非施事　香　离心－烧　否定－有:亲见
是没得到我们凡民的香火，没有为自己烧香。

(25) jo⁵⁵-to⁵⁵　　　　kon⁵⁵ ko³⁵ koŋ⁵⁵-tha³¹　mi³¹-ʁua⁵⁵　ʑiu³⁵.
自己－非施事　贡品　　贡－汉借　　否定－给　系词
thi³¹-sə³¹-ma³¹ dzə⁵⁵　ʐe³¹-lo³¹-ma³¹ dzə⁵⁵　tʂəŋ³⁵ ko³⁵-je³¹
那－由格－话题　　向里－来－话题　　正果－语尾助词
mi³¹-pe³⁵.
否定－变
没有给自己贡贡品，因此我没有修成正果。

(26) nə³¹ la⁵⁵-to³¹　ɦia³¹-tɕo⁵⁵-sa³¹　　　dzə⁵⁵, nə³¹ la⁵⁵
你们－非施事　向下－看见－实然:1单　连词　你们
ʁua³¹ tsə³¹ qe⁵⁵ mu⁵⁵-tsə³¹ khe⁵⁵-ma³¹　ɕi³¹ mi⁵⁵　ʐa⁵⁵-ɕiu⁵⁵.
萝卜寨　　人－这些－语尾助词 心　　好－实然:1复:亲见
看见你们后，你们萝卜寨这些人呢，心好。

(27) qa⁵⁵-ma³¹　　　nə³¹ la⁵⁵ tʂu⁵⁵-je³¹　tə³¹-me⁵⁵ lia⁵⁵-sa³¹.
我－语尾助词　你们　水－语尾助词　向上－寻找－实然:1单
nə⁵⁵ ɕi⁵⁵　sə³¹-ke³¹-ge³¹　　　die³¹-ke³¹.
昨天　向外－走－语尾助词　离心－走
我嘛，为你们寻找到水了，昨天走来走去。

(28) nə³¹ la⁵⁵-ma³¹　thi³¹-to⁵⁵　　sə³¹-tho³⁵ thi³⁵　dzə⁵⁵,
你们－语尾助词那－非施事　向外－掏　　连词
thi³¹-ge³¹-ma⁵⁵　　　tʂu⁵⁵ lie³¹,　tʂu⁵⁵-to⁵⁵
那－位格－语尾助词　水　有　　水－非施事
sə³¹-tʂho³⁵ thi³⁵-nə³¹　ma³¹ dzə⁵⁵.
向外－掏－语尾助词　连词
你们向外掏那个，那里有水，向外掏水。

(29) qa³¹-ma³¹ dzə⁵⁵　ʁu³¹ pia⁵⁵-thi³¹-ge³¹-ma³¹ dzə⁵⁵　ɕi⁵⁵ tɕi⁵⁵
我－话题　　石头－定指－位格－话题　　庙子
ʐe³¹-tʂhu⁵⁵ li³⁵.
向里－修
在那石头上为我修个庙子。

附录一 长篇语料 / 229

（30） tha³¹ dz̩ə⁵⁵ jo³¹-ma³¹ dz̩ə⁵⁵   a⁵⁵ tshua⁵⁵ qə⁵⁵ mu⁵⁵ a³¹ tɕi⁵⁵   χo³⁵ tsu⁵⁵
     过后   自己–话题   一村寨   人   全部   香
     lo³¹-tɕhe³¹-je³¹.
     来–将行–语尾助词
     以后，全村人都要来为我烧香。

（31） ai³¹, ki⁵⁵ ji⁵⁵   χo⁵⁵ ʂə³⁵-je³¹   ŋuə⁵⁵   nə³¹.   qa³¹ nə³¹ mo³¹
     哎   如此   合适–名物化   系词   语气   我 也   梦
     pu⁵⁵-sa³¹   n̩a³¹. qa³¹ nə³¹ ɦia³¹-pu⁵⁵-sa³¹   n̩a³¹ dz̩ə⁵⁵.
     做–实然:1 单   语气   我 也   向下–做–实然:1 单   连词
     哎，是如此合适，我也做梦了，我也做了。

（32） a³¹ tɕi⁵⁵-khe³¹   mo³¹-pu⁵⁵-ge³¹   ŋuə³¹.   a³¹ ge⁵⁵ χo⁵⁵   ʂə³⁵ tɕəu³¹?
     全部–复   梦–做–名物化   系词   怎么   合适   就
     大家是都做了梦，就怎么合适呢？

（33） a³¹, tɕua³¹   die-me⁵⁵ lia⁵⁵-tɕhe³¹   dz̩ə³¹,
     啊   锄头   离心–寻找–将行   连词
     tɕua³¹   die-me⁵⁵ lia⁵⁵   ʐe³¹-lo⁵⁵   dz̩ə³¹.
     锄头   离心–寻找   向里–来   连词
     啊，要找锄头，找来锄头后。

（34） tʂu⁵⁵ qo⁵⁵-to³¹   sə³¹-ke³¹   da³¹-n̩a³¹   tɕua³¹-sə³¹   ki⁵⁵ ji⁵⁵
     水井–非施事 向外–去 带–状语   锄头–工具   这么
     tshua⁵⁵ tie⁵⁵   thə³¹-sə³¹-dz̩ə⁵⁵.
     挖   那–由格–语尾助词
     带着锄头去用锄头挖井。

（35） tʂu⁵⁵-thi³¹   tɕəu⁵⁵   ʐə³¹-tɕhin⁵⁵-tha³¹   ʐə³¹-lo³¹-pu³¹-ge³¹.
     水–定指   就   向心–浸–汉借   向心–来–做–语尾助词
     tʂu⁵⁵ qo⁵⁵   a³¹-z̩gu⁵⁵   sə³¹-lo³¹.
     水井   一–个   向外–来
     那水就浸出来了，就变成了一个水井。

（36） a³¹ pe⁵⁵ tsə³¹-z̩gu³¹-mi⁵⁵   ʂə⁵⁵, die³¹-tye⁵⁵   ʁua⁵⁵ dz̩ə⁵⁵.
     阿呗 这–个–名物化   是   离心–对   连词
     tan³¹ ta⁵⁵-thi³¹   die³¹-phe³¹ ɕe³¹-dz̩ə⁵⁵   ma³¹ dz̩ə⁵⁵.

水坑 - 定指　离心 - 刨 - 语尾助词　连词
阿呗，是这个，对的，刨了个水坑。

(37) ʂə⁵⁵ pan³¹-sə³¹　　tə³¹-kou⁵⁵-tha³¹　　tə³¹-lo³¹-je³¹
　　 石板 - 工具　　向上 - 扣 - 汉借　　向上 - 来 - 语尾助词
　　 ge³¹ ȵ̩a³¹ khzॢa³¹　die³¹-ɕa³¹-ȵ̩a³¹　　pu³¹-dzॢə³¹.
　　 那样　石头墙　　离心 - 砌 - 状语　做 - 语尾助词
　　 在上面用石板扣上，并且砌了石头墙。

(38) a⁵⁵ tshua⁵⁵ qə⁵⁵ mu⁵⁵ thə³¹-ge³¹　tʂu⁵⁵ zau⁵⁵.
　　 全村寨　　人　那 - 位格　　水　舀
　　 全村人都在那里舀水。

(39) mu⁵⁵ tʂhu⁵⁵, a⁵⁵ tshua⁵⁵ qə⁵⁵　a³¹ tɕi⁵⁵　a³¹ pa³¹ ɕi³¹
　　 后来　　　全村寨　　　　全部　　菩萨
　　 ɕan⁵⁵ ʂən⁵⁵-pu³¹ tɕəu⁵⁵　ŋuə⁵⁵-je³¹.
　　 现身 - 做　　　就　系词 - 语尾助词
　　 后来，全村人都（认为）是菩萨现身了。

(40) a³¹ pa³¹ ɕi³¹　fia³¹-lo³¹-pu³¹　tɕəu⁵⁵ ŋuə⁵⁵-je³¹.
　　 菩萨　　　向下 - 来 - 做就　系词 - 语尾助词
　　 thi³¹-ge³¹　ɕi⁵⁵ tɕi⁵⁵ sə³¹-tʂhu⁵⁵-dzॢə⁵⁵.
　　 那 - 位格　庙宇　向外 - 修 - 语尾助词
　　 就是菩萨下凡了。要在那里修庙宇。

(41) ɕi⁵⁵ tɕi⁵⁵ ɕiu⁵⁵ ja³¹, ɕi⁵⁵ tɕi⁵⁵-ɕiu⁵⁵-ma³¹ dzॢə⁵⁵,
　　 庙宇　修　语气 庙宇 - 修 - 话题
　　 zॢo⁵⁵ pian³⁵ tsə⁵⁵-ge³¹　zॢo⁵⁵ a³¹-tɕe³¹ tə³¹- ʂu⁵⁵-tha³¹
　　 马　边子 - 位格　　马　一　匹　向上 - 塑 - 汉借
　　 tə³¹ ma³¹ dzॢə⁵⁵ a³¹ pa³¹ ɕi³¹　tə³¹- ʂu⁵⁵-tha³¹-tə³¹ ma³¹ dzॢə⁵⁵.
　　 连词　　　菩萨　　　向上 - 塑 - 汉借 - 语尾助词
　　 修庙宇，修庙宇呢，马边子上塑一匹马和一个菩萨。

(42) tɕi⁵⁵ tou⁵⁵ tɕəu⁵⁵ pai³¹ ma⁵⁵ sə⁵⁵ ʁua⁵⁵-ge³¹　tɕe³¹ tə³¹ tɕəu⁵⁵ ŋuə⁵⁵.
　　 这样子　就　　白马寺　　叫 - 名物化　这　那就　系词
　　 就这样叫做白马寺。

（43）mu^{55} tʂhu^{55},　　ba^{55} mi^{55}-sə^{31}　phe^{55}-tha^{31}-ge^{31}-mu^{31}
　　　后来　　　　老人－施事　摆－汉借－名物化－话题
　　　soŋ^{31} tʂhau^{55}-ge^{31}　pe^{31}-dzɿ^{55}.
　　　宋朝－位格　　　变－语尾助词
　　　后来，老人们传说，宋朝的时候。

（44）tʂaŋ^{55} wən^{35} loŋ^{55}　a^{31}-tɕe^{31}　sə^{31}-lo^{31}-sə^{31}-dzə^{31}.
　　　张文龙　　　　　一一个　　向外－来－听说－语尾助词
　　　听说来了一个张文龙。

（45）pu^{55} su^{55}　tɕe^{31}-ʂtʂa^{55},　pu^{55} su^{55}　tɕe^{31}-ʂtʂa^{55}-dzə^{55}.
　　　年龄　　　连续－小　　　年龄　　　还－小－语尾助词
　　　年龄还小，年龄还小。

（46）a^{31} pe^{55},　tsə^{31} ji^{55},　qa^{31} la^{55} tʂu^{55} tsə^{31}-lue^{35}-dzə^{55}.
　　　阿呗　　这样　　我们　水　这－股－语尾助词
　　　阿呗，这样，我们这股水。

（47）tʂu^{31} qu^{31}　tsə^{31}-ʐgu^{55}-sə^{31}　a^{31} tshua^{55} mu^{55}
　　　水井　　　这－个－工具　　　一村人
　　　tə^{31}-dʐu^{55}-ɕi^{31}-dzɿ^{55}.
　　　向上－多－实然:1复－语尾助词
　　　用这个水井，全村人变多了。

（48）sə^{31}-tɕhi^{55}　ȵa^{31} tsə^{31}　ȵa^{31} ga^{55}　me^{55} lia^{55}-ma^{31} ȵa^{55}
　　　向外－吃　　还　　　　重新　　　寻找－将行　连词
　　　ȵa^{31} ga^{55}　me^{55} ʐi^{55}-ɕi^{31}.
　　　重新　　　寻找－实然:1复
　　　吃水还要重新寻找（水源）。

（49）tɕe^{31} χə^{55} die^{31}-ke^{31}-ȵa^{31}　me^{55} lia^{55}-ɕi^{31}　　kə^{31} ɕi^{31}
　　　街河　　离心－去－状语　寻找－实然:1复　　如此
　　　pe^{31}-dzɿ^{55}.
　　　变－语尾助词
　　　到街河（地名）去寻找。

（50）pəi^{55} ɕi^{55} tsuo^{55} khu^{31} ji^{31} ʐe^{31}-ke^{31}-ȵa^{31}　ŋue^{31}　tɕəu^{55}.
　　　现在　　左库伊　　　　向里－走－状语　系词　就

现在，就是翻过左库伊（地名）。

(51) tsə³¹-ge³¹　tʂu⁵⁵thə³¹-tɕe³¹　ʂt　ʂa³¹-ge³¹-to³¹　　ŋu⁵⁵tʂu⁵⁵khu³¹
　　　这－位格　　水　那－股　　小－名物化－非施事　伍主库
　　　fɑn⁵⁵pəi³¹ fia³¹-ke³¹-ma⁵⁵　　　tɕəu⁵⁵bəi³¹.
　　　房背　　向下－走－语尾助词　就是
　　　这个地方的伍主库房背那里流出这股小水。

(52) ʂtʂa³¹-ge³¹-to³¹-ma⁵⁵　　　　　tɕəu⁵⁵bei³¹, po³¹qe⁵⁵
　　　小－名物化－非施事－语尾助词　就是　　　波街
　　　thə³¹-tʂu⁵⁵tɕəu⁵⁵ sə³¹-ʐi⁵⁵-je³¹　　ma⁵⁵-qa³¹　ma³¹?
　　　那－水　就　向外－引－名物化　否定－能　疑问
　　　这股小水嘛，波街那水就不能引过来吗？

(53) tʂaŋ⁵⁵wən³⁵loŋ⁵⁵-sə³¹ a³¹tshua⁵⁵qə⁵⁵bia⁵⁵ʐa⁵⁵-khe⁵⁵-to⁵⁵
　　　张文龙－施事　　一寨子　　小伙子－复－非施事
　　　die³¹-ʁua⁵⁵　ma³¹dʐə⁵⁵.
　　　离心－叫　　连词
　　　张文龙叫来全寨的小伙子。

(54) tʂu⁵⁵khu⁵⁵-ge³¹ tʂu⁵⁵-to⁵⁵　　qa³¹ɕa⁵⁵tɕe⁵⁵χe³¹-sə³¹　fia³¹-da⁵⁵
　　　竹库－位格　水－非施事　上面　街河－由格　向下－引
　　　ɕye⁵⁵χo⁵⁵-to³¹-je³¹.
　　　学伙－位格－语尾助词
　　　竹库里的水从上面街河引到学伙。

(55) ɕye⁵⁵χo⁵⁵-to³¹　fia³¹-ke³¹-dʐə⁵⁵.
　　　学伙－位格　向下－走－语尾助词
　　　引到学伙后。

(56) tʂu³¹qu³¹thə³¹-ʐgu⁵⁵tɕəu⁵⁵ʂə³¹　ʂtʂa⁵⁵-ge³¹-dʐə⁵⁵.　　tɕəu⁵⁵ʂə³¹ge⁵⁵,
　　　水井　那－个　　就是　　小－名物化－语尾助词　就是呢
　　　a³¹tshua⁵⁵qə⁵⁵mu⁵⁵-to⁵⁵　die³¹-dʐə⁵⁵tsa³¹ma³¹dʐə⁵⁵.
　　　一寨子　　　人－非施事　离心－惊动　连词
　　　那个水井就是小，就是呢，惊动了全寨子的人。

(57) ʁu³¹pia⁵⁵a³¹khe³¹ʐə³¹- ʂqa⁵⁵-ɳa³¹　fia³¹-dʐya⁵⁵.
　　　石头　一些　向心－搬－状语　向下－放

搬来一些石头并放下。

(58) sə³¹-ku³¹-ŋɑ³¹　　sə³¹-lo³¹　　tə³¹ma⁵⁵ dzʅə⁵⁵.
　　 向外－建－状语　向外－来　连词
　　 建起来以后

(59) ɑ³¹pe⁵⁵ ɕe³¹-dzʅɑ⁵⁵ niɑ³¹ jɑ³¹.
　　 阿呗　三－丈　深　语气
　　 阿呗，有三丈深。

(60) thi³¹ sə³¹-ku³¹-ŋɑ³¹　　sə³¹-lo³¹　ŋɑ³¹.
　　 那　向外－建－状语　向外－来 语气
　　 那建起来了。

(61) ʁue³¹ lə³¹ tʂu⁵⁵-to⁵⁵　　ʐe³¹-tɕhun⁵⁵ ma³¹ dzʅə⁵⁵,
　　 夏天　水－非施事　向里－存　连词
　　 su³¹ qə⁵⁵ ge⁵⁵ tɕi³¹　tɕhi³¹-dzʅə³¹　ŋuə⁵⁵.
　　 冬天　那样　吃－语尾助词　系词
　　 夏天存水，冬天吃。

(62) mu⁵⁵ tʂhu⁵⁵, tʂu⁵⁵　tɕe³¹-me⁵⁵ liɑ⁵⁵-ma³¹-dzʅə⁵⁵.
　　 以后　　水　连续－寻找－将行－语尾助词
　　 以后还得再找水。

(63) tʂaŋ⁵⁵ wən³⁵ loŋ⁵⁵　tɕəu⁵⁵　pu⁵⁵　ʂu⁵⁵ tɕe³¹-ʂtʂ⁵⁵　dzʅə⁵⁵,
　　 张文龙　　就　年龄　连续－小　连词
　　 tə³¹-tʂəŋ⁵⁵-tha³¹-ŋɑ³¹-dzʅə⁵⁵　　　　ŋɑ³¹.
　　 向上－整－汉借－状语－语尾助词　连词
　　 张文龙年龄还小，就被整到了。

(64) mu⁵⁵ tɕe³¹ die³¹-pa⁵⁵-ŋɑ³¹　die³¹-ɕɑ³¹ su⁵⁵.
　　 人　就　离心－累－状语　离心－死
　　 人就累死了。

(65) die³¹-ɕɑ³¹　dzʅə⁵⁵ ɑ³¹ tshuɑ⁵⁵ qə⁵⁵ mu⁵⁵ ʂaŋ⁵⁵ liaŋ³¹.
　　 离心－死　连词 一村寨　　人　商量
　　 死后，全村人商量。

(66) tɕu³¹ ku³¹ ba⁵⁵ tɕəu⁵⁵, ai³⁵, mu⁵⁵ thi³¹-mi⁵⁵　qa⁵⁵ la⁵⁵-je³¹
　　 老人　　就　哎　人 定指－名物化 我们－语尾助词

χai³¹ ṣə⁵⁵ koŋ⁵⁵ luo³¹ ŋuə⁵⁵ je³¹.
还是 功劳 有 语气
老人们就（感叹），哎，那人嘛，对我们还是有功劳的。

(67) thi³¹ khə³¹ ṣə⁵⁵ ɕi⁵⁵tɕi⁵⁵ a³¹-qo³¹ ze⁵⁵-pu³¹ dẓə³¹,
那 可是 庙宇 一－座 向里－做 连词
thə³¹-ge³¹ tə³¹-koŋ³⁵-thɑ³¹-ɕi⁵⁵, ki⁵⁵ji⁵⁵
那－位格 向上－供－汉借－实然:1 复 这样
tə³¹-pu³¹-dẓə⁵⁵.
向上－做－语尾助词
那可是要修一座庙宇，在那里供他，就这样做。

(68) tsə³¹ɕi⁵⁵tɕi⁵⁵ tʂhu⁵⁵-ma³¹-dẓə⁵⁵, a³¹ tʂhu⁵⁵-ma³¹-dẓə⁵⁵
这 庙宇 修－将行－语尾助词 哪里 修－将行－语尾助词
nə³¹?
疑问
这要修庙宇，修在哪里呢？

(69) pai⁵⁵ma⁵⁵sə³¹ thə³¹-ge³¹ sə³¹-tʂhu⁵⁵-ɕi³¹.
白马寺 那－位格 向外－修－实然:1 复
我们修在白马寺那里。

(70) pai⁵⁵ma⁵⁵sə³¹-to⁵⁵fia³¹-da⁵⁵-ma³¹ nə³¹?
白马寺－非施事向下－迁－将行 疑问
把白马寺迁到哪里呢？

(71) khe⁵⁵da³¹ a³¹-tɕe³¹ sə³¹-khe⁵⁵-thɑ³¹ nə³¹.
印版 一－个 向外－刻－汉借 语气
刻一个印版。

(72) khe⁵⁵da³¹-thi³¹-je³¹ ɕi⁵⁵tɕi⁵⁵ ȵa³¹ ẓo³¹-khe³¹-to⁵⁵
印版－定指－位格 庙宇 和 马－复－非施事
sə³¹-khe⁵⁵-thɑ³¹-ɕi³¹ ŋuə³¹-dẓə⁵⁵.
向外－刻－汉借－实然:1 复 系词－语尾助词
我们在印版上刻上庙宇和马。

(73) a³¹tshua⁵⁵qə⁵⁵mu⁵⁵-ge³¹ ʂən³¹khan³¹tsə³¹qa³¹ti⁵⁵ɕa⁵⁵a³¹so³¹
一寨子 人－语尾助词 神龛子 上面 一起

koŋ⁵⁵-tha³¹-ɕi³¹.
供 – 汉借 – 实然: 1 复
全寨子的人在神龛子上一起供它（印版）。

(74) ʂə⁵⁵tɕhi⁵⁵-pu³¹-ge⁵⁵ tɕe³¹ tɕhi⁵⁵-ko⁵⁵-tha³¹-ge⁵⁵ dʐɑ⁵⁵je³¹-pu³¹-ge⁵⁵
结婚 – 做 – 位格 节气 – 过 – 汉借 – 位格 过年 – 做 – 位格
tsə³¹khe⁵⁵ tɕəu⁵⁵-dʐə⁵⁵
这些 就 – 语尾助词
ʂən³⁵mə⁵⁵zə³¹-tʂəi³¹-tha³¹ ȵa³¹ ʐe³¹-dʐə³¹.
什么 向心 – 折 – 汉借 和 向里 – 烧
在结婚、过节、过年的时候就折一些印画烧了。

(75) phʐə⁵⁵ɑ³¹-tɕhe⁵⁵ χɑn⁵⁵ɑ³¹-tɕhe⁵⁵ tə³¹-χue³¹-pu³¹-ge³¹.
白 一 – 张 黄 一 – 张 向上 – 焚 – 做 – 语尾助词
白的一张，黄的一张烧了。

(76) ʂən³¹khɑn⁵⁵tsə³¹-ge³¹-mɑ³¹ ɑ³¹-tɕhe⁵⁵ ɑ³¹-tɕhe⁵⁵
神龛子 – 位格 – 语尾助词 一 – 张 一 – 张
tə³¹-piɑ⁵⁵-mɑ³¹dʐə⁵⁵dʐɑ⁵⁵-pu³¹ we³¹-dʐə⁵⁵.
向上 – 贴 – 话题 过年 – 做 系词 – 语尾助词
神龛子上过年的时候贴一张一张的（印画）。

(77) ɑ³¹tɕi⁵⁵ tə³¹-piɑ⁵⁵-ge³¹ ȵa³¹, thi³¹-to³¹ koŋ⁵⁵-tha³¹ȵa³¹
大家 向上 – 贴 – 名物化 连词 那 – 非施事 供 – 汉借 连词
dʐu³¹ku⁵⁵ koŋ⁵⁵-tha³¹ jɑ³¹.
家里 供 – 汉借 语气
大家贴上供它，在家里供。

(78) loŋ⁵⁵wɑŋ⁵⁵mi³¹-mɑ³¹dʐə⁵⁵ tɕəu⁵⁵ ʂə³¹nə³⁵ ɕi⁵⁵tɕi⁵⁵ ɑ³¹-tɕe⁵⁵
龙王庙 – 话题 就是呢 庙宇 一 – 个
sə³¹-tʂhu⁵⁵-dʐə⁵⁵.
向外 – 修 – 语尾助词
龙王庙就是呢，修的一个庙宇。

(79) loŋ⁵⁵wɑŋ⁵⁵mi³¹tə³¹-tʂəi³¹ dʐə⁵⁵, tɕəu⁵⁵ʂə³¹ge³¹ɑ⁵⁵ɕi⁵⁵-mɑ⁵⁵qɑ⁵⁵
龙王庙 向上 – 取名 连词 就是呢 一天 – 每
tsɑ³¹qɑ³¹χo³¹tə³¹-χue³¹ ȵa³¹ ɦiɑ³¹-lo³¹-dʐə⁵⁵.

　　　　　这里　　香　向上－烧　和　　向下－来－语尾助词
　　　　取名叫龙王庙后，就是呢，每天来这里烧香。

(80) tɕəu⁵⁵ sə³¹ a³¹ ge⁵⁵ a³¹ ge⁵⁵ dʐə⁵⁵ min⁵⁵ kuai³¹ ʂə³⁵ lu⁵⁵ nian⁵⁵ tsə³¹ je³¹.
　　　就是　　一年又一年　　　　民国十六年　　　　　　到　语气
　　　就是过了一年又一年，到了民国十六年。

(81) ji⁵⁵ tɕəu³¹ xau³⁵ to⁵⁵ nian⁵⁵ tsə³¹-ma³¹　die³¹-ʐmə³¹-sau⁵⁵.
　　　一九好多年　　　　　这－语尾助词　离心－忘记－实然: 1 单: 亲见
　　　我忘了这是一九好多年了。

(82) min⁵⁵ kuai³¹ ʂə³⁵ lu⁵⁵ nian⁵⁵, thiŋ³¹ tʂhan⁵⁵ ʂan⁵⁵ χo⁵⁵ phu⁵⁵ sa³¹
　　　民国十六年　　　　　　　青城山　　　　活菩萨
　　　die³¹-tʂəi⁵⁵ ja³¹.
　　　离心－出　语气
　　　民国十六年，青城山出了个活菩萨。

(83) tɕəu⁵⁵ sə³¹ a³¹ pa³¹ ɕi³¹ a³¹-tɕe⁵⁵　sə³¹-lo³¹-dʐə⁵⁵.
　　　就是　　神仙　　一－个　　向外－来－语尾助词
　　　就是来了个神仙。

(84) tsa³¹ qa³¹ sə³¹-lo³¹ ŋa³¹,　thə³¹　nə³¹　tə³¹-dʐye³¹　ŋa³¹
　　　这里　向外－来 连词　　他　　也　　向上－抬　　连词
　　　sə³¹-lo³¹-ŋa³¹　　　tsa³¹.
　　　向外－来－状语　　连词
　　　来到这里，他也是被人抬上来的。

(85) quo⁵⁵ tsa⁵⁵-sə³¹ tʂha⁵⁵ ge³¹-sə³¹ ʁu⁵⁵ tsə³¹ ge⁵⁵-sə³¹ ʁua³¹ tsə³¹ qe⁵⁵-sə³¹
　　　汶川－由格　索桥－由格　小寨子－由格　萝卜寨－由格
　　　ʐe³¹-lo³¹-dʐə⁵⁵.
　　　向里－来－语尾助词
　　　经过汶川、索桥、小寨子和萝卜寨来的。

(86) loŋ⁵⁵ waŋ⁵⁵ mi³¹-thi³¹-ge³¹ thoŋ⁵⁵ tsə³¹　die³¹-thiau⁵⁵-tha³¹-ŋa³¹ tsə³¹ ŋa³¹.
　　　龙王庙－定指－位格 筒子　　　　离心－跳－汉借－语尾助词
　　　在龙王庙那个地方跳筒子（神仙附体）。

(87) thə³¹-sə³¹　tɕəu⁵⁵ sə³¹-tʂhuan⁵⁵-tha³¹　sə³¹-lo³¹-dʐə⁵⁵.
　　　他－施事　就　　向外－传－汉借　　　向外－来－语尾助词

他就向外传话。

(88) nə³¹la⁵⁵tsə³¹-ge³¹-ma³¹dẓə⁵⁵tə³¹-kai⁵⁵-tha³¹-pu³¹-ɕi³¹
你们　这－位格－话题　向上－改－汉借－做－实然:1 复
你们这个地方咱们得把（名字）改了。

(89) nə³¹la⁵⁵ɕi⁵⁵tɕi⁵⁵tsə³¹-ʐgu⁵⁵ʁu³¹pia⁵⁵qə³¹ti⁵⁵ɕa⁵⁵tə³¹-tʂu⁵⁵-ge³¹.
你们　庙宇　这－个　石头　　上面　　向上－修－语尾助词
你们这个庙宇修在石头上面。

(90) ʁu³¹pia⁵⁵tsə³¹-ge³¹-ma³¹dẓə⁵⁵, lian⁵⁵xuɑ³¹-ɕi⁵⁵ki⁵⁵ji⁵⁵ke³¹je³¹　ʁue⁵⁵ dẓə⁵⁵.
石头　这－个－话题　　　莲花－比较 如此 像 语气 连词
这个石头像莲花。

(91) tɕi³¹-tsə³¹-ma³¹dẓə⁵⁵ lian⁵⁵xuɑ³¹sə⁵⁵a³¹-tɕe⁵⁵sə³¹-tʂu⁵⁵-ȵe⁵⁵.
这－个－话题　　　莲花寺　　一－个 向外－修－非实然:2 复
这个地方嘛，你们要修一个莲花寺。

(92) thə³¹-sə³¹　ki⁵⁵ji⁵⁵　ʐdɑ³¹-dẓə⁵⁵.
他－施事　如此　　说－语尾助词
他就如此说的。

(93) mu⁵⁵tʂhu⁵⁵xo⁵⁵phu⁵⁵sa³¹thə³¹tɕəu³¹ ʂqe³¹ȵu³⁵pai⁵⁵fu⁵⁵ʂan³¹
以后　　活菩萨　　他就　茂县　百富山
tə³¹-ke³¹　 dẓye³¹-ȵa³¹-dẓə⁵⁵.
向上－去 抬－状语－语尾助词
随后，活菩萨他就去了茂县百富山，抬着（去的）。

(94) tə³¹-dɑ³¹-ge³¹　　ʐbo³¹　tye³¹tye³¹-ȵa³¹tə³¹-dɑ³¹.
向上－去－位格　鼓　　敲－状语　　向上－去
向上去的时候，敲锣打鼓送上去的。

(95) χui³¹ʂou³⁵-ȵa³¹tə³¹-ke³¹　　dẓə⁵⁵, fia³¹-go⁵⁵　　so⁵⁵qo³¹,
会首－随同　向上－去　连词　向下－走　时候
tɕəu⁵⁵ʂə⁵⁵nə³⁵ai³¹xo³⁵phu⁵⁵sa³¹-mi⁵⁵　qɑ⁵⁵la⁵⁵　ki⁵⁵ji⁵⁵
就是呢　　哎 活菩萨－名物化　我们　　如此
tə³¹-ʐdɑ³¹-je³¹　　ŋuə⁵⁵-dẓə³¹.
向上－说－名物化　系词－语尾助词
随会首上去后，下来的时候，就是呢，哎，我们如此说的，他是活

(96) thə³¹-to⁵⁵　　nə³¹a³¹tɕi⁵⁵-ge³¹　　a³¹pa³¹ɕi³¹tə³¹-koŋ⁵⁵-tha³¹-ɕi³¹
　　　他 – 非施事　都 全部 – 名物化　神仙　　向上 – 供 – 汉借 – 实然: 1 复
　　　ȵa³¹.
　　　语气
　　　我们全部把他当成神仙供。

(97) thə³¹-ge³¹-mu⁵⁵　　　a³¹pa³¹ɕi³¹　　kuan⁵⁵jin⁵⁵phu⁵⁵sa³¹-mu⁵⁵
　　　那 – 位格 – 话题　神仙　　观音菩萨 – 话题
　　　xo⁵⁵phu⁵⁵sa³¹ʂən³¹ɕan⁵⁵-thi³¹　ŋuə⁵⁵-dzə⁵⁵　　ja³¹.
　　　活菩萨　　神仙 – 定指　　系词 – 语尾助词　语气
　　　那里呢，那神仙是神仙、观音菩萨、活菩萨。

(98) qa⁵⁵la⁵⁵loŋ⁵⁵waŋ⁵⁵mi³¹lai³¹li⁵⁵tɕəu⁵⁵ʂə³¹die³¹ke³¹mia³¹ke³¹lo³¹
　　　我们　龙王庙　　　来历　就是　　最早
　　　pɑi⁵⁵ma⁵⁵sə³¹, mu⁵⁵tʂhu⁵⁵loŋ⁵⁵waŋ⁵⁵mi³¹, thə³¹-sə³¹　die³¹-ko⁵⁵-tha³¹
　　　白马寺　　　后来　龙王庙　　　那 – 由格　离心 – 过 – 汉借
　　　pɑi⁵⁵ma⁵⁵sə³¹ȵa³¹.
　　　白马寺　语气
　　　我们龙王庙的来历就是，最早是白马寺，随后是龙王庙，从那以后，过了那个时候。

(99) min⁵⁵kuai³¹-ge³¹kuo⁵⁵min⁵⁵taŋ³¹li³¹pa⁵⁵-ge³¹ʂə³⁵lu⁵⁵nian⁵⁵ʑe³¹-lo³¹.
　　　民国 – 位格　国民党　　手 – 位格　十六年　　向心 – 来
　　　在民国国民党统治的十六年。

(100) thə³¹-sə³¹-ma³¹dzə⁵⁵tɕhiŋ⁵⁵tʂhəŋ³⁵ʂan⁵⁵　xo⁵⁵phu⁵⁵sa³¹tsə³¹
　　　那 – 由格 – 话题　青城山　　　活菩萨　　这
　　　tɕəu⁵⁵ʂə³¹nə³¹　lian⁵⁵xua³¹sə⁵⁵.
　　　就是呢　　　莲花寺
　　　从那以后，青城山出了个活菩萨，就是呢，（改名）莲花寺。

(101) tsə³¹-sə³¹　　mu⁵⁵　　ɕe⁵⁵-ʐgu⁵⁵tsəi³¹-je³¹　　thi³¹-ge³¹　sə³¹-lo³¹
　　　这 – 由格　名字　三 – 个　　这 – 语尾助词　那 – 位格　向外 – 来
　　　tɕəu⁵⁵　ja³¹.
　　　就　　语气

由此，这三个名字就是那时来的。

讲述人：王 MJ 录制时间：2015 年

三　人不要脸鬼都害怕

(1) qə³¹ ɕi⁵⁵ɕi⁵⁵　ʐɿ³¹ tʂu³¹　ɕe³¹-tsə⁵⁵　ʑiu³¹-sə³¹　dzʅə³¹,
从前　　　朋友　　三－个　　有－听说　　连词
a³¹-tɕe⁵⁵　ȵiŋ⁵⁵　qoŋ³¹ pia⁵⁵-ge⁵⁵ lia³¹ ja⁵⁵ ji³¹　ŋuə⁵⁵-ge⁵⁵.
一－个　非常　脸－位格　　厚 非常　　系词－语尾助词
听说从前有三位朋友，其中一个脸皮非常厚。

(2) a⁵⁵-ɕi⁵⁵-ma⁵⁵　qa⁵⁵ tʂhə³¹ χo³¹-die³¹-je³¹　pu³¹ zʅə³¹, pia³¹ tshə³¹-lo⁵⁵
一－天－每　　食物－吃－名物化　　　时候　　肉－语尾助词
khzʅə⁵⁵ mi⁵⁵-lo⁵⁵　tə³¹-pu³¹-nə⁵⁵　　　　ʁua³¹ dzʅə³¹, thə³¹
米－语尾助词　向上－做－非实然:2 单　连词　　　　他
ʐe³¹-lo³¹-ma³¹-ge⁵⁵.
向里－来－将行－语尾助词
每天吃东西的时候，只要你做肉和饭，他就要过来。

(3) tha⁵⁵-tɕhe⁵⁵　dzʅə³¹-nə⁵⁵,　　thə³¹ ma³¹-tha³¹-ge⁵⁵,　　tɕo³¹
付出－应该　连词－语尾助词他　否定－出－语尾助词　　钱
ma³¹-tha⁵⁵-ge⁵⁵,　　tʂhə³¹ χo³¹　ma³¹-tha³⁵-ge⁵⁵.
否定－出－语尾助词　东西　　否定－出－语尾助词
该付出的时候呢，他（什么都）不出，既不出钱也不拿出点东西。

(4) tɕi³¹ ji⁵⁵　tɕəu³¹　a⁵⁵-pu⁵⁵　dzu³¹　pu³¹-sə³¹-dzʅə³¹.
这样　　就　　一－年　多　　做－听说－语尾助词
听说就这样过了一年多。

(5) thi³¹-to⁵⁵　　tə³¹-qhu⁵⁵ zʅə³¹,　ʐɿ³¹ dzu³¹　ȵi³¹-tsə⁵⁵　qoŋ³¹ pia⁵⁵
他－非施事　向上－厌烦　　朋友　　两－个　　脸皮
lia³¹-mi³¹　　tə³¹-qhu⁵⁵ zʅə³¹-sə³¹-dzʅə³¹.
厚－名物化　向上－讨厌－听说－语尾助词
听说两个朋友厌烦他，厌烦他这个脸皮厚的人。

(6) e⁵¹, thi³¹-to⁵⁵ a⁵⁵-ɕi⁵⁵-ma⁵⁵ qa⁵⁵ nə⁵⁵ die³¹-ma⁵⁵-je³¹　　　dzə³¹,
　　唉　那－个　一－天－每　都　吃－将行－语尾助词　连词
　　ge³¹　　ʐe³¹-lo³¹-ma³¹.
　　连词　　向里－来－将行
　　（两人聊着）唉，每天那个（人）都在我们要吃的时候过来。

(7) ma³¹-ɕi:⁵⁵-nə⁵⁵　　　ȵa⁵⁵,　ʑi³¹ tʂu³¹　ja⁵⁵ gu⁵⁵　sə³¹ ɕiu⁵⁵.
　　否定－给－语尾助词　连词　　朋友　　　很　　　友好
　　要是不给呢，朋友之间，又很友好。

(8) thi³¹-to⁵⁵　　ȵi⁵⁵　ki⁵⁵ ji⁵⁵　thio³¹　a³¹-ʐgu⁵⁵ tə³¹-du³¹　　ȵa³¹.
　　他－非施事 什么　怎么　　办法　　一－个　向上－商量　　语气
　　thi³¹-to⁵⁵　　a³¹ pa³¹ die³¹-ɕa³¹ su⁵⁵-sə³¹-tɕhe³¹-ɕiu⁵⁵,
　　他－非施事 恐怕　离心－死－致使－将行－实然:1 复:亲见
　　sə³¹-qə³¹ tie³¹ ɕa³¹ su⁵⁵-tɕhe³¹-ɕiu⁵⁵-dzə³¹.　　　　　　ȵi⁵⁵
　　向外－打　死－将行－实然:1 复:亲见－语尾助词　　什么
　　ki⁵⁵ ji⁵⁵　　pu³¹-ma³¹　nə³¹?
　　怎么　　　做－将行　　疑问
　　对那（脸皮厚）要商量出个什么办法。恐怕，我们要让他死，我们要打死他。要怎么办呢？

(9) qa³¹ la⁵⁵　tə³¹ pəi³¹ ɕi⁵⁵-ma³¹ dzə⁵⁵　ɕi⁵⁵ tʂu⁵⁵　pian³¹ tsə³¹-ge³¹
　　我们　　明天－话题　　　　　　　河　　　边－位格
　　fia³¹-kə³¹-ɕi⁵⁵.
　　向下－去－实然:1 复
　　我们明天嘛，到河边去。

(10) fia³¹-ke³¹-ɕi⁵⁵　　　ma³¹ dzə⁵⁵, ȵa³¹ mə⁵¹ tɕe⁵⁵-tʂu³¹ tʂu⁵⁵
　　　向下－去－实然:1 复　连词　　那么　　房子－小称
　　　a³¹-ʐgu³¹ sə³¹-ta³¹-tha³¹-ɕi³¹　　　　　ʁua⁵⁵ dzə⁵⁵.
　　　一－个　向外－搭－汉借－实然:1 复　　连词
　　　到河边去嘛，那么，我们修个小房子。

(11) tɕe³¹ qe³¹ ŋua⁵⁵ tɕəu³¹-dzə⁵⁵,　du³¹-ma⁵⁵-je³¹　　ʐə⁵⁵, thi³⁵-ge⁵⁵,
　　　春天　　系词就－语尾助词　　热－将行－名物化　会　　那－位格
　　　tʂhə³¹ χo³¹ tə³¹-pan⁵⁵-tha³¹-ɕi³¹,　　　jy³¹-je³¹

食物　　向上－办－汉借－实然:1复　鸡－语尾助词
sə³¹-tɕo⁵⁵-ɕi⁵⁵,　　　　tɕhe³¹-je³¹　sə³¹-tɕo⁵⁵-ɕi⁵⁵,
向外－杀－实然:1复　羊－话题　向外－杀－实然:1复
thə³¹-to⁵⁵　　ma³¹-ʁua³⁵-ke⁵⁵-ɕi⁵⁵.
他－非施事　否定－喊－去－实然:1复
春天会变热，我们在那里办些食物，杀个鸡，杀个羊，我们不去喊他。

（12）thə³¹-ɕi³⁵-ge⁵⁵　die³¹-ma³⁵-je³¹　　nə⁵⁵-ɕi³¹　　　pu³¹dzə³¹,
　　　那－天－位格　吃－将行－名物化　等到－实然:1复　时候
　　　thə³¹khen⁵⁵tin³¹　lo³¹-ma³¹　　tɕəu⁵⁵-ge³¹.
　　　他　肯定　　　来－将行　　就－语尾助词
　　　等到那天我们要吃的时候，他肯定会来。

（13）thə³¹lo³¹-pu⁵⁵-nə⁵⁵　　pu³¹dzə³¹, thə³¹sə³¹-to³¹dzə⁵⁵-ma⁵⁵-ge⁵⁵
　　　他　来－做－语尾助词 时候　　他　向外－坐－将行－名物化
　　　thə³¹ʐə³¹-nə³¹,　　pan³¹ti⁵⁵a³¹-ʐgu³¹die³¹-ʐe³¹,　　tuŋ³¹tuŋ⁵⁵
　　　那边－语尾助词　板凳　　一－个　离心－安装　洞洞
　　　ʐe³¹-təu³¹-ȵa³¹　　ke³¹-ge³¹.
　　　向里－挖－状语　去－语尾助词
　　　等到他来后，他要坐的那边呢，安装一个板凳，向下挖洞洞。

（14）thi³¹ge⁵⁵-nə⁵⁵　　thi³¹ge³¹　tɕəu³¹sə³¹　phie³¹phie³¹　fa³¹phie³¹phie³¹
　　　那里－语尾助词那里　　就是　　　门闩　　　　发条
　　　a³¹-ʐgu⁵⁵tə⁵⁵-pu³¹-ɕi³¹　　　pu³¹dzə³¹.
　　　一－个　向上－做－实然:1复　时候
　　　那里呢，就在那儿做个门闩发条。

（15）thə³¹ɦa³¹-to³¹tsə⁵⁵-ȵa³¹ke³¹pu³¹dzə³¹, tuŋ³¹tuŋ⁵⁵-thi³¹-sə³¹
　　　他　向下－坐－状语　去 时候　　洞洞－定指－由格
　　　ɕi⁵⁵tʂu³¹-ge⁵⁵　ɦa³¹-χu³¹lu⁵⁵　ʐi³¹-sə³¹-ɕi³¹.
　　　河－位格　　向下－掉落　在－致使－实然:1复
　　　他去坐下之后，我们一瞬间就让他从洞里掉到河里去。

（16）ki⁵⁵ji⁵⁵tə³¹-pu⁵⁵-ɕi³¹,　　　ɦa³¹-tye⁵⁵ʑiu⁵⁵.
　　　这样 向上－做－实然:1复　向下－对系词

我们就这样做，是对的。

(17) ʐen⁵⁵-tsə³¹ nə³¹-tɕo³¹ ɕi⁵⁵ tʂu⁵⁵ pia³¹-sə³¹ fia³¹-ke³¹-tə³¹ ma⁵⁵ dzʐə³¹
　　　人－这　两－个　河边－由格　　向下－走－语尾助词
　　　这两个人从河边下去了。

(18) tɕe³¹-tʂu³¹ tʂu⁵⁵ ɑ³¹-ʐgu³¹ sə³¹-tʂhu⁵⁵-tə³¹ ma⁵⁵ dzʐə³¹.
　　　房子－小称　一－间　向外－修－语尾助词
　　　修个小房子。

(19) tɕe³¹-ge⁵⁵-dzʐə³¹　　　jy³¹　sə³¹-tɕo⁵⁵　ȵa⁵⁵　tɕhi³¹
　　　房子－位格－语尾助词　鸡　向下－杀　和　羊
　　　sə³¹-tɕo⁵⁵-tə³¹ ma⁵⁵ dzʐə⁵⁵, ʐi³¹-je³¹　　　tʂhu⁵⁵-tə³¹ ma⁵⁵ dzʐə⁵⁵.
　　　向外－杀－语尾助词　　酒－语尾助词　　烧－语尾助词
　　　杀了鸡，杀了羊，烧了酒。

(20) ȵi³¹-tsə⁵⁵ tsen³¹ tan⁵⁵ die³¹-ȵa⁵⁵　ʐiu³¹-sə³¹　　　dzʐə⁵⁵,
　　　两－个　正当　　吃－状语　　在：亲见－听说　连词
　　　die³¹-ma⁵⁵ ʐiu³¹-sə³¹　　　dzʐə³¹, qoŋ³¹ pia⁵⁵-lia³¹-mi³¹ thi³¹-ʐgu³¹
　　　吃－将行在：亲见－听说　连词　脸－厚－名物化　那－个
　　　lo³¹-pu³¹-ji³¹.
　　　来－做－实然：3
　　　当这两人正在吃的时候，要吃的时候，那个厚脸皮的人来了。

(21) hei⁵⁵, nə³¹ la³¹ jəu³¹ pei³¹ ɕi-je³¹　tsa³¹-ge³¹　die³¹-mi³¹-ʐda⁵⁵
　　　嗨　你们　又　今天－位格　这－位格　离心－否定－说
　　　die³¹-ge⁵⁵　die³¹-ʂtu⁵⁵-ȵe³¹.　　jo⁵⁵　　nə³¹
　　　吃－名物化　离心－躲－非实然：2 复　自己　都
　　　sə³¹-lo³¹-tɕhe³¹-dzʐə³¹.
　　　向外－来－应该－听说－语尾助词
　　　厚脸皮的人说：你们今天背着我在这吃东西。我听说了，就应该来。

(22) fie⁵⁵, fiɑ³¹-lo³¹, fiɑ³¹-lo³¹, fiɑ³¹-lo³¹, nə³¹ thə³¹ tsha⁵⁵-ge³¹
　　　额　向下－来　向下－来　向下－来　你　那边－位格
　　　fiɑ³¹-to³¹ dzə⁵⁵-ke³¹-nə³¹.
　　　向下－坐－去－非实然：2 单
　　　两人说：来来来，过来吧，你去坐那边。

（23） thə³¹ tshɑ⁵⁵-ge³¹ thəi³⁵   to³¹ dzə⁵⁵-ge⁵⁵ pɑn³¹ ti⁵⁵-to⁵⁵
那边－位格　他：属格 坐－名物化 板凳－位格
die³¹-khu³¹- ʂə³¹-n̠ɑ³¹   z̥i³¹ jɑ³¹.
离心－空－致使－状语　在 语气
那边他坐的板凳空着的。

（24） thə³¹ ʑe³¹-lo³¹   dz̥ə⁵⁵ thə³¹ tshɑ⁵⁵-ge⁵⁵ ɦɑ³¹-to³¹ dzə⁵⁵ ʑe⁵⁵-pu³¹- ʂə³¹.
他　向里－来 连词 那边－位格　向下－坐　向里－做－致使
他来了后，就让他坐在那边了。

（25） ɦɑ³¹-to³¹ dzə⁵⁵-n̠ɑ⁵⁵   die³¹-mei³¹ lɑ³¹ zə³⁵-mei⁵⁵ lɑ⁵⁵, ki⁵⁵ ji⁵⁵
向下－坐－状语　离心－摆动 向心－摆动 如此
mei³¹ lɑ³¹-n̠ɑ³¹ ɦɑ³¹-χu³¹ lu⁵⁵ mɑ³¹-qɑ³¹.
摆动－状语　向下－掉落 否定－能
他坐着动来动去，没能掉下去。

（26） ɑ³¹ tsue⁵⁵ tsə⁵⁵-to⁵⁵   ɦɑ³¹-die³¹-qɑu³¹-ɕi³¹,
一桌子－非施事　　向下－吃－完成：亲见－实然：1 复
thə³¹-sə³¹   dz̥u⁵⁵ n̠ɑ⁵⁵   ʑe³¹-die³¹-tɕhe³¹ jɑ³¹.
他－施事　多点儿　　向里－吃－将行 语气
ɦɑ³¹-die³¹-qɑu³¹-ɕi³¹.
向下－吃－完成－实然：1 复
他把一桌的东西都吃完了，而且他吃的要多点儿，我们吃完了。

（27） ɦɑ³¹-χu³¹ lu⁵⁵-n̠ɑ⁵⁵   ke³¹ mɑ³¹-qɑ³¹,
向下－落－状语　　去 否定－能
ɦɑ³¹-die³¹-qɑu³¹-ɕi³¹. 向下－吃－完成：亲见－实然：1 复
ɕi⁵⁵ tʂu⁵⁵-ge³¹ ɦɑ³¹-tshuo³¹- ʂə³⁵-ge⁵⁵   χuɑ³¹ suɑ³¹-ge⁵⁵
河－位格　向下－掉－致使－名物化　想－名物化
ŋuə³¹   je³¹.
系词　语气
他掉不下去，饭我们都吃完了，我是想让他掉到河里去。

（28） ɦɑ³¹-tshuo³¹ mɑ⁵⁵-qɑ³¹   ŋuə⁵⁵ n̠ɑ³¹? qɑ³¹ ɑ³¹ ɕi⁵⁵ zə⁵⁵-sə³¹-mɑ³¹.
向下－掉 否定－能　系词 语气 我　一下 向心－看－将行
怎么摔不下去呢？我要看一下。

(29) qa³¹-ma⁵⁵　　ʁua³¹　a⁵⁵-ʐgu⁵⁵　sə³¹-dʐe³¹-ma³¹　pa³¹.
　　 我 – 语尾助词　屎　　一 – 次　　向外 – 屙 – 将行 语气
　　 go³¹ go³⁵-ŋa³¹-tə³¹ma⁵⁵ dʐə⁵⁵.
　　 走 – 状语 – 语尾助词
　　 我要去方便一下，就走了。

(30) tɕe⁵⁵-sə³¹　　ɦia³¹-ke³¹　ŋa³¹　tə³¹-ke³¹　ŋa⁵⁵，ɕi⁵⁵tʂu⁵⁵ pia³¹-sə³¹
　　 房子 – 由格　向下 – 走　和　 向上 – 走 连词　河边 – 由格
　　 dʐə⁵⁵　ki⁵⁵ ji⁵⁵　tə³¹-dʐi⁵⁵，　tə³¹-pu³¹-sə³¹-dʐə³¹.
　　 连词　这么　向上 – 望　　向上 – 做 – 听说 – 语尾助词
　　 他从房后走上走下的，从河边望了上来，听说如此做了。

(31) khe³¹ ɕa⁵⁵ χo³¹ pu⁵⁵ dʐə³¹-dʐe³¹-sə⁵⁵ tə³¹-dʐya⁵⁵ ʑiu³¹-dʐe³¹.
　　 底下　鬼　四 – 个 – 施事　向上 – 抬　有：亲见 – 语尾助词
　　 底下有四个鬼抬着。

(32) χo³¹ pu⁵⁵　dʐə³¹-dʐe³¹　zə³¹-ʐda5-ŋa³¹ ʑi³¹.
　　 鬼　　　四 – 个　　　　向心 – 说 – 状语在
　　 这四个鬼在说。

(33) χei⁵⁵，thə³¹-to⁵⁵　　tə³¹-tye³¹　tə³¹-dʐya⁵⁵-ɕi³¹　ja³¹,
　　 嗨　他 – 非施事　向上 – 好　向上 – 抬 – 实然:1 复 语气
　　 ɦia³¹-ma⁵⁵-tsho³¹-ʂə³¹-ɕi³¹　　　　ja³¹.
　　 向下 – 否定 – 掉 – 致使 – 实然:1 复　语气
　　 嘿，要把他抬好，别让它掉下来。

(34) ɦia³¹-tsho³¹-ʂə³¹-nə³¹ ɕi³¹ dʐə⁵⁵-mu³¹,　thə³¹　mu³¹　nə⁵⁵
　　 向下 – 掉 – 致使 – 连词 – 话题　　　　　他　　人　　都
　　 die³¹-ma³¹ ɕou³¹.
　　 吃 – 将行敢
　　 要是我们让他掉下来的话，他人都敢吃。

(35) qa³¹ la⁵⁵ χo³¹ pu⁵⁵ nə⁵⁵ tə³¹-ke³¹　　tə³¹-pu³¹　　ma³¹-qa⁵⁵,
　　 我们　鬼　　都　向上 – 走　　向上 – 做　　否定 – 可以
　　 thə³¹　nə⁵⁵　qa³¹ la⁵⁵-to⁵⁵　die³¹-ma³¹.
　　 他　　也　　我们 – 非施事　吃 – 将行
　　 我们鬼都赢不了他，（变鬼后）他也要吃我们的。

（36）ɦɑ³¹pe⁵⁵, tə³¹-lo³¹　　dʐə⁵⁵tɕəu³¹mi³¹-qɑ³¹-ɕiu⁵⁵　　　　　pu⁵⁵,
　　　阿呗　　向上－来　　连词　就　否定－可以－实然:1复　　　做
　　　thə³¹mu⁵⁵khe³¹-to³¹, χo³⁵pu⁵⁵nə⁵⁵thə³¹-to³¹　　qo³¹-ɲɑ⁵⁵
　　　他　人们－非施事鬼　　都　他－非施事　怕－状语
　　　die³¹-mɑ³¹-ɕɑ³¹su⁵⁵-ʂə³¹, bo³¹-thɑ⁵⁵-tɕhe³¹　ŋuə⁵⁵.
　　　离心－否定－死－致使　保－汉借－将行　系词
　　　哎哟，上来了后，（就说）不可以，他人们（都吃），鬼都怕他不
　　　让他死，要保佑他。

（37）ɦie³¹, qoŋ³¹piɑ⁵⁵-liɑ³¹-mi⁵⁵-thi³¹-mu⁵⁵　　qoŋ³¹piɑ⁵⁵mɑ³¹-tɕhe³⁵,
　　　哎　脸－厚－名物化－定指－话题　脸　　　否定－要
　　　qoŋ³¹piɑ⁵⁵-liɑ³¹-mi³¹qoŋ³¹piɑ⁵⁵mɑ³¹tɕhe⁵⁵tɕəu³¹　ŋuə⁵⁵　pe³¹!
　　　脸－厚－名物化　脸　　否定－要就　　　　系词　变成
　　　哎，脸皮厚的那个呢，不要脸，就是不要脸！

（38）ki⁵⁵ji⁵⁵ŋuə⁵⁵　je⁵⁵, ki⁵⁵ji⁵⁵　ŋuə⁵⁵　pe³¹. tɕəu³⁵　thə³¹-to⁵⁵
　　　这样　系词　语气这样　　系词　变成　就　　他－非施事
　　　tɕu³¹ʂə³¹-ge³¹　die³¹-ʐɑn⁵⁵-thɑ³¹　ɲɑ³¹　mi³¹-dou⁵⁵-thɑ⁵⁵-sə³¹.
　　　就是呢　　　离心－让－汉借　和　　否定－逗－汉借－听说
　　　听说，就这样，让着他，不招惹他。

　　　　　　　　　　讲述人：王明MJ 录制时间：2015年

四　羌绣

（1）qɑ⁵⁵nəi³⁵　　　pe⁵⁵-thɑ³¹-mɑ⁵⁵.
　　　我 你:属格　摆条－汉借－将行
　　　我要给你摆条一下。

（2）qɑ⁵⁵lɑ³¹　pei⁵⁵pei⁵⁵　thiɑu⁵⁵-thɑ³¹　tʂə³¹　tɕu⁵⁵　sə³¹ge³¹.
　　　我们　　花儿　　　挑－汉借　　　这　　就　　是呢
　　　ɑ³¹tɕi⁵⁵tɕi⁵⁵-ge⁵⁵　tɕe⁵⁵ɲɑ³¹　ki⁵⁵ji⁵⁵　pu³¹-tɕhe⁵⁵-dʐə³¹.
　　　全部－位格　　　这样　　　如此　　做－将行－语尾助词
　　　我们挑花这个就是全部要如此做。

(3) qa³¹   a³¹χe⁵⁵a³¹χe⁵⁵   tə³¹-tʂə³¹-tɕhe⁵⁵,   ɕi³¹mi⁵⁵
    我   一针一针   向上－织－将行   心
    ku³¹ʐə³¹tə³¹-be³¹lo³¹-dʐə³¹   ȵi⁵⁵ji⁵⁵pu³¹-tɕhe⁵⁵ʐe³¹-pu³¹-ge³¹.
    里面   向上－想－语尾助词   怎么 做 －将行向里－做－语尾助词
    我要一针一针地织，心里怎么想就要怎么做。

(4) qa³¹   jo⁵⁵mu⁵⁵su⁵⁵-sə³¹   phin⁵⁵   ɕaŋ⁵⁵ɕaŋ⁵¹,   ȵa³¹mə⁵⁵   pei³¹pei³¹
    我   自己－施事   凭   想象   那么   花儿
    thiau⁵⁵-tha³¹   ge³¹   pu³¹-dʐə³¹.
    挑－汉借   连词   做－语尾助词
    自己凭想象挑花。

(5) a³¹khe⁵⁵-dʐə⁵⁵   tə³¹-tye⁵⁵   ma⁵⁵-qau³⁵   a³¹khe⁵⁵-dʐə⁵⁵
    一些－语尾助词   向上－好   否定－能：亲见 一些－语尾助词
    tə³¹-tye⁵⁵   ki⁵⁵ji⁵⁵   ŋuə³¹-dʐə³¹.
    向上－好   如此   系词－语尾助词
    有些不能绣好，有些绣得好。

(6) tɕa⁵⁵pa³¹ji⁵⁵sə³¹   ʂui⁵⁵su⁵⁵-thi³¹-nə³¹   ki⁵⁵ji⁵⁵   tə³¹-tʂə⁵⁵
    小意思   岁数－定指－语尾助词如此   向上－织
    tə³¹-pu⁵⁵   ma⁵⁵-qa³¹.
    向上－做   否定－能
    小意思，（我）这个岁数不能绣好了。

(7) thə³¹-khe⁵⁵ʁua³¹dʐə³¹,   ɦia³¹-tɕo³¹   nə³¹ma⁵⁵-qa³¹.
    那－复 连词   向下－看见   都 否定－能
    虽然是不能看见那些。

(8) ma⁵⁵-tye⁵⁵-ge³¹-khe⁵⁵-to⁵⁵   pu³¹-ȵa³¹   tə³¹-khe⁵⁵je³¹.
    否定－好－名物化－复－非施事   做－状语   向上－将就
    将就着做些不好的东西。

(9) qa³¹pei³¹pei³¹thi³¹-to⁵⁵tə³¹-ʐda⁵⁵-ma³¹-dʐə³¹.
    我 花儿 那－个 向上－说－将行－语尾助词
    我所说的那个花儿嘛。

(10) tɕi³¹-to⁵⁵-ma³¹   khu⁵⁵ŋuə³¹.   tɕi³¹-to⁵⁵-ma³¹   nə³¹jy⁵⁵.
     这－个－语尾助词   狗 系词   这－个－语尾助词   都 鸡

这个嘛是狗，这个嘛是鸡。

(11) tɕi³¹-ma³¹nə³¹　　pei³¹　pei⁵⁵.
　　　这 - 语尾助词　　都　　花儿
　　　这个嘛是花儿。

(12) tɕi³¹-ma³¹dzʅə⁵⁵ŋa⁵⁵mə⁵⁵ʁu³¹zi⁵⁵zə³¹-la⁵⁵-ŋa⁵⁵　ʑe³¹-lo³¹
　　　这 - 话题　那么　麻雀　向心 - 飞 - 状语 向里 - 来
　　　ki⁵⁵ji⁵⁵pu⁵⁵ŋuə⁵⁵, tha³¹ki⁵⁵ji⁵⁵ŋuə⁵⁵
　　　如此 做 系词　那　如此 系词
　　　这个嘛是飞过来的麻雀，是如此做的。

(13) tɕa⁵⁵qa⁵⁵la³¹tɕe³¹-thi³¹　　zo³¹-ŋa⁵⁵ɦa³¹-kə³¹-ma³¹-dzʅə³¹,
　　　这　我们　女子 - 定指　嫁 - 状语向下 - 去 - 将行 - 语尾助词
　　　qə³¹ɕi⁵⁵ɕi⁵⁵　sə³¹-die⁵⁵　ŋuə³¹　je³¹.
　　　以前　　　　向外 - 去　系词　语气
　　　这是我们女子嫁出去的时候，从前是嫁出去。

(14) dʐu³¹ku⁵⁵-sə³¹　a³¹khe⁵⁵　phei⁵⁵tɕa⁵⁵-tɕhe⁵⁵　ja³¹.
　　　家里 - 由格　一些　　陪嫁 - 将行　　　语气
　　　从家里要陪嫁一些。

(15) a³¹khe⁵⁵phei⁵⁵tɕa⁵⁵-tɕhe⁵⁵dzʅə³¹, ŋa³¹mə⁵⁵, qa³¹　be³¹ -tʂu³¹tə³¹-pu⁵⁵-tɕhe³¹.
　　　一些　陪嫁 - 将行　连词　那么　我　鞋子　向上 - 做 - 将行
　　　要陪嫁一些呢，我要做鞋子。

(16) ʁo³¹pha⁵⁵tə³¹-pu⁵⁵-tɕhe³¹.
　　　围腰　向上 - 做 - 将行
　　　要做围腰。

(17) thi³¹　liŋ⁵⁵kua³¹　tə³¹-pu⁵⁵-tɕhe³¹, phu³¹ -tə³¹-pu⁵⁵-tɕhe³¹.
　　　那　领褂　　向上 - 做 将行 衣服　向上 - 做 - 将行
　　　要做那领褂，要做衣服。

(18) phei⁵⁵tɕa⁵⁵tə³¹-pu⁵⁵-tɕhe³¹. ki⁵⁵ji⁵⁵tə³¹-pu⁵⁵-ma⁵⁵-dzʅə³¹.
　　　陪妆　向上 - 做 - 将行　如此 向上 - 做 - 将行 - 语尾助词
　　　要做一些陪嫁，就如此做。

(19) pəi⁵⁵ɕi⁵⁵a³¹tɕi⁵⁵tɕi⁵⁵-ge⁵⁵　thə³¹-to⁵⁵　　ma⁵⁵-ɕiŋ³⁵-tha³¹.
　　　现在　全部 - 语尾助词　那 - 非施事　否定 - 兴 - 汉借

现在都不兴这些了。

（20）pəi⁵⁵ ɕi⁵⁵ a³¹ tɕi⁵⁵ tɕi³¹ jo⁵⁵ mu⁵⁵   ʂu⁵⁵ ni³¹   ta⁵⁵ po⁵⁵-nə³¹,
　　　现在　全部　　自己　　　什么　喜欢－2 单
　　　pəi⁵⁵ ɕi⁵⁵ ȵa³¹ mə³¹   sə⁵⁵ tʂhaŋ³⁵ fia³¹-ke³¹-nə³¹-dzə³¹
　　　现在　那么　　市场　　　向下－去－非实然：2 单－语尾助词
　　　ja⁵⁵ ji⁵⁵   khe⁵⁵   ŋuə³¹   pe³¹   ja³¹.
　　　非常　多　　系词　　变　　　语气
　　　现在全部是自己喜欢什么，就到市场上去，现在（市场上）非常多。

（21）pəi⁵⁵ ɕi⁵⁵ thə³¹ ɕi³¹ tsə³¹   qa⁵⁵ la⁵⁵-thi³¹-to⁵⁵   ma⁵⁵-ʐou⁵⁵ tɕi³¹ pe³¹
　　　今天　　这样子　　　我们－定指－非施事　否定－稀罕　变
　　　这样子，都变得不稀罕我们这些（东西）了。

（22）pu³¹ zə³¹ ɕi⁵⁵ ȵa³¹-ge³¹   pu³¹ je³¹.
　　　日子　　高兴－名物化　　　做　语气
　　　混日子在做。

讲述人：王 FL 录制时间：2015 年

五　5·12 汶川大地震经历

（1）wu⁵⁵ jau⁵⁵ fiə³¹   ti³⁵ tʂen⁵¹,   ta³⁵ ti³⁵ tʂen⁵¹   tse³¹-ʐgu⁵⁵
　　　5·12　　　　　　地震　　　　　大地震　　　　　这－个
　　　die³⁵-di³⁵-je³¹-thi⁵¹.
　　　离心－爆发－名物化－定指
　　　5·12 地震，这个大地震，爆发的地震。

（2）qa³⁵   tɕu³¹ ku⁵⁵   qa³¹ la⁵⁵   a³¹ ma⁵⁵-thi⁵⁵-mu³¹,
　　　我：属格　家里　　　　我们　　　　妈妈－定指－话题
　　　qa³⁵ la⁵⁵   mia³¹-je⁵¹   tɕou⁵¹ sə³¹ san⁵⁵-sui⁵¹ lie⁵¹.
　　　我们　　　妈－语尾助词　　九十三－岁　　　　　有
　　　我们妈妈在我家里，有 93 岁了。

（3） tɕɔu⁵¹ ʂə³¹ san⁵⁵-suɿ³⁵ lie⁵¹-dzə³¹,　　tɕu³¹ ku⁵¹ tʂuaŋ³¹ phu⁵⁵-ge⁵⁵
　　　九十三－岁　　有－语尾助词　　家里　　床铺－位格
　　　ʐe³¹-ɲa⁵⁵　tɕe³¹-zɿ⁵¹.
　　　睡－状语　连续－在
　　　有 93 岁了，还在家里床上睡着。

（4） ɦo³¹, qa³¹-ma⁵⁵ dʐə⁵¹ qa³¹ la⁵¹ lau³¹ tʂai³⁵ tɕhy⁵⁵-je⁵⁵
　　　吼　　我－话题　　我们　　老寨区－位格
　　　χan³⁵ tau³⁵ tse³¹ khe⁵⁵-je⁵⁵　ʂə⁵⁵ pa⁵⁵ pha³¹-ma⁵⁵-sə³¹-dzə³¹.
　　　巷道　　这些－位格　　石板　铺－将行－听说－语尾助词
　　　吼，我嘛，听说我们老寨区的这些巷道要铺石板了。

（5） əu³¹, ʂə⁵⁵ pa⁵⁵ pha³¹-ma⁵⁵-sə³¹　　dzə³¹,　　ʂa⁵⁵ tsə⁵¹
　　　嗷　　石板　铺－将行－听说　　连词　　沙子
　　　bia³¹-tɕhe⁵¹-je⁵¹　　tsu³¹ tsan⁵¹-sə⁵¹ gan⁵⁵ phai³¹-pu³⁵.
　　　背－将行－名物化组长－施事　安排－做
　　　嗷，听说要铺上石板后，组长就安排背沙子。

（6） ʂa⁵⁵ tsə⁵⁵ ȵi³¹-gu⁵⁵　ʐe³¹-bia³¹-ɲa⁵⁵　　ʐe³¹-lo³¹ dzə⁵⁵.
　　　沙子　　二－袋　　向里－背－状语　向里－来连词
　　　背来了两袋沙子后。

（7） tɕe³¹-bia³⁵　tɕe³¹-pu³¹-ɕi⁵⁵-sə⁵¹,　　　　mi⁵⁵-bia³⁵-tɕi³¹　ɲa³¹.
　　　禁止－背　禁止－做－实然:1 复－听说　否定－背－经验语气
　　　就听说不让背了，就不再背了。

（8） mi⁵⁵-bia³⁵-tɕi³¹　　ɲa³⁵, tsə³¹ ɕi⁵⁵ ɦa³⁵-to³¹ dzə⁵⁵-ɲa⁵⁵,
　　　否定－背－经验　连词　这下子　向下－坐－状语
　　　lan³¹ χua³¹ jan⁵⁵ a³¹-ka³⁵ ɲa³¹ mu⁵⁵ ɦa³⁵-ɕy⁵⁵-tɕhe³¹-sau⁵⁵,
　　　兰花烟　　一－杆那么　　向下－裹－将行－实然:1 单:亲见
　　　ke⁵⁵ ji⁵⁵ ŋuə³⁵　ɲa³¹　ɦa³¹-to³¹ dzə⁵⁵　ɲa⁵¹.
　　　如此　系词　连词　向下－坐　　语气
　　　不再背了呢，这下子我就坐下来要裹兰花烟，就是如此坐下来。

（9） ou⁵¹, lan³¹ χua³¹ jan⁵⁵ nə³¹ ɦa³⁵-ɕy⁵⁵　mi⁵⁵-je³¹-qa⁵⁵　　dzə⁵¹.
　　　哦　　兰花烟　　都　向下－裹　否定－连续－完成 连词
　　　哦，兰花烟都还没有裹完。

（10） ji⁵⁵ tɕin⁵⁵ ti³⁵ tʂen³⁵-mu³¹ ji⁵⁵ tɕin⁵⁵ ʐe³¹-lo³¹-pu⁵⁵.
已经　地震－话题　已经　向里－来－做
地震已经来了。

（11） χɑ⁵⁵ pe⁵⁵, tho⁵⁵ sə⁵⁵ qɑ⁵⁵ ȵɑ³¹ mu⁵⁵ ɦiɑ³¹ ŋɑ³¹ ɕe³⁵ thə³¹ lɑ⁵⁵ tɕu³¹ ku⁵⁵ ʐiu⁵⁵.
哈呗　一瞬间　那么　娃娃些　他们　家里　在：亲见
哈呗，一瞬间，娃娃他们在家里。

（12） tɕu³¹ ku⁵⁵-mu⁵⁵ tɕe⁵⁵ miɑ³¹ tə³¹-pu³¹-ȵɑ⁵⁵　lai⁵¹ lai³¹-to⁵⁵
家里－话题　女人　向上－做－状语　奶奶－非施事
ɕi⁵⁵ ɕi⁵⁵ dʐə⁵⁵, qɑ⁵⁵ lɑ⁵⁵ nə⁵⁵ tɕhi⁵⁵-ɕi⁵⁵.
喂　连词　我们　都　吃－实然：1复
家里的女人们做（饭）喂奶奶的时候，我们都吃了。

（13） kə⁵⁵ ji⁵⁵ pu³¹ ʐə³¹-mu⁵⁵,　χo⁵⁵,　mu³¹ dzə⁵⁵ die⁵⁵-di³⁵-ji³¹
这样　时候－话题　喔　地震　离心－爆发－实然：3
peu⁵⁵.　χɑ⁵⁵ be⁵⁵ be⁵⁵ lai⁵¹ lai³¹-to⁵⁵　ken⁵⁵ to⁵⁵　tɑ⁵⁵-ȵɑ⁵⁵
变成：亲见　哈呗呗　奶奶－非施事　赶快　带－状语
ɦiɑ³¹-lo³¹　ȵɑ³¹, die³¹-qɑ⁵⁵ ɦəˌ⁵⁵-sɑ⁵⁵.
向下－来　语气　离心－吼－实然：1单
就在这个时候，喔，地震爆发了。哈呗呗，我吼道：赶快带奶奶下来。

（14） die³¹-qɑ⁵⁵ ɦəˌ⁵⁵-sɑ⁵⁵-dʐə⁵⁵-mu³¹,　　　　fio⁵⁵ jo⁵⁵,
离心－吼－实然：1单－语尾助词－话题　　哎呦
tse³¹ ɕi⁵⁵-mu⁵⁵,　kə⁵⁵ ji⁵⁵　məi³¹ lɑ⁵⁵-ȵɑ⁵⁵　kə⁵⁵ ji⁵⁵　məi³¹ lɑ³¹-ȵɑ⁵⁵
这下子－话题　这样　摇动－状语　这样　摇动－状语
ɦiɑ³¹-dʐuɑ⁵⁵.　ti³⁵ tʂen⁵⁵-thi⁵⁵　tse³¹ ɕi⁵⁵　tə³¹-dʐi⁵⁵　ȵɑ⁵⁵
向下－歪　地震－定指　这下子　向上－望　和
sə³¹-sɑu⁵⁵,　　　　qɑ³¹ mi³¹ mi³¹　ʂə⁵⁵ pu³⁵ tsə⁵¹-je⁵⁵
看－实然：1单：亲见　我自己　石梯子－位格
ɦiɑ³¹-to⁵⁵ dzə⁵⁵-ȵɑ⁵⁵　ʐi³¹　ŋuɑ³¹.
向下－坐－状语　在　系词：1单
我吼了以后呢，哎呦，这下子这样摇这样摇得向下歪。这下子我向上望着地震，自己就坐在石梯子上。

(15) tə³¹-dzˌi⁵⁵-sa⁵⁵　　　　　　dzə⁵⁵, qa⁵⁵la⁵⁵a³¹ma⁵⁵ȵa⁵⁵　ɦia³¹ŋa⁵⁵
　　 向上－望－实然:1单　　连词　我们　妈妈　和　　孩子
　　 tsə³¹la³¹-mu⁵⁵, ɦio³⁵jo⁵⁵thə³¹la⁵⁵zˌə³¹tsu⁵⁵-je⁵⁵　　　ŋuə⁵⁵.
　　 这些－话题　哦呦　他们　孙子－语尾助词　　系词
　　 向上望了后，我妈妈和这些孩子们，他们是（我妈妈的）孙子。

(16) kə⁵⁵ji⁵⁵məi³¹la³¹-ȵa³¹ die³¹-go⁵⁵　ma³⁵-qa⁵⁵-pu⁵⁵.
　　 这样　摇动－状语　离心－走　否定－能－做
　　 这样摇动得（人）不能走。

(17) die³¹-go⁵⁵　ma³⁵-qa⁵⁵　pəi³¹　　　　　dzˌə⁵⁵, ken⁵⁵to⁵⁵ȵi⁵⁵ji⁵⁵
　　 离心－走　否定－能　变成:实然:3　连词　赶快　怎么
　　 pu³¹-ma⁵⁵? ȵa³¹mu⁵⁵, dzo³¹ʁo³¹sə³¹-thie⁵⁵-sa⁵⁵-dzˌə⁵⁵,
　　 做－将行　那么　　力气　向外－使用－实然:1单－语尾助词
　　 qa³¹nə⁵⁵ma³¹-nə³¹tɕi⁵¹-pu⁵⁵-sa⁵⁵.
　　 我　都　否定－知道－做－实然:1单
　　 不能走呢，要赶快怎么做呢？那么，我都不知道怎么用力了。

(18) ʑe³¹-ke³¹　ȵa⁵⁵, qa³¹la⁵⁵ma³¹-to³¹　　ɦia³¹-ʂto³¹-ȵa⁵⁵
　　 向里－走 语气　我们　妈妈－非施事　向下－抱－状语
　　 tə³¹-ke³¹　ȵa⁵⁵,　ta⁵⁵-ȵa⁵⁵　sə⁵⁵-ke³¹　ȵa⁵⁵.
　　 向上－走 连词　带－状语　向外－走　语气
　　 走到里面，抱起妈妈就走，把她带了出来。

(19) ȵan³¹tsə³¹-ge⁵⁵ɦia³⁵-ɕi⁵⁵-sa⁵⁵,　　　ɦia³¹-ɕi³¹-ȵa⁵⁵
　　 梁子－位格　向下－放－实然:1单　向下－放－状语
　　 kə⁵⁵ji⁵⁵tə³¹-pu³⁵　 dzˌə⁵⁵, tsə³¹ɕi⁵⁵ȵi⁵⁵ji⁵⁵-pu³⁵-ma³¹　nə⁵⁵?
　　 这样　向上－做　连词　这下子怎么－做－将行　疑问
　　 我把她放到梁子上，放下了，这下子要怎么做呢？

(20) ȵa³¹mu⁵⁵, tho⁵⁵sə⁵⁵tsə³¹-tsha³¹-je⁵⁵　mian³⁵tɕi³¹　ma³¹-qhua³¹-tha³¹
　　 那么　　一瞬间 这－地方－位格　面积　　否定－宽－汉借
　　 ȵa⁵⁵.
　　 语气
　　 那么，一瞬间（发现），这个地方的面积并不宽。

(21) ma³¹-qhua³¹-tha³¹dzə⁵⁵, kə⁵⁵ji⁵⁵fia³¹-ke³¹ n̠a⁵⁵, zu³¹-ba³¹-je⁵⁵
　　 否定－宽－汉借连词　这样　向下－走　连词　地－大－名物化
　　 a³¹-ʑe⁵⁵we⁵⁵, thə³¹-je⁵⁵　fia³¹-ɕi³¹-sa⁵⁵.
　　 一－片有　　那－位格　向下－放－实然:1 单
　　 不宽呢，就这样向下走，(下面) 有一片儿宽地，就放到那里了。

(22) fia³¹-ɕi³¹-n̠a⁵⁵　　kə⁵⁵ji⁵⁵tə³¹-pu³¹　dzə⁵⁵, qa³⁵　　tɕe³¹ʑə⁵⁵pəi⁵⁵
　　 向下－放－连词　这样　向上－做　连词　我:属格　妻子
　　 tɕhe³¹-ɕy³¹-ji⁵⁵,　　thə³¹-to⁵⁵t　ə³¹-me⁵⁵lia⁵⁵-n̠a⁵⁵　fia³¹-lo⁵⁵,
　　 羊－放－实然:3　她－非施事　向上－寻找－状语　向下－来
　　 kə⁵⁵ji⁵⁵　　tə³¹-pu⁵⁵-ɕi³¹-dzə⁵⁵.
　　 这样　　向上－做－实然:1 复－语尾助词
　　 放下了，就这样做了后，我的妻子去放羊了，去把她找下来，就就这样做了。

(23) tse³¹ɕi⁵⁵, n̠a³¹mu⁵⁵, meı³¹sə³¹-lo⁵⁵　tɕu⁵⁵, meı³¹sə³¹-lo⁵⁵
　　 这下子　那么　　雨 向外－来就　雨　向外－来
　　 dzə⁵⁵, thi³¹ji⁵⁵, qa³¹la⁵⁵phen³¹phen⁵⁵a³¹-gu⁵⁵
　　 连词　那样　我们　篷篷　　一－顶
　　 sə³¹-ta³¹-tha⁵⁵-ɕi⁵⁵.　　　　 a⁵⁵　sə³¹-ta³¹-tha⁵⁵　nə³¹?
　　 向外－搭－汉借－实然:1 复　哪儿　向外－搭－汉借　疑问
　　 这下子，那么，就下雨了。雨下了后，我们搭了一顶蓬蓬。搭在哪里了呢？

(24) n̠a³¹mu⁵⁵, qa⁵⁵dzə⁵⁵ɕi³¹phu⁵⁵qə³¹ti⁵⁵ɕa⁵⁵, tɕhin³¹phu⁵⁵ɕi³¹phu⁵⁵lo⁵⁵.
　　 那么　　咱们　树　　上面　　花椒　　树　来
　　 那么，咱们来到树上面的花椒树（那里）。

(25) n̠a³¹mu⁵⁵,　　ŋen⁵⁵thə³¹phu³¹　thə³¹khe⁵⁵　qə³¹ti⁵⁵ɕa⁵⁵
　　 那么　　　樱桃树　　　那些　　　上面
　　 die³¹-ta³¹-tha⁵⁵-dzə³¹.
　　 离心－搭－汉借－语尾助词
　　 那么，搭在了那些樱桃树上面。

(26) n̠i⁵⁵n̠a⁵⁵die³¹-tu⁵⁵　qa⁵⁵-dzə³¹　　die³¹-tu⁵⁵-ge⁵⁵.
　　 多少　离心－躲　能－语尾助词 离心－躲－语尾助词

能躲多少人呢？

(27) dzʴə³¹-ɕye⁵⁵-ŋ̊a⁵⁵-ŋ̊i³¹-tsə⁵⁵　die³¹-tu⁵⁵-ge⁵⁵,　　　ŋ̊a³¹mu⁵⁵,
　　 四 – 十 – 和 – 二 – 个　　离心 – 躲 – 语尾助词　那么
　　 dzʴə³¹-ɕye⁵⁵-ŋ̊a⁵⁵-ŋ̊i³¹-tsə⁵⁵ me¹³¹ die³¹-tu⁵⁵-ɕiu⁵⁵.
　　 四 – 十 – 和 – 二 – 个　　　雨　离心 – 躲 – 实然: 1 复: 亲见
　　 躲了四十二个人，那么，我们四十二个人躲雨。

(28) tə³¹-pu⁵⁵　　dzʴə³¹,　　 a⁵⁵pa³¹sə⁵⁵tʂuan⁵⁵　ɕo³¹sen⁵⁵　dzʴə³¹-tsə⁵⁵
　　 向上 – 做　连词　　阿坝师专　　　　学生　　四 – 个
　　 tɕe³¹gu⁵⁵　dzʴə⁵⁵,　　ɕo³¹sen⁵⁵thə³¹la³¹-mu⁵⁵　tsə³⁵juan³⁵tɕe³¹χo⁵¹.
　　 其中　　连词　　学生　他们 – 话题　　自愿　　结合
　　 做了后，其中，有四个阿坝师专的学生，学生他们自愿结合。

(29) ʁua³¹tsə³¹qe⁵⁵ʐe⁵⁵-lo³¹-ŋ̊a⁵⁵　　dzʴa³¹tʂhu⁵⁵,　kə⁵⁵ji⁵⁵ŋu⁵⁵-dzʴə⁵⁵,
　　 萝卜寨　　　向里 – 来 – 状语　玩　　　这样　系词 – 语尾助词
　　 （他们）是来萝卜寨耍的，是这样的。

(30) ʐe⁵⁵-lo³¹　ŋ̊a⁵⁵,　　mu³¹dzə⁵⁵die³¹-di³¹　dzʴə⁵⁵,　ɦia³¹-wu³¹
　　 向里 – 来　连词　　地震　离心 – 爆发　连词　向下 – 走
　　 ma⁵⁵-qa⁵⁵-pu⁵⁵-ji⁵⁵.
　　 否定 – 能 – 做 – 实然: 3
　　 来了后，地震就爆发了，就不能回去了。

(31) ma⁵⁵-qa⁵⁵-pu⁵⁵　dzʴə⁵⁵,　　　dian⁵⁵χua⁵⁵-ma³¹　　dian⁵⁵χua⁵⁵
　　 否定 – 能 – 做　连词　　电话 – 语尾助词　电话
　　 ma³¹-thoŋ⁵⁵-tha⁵⁵-pu⁵⁵.
　　 否定 – 通 – 汉借 – 做
　　 不能回去呢，电话嘛，电话不通。

(32) o³¹ho⁵⁵,　　ŋ̊a³¹mu⁵⁵,　　lu³⁵mian³⁵-ma³¹　　　lu³⁵mian³⁵
　　 哦叽　　那么　　　　路面 – 语尾助词　　路面
　　 ʁua³¹-thoŋ⁵⁵-tha⁵⁵-pu⁵⁵.
　　 否定 – 通 – 汉借 – 做
　　 哦叽，那么，路面嘛，路面不通。

(33) tho⁵⁵-sə⁵⁵-mu³¹　je⁵⁵tʂə⁵⁵　sen⁵⁵χo³¹-pu³¹-ŋ̊a⁵⁵a³¹so⁵⁵
　　 那 – 由格 – 话题　一直　　生活 – 做 – 连词一起

tɕi³¹-tʰiɑn⁵⁵ tə³¹-ʐi⁵⁵-ɕi⁵⁵.
几 – 天　向上 – 住 – 实然：1 复
从那时起，我们住在一起生活了几天。

(34) tɕi³¹ tʰiɑn⁵⁵ tə³¹-ʐi⁵⁵-ɕi⁵⁵　　　　　nə³¹? jou⁵⁵ ʂə⁵⁵ si⁵⁵ tʰiɑn⁵⁵.
几天　向上 – 住 – 实然：1 复　疑问　又是　四 – 天
住了几天呢？又是四天。

(35) dʐə³¹-ɕi⁵⁵ tə³¹-ʐi⁵⁵-ɕi⁵⁵　　　　dʐə⁵⁵, tsə³¹ ɕi⁵⁵ ɲi⁵⁵ ji⁵⁵
四 – 天　向上 – 住 – 实然：1 复 连词　这下　怎么
pu⁵⁵-mɑ³¹　nə³¹?
做 – 将行　疑问
住了四天后，这下要怎么做呢？

(36) ɑ⁵⁵ pɑ³¹ sə⁵⁵ tʂuɑn⁵⁵　ɲɑ³¹ mu⁵⁵　ɕo³¹ sen⁵⁵　dʐə³¹-gu⁵⁵,　ɕo³¹ sen⁵⁵
阿坝师专　　　　　　那么　　　学生　　四 – 个　　学生
dʐə³¹-gu⁵⁵ tɕu⁵⁵ ʂə⁵⁵,　so³¹ so³¹　qɑ³¹ lɑ³¹　dɑ³¹-mɑ⁵⁵-ɕi⁵⁵?
四 – 个　就是　　叔叔　　我们　　走 – 将行 – 实然：1 复
ki⁵⁵ ji⁵⁵　ŋuə³⁵-dʐə⁵⁵.
这样　系词 – 语尾助词
那么，阿坝师专四个学生，四个学生就说，叔叔，我们要走了？是这样的。

(37) o⁵⁵ jo³¹! dɑ³¹-mɑ⁵⁵-ɕi⁵⁵　　　dʐə⁵⁵, diɑn⁵⁵ χuɑ⁵⁵-mɑ⁵⁵
哦呦　走 – 将行 – 实然：1 复 连词　电话 – 语尾助词
diɑn⁵⁵ χuɑ⁵⁵ mɑ³¹-tʰoŋ⁵⁵-tʰɑ⁵⁵-dʐə⁵⁵,　　lu³⁵ miɑn³⁵-mɑ⁵⁵
电话　　否定 – 通 – 汉借 – 语尾助词　路面 – 语尾助词
lu³⁵ miɑn³⁵　mɑ³¹-tʰoŋ⁵⁵-tʰɑ⁵⁵.
路面　　　否定 – 通 – 汉借
哦呦，要走呢，电话嘛，电话不通；路面嘛，路面不通。

(38) ko³¹ ti³¹ fɑŋ⁵⁵-nə⁵⁵　χuɑ³¹ pʰo⁵⁵-pu⁵⁵-ɲɑ⁵⁵　tɕe³¹-lo⁵⁵　χɑ³¹ so³⁵.
各地方 – 语尾助词　滑坡 – 做 – 状语　连续 – 来　很
各地方滑坡来得还很厉害。

(39) ɑ⁵⁵　　kə³¹-mɑ³¹-ɲe⁵⁵?　　qɑ³⁵　　pu⁵⁵ ʂu⁵⁵-mɑ⁵⁵
哪儿　去 – 将行 – 非实然：2 复 我：属格　年龄 – 语尾助词

nə³¹-çi⁵⁵   ja³⁵ji³¹ma³¹-ba³¹   we⁵⁵-dzə⁵⁵,   qa⁵⁵-sə³¹
你-比较   非常 否定-大   系词-语尾助词   我-施事
zi⁵⁵mi³¹   da⁵⁵-ge⁵⁵-to⁵⁵   tɕa⁵⁵-qa³¹.
 话   说-名物化-非施事   连续-可以
你们要去哪里呢？我年龄嘛，虽然比你们大不了太多，但是我所说的话还是可以（听的）。

(40) die³¹-dʐu⁵⁵-ge⁵⁵   a³¹ɲi⁵⁵-çi⁵⁵   tə³¹-ʐi³¹-ɲe⁵⁵,
    离心-多-名物化些-天   向上-住-非实然:2 复
    qa³¹mi⁵⁵mi³¹kə⁵⁵ji⁵⁵fiə¹³¹-pu⁵⁵-sa⁵⁵.
    我自己   如此   说-做-实然:1 单
    你们要多住一些时间，自己如此说了。

(41) fiə¹³¹-sa⁵⁵   dzə⁵⁵, ʂo³¹ʂo³¹qa⁵⁵la³¹-mu⁵⁵nə³¹la⁵⁵-to⁵⁵,
    说-实然:1 复   连词   叔叔   我们-话题 你们-位格
    a⁵⁵-çi⁵⁵-ma³¹qə⁵⁵nə³¹la⁵⁵-to⁵⁵   tie³¹-ɳa⁵⁵   zi³¹ɳa⁵⁵, ɲi⁵⁵je⁵⁵ma⁵⁵nə³¹?
    一-天-每   你们-位格 吃-连词 住 连词 怎么 要 疑问
    说了后，（他们说）叔叔，我们每天都吃住你们这里，要怎么（做）?

(42) qa⁵⁵sə³¹-tʂəi³¹-je⁵⁵   tie³¹-ji⁵⁵   tɕe⁵⁵-we⁵⁵-sa⁵⁵   dzə⁵⁵,
    我 向外-拿-名物化   吃-实然:3   连续-有-实然:1 单连词
    a³¹tɕi⁵⁵   nə⁵⁵   tie³¹-ge⁵⁵   tɕe⁵⁵-we⁵⁵   dzə⁵⁵.
    大家   都   吃-名物化   连续-有   连词
    只要我拿出来的吃的还有，大家就都有吃的。

(43) qa⁵⁵sə³¹-tʂəi³¹-ge⁵⁵   mo³⁵-pu³¹-sa⁵⁵   dzə⁵⁵, a³¹tɕi⁵⁵
    我 向外-拿-名物化   没有-做-实然:1 单连词   大家
    nə⁵⁵mo³⁵-pei⁵⁵.   ça³¹-ma⁵⁵-ma⁵⁵   zi³¹-ma⁵⁵-ma⁵⁵
    都 没有-变成:实然:3 死-将行-语尾助词 活-将行-语尾助词
    a³¹tɕi⁵⁵   nə⁵⁵   tɕa⁵⁵   ʐe³¹-dzi⁵⁵   ma³¹-tɕo⁵⁵.
    全部   都   还   向里-猜想   否定-看见
    要是我拿出来的吃的没有了，大家就都没有吃了。要死嘛要活嘛，大家都还预测不见。

(44) thi³¹sə⁵⁵-ma⁵⁵dzə⁵⁵, a⁵⁵pa³¹sə⁵⁵tʂuan⁵⁵ɕo³¹sən⁵⁵, ɳa³¹mu⁵⁵
    那时-话题   阿坝师专   学生   那么

ço³¹ sən⁵⁵ dzɿə³¹-gu⁵⁵-to⁵⁵   qa⁵⁵-sə³¹ ɦa³¹-ʐo⁵⁵ tan⁵¹-pu⁵⁵-ʂə⁵⁵
学生   四－个－非施事   我－施事   向下－阻挡－做－致使
ŋa⁵⁵. ɦa³¹-ʐo⁵⁵-ʂə⁵⁵   ŋa⁵⁵, a³¹so⁵⁵ ʁue³¹-ɕi⁵⁵ tə³¹-ʑi⁵⁵-ɕi⁵⁵.
语气 向下－阻挡－致使 连词 一起 五－天 向上－住－实然:1 复
那时，阿坝师专学生，那么，四个学生被我阻拦了。被阻拦后，我们一起住了五天。

(45) ʁue³¹-ɕi⁵⁵   tə³¹-ʑi⁵⁵   ŋa⁵⁵,   kə⁵⁵jⁱ⁵⁵
     五－天   向上－住   连词   这样
     tə³¹-pu³¹-ʂə⁵⁵-sa⁵⁵-dzɿə⁵⁵.
     向上－做－致使－实然:1 单－连词
     住了五天，我让他们如此做了。

(46) qa⁵⁵ dzɿa⁵⁵ jan³⁵ men³¹ ɕan⁵⁵ tsen³⁵ fu⁵¹ tsen⁵⁵ khe³¹ tɕhin⁵¹ ʁua⁵⁵,
     咱们   雁门   乡政府   曾克勤   叫
     tsən⁵⁵ ɕan⁵⁵ tʂan³¹   fu³¹ ɕan⁵⁵ tʂan⁵⁵   ŋuə⁵⁵.
     曾乡长   副乡长   系词
     我们雁门乡政府（有个）叫曾克勤的，曾乡长是副乡长。

(47) the³¹ tɕu⁵⁵ ʂə⁵⁵ tə³¹-lo³⁵, tə³¹-lo³⁵ dzɿə⁵⁵, qa⁵⁵-to⁵⁵
     他   就是   向上－来   向上－来 连词   我－非施事
     tə-sə³¹   qa⁵⁵.
     向上－认识   能
     他就上来了，上来后，他能认到我。

(48) qa⁵⁵-to⁵⁵   lau⁵⁵ waŋ³¹ kə⁵⁵jⁱ⁵⁵ die³¹-ʁua⁵⁵ dzɿə⁵⁵, ɦei⁵¹！kə⁵⁵jⁱ⁵⁵
     我－非施事 老王   这样   离心－叫 连词   嗨   这样
     ɦa³¹-ta³¹jy⁵⁵-sa⁵⁵.
     向下－打招呼－实然:1 单
     就这样叫我老王，嗨，我就这样打招呼。

(49) nə³¹   pu⁵⁵ɕi⁵⁵   ɦa³¹-ke³¹-ma⁵⁵-nə⁵⁵   mi⁵⁵？
     你   今天   向下－去－将行－2 单   疑问
     你今天要不要下去？

(50) tsən⁵⁵ɕan⁵⁵tʂan³¹: pu⁵⁵ɕi⁵⁵ ɦa³¹-ke³¹-ma⁵⁵-nə⁵⁵   mi⁵⁵？
     曾乡长   今天   向下－去－将行－2 单 疑问

曾乡长，今天你要不要下去？

(51) fia³¹-ke³¹-ma⁵⁵-je⁵⁵　　　ŋuə³¹-sə⁵⁵　　　peu⁵⁵
　　 向下 - 去 - 将行 - 语尾助词　系词 - 实然: 2 单　变成: 亲见
　　 dzə⁵⁵, a⁵⁵pa³¹sə⁵⁵tʂuan⁵⁵ɕo³¹sən⁵⁵dzə³¹-gu⁵⁵-to⁵⁵　pi³¹ɕy⁵⁵ ʂə³⁵
　　 连词　阿坝师专　　　学生　四 - 个 - 非施事　必须是
　　 wən³¹tʂuan⁵⁵kai⁵⁵ʂaŋ³¹ta⁵⁵-ɳa⁵⁵　sə⁵⁵-pe⁵⁵-tɕhe⁵⁵ ja⁵⁵.
　　 汶川　　　街上　带 - 状语 向外 - 到 - 将行 语气
　　 你要是下去的话，必须是要把阿坝师专四个学生带到汶川街上。

(52) wən³¹tʂuan⁵⁵ kai⁵⁵ʂaŋ³¹ ta⁵⁵-ɳa⁵⁵　sə⁵⁵-pe⁵⁵　dzə⁵⁵,
　　 汶川　　　街上　　带 - 状语　向外 - 到　连词
　　 wən³¹tʂuan⁵⁵　kai⁵⁵ʂaŋ³¹　sə³¹-ɕi³¹.
　　 汶川　　　　街上　　向外 - 去
　　 要带到汶川街上呢，去到汶川街上。

(53) tha³¹qa³¹ a⁵⁵pa³¹sə⁵⁵tʂuan⁵⁵ sə³¹-ke³¹-ge⁵⁵-thi³¹.
　　 那里　　阿坝师专　　　　向外 - 走 - 名物化 - 定指
　　 那里（是可以）走到阿坝师专的。

(54) ɳa³¹mu⁵⁵, qa⁵⁵dzə⁵⁵ ja³⁵ji³¹ ma³¹-ə¹³¹χue⁵⁵pei⁵⁵　　 ɳa⁵¹.
　　 那么　 咱们　　 非常　否定 - 远　到: 实然: 3　语气
　　 那么，咱们到（那里）不是很远。

(55) tshai³¹ kai³¹ ɳan⁵¹-li³¹ lu³⁵ we⁵⁵ ɳa⁵¹. kə⁵⁵ji⁵⁵ ŋuə³¹ ɳa³¹.
　　 才　　隔　 两 - 里　路 有 语气　这样　系词 语气
　　 才隔有两里路，是这样的。

(56) the³¹la⁵⁵zi⁵⁵ go³¹go⁵⁵-ɳa⁵⁵　 sə⁵⁵-ke³¹ qa³¹-pei³⁵　　 ɳa³¹.
　　 他们　路 走: 重叠 - 状语　向外 - 走 可以 - 变成: 实然: 3 语气
　　 他们可以步行走到（那里）。

(57) qo⁵⁵ma³¹-tɕhe⁵⁵ɳa³¹, lao⁵⁵wan³¹nə³¹fia³¹-fan⁵⁵ɕi⁵⁵-ma³¹-nə⁵⁵.
　　 怕　否定 - 要 语气 老王　 你 向下 - 放心 - 将行 - 非实然: 2 单
　　 tye⁵⁵la³¹.
　　 对了
　　（曾乡长说）不要怕，老王你就放心吧！（我说）对了。

（58） qa⁵⁵　tɕu⁵⁵　tsen⁵⁵ ɕan⁵⁵ tʂan³¹-je³¹　fia³¹ ŋa³¹　ɕo³¹ sən⁵⁵
　　　 我　 就　　曾乡长 – 位格　　　孩子　　 学生
　　　 dzʐə³¹-gu⁵⁵-to⁵⁵　　thə⁵⁵-je⁵⁵　　fia⁵⁵-dzʐu³¹-sa⁵⁵.
　　　 四 – 个 – 非施事　 他 – 位格　　向下 – 托付 – 实然：1 单
　　　 我就把四个娃娃学生托付给了曾乡长他了。

（59） fia⁵⁵-dzʐu³¹　　tə³¹-pu⁵⁵-sa⁵⁵,　　　　ɕo³¹ sən⁵⁵ tsə³¹　pu⁵⁵ ʂu⁵⁵
　　　 向下 – 托付　 向上 – 做 – 实然：1 单 学生子　　　　 年龄
　　　 ma⁵⁵-ba³¹　　je³¹.　a³¹　ʂa⁵¹ ko⁵⁵　dzʐə⁵⁵,　ʂə⁵⁵ tɕəu³¹-səi³¹,
　　　 否定 – 大　 语气　 结束　　　　 连词　 十九 – 岁
　　　 fiə³⁵ ʂə⁵⁵ ji⁵⁵-səi³¹,　fiə³⁵　ʂə⁵⁵ fiə³⁵,　məi⁵⁵ ke⁵⁵ ji⁵⁵ khe⁵⁵ lieu³⁵　　 ja³¹.
　　　 二十一 – 岁　　　 二十二　　　 人　 这么些　　有：亲见 语气
　　　 我托付了后，学生们的年龄并不大，结束后（才知道），（他们）
　　　 19 岁，21 岁，22（岁），人（指学生们）有如此些（年龄）。

（60） kə⁵⁵ ji⁵⁵ ŋuə⁵⁵-dzʐə⁵⁵-mu⁵⁵,　　tsə³¹ ɕi⁵⁵-ma⁵⁵　　fia³¹-ke⁵⁵　ja³¹.
　　　 这样　系词 – 语尾助词 – 话题 这下子 – 语尾助词 向下 – 走 语气
　　　 是这样子呢，这下子就下去了。

（61） fia³¹-ke⁵⁵　dzʐə⁵⁵, qa⁵⁵-nə³¹　　ti⁵¹ fiə³⁵-tshə⁵¹　tə³¹-lo⁵⁵
　　　 向下 – 走　连词　我 – 语尾助词　第二 – 次　　 向上 – 来
　　　 ȵa³¹,　tsen⁵⁵ khe³¹ tɕhin⁵¹ tə³¹-lo⁵⁵　dzʐə⁵⁵, dzʐi³¹ dzʐi⁵⁵-sa⁵⁵,
　　　 连词　 曾克勤　　　　 向上 – 来 连词　问：重叠 – 实然：1 单
　　　 ai³⁵,　tsən⁵⁵ ɕan⁵⁵ tʂan³¹ ȵa³¹ mu⁵⁵ a⁵⁵ pa³¹ ʂə⁵⁵ tʂuan⁵⁵ ɕo³¹ sən⁵⁵
　　　 唉　 曾乡长　　　　 那么　　阿坝师专　　　 学生
　　　 dzʐə³¹-gu⁵⁵-to⁵⁵　　wən³¹ tʂuan⁵⁵ kai⁵⁵ ʂaŋ³¹　sə³¹-ɕi⁵⁵-ȵa⁵⁵
　　　 四 – 个 – 非施事　 汶川　　　 街上　　　 向外 – 送 – 状语
　　　 sə³¹-pe⁵⁵-sə³¹　　　　mi⁵⁵　ja⁵¹?
　　　 向外 – 到 – 实然：2 单　疑问　语气
　　　 下去后，我呢，曾克勤第二次上来了，他上来后，就问他：唉，曾
　　　 乡长，您把阿坝师专四个学生送到汶川街上没有吗？

（62） sə³¹-ɕi⁵⁵-ȵa⁵⁵　　sə³¹-pe⁵⁵-sa⁵⁵,　　　lao⁵⁵ wan³¹
　　　 向外 – 送 – 状语 向外 – 到 – 实然：1 单 老王
　　　 fia³¹-fan⁵⁵ ɕi⁵⁵-ma³¹-nə⁵⁵.　　　　　qa⁵⁵-nə³¹

向下－放心－将行－非实然：2 单　　我－语尾助词
ɕia³¹-fan⁵⁵ɕi⁵⁵-sɑu⁵⁵　　　　　　　jɑ⁵¹.
向下－放心－实然：1 单：亲见　语气
(曾乡长说) 我送到了，老王你就放心。那我就放心了。

(63) kə⁵⁵ji⁵⁵ŋue⁵⁵, tsə³¹ɕi⁵⁵, ȵɑ³¹mu⁵⁵die³¹-ko⁵⁵-thɑ³¹-je⁵⁵-mu⁵⁵.
这样　系词　这下子　那么　离心－过－汉借－名物化－话题
是这样的，这下子，那么，就过去了。

(64) qɑ⁵⁵dzʅɑ⁵⁵ti⁵¹lu⁵⁵thian⁵¹ʑe³¹-pe⁵⁵　　jɑ⁵¹,　ti⁵¹lu⁵⁵thian⁵¹
咱们　　第六天　　向里－到　语气　第六天
ʑe³¹-pe⁵⁵　　dzʅə⁵⁵.
向里－到　连词
咱们到了第六天，第六天到了后。

(65) qɑ⁵⁵lɑ⁵⁵-mi³⁵　tɕəu³⁵juan³¹pu³⁵tui³⁵lu³¹-pu⁵⁵, tɕəu³⁵tsai⁵⁵pu³⁵tui³⁵
我们－属格　救援部队　　　来－做　救灾部队
lu³¹-pu⁵⁵-jɑ⁵¹,　lu³¹-pu⁵⁵　dzʅə⁵⁵　qɑ⁵⁵dzʅɑ⁵⁵　tʂə³¹ʂen⁵⁵fəi⁵⁵tɕi⁵⁵
来－做－语气　来－做　连词　咱们　　　直升飞机
san⁵⁵-tɕɑ³¹　　weu⁵⁵.
三－架　　　有：亲见
我们救援部队来了，救援部队来了后，咱们有三架飞机。

(66) tʂə³¹ʂen⁵⁵fəi⁵⁵tɕi⁵⁵　san⁵⁵-tɕɑ³¹　mi⁵⁵　ȵɑ³⁵　tʂu³¹　lo³⁵
直升飞机　　　　三－架　　米　和　水　来
qɑ⁵⁵dzʅɑ⁵⁵tie3-ge⁵⁵　　tsə³¹-khe⁵⁵-to⁵⁵-mi³⁵　　　　ɑ³¹tɕi⁵⁵
咱们　吃－名物化　这－复－非施事－语尾助词　全部
tʂəi³¹-ȵɑ⁵⁵　lo³⁵, fəi⁵⁵tɕi⁵⁵-sə³¹　jon³⁵ʂu⁵⁵-pu³¹-ȵɑ³⁵lo³⁵-pu³¹.
拿－状语　来　飞机－语尾助词 运输－做－状语 来－做
三架直升机带来了米和水。咱们这些吃的都拿来了，是用飞机运来的。

(67) tə³¹-lu⁵⁵　ȵɑ⁵⁵, pəi⁵⁵ɕi⁵⁵qɑ⁵⁵-sə³¹　tɕe⁵⁵　ɕia³¹-tʂhu⁵⁵-ge⁵⁵.
向上－来连词 现在　我－施事　房子　向下－修－名物化
上来了，(就停在) 我修房子的地方。

(68) ɕin⁵⁵tɕhy⁵⁵ɕia³¹-tʂhu⁵⁵-je⁵⁵-thi³¹　　　　ɑ³¹tɕi⁵⁵qɑ³⁵　　　ʑiu⁵⁵,

新区　　向下－修－名物化－定指　全部　我：属格　系词
tɕi³⁵ zu³¹ tsə⁵⁵-dʑe³¹ qɑ³⁵　　　 zu³¹　ʑiu⁵⁵-dzə⁵⁵.
这　地　这－块　我：属格　　地　　系词－语尾助词
新区修房子的那个地方全部是我的（地）。这块地就是我的地。

(69) tsə³¹-dʑe³¹ san³⁵-tɕa³¹ a³¹ tɕi⁵⁵　　tɕaŋ³¹ lo⁵⁵ ɦia³⁵-pu³¹-ŋa⁵⁵
　　 这－块　　三－架　　　全部　　　　降落　　向下－做－状语
　　 ɦia³⁵-lui³⁵.
　　 向下－来：实然：3
　　 三架（飞机）全部降落在这块（地上）。

(70) ŋa³¹ mu⁵⁵, tʂu³¹ tɕhi⁵⁵-ge⁵⁵　 χue⁵⁵ tse³¹ tie³¹-ge⁵⁵　　 a³¹ tɕi⁵⁵
　　 那么　　 水　 喝－名物化　 或者　　 吃－名物化　 全部
　　 tsə⁵⁵ tʂha³¹-ge⁵⁵　　 ɦia³⁵-ɕi³⁵.
　　 那边－位格　　　　　 向下－放
　　 那么，喝的水或者吃的都放到那边了。

(71) qa³¹ ŋa³¹ mu⁵⁵　　 ɦia³¹-tɕua³⁵ lo⁵⁵　　 ma⁵⁵ dzə⁵⁵.
　　 我　 那么　　　　 向下－放置　　　　　 连词
　　 那么，我（把他们）放置好。

(72) qa⁵⁵ la⁵⁵ tshun⁵⁵ ʂaŋ⁵⁵ qa⁵⁵ la⁵⁵ kan³¹ pu⁵⁵ qa⁵⁵ la⁵⁵ lin⁵⁵ tau³¹ khe³¹-sə⁵⁵
　　 我们　　村上　　　我们　　干部　　我们　　领导们－施事
　　 a³¹ tɕi⁵⁵-to⁵⁵　　 thə³¹-qo³¹-nə⁵⁵　　 a³¹ ŋa³¹ qa⁵⁵ tsə³¹ qo³¹-nə⁵⁵
　　 全部－非施事　　 那－家－语尾助词　　 一点儿　 这家－语尾助词
　　 a³¹ ŋa³¹ qa⁵⁵　　 tə³¹-wo³¹ wo⁵⁵　　 ŋa⁵⁵　 sə³¹-wo³¹ wo⁵⁵-ŋa⁵⁵　　 kə⁵⁵ ji⁵⁵.
　　 一点儿　　　　　 向上－分配　　　　 和　　 向外－分配－状语　　　 这样
　　 我们村上、我们干部、我们领导们把全部（东西）这样那家一点
　　 儿、这家一点儿分配了。

(73) kə⁵⁵ ji⁵⁵ ŋa³¹ mu⁵⁵　 zə³¹-ɕi⁵⁵,　 χa⁵⁵ tho⁵⁵ sə⁵⁵ mi⁵⁵ qa⁵⁵-to⁵⁵,
　　 这样　　那么　　　 向心－放　 哈　　 过后　　　　 我－位格
　　 pi³¹ ɕy⁵⁵ ʂə³⁵　 qa⁵⁵ la⁵⁵　 tɕəu³⁵ juan³⁵ pu³⁵ tui³⁵　 lo³¹　ŋa⁵⁵.
　　 必须是　　　　 我们　　　 救援部队　　　　　　　　 来　 语气
　　 这样那么放下后，我呢，一定是我们救援部队来了。

(74) tɕəu³⁵ juan³⁵ pu³⁵ tui³⁵　 lo³¹　 dzə⁵⁵,　 qə³¹ mi⁵⁵, qa³¹-mi⁵⁵

救援部队　　　　　来　连词　从前　我 – 语尾助词
ko⁵⁵-ʑa⁵⁵-mi⁵⁵　　　ŋua³¹.
歌 – 唱 – 名物化　　系词：非实然：1 单
救援部队来了后，从前我是唱歌的。

(75) qa⁵⁵-to⁵⁵　　ko⁵⁵a⁵⁵-tʂe⁵¹tsə³¹die³¹-ʑa⁵⁵-ʂə³¹　　dzə⁵⁵,
　　　我 – 非施事　歌　一　首　　向外 – 唱 – 致使　连词
tsə³¹tua⁵⁵qə⁵⁵tɕəu³⁵, ɕi³¹mi⁵⁵ku³¹lia⁵⁵　　　　　ʁua⁵⁵dzə⁵⁵,
这时候　　就　心内　　有：非实然：1 单　连词
sə³¹-qa⁵⁵ə¹⁵⁵ma⁵⁵-qa⁵⁵　pei⁵⁵.　　　khu³¹ɕi⁵⁵ɕi⁵⁵　kə⁵⁵ji⁵⁵
向外 – 唱　否定 – 能　变成：实然：3　　哭兮兮　　这样
pei⁵⁵　　　　　ŋa⁵⁵. sə³¹-qa⁵⁵ə¹⁵⁵　ma⁵⁵-qa⁵⁵-pu⁵⁵　je⁵⁵.
变成：实然：3　语气　向外 – 常　否定 – 能 – 做　语气
让我唱一首歌嘛，这时候虽然心里有就是唱不出来。变得哭兮兮的，不能唱出来。

(76) nəi³¹ɕin⁵⁵qa³⁵　　ɕi³¹mi⁵⁵-thi³¹　tɕe³¹toŋ³⁵　zə³¹-pu³¹　ŋa⁵⁵,
　　　内心　我：属格　心 – 定指　　结冻　　向心 – 做　语气
sə³¹-qa⁵⁵ə¹⁵⁵　ma³¹-qa⁵⁵-pu³¹-sa⁵⁵.
向外 – 唱　否定 – 能 – 做 – 实然：1 单
内心，我的那个心结冻了，不能唱歌了。

(77) qa⁵⁵zə³¹-tu³⁵-tɕha³⁵　　　　　ja³¹, ke⁵⁵sə³¹-qa⁵⁵ə¹⁵⁵
　　　我　向心 – 冻 – 将行：非实然：1 单　语气歌　向外 – 唱
ma³¹-qa⁵⁵-pu³¹-sa⁵⁵.
否定 – 能 – 做 – 实然：1 单
我冻着了，不能唱歌了。

(78) qa³¹　tho⁵⁵sə⁵⁵mi³¹　ŋa³¹mu⁵⁵　die³¹-qa⁵⁵ə¹⁵⁵　mi⁵⁵-qa³⁵.
　　　我　那会儿　　　那么　　　离心 – 唱　　　否定 – 能
我那会儿是那么的不能唱。

(79) die³¹-qa⁵⁵ə¹⁵⁵　mi⁵⁵-qa³⁵　dzə⁵⁵,　ȵi⁵⁵ji⁵⁵　ma³¹　nə⁵⁵?
　　　离心 – 唱　　否定 – 能　连词　　怎么　　要　　疑问
不能唱呢，要怎么做呢？

(80) mu⁵⁵tʂhu⁵⁵-mi⁵⁵　die³¹-ko⁵⁵-tha⁵⁵　ŋa⁵⁵,　tsə³¹ɕi⁵⁵

后来－语尾助词　离心－过－汉借　连词　这下子
phəŋ³¹ phəŋ⁵⁵-khe⁵⁵-to⁵⁵　ɑ³¹ tɕi⁵⁵　jon³¹ ʂu⁵⁵-pu³¹　ȵɑ³¹,
篷篷－复－非施事　　全部　　运输－做　语气
fəi⁵⁵ tɕi⁵⁵-sə⁵⁵　jon³¹ ʂu⁵⁵-pu³¹-ȵɑ⁵⁵　ʐe³¹-lo⁵⁵-dzə⁵⁵.
飞机－工具　运输－做－状语　向里－来－语尾助词
后来，过了一阵子，这下子帐篷都运来了，用飞机运来了。

（81）　thɑ⁵⁵　phəŋ³¹ phəŋ⁵⁵　ɑ³¹ tɕi⁵⁵　tɕu³¹ ku⁵⁵　ʐi³¹-pu⁵⁵-ɕi⁵⁵
　　　　那　　篷篷　　　全部　　屋里　　住－做－实然：1 单
ȵɑ³¹.　kə⁵⁵ ji⁵⁵　tye⁵⁵-pu⁵⁵　ȵɑ³¹.
语气　这样　　好－做　语气
我们全部住到帐篷屋里了，这样好。

（82）　tsə³¹ tɕəu³⁵　ʂə⁵⁵　qɑ⁵⁵ lɑ⁵⁵ koŋ³⁵ tʂhan⁵⁵ daŋ⁵⁵-thi³¹ mi³¹-ŋuə⁵⁵　kə⁵⁵ ji⁵⁵
　　　　这　就是　　我们　共产党－定指　　否定－系词　这样
mɑ³¹ dzə⁵⁵, sɑ⁵⁵-sə⁵⁵　nə³¹-to⁵⁵　　quɑ³¹-thɑ⁵⁵ mɑ⁵⁵-ʐə³⁵　jɑ⁵¹?
连词　　　谁－施事 你－非施事 管－汉借 否定－会　疑问
这就是我们共产党，要是没有共产党，谁也不会管你呀？

（83）　pəi⁵⁵ ɕi⁵⁵　qɑ⁵⁵ lɑ⁵⁵　koŋ³¹ tʂhan³¹ taŋ⁵⁵-thi⁵⁵-je⁵⁵　die³¹-tye⁵⁵.
　　　　现在　　我们　　共产党－定指－语尾助词　最－好
现在我们共产党最好了。

（84）　qɑ⁵⁵ lɑ⁵⁵　koŋ³¹ tʂhan³¹ taŋ⁵⁵-to⁵⁵　die-ke⁵⁵　pe⁵⁵　jɑ⁵¹.
　　　　我们　共产党－位格　　　离心－走变成 语气
我们拥护共产党。

（85）　qɑ⁵⁵　ȵɑ³¹ mu⁵⁵　qɑ³⁵　　　ɕi³¹ mi⁵⁵-thi³¹　pi³¹ ɕy⁵⁵　kan⁵⁵ ɕe³¹
　　　　我　那么　　我：属格　　心－定指　　必须　　感谢
koŋ³¹ tʂhan³¹ taŋ⁵⁵　kan⁵⁵ gən⁵⁵　koŋ³¹ tʂhan³¹ taŋ⁵⁵.　kə⁵⁵ ji⁵⁵ ŋuə³¹.
共产党　　　　感恩　　共产党　　　　　这样 系词
那么，我、我的心必须感谢共产党，感恩共产党。就是这样的。

讲述人：王 JL 录制时间：2015 年

附 录 二

分类词汇

一 天文地理

天	mu⁵⁵ pia⁵⁵
太阳	mu³¹ ȵi⁵⁵
晒	ə³¹ pu⁵⁵
光	ɕya⁵⁵
阳光	mu³¹ ɕi⁵⁵ ɕya⁵⁵
天亮	ɦia³¹ -ʂue⁵⁵
月亮	χe³¹ ɕua⁵⁵
星星	dʐu³¹ pe³¹
慧星	sau³¹ pa⁵⁵ ɕiŋ⁵⁵
北极星	pəi⁵⁵ tɕi⁵⁵ ɕiŋ⁵⁵
七姐妹星	tɕhi⁵⁵ tsə³¹ məi⁵⁵ tsu⁵⁵ pe³¹
云	ʐda⁵⁵
乌云	ʐda⁵⁵ ȵi⁵⁵
彩云	ʐda⁵⁵ ɕy⁵⁵
风	mu³¹ pa⁵⁵
台风	mu³¹ pa⁵⁵ bʐa³¹
刮风	mu³¹ pa⁵⁵ phu⁵⁵
风声	ʁu⁵⁵ ʁu⁵⁵
闪电	ʂui³¹ da⁵⁵
雷	mən³¹ gu⁵⁵
响雷/霹雳	me³¹ gu⁵⁵ sa⁵⁵
打雷	me³¹ gu⁵⁵ di⁵⁵
雨	me³¹
大雨	me³¹ bʐa⁵⁵
小雨	me³¹ ʂtʂa⁵⁵
毛毛雨	ʂtʂa³¹ me³¹
暴风雨	mu³¹ pa⁵⁵ ȵa⁵⁵ me³¹
雨声	χua³¹ χua³¹ χua³¹
下雨	me³¹ lo⁵⁵
雪	pəi³¹
下雪	pəi³¹ ʐe³¹ -lo⁵⁵
雪崩	pəi³¹ die³¹ -zua⁵⁵
融化	die³¹ -dʐu⁵⁵
雪水	pəi³¹ die³¹ -dʐu⁵⁵ -je⁵⁵ tʂu⁵⁵
冰	tsu³¹ bʐa³¹
冰雹	ɕye³¹ tan⁵⁵ tsə³¹
结冰	tsu³¹ bʐa³¹ zə³¹ -zuo³¹
霜	ɕpia³¹ tho³¹
雾	ʐda⁵⁵ dʐu⁵⁵
露	dʐə⁵⁵ qə⁵⁵
虹	mo³¹ ʁo³¹ ʂu³⁵ tɕhi⁵⁵
天气	mu³¹ ɕi⁵⁵
晴	tə³¹ -χqai³¹ / ɕi⁵⁵
阴	ʐe³¹ -gdʐəi³⁵
旱	ʐe³¹ -ɦiə⁵⁵
涝	ɦia³¹ -sua³¹
地	zu³¹ pu³¹
土地	zu³¹ me³¹ to⁵⁵
坡地	zu³¹ ɕi⁵⁵ pia⁵⁵
陡坡	ɕi⁵⁵ pia⁵⁵
荒地	zu³¹ ba⁵⁵

山地	su³¹ ke³¹ zu⁵⁵	溪	tʂu⁵⁵ ʂtʂa³¹
峡谷	su³¹ z̩ə³¹ di⁵⁵-je⁵⁵	水沟儿	tʂu³¹ z̩o³¹ χu⁵⁵
草原	tʂou³¹ di³¹	池塘	tʂo³¹ qu³¹
平原	phin³¹ ba³¹ ba⁵⁵	小河	ɕi⁵⁵ tʂu
沙漠	ʂa³¹ mo⁵⁵	河水	ɕi⁵⁵ tʂu⁵⁵ tʂu³¹
平地	phin³¹-tha⁵⁵-je⁵⁵ zu³¹	上游	qa³¹ ɕa⁵⁵ tsuɑ⁵⁵
坝子	ba³¹ tsə⁵⁵	下游	ti³¹ ɕa⁵⁵ tsuɑ⁵⁵
旱地	z̩u⁵⁵ zu³¹	泉水	su³¹ tʂu⁵⁵
地界	dz̩əi³¹ ʁo⁵⁵	清水	gz̩əi³¹-je⁵⁵ tʂu⁵⁵
沼泽地	tʂu⁵⁵ mia³¹ tɕhy⁵⁵ zu³¹	水井	tʂu³¹ qu³¹
庄稼地	tʂuan³¹ tɕa³¹ pia³¹-je⁵⁵ zu³¹	漩涡	ɕyan³⁵ ʁo⁵⁵
田（总称）	tʂu⁵⁵ phau³¹ tha⁵⁵-je³¹ zu³¹	泡沫	pho³¹ pho⁵⁵ tsə⁵⁵
水田	tʂu³¹ zu³¹	瀑布	phu⁵⁵ pu³¹
梯田	tə³¹-tɕha⁵⁵ zu³¹	洪水	tʂu⁵⁵ ba³¹
田坎	zu³¹ ge³¹	泥石流	ni⁵⁵ ʂə³¹ liu⁵⁵
秧田	jaŋ⁵⁵ tsə³¹ zu³¹	淹	tə³¹-qhue⁵⁵
试验田	ko⁵⁵-tha⁵⁵-je³¹ zu³¹	河岸	ɕi⁵⁵ tʂu⁵⁵ pian³¹ tsə³¹
田埂	dz̩əi³¹ khu³¹	渡口	tu³⁵ khəu⁵¹
菜园	tɕe³¹ ku⁵⁵	坝	pa⁵⁵
果园	ɕi³¹ mi⁵⁵ zu³¹	地震	mu³¹ dzə⁵⁵
山	su³¹	滑坡	die³¹-zuɑ⁵⁵
小山	su³¹ ʂtʂa³¹-je⁵⁵	地陷	zu³¹ fia³¹-ʂui⁵⁵
荒山	su³¹ fia³¹-ɕe³¹-je⁵⁵	窟窿	toŋ³¹ toŋ⁵⁵
雪山	pəi³¹ su³¹	缝儿	dz̩əi³¹ dz̩əi³⁵
山顶	su³¹ qa⁵⁵ ɕa³¹	地洞	toŋ⁵⁵ z̩do³¹
山峰	su³¹ tɕin⁵⁵ tɕi⁵⁵	洞口	toŋ³¹ z̩do³¹ khou³¹ tsə³¹
山腰	su³¹ ɕi³¹ go⁵⁵	山路	su³¹ ke³¹ z̩əi³¹
山脚	su³¹ go³¹ to³¹	岔路	z̩əi³¹ ʁo³¹ li⁵⁵ pia³¹
山谷	su³¹ ɕi⁵⁵ qo³¹	大路	z̩əi³¹ bz̩a³¹
阴山	su³¹ da³¹ qə³¹ to⁵⁵	小路	z̩əi³¹ tɕhe³¹
阳山	su³¹ qə³¹ je³¹	公路	z̩əi³¹
岩洞	z̩a³¹ ʁo⁵⁵	桥	tsha⁵⁵
岩石	ʁu⁵⁵ pia³¹ ba³¹	石桥	ʁu³¹ pia³¹ tsha⁵⁵
海	ʂui³¹ qu⁵⁵	石头	ʁu³¹ pia³⁵
江	ɕi⁵⁵ tʂu⁵⁵	石板	ʂə⁵⁵ pau⁵⁵
湖	χai⁵⁵ tsə³¹	花岗岩	ʁu⁵⁵ pia³¹ χua³⁵ ta³¹

鹅卵石	ʁo³¹ luɑn⁵⁵ ʂə⁵⁵	玻璃	po⁵⁵ li³¹
土（统称）	χe³¹/χe³¹ be³¹ dʑi⁵⁵	硫磺	liu³¹ χuan³¹
泥	suɑ³¹	碱	tɕan³¹
粉末	ʐdɑ⁵⁵ mu⁵⁵	火药	χo³¹ jau³¹
尘土	ʐdɑ⁵⁵ mu⁵⁵	硝	ɕau⁵⁵
红土	χe³¹ pəi⁵⁵ dʑe³¹ ʑi³¹-je⁵⁵	火种	mu⁵⁵
水泥	be³¹ zu³¹	火光	mu⁵⁵ wen³¹ ɕan⁵⁵
沙子	ʂɑ⁵⁵ tsə³¹	火焰	mu⁵⁵ qə⁵⁵
砖	tʂuan⁵⁵	火塘	mu⁵⁵ ku⁵⁵
瓦	ʁuɑ³¹	打火石	tɑ³¹ χo³¹ ʂə⁵⁵
煤	mu³¹ dʑi⁵⁵	山火	su³¹ ke³¹ mu⁵⁵
煤油	məi³¹ jəu³¹	火把	po⁵⁵ mo³¹ go⁵⁵
煤渣	than⁵⁵ χui³⁵	火星	dʑɑ⁵⁵ miɑ³¹ khʐe³¹
炭	ɕi³¹ mu³¹ dʑi³¹	火舌	mu⁵⁵ qə⁵⁵
灰	be³¹ zu³¹	火灾	tɕe⁵⁵ mu⁵⁵ die³¹-we⁵⁵
灰尘	ʐdɑ⁵⁵ mu⁵⁵	火石	tʂɑ⁵⁵ miɑ³¹
火	mu⁵⁵	火铲	χo³⁵ tʂhuan³¹
烟	mu⁵⁵ khu⁵⁵	汽油	tɕhi³⁵ jəu³¹
锅烟子	kuo³¹ jan⁵⁵ tsə⁵⁵	油漆	jəu³¹ tɕhi³¹
水	tʂu⁵⁵		
凉水	tʂu³¹ ʂto⁵⁵		

二　时间方位

开水	tʂu³¹ tə³¹-su⁵⁵
蒸汽	tɕhi³¹ mu⁵⁵ tʂu⁵⁵	时候	pu³¹ fiə˧¹
金	ʂqo³¹	什么时候	ȵɑ³⁵ tua⁵⁵ pe³¹ fiə˧¹
银	ŋu⁵⁵	阴历	noŋ⁵⁵ li³¹
铜	thoŋ⁵⁵	阳历	koŋ⁵⁵ li³¹
铁	ɕe³¹ tɕe³¹	现在	tsə³¹ tua⁵⁵
磁铁	ɕe³¹ thie³¹ ʂə³¹	以前	qe˧¹
锈	ɕe³¹ ʐgu³¹	以后	mu⁵⁵ tʂhu⁵⁵
钢	ʂko³¹/ɕe³¹ tɕe³¹	古时候	qe³¹ ʐe³¹ ɕi⁵⁵ ɕi⁵⁵
锡	ɕe³¹	一辈子	mu⁵⁵ lɑ³¹ ɑ³¹ ɕi⁵⁵
铝	ly⁵¹	属相	ʐu⁵⁵
铅	tɕhan⁵⁵	子（属鼠）	dʑə³¹ ʂku³¹ ʐu⁵⁵
玉	jy³⁵	丑（属牛）	fiə³¹ tsə³¹ ʐu⁵⁵
翡翠	fəi⁵⁵ tshui³¹	寅（属虎）	pi³¹ du³¹ ʐu⁵⁵
玛瑙	ma³¹ nau⁵⁵	卯（属兔）	ʐde⁵⁵ ʐu⁵⁵

辰（属龙）	z̩bu⁵⁵ ʐu⁵⁵	每月	a³¹ le³¹ ma⁵⁵ nə⁵⁵
巳（属蛇）	bə³¹ tshə³¹ ʐu⁵⁵	月初	a³¹ le³¹ a³¹ tɕe⁵⁵
午（属马）	z̩o⁵⁵ ʐu⁵⁵	月底	a³¹ le³¹ fia³¹ - ʂa³¹ ko³¹
未（属羊）	tɕhe³¹ ʐu⁵⁵	星期天	ɕin⁵⁵ tɕhi⁵⁵ tian³⁵
申（属猴）	ʁua³¹ sa³¹ ʐu⁵⁵	元旦	juan³¹ tan⁵⁵
酉（属鸡）	jy³¹ ʐu⁵⁵	大年初一	tɕi³¹ tʂo⁵⁵ ɕi³¹
戌（属狗）	khu³¹ ʐu⁵⁵	元宵节	ʂpe³¹ to⁵⁵ fia³¹ ŋu⁵⁵
亥（属猪）	pia⁵⁵ ʐu⁵⁵	清明	tɕhi³¹ mi³¹ ɕi⁵⁵
今年	tsə³¹ pu⁵⁵	端午	ʁue³¹ le³¹ ʁue³¹ tɕo⁵⁵
明年	die³¹ dʐa⁵⁵	中秋	khə³¹ le³¹ -je⁵⁵ fia³¹ ŋu⁵⁵
后年	tho³¹ pu⁵⁵	冬至	toŋ⁵⁵ tʂə³¹
去年	nə⁵⁵ pu⁵⁵	除夕	dʐe³¹ ba³¹ me³¹
前年	dʐə⁵⁵ pu⁵⁵	过年	dʐa⁵⁵ ko⁵⁵ -tha⁵⁵
往年	qe³¹	过节	tɕe³¹ tɕhi⁵⁵ ko⁵⁵ -tha⁵⁵
每年	a⁵⁵ pu⁵⁵ ma⁵⁵ nə⁵⁵	今天	pəi⁵⁵ ɕi⁵⁵
上半年	tɕe³¹ qə³¹	明天	tə³¹ pəi⁵⁵ ɕi⁵⁵
下半年	su³¹ qə⁵⁵	后天	so³¹ dʐi⁵⁵ ɕi⁵⁵
年初	fia³¹ tɕe³¹ ge⁵⁵	大后天	dʐi³¹ so⁵⁵ ɕi⁵⁵
年底	dʐa⁵⁵ fia³¹ dʐa³¹ dʐə⁵⁵	昨天	nə⁵⁵ ɕi⁵⁵
春天	tʂhun⁵⁵ tian³⁵	前天	dʐə⁵⁵ ɕi⁵⁵
夏天	ɕa³¹ tian³⁵	大前天	dʐa³¹ dʐə⁵⁵ ɕi⁵⁵
秋天	tɕhəu³¹ tian³⁵	整天	a³¹ ɕi⁵⁵
冬天	toŋ³¹ tian³⁵	每天	a⁵⁵ ɕi⁵⁵ ma⁵⁵ qa⁵⁵
正月	ʂpe³¹ to⁵⁵ le³¹	早晨	tə³¹ -tɕye³¹ ȵa⁵⁵
二月	ni³¹ le³¹	上午	tɕye³¹ ȵa⁵⁵
三月	ɕe⁵⁵ le⁵⁵	中午	dʐa³¹ mia³¹ to⁵⁵
四月	dʐə³¹ le³¹	下午	me³¹ le³¹ χua⁵⁵
五月	ʁue³¹ le³¹	白天	ɕi³¹ tsə⁵⁵
六月	ʂtʂu³¹ le³¹	夜晚	me³¹ ʐə⁵⁵
七月	ɕi³¹ le³¹	傍晚	mu³¹ ma⁵⁵ ȵa⁵⁵
八月	khʐe³¹ le³¹	昼夜	ɕi³¹ tsə⁵⁵ mə³⁵
九月	ʐgu³¹ le³¹	半夜	ʐy⁵⁵ ɕi⁵⁵ ʐə⁵⁵ qe³¹
十月	fia³¹ dʐo³¹ le³¹	半天	a³¹ ɕi³¹ a³¹ dzua⁵⁵
十一月	fia³¹ tɕi⁵⁵ le³¹	初一	tɕi³¹ tʂo⁵⁵ a³¹ ɕi³¹
腊月	fia³¹ nə⁵⁵ le³¹	初二	tɕi³¹ tʂo⁵⁵ ni³¹ ɕi³¹
闰月	ʐun⁵⁵ jue³¹	初三	tɕi³¹ tʂo⁵⁵ ɕe³¹ ɕi⁵⁵

初四	tɕi³¹ tʂo⁵⁵ dʐə³¹ ɕi⁵⁵	对岸	tue⁵⁵ mian³¹ tsə³¹
初五	tɕi³¹ tʂo⁵⁵ ʁue³¹ ɕi⁵⁵	门上	dʐu³¹ qa³¹ ɕa³¹
初六	tɕi³¹ tʂo⁵⁵ ʂtʂu³¹ ɕi⁵⁵	楼上	lu³¹ qə⁵⁵
初七	tɕi³¹ tʂo⁵⁵ ɕi³¹ ɕi⁵⁵	楼下	lu³¹ qə⁵⁵ ti⁵⁵ ɕa³¹
初八	tɕi³¹ tʂo⁵⁵ khʐe³¹ ɕi⁵⁵	在……后	ʂta³¹ qə⁵⁵ -to⁵⁵
初九	tɕi³¹ tʂo⁵⁵ ʐgu³¹ ɕi⁵⁵	在……前	qe³¹ je³¹
初十	tɕi³¹ tʂo⁵⁵ fia³¹ dʐu³¹ ɕi⁵⁵	在……之间	ɕi³¹ gu³¹
地方	pa³¹ pa⁵⁵		
什么地方	ɲa⁵⁵ tsha³¹ je³¹ pa³¹ pa⁵⁵	**三 植物**	
家里	dʐu³¹ ku⁵⁵		
城里	qə³¹ to⁵⁵	树	ɕi³¹ phu⁵⁵
乡下	tshua⁵⁵ ge⁵⁵	松树	ɕpia⁵⁵ phu⁵⁵
上面	qa³¹ ɕa⁵⁵	松脂	ɕpia³¹ tu⁵⁵
下面	tɕi⁵⁵ ɕa⁵⁵	松包	ɕpia³¹ ʁua³¹ la³¹
左边	tso³¹ pian⁵⁵	松明	ɕpia⁵⁵ mi⁵⁵ go⁵⁵
右边	jou³¹ pian⁵⁵	柏树	χo³¹ phu⁵⁵
中间	ɕi³¹ gu⁵⁵	杉树	lu³¹ phu⁵⁵
前面	qe³¹ ʐe⁵⁵	柳树	so⁵⁵ ʐə⁵⁵ phu³¹
后面	ta³¹ qa⁵⁵ to⁵⁵	柳絮	liu⁵⁵ ɕy³¹
末尾	fia³¹ ʂa⁵⁵ ko³¹	银杏	pe³¹ ko³¹
对面	ʐə³¹ -ko⁵⁵ ɕi⁵⁵	樟树	tʂaŋ⁵⁵ ʂu⁵⁵
面前	to⁵⁵ qe³¹	梧桐	ʁu⁵⁵ thoŋ³¹ ʂu⁵⁵
背后	ta³¹ qa⁵⁵ to⁵⁵	杨树	ʐu⁵⁵ phu³¹
里面	ku³¹ ʐə³¹ ɕa⁵⁵	白桦	χua³¹ tsa³¹
外面	ʁua³¹ ɕa⁵⁵	棕树	tsu⁵⁵ phu⁵⁵
旁边	pian³¹ tsə³¹ ge⁵⁵	杉树	lu³¹ phu⁵⁵
边儿	pian³¹ tsə³¹	槐树	jaŋ³⁵ χuai³¹ tsə³¹
角落	ko³¹ ko³¹	漆树	ʂtʂu⁵⁵ phu⁵⁵
东	tuŋ⁵⁵	青冈栎	ɕi³¹ ʐə³¹ phu⁵⁵
南	lan³¹	树皮	ɕi³¹ phu⁵⁵ ʐa³¹ pia³¹
西	ɕi⁵⁵	树枝	ɕi³¹ phu⁵⁵ tɕha³¹ mia³¹
北	pe³¹	树干	ɕi³¹ phu⁵⁵ kan³¹ kan⁵⁵
正面	tʂəŋ⁵⁵ mian³¹	树梢	ɕi³¹ phu⁵⁵ tin³¹ tin³¹
反面	fan⁵⁵ mian³¹	树根	ɕi³¹ phu⁵⁵ gʐə⁵⁵
附近	pian⁵⁵ tsə³¹	树浆	ɕi³¹ phu⁵⁵ tɕaŋ⁵⁵
周围	a³¹ ʂku⁵⁵	木头	ɕi³¹ to³¹

竹子	ʂpo³¹ti⁵⁵	西瓜	ɕi⁵⁵kua⁵⁵
篾条	ʂpo³¹mi⁵⁵phie⁵⁵	桃核	ɕi⁵⁵mi³¹jy⁵⁵
竹根	ʂpo³¹ʂti⁵⁵gʐə⁵⁵	葡萄	phu³¹thau³¹
竹节	ʂpo³¹tɕe³¹	樱桃	jin⁵⁵thau³¹
竹竿	ʂpo³¹ʂti⁵⁵	柑子	kan⁵⁵tsə³¹
叶子	ɕa³¹qa³¹	果皮	ʐa³¹pia⁵⁵
花	pəi⁵⁵pəi⁵⁵	壳	ʐa³¹pia⁵⁵
花蕾	pəi⁵⁵pəi⁵⁵pən³¹pən³¹tʂu⁵⁵	核儿	χu⁵⁵χu⁵⁵
梅花	məi³¹χua⁵⁵	籽	ʐy⁵⁵
牡丹	mu⁵¹tan⁵⁵	瓜籽	kua⁵⁵tsə³¹
荷花	χo³¹χua⁵⁵	葵花籽	kua⁵⁵tsə³¹
杜鹃花	ʁo³¹ɕi³¹pəi⁵⁵pəi⁵⁵	荆藤	ʁe³¹bʐe³¹
鸡冠花	ʂa⁵⁵tʂu⁵⁵pəi⁵⁵pəi⁵⁵	瓜蔓	kua⁵⁵thən³¹thən⁵⁵
葵花	mu⁵⁵ȵi³¹pəi⁵⁵pəi⁵⁵	艾草	ʐə³¹pu⁵⁵
桃花	tho³¹mi⁵⁵pəi³¹pəi⁵⁵	车前草	tʂhe⁵⁵tɕhan³¹tshau⁵¹
金银花	tɕin³¹jin³¹χua⁵⁵	灵芝	lin³¹tʂə³¹
花瓣	pəi⁵⁵pəi⁵⁵tɕha³¹mia³¹	火麻	ȵi⁵⁵khu⁵⁵
花蕊	pəi⁵⁵pəi⁵⁵ɕin³¹tsə⁵⁵	草根	ɕya³¹pu⁵⁵gʐə³¹
草	ɕya³¹dʐu³¹	青苔	li³¹mia³¹
藤	ʁe³¹bʐəi³¹	稻	ʂui⁵⁵tau³⁵
刺儿	tshə³⁵	稻谷	tau³⁵ku³¹
水果	ɕi³¹mi⁵⁵	稻草	le⁵⁵χə³¹
苹果	phin³¹ko⁵¹	大麦	ʁə³¹
桃子	tho³¹mi⁵⁵	小麦	dzə⁵⁵/ʁə³¹
梨	li³¹ə̴³¹	麦秸	le⁵⁵χə³¹
李子	li³¹tsə³¹	谷子	ku⁵⁵tsə⁵⁵
杏	ʁo⁵⁵ʂu⁵⁵mi⁵⁵	高粱	kau³⁵lian³¹
橘子	tɕy⁵⁵tsə⁵¹	玉米	jy⁵⁵ma⁵⁵
柚子	jəu³⁵tsə⁵¹	棉花	bo⁵⁵
柿子	ʂə³¹tsə⁵¹	油菜	jou³⁵tshai⁵⁵
石榴	ʂə³¹liu³¹	芝麻	tʂə³⁵ma³¹
枣	mo⁵⁵tso⁵⁵	向日葵	ɕan³⁵ʐə⁵⁵khui³¹
栗子	li³⁵tsə⁵¹	蚕豆	tʂhan³¹təu³⁵
枸杞	χoɤ⁵⁵ko³¹ko⁵⁵	豌豆	ʁuan⁵⁵təu³¹
核桃	ʁua³¹la³¹	花生	lo³¹χua³¹tsə⁵⁵
甘蔗	kan³¹tʂe⁵⁵	黄豆	di³¹pia⁵⁵

绿豆	lu³¹ təu³⁵	苦荞	dzə³¹ ʁua⁵⁵
豇豆	tɕaŋ³¹ təu⁵⁵	荞花	dzə³¹ ʁua⁵⁵ pəi³¹ pəi³¹
大白菜	ta³¹ pe³¹ tshe⁵⁵	荞壳	dzə³¹ ʁua⁵⁵ kho³¹ kho³¹
包心菜	pau³¹ tshe⁵⁵	苎麻	so³¹ mi⁵⁵
菠菜	po³⁵ tshai³¹	豆子	təu³¹ təu³¹
芹菜	tɕhin³¹ tshai³⁵	豆秸	təu³¹ kan³¹ tsə⁵⁵
莴笋	ʁo⁵¹ sən⁵¹	豆苗	təu³¹ təu³¹ phu⁵⁵
韭菜	ʂke³¹ tɕi⁵⁵	豆芽	təu⁵⁵ ja⁵⁵ tsə⁵⁵
香菜	jan³¹ ɕy⁵⁵	四季豆	si³¹ tɕi⁵⁵ təu³¹
葱	lo³¹ tsha⁵⁵	冬瓜	tuŋ⁵⁵ kua⁵⁵
蒜	ʂke³¹	苦瓜	khu⁵⁵ kua⁵⁵
姜	ku³¹ fia³¹	青菜	ko³¹ χui³⁵ -je⁵⁵
洋葱	jan³¹ tshuŋ⁵⁵	空心菜	khuŋ⁵⁵ ɕin⁵⁵ tshai³¹
辣椒	χe³¹ tɕo³¹	苦菜	khu⁵⁵ tshai⁵⁵
茄子	tɕhe³¹ tsə³¹	蒜苗	suan³¹ mi⁵⁵ tsə⁵⁵
西红柿	fan³¹ tɕhe³¹	青椒	χe³¹ tɕau³¹ χui⁵⁵ -je⁵⁵
萝卜	lo³¹ pu⁵⁵	红椒	χe³¹ tɕau³¹ zi³¹ -je⁵⁵
胡萝卜	χoŋ⁵⁵ lo³¹ pu³¹	干辣椒	χe³¹ tɕau³¹ ɣe³¹ -je⁵⁵
黄瓜	χuan³¹ kua⁵⁵	笋	ʂpo³¹ li³¹
丝瓜	sə⁵⁵ kua⁵⁵	笋衣	ʂpu³¹ ɕa³¹
南瓜	lan³¹ kua⁵⁵	笋壳	ʂpo³¹ ɕa³¹
红薯	χun³¹ ʂau³¹	笋干	ʂpo³¹ li³¹ ɣe³¹ -je⁵⁵
土豆	jan³¹ jy⁵⁵	萝卜干	lo³¹ pu⁵⁵ kan⁵⁵
藕	gəu⁵¹	萝卜缨子	lo³¹ pu⁵⁵ jaŋ³⁵ tsə⁵⁵
粮食	ʐa³¹ ga⁵⁵	百合	pe³¹ χo⁵⁵
种子	ʐə³¹ jy⁵⁵	木耳	ʐə³¹ tsə⁵¹
秧	jaŋ³⁵ tsə⁵⁵	蘑菇	mo⁵⁵ ʐə⁵⁵
大米	khʐə³¹ mi⁵⁵	香菇	ɕaŋ³⁵ ku⁵⁵
小米	tɕəu⁵⁵ mi⁵³	银耳	jin⁵⁵ ə⁵⁵
糯米	tɕəu⁵⁵ mi⁵³		
红米	χuŋ³¹ mi⁵³		

四　动物

玉米包	jy³¹ ma⁵⁵ po³¹ po³¹		
玉米秆	kan³¹ tsə³¹	野兽	di³¹ ja³¹ tha⁵⁵ -je⁵⁵
玉米须	χuŋ³¹ ɕy⁵⁵	大象	ta³⁵ ɕa³¹
青稞	dzə⁵⁵/tɕhiŋ⁵⁵ kho⁵⁵	象牙	ɕa³¹ ja³¹
荞麦	tɕhau⁵⁵ mai³¹/dzə³¹ ʁua⁵⁵	狮子	ʂə⁵⁵ tsə³¹

老虎	pi³¹ do⁵⁵	蚕	tshan³¹
豹	ɕi³¹ kə³¹ pa³¹ tʂə⁵⁵	跳蚤	tso⁵⁵ ni⁵⁵
大熊猫	tɕe⁵⁵ pia⁵⁵ tʂu⁵⁵	虱子	tʂei⁵⁵
狗熊	tɕe⁵⁵ pia⁵⁵ tʂu⁵⁵	头虱	ʂtʂəi⁵⁵
熊掌	tɕe⁵⁵ pia⁵⁵ tʂu⁵⁵ li³¹ pa⁵⁵	蜘蛛	tshə³¹ tshə³¹
熊胆	tɕe⁵⁵ pia⁵⁵ tʂu⁵⁵ ʂtʂə³¹	蜘蛛网	tʂhə³¹ tʂhə³¹ dzo⁵⁵
野猪	pia³¹ ŋu⁵⁵	壁虎	ʂko³¹ tshə⁵⁵
獒	khu³¹	蜈蚣	tu⁵⁵ əɿ⁵⁵
豺狗	que⁵⁵	地蚕	pia³¹ ɕi⁵⁵ bu⁵⁵ lu⁵⁵
豪猪	tshə³¹ tʂu⁵⁵ tsə³¹	蜗牛	ʂtʂə³¹ po⁵⁵/kua⁵⁵ kua⁵⁵ ȵu⁵⁵
鹿	lu³¹	蚯蚓	mu⁵⁵ tɕi⁵⁵ bu⁵⁵ lu³¹
鹿茸	lu⁵⁵ zuŋ³¹	蚂蚁	tɕo³¹ khʐa⁵⁵
青麂子	ɕe⁵⁵	蚁窝	tɕo³¹ khʐa³¹ zbu³¹
黄麂子	ɕe³¹	蚁蛋	tɕo³¹ khʐa⁵⁵ jy³¹ ʂtə³¹
麝	tʂhə⁵⁵ li³¹	山蚂蟥	bu³¹ gu⁵⁵ dʐu⁵⁵
狼	la³¹	蝗虫	χuaŋ⁵⁵ tʂhoŋ⁵⁵
狐狸	fu³¹ li⁵¹	蟋蟀	tɕhe³¹ so⁵⁵
猴子	ʁua³¹ sa³¹	毛毛虫	ȵi⁵⁵ khu⁵⁵ bu⁵⁵ lu⁵⁵
金丝猴	ʁua³¹ sa³¹	蝴蝶	tɕhin³¹ pi⁵⁵
旱獭	thu⁵⁵ pau⁵⁵ tsə⁵⁵	蜻蜓	tɕhin³⁵ thin³¹
野兔	dəɿ⁵⁵	蜜蜂	bu³¹ zu⁵⁵
松鼠	dʐə³¹ ɕtɕy⁵⁵	蜂王	bu³¹ zu⁵⁵ zə⁵⁵
黄鼠狼	χuan³¹ ʂui³¹ lu⁵⁵	飞蛾	wəɿ⁵⁵ wəɿ⁵⁵
穿山甲	dʐue⁵⁵ gu⁵⁵	萤火虫	liaŋ³¹ χo⁵⁵ tʂhuŋ³¹
刺猬	tsə³¹ tʂu⁵⁵ tsə⁵⁵	知了	zan³¹ zua³¹
田鼠	dʐə³¹ lu⁵⁵	牛虻	ȵu³¹ wən³¹ tsə³¹
老鼠	dʐə³¹ ku⁵⁵	苍蝇	bu³¹ zu³¹ ŋua⁵⁵
母老鼠	dʐə³¹ ʂku⁵⁵ mia³¹	蚊子	wən³¹ tsə⁵⁵
蝙蝠	pha³¹ tɕi⁵⁵ pha³¹ la⁵⁵	鸟儿	ʁu³¹ zi⁵⁵
虫子	bu⁵⁵ lu⁵⁵	鸟蛋	ʁue³¹ zi⁵⁵ jy³¹ ʂtə⁵⁵
臭虫	bu⁵⁵ lu⁵⁵ bu⁵⁵ tsa⁵⁵	鸟窝	zbu³¹ ku³¹
蛔虫	tshau³¹ tʂhuŋ³¹	翅膀	ʐa³¹ khʐa³¹
肉蛆	pia³¹ tshə³¹ bu⁵⁵ lu⁵⁵	爪子	ba³¹ so³¹ ko³¹
屎蛆	tʂhə³¹ qu⁵⁵ bu³¹ lu³¹	尾巴	so³¹ ko³¹
螳螂	ɕe³¹ tsə³¹ qə³¹	啄木鸟	tʂuo³¹ mu³¹ niau³¹
绿头蝇	wu³¹ zi³¹ ŋu⁵⁵	布谷鸟	kəi⁵⁵ pu⁵⁵

燕子	jan³⁵ tsə⁵¹	牛犊	ɦuẽ³¹ mu³¹ tʂu⁵⁵/ʑə³¹ ge³¹ tʂu⁵⁵
野鸡	jy³¹ tʂu⁵⁵	马	ʐo³¹
老鹰	χo⁵⁵ li³¹ pa³¹	公马	ʐo³¹ pi³¹
鹰爪	pa³¹ khu³¹	母马	ʐo³¹ mia³¹
猫头鹰	je³¹ ʂə⁵⁵ jiŋ⁵⁵	马驹	ʐo³¹ tʂu⁵⁵
鹦鹉	jən⁵⁵ gəɹ⁵⁵	驴	dʐe³¹ be³¹
画眉鸟	tʂhai³¹ χo⁵⁵	公驴	dʐe³¹ pe³¹ pi⁵⁵
麻雀	ʁu³¹ ʑi⁵⁵	母驴	dʐe³¹ pe³¹ mia⁵⁵
喜鹊	ɕa³¹ ɕa⁵⁵	骡	ke³¹ tɕe⁵⁵
乌鸦	nia³¹ ʁo⁵⁵	绵羊	ȵu⁵⁵
鸽子	gu³¹ gu³¹	山羊	tɕhe³¹
鱼	ʑa³¹	公羊	tɕhe⁵⁵ dʐe⁵⁵
金鱼	tɕin⁵⁵ jy³¹	母羊	tɕhe⁵⁵ mia⁵⁵
带鱼	tai³⁵ jy³¹	羊羔	tɕhin⁵⁵ tʂu⁵⁵
鱼鳞	lin³⁵	猪	pia³¹
鱼刺	jy⁵⁵ tɕhan³⁵ tɕhan⁵⁵	种猪	koŋ⁵⁵ tsu⁵⁵
鱼子	ʐbu⁵⁵ ŋa³¹	公猪	pia³¹ ɕtɕy⁵⁵
鱼苗	ʑa³¹ ʂtʂa³¹ -je⁵⁵	母猪	pia³¹ mia⁵⁵
虾	ɕa³¹	猪崽	pian³¹ tʂu⁵⁵
螃蟹	phan³¹ ɕe⁵⁵	狗	khu³¹
乌龟	wu⁵⁵ kui⁵⁵	公狗	khu⁵⁵ do⁵⁵/khu³¹ pi³¹
蝌蚪	dzu³¹ pia³¹ tʂu³¹	母狗	khu⁵⁵ mia⁵⁵
青蛙	dzo³¹ pia⁵⁵	看家狗	tɕe⁵⁵ ɕy³¹ -tha⁵⁵ -je³¹ khu³¹
癞蛤蟆	dzo³¹ pia³¹	猎狗	khu³⁵ tʂhəi⁵⁵
黄鳝	χuan³¹ ʂan³¹	疯狗	khu³¹ ʁo⁵⁵
蛇	bu³¹ tshə³¹	猫	bia⁵⁵ ȵu⁵⁵
毒蛇	χe³¹ ŋu⁵⁵ ʂa³¹	公猫	bia⁵⁵ ȵu⁵⁵ pi³¹
菜花蛇	tshai³¹ χua⁵⁵ ʂə³¹	母猫	bia⁵⁵ ȵu⁵⁵ mia³¹
竹叶青	tɕhiŋ⁵⁵ tʂu⁵⁵ piau³⁵	兔子	thu⁵⁵ ʑə⁵⁵
蛇皮	bu³¹ tshə³¹ ʑa³¹ pia⁵⁵	蹄子	tɕi³¹ tʂu³¹
蛇胆	bu³¹ tshə³¹ tʂə⁵⁵	鸡	jy³¹
牛	ɦə³¹ tsə⁵⁵	公鸡	jy³¹ qo⁵⁵
公牛	ʐə³¹	母鸡	jy³¹ mia⁵⁵
母牛	wu³¹ mia⁵⁵	鸡崽	jy³¹ tɕe³¹ tʂu⁵⁵
黄牛	ɦə³¹ tsə⁵⁵	鸭	ja³¹ tsə⁵⁵
公牛	ʐə³¹	鹅	ʁo³¹

五　房舍器具

村庄	tshuɑ⁵⁵ qə⁵⁵
胡同	χan³⁵ tau³¹
街道	qe³⁵ tau³¹
房子	tɕe⁵⁵
屋子	χo⁵⁵ zu³¹
卧室	χo⁵⁵ zu³¹
茅屋	ɕya³¹ pu⁵⁵ tɕe³¹
厨房	ʂti³¹ pu³¹ -je⁵⁵ tɕe³¹
灶	tso³¹ tɕɑ⁵⁵
锅	tshɑ³¹ pia⁵⁵
饭锅	ʂti³¹ pu³¹ -je⁵⁵ tshɑ³¹ pia⁵⁵
菜锅	ko³¹ tsho³¹ tʂhəi⁵⁵ -je⁵⁵ tshɑ³¹ pia⁵⁵
厕所	tʂhə³¹ qu⁵⁵
檩	lin⁵⁵ tsə⁵¹
柱子	tson³¹ tʂu⁵⁵
大门	ʐu³¹ ba³¹
门槛儿	mən³¹ khan⁵¹
窗	tʂhuan⁵⁵ tsə⁵¹
梯子	ʐde⁵⁵
扫帚	pu⁵⁵ khɑ⁵⁵
垃圾	tʂa³¹ tʂa³¹
楼房	ləu³¹ fan³¹
木板房	ba³¹ ʐə³¹
砖瓦房	ʁua³¹ tɕe⁵⁵
仓库	tshaŋ³¹ khu⁵⁵
棚子	phən³¹ phu³¹
草棚	ɕya³¹ pu⁵⁵ phən³¹ phu³¹
窑	jau³¹ tsə⁵⁵
碉楼	tiau⁵⁵
山寨	tshuɑ⁵⁵
屋檐	jyan³¹ khəu³¹
屋顶	tɕe⁵⁵ to⁵⁵
梁	tua³¹
椽子	pu⁵⁵
立柱	tson³¹ tʂu⁵⁵
门	dʐu³¹
寨门	tshuɑ⁵⁵ ge⁵⁵ dʐu³¹
门口	dʐu³¹ tɕhan⁵⁵ tɕhan³¹ / dʐu³¹ khu⁵⁵ khu⁵⁵
闩	ʂua³¹ la³¹
篱笆	tɕe³¹ pia⁵⁵
栏杆	fu⁵⁵ lan⁵⁵
桩子	tɕe³¹ qua³¹
木料	ɕi³¹ to³¹
圆木	thoŋ³¹ thu⁵⁵
板子	pan³¹ tsə³¹
墙板	su⁵⁵ bo³¹
楼板	ləu⁵⁵ pan³¹
木板	bo⁵⁵
天花板	ʁuan⁵⁵ pan³¹ ə³¹
门板	dʐu³¹ ɕin⁵⁵ tsə³¹
墙壁	su³¹ phu³¹
围墙	ʁue³¹ su³¹
砖墙	tsuan⁵⁵ ɕa³¹ -je⁵⁵
土墙	su³¹
城墙	tʂhəŋ⁵⁵ tɕhaŋ⁵¹
石墙	ʁu³¹ pia⁵⁵ khʐɑ³¹
房间	χo⁵⁵ tʂu⁵⁵
外间	ʁua³¹ ɕa⁵⁵ thə³¹ so⁵⁵
里间	ku³¹ ɕa⁵⁵ thə³¹ so⁵⁵
家具	dʐu³¹ ku⁵⁵ pa³¹ na³¹
工具	pɑ³¹ la³¹
炕	də³⁵
床	nə³¹ ʂta⁵⁵
枕头	nə³¹ gu⁵⁵
被子	que⁵⁵ tɕhe⁵⁵
棉絮	mian³¹ sui³¹
床单	pɑ³¹ ge³¹
褥子	tɕin³¹ que³¹

席子	ɕi³¹ tsə³¹	手绢	ʂəu⁵¹ pha³¹
蚊帐	tʂau³¹ tsə³¹	肥皂	fəi³¹ tsau³⁵
桌子	tʂue³¹ tsə³¹	梳子	qe³¹ ɕye⁵⁵
柜子	tsha³¹ tʂu⁵⁵	缝衣针	χe³¹
抽屉	tʂhəu⁵⁵ tʂhəu⁵⁵	剪子	ɕe³¹ ʂpo³¹
案子	tɕhe⁵⁵ ge⁵⁵	蜡烛	lia³¹ mi⁵⁵ ko⁵⁵
椅子	ʑi⁵⁵ tsə⁵¹	手电筒	tian³⁵ thuŋ³¹
凳子	pan³¹ ti⁵⁵	雨伞	to³¹ ʂa³¹
马桶	pi⁵⁵ tshuo⁵⁵	自行车	tsə³⁵ ɕin³¹ tʂhe⁵⁵
箱子	ɕaŋ⁵⁵ tsə³¹	电灯	tian³¹ tən⁵⁵
木箱	mo³¹ ɕaŋ⁵⁵	灯泡	tən⁵⁵ phau⁵⁵
皮箱	ʐa³¹ pia⁵⁵ ɕan⁵⁵ tsə³¹	电线	ɕan⁵⁵ tsə³¹
衣柜	phu³¹ ɕy⁵⁵ tsha³¹ tʂu⁵⁵	开关	ʐge³¹ ʐge⁵⁵/khai³¹ kuan⁵⁵
饭桌	ʂti³¹ tɕhi⁵⁵ tʂue³¹ tsə³¹	油灯	mo³¹ go³¹
小板凳	pan³¹ ti³¹ tʂu⁵⁵	灯罩	təŋ⁵⁵ tʂau³¹
棕垫	bo⁵⁵ tsho⁵⁵	灯芯	mo³¹ go⁵⁵ ɕin³¹ tsə³¹
电视	tian³⁵ ʂə³¹	灯花	la³¹ ɕi³¹
冰箱	pin⁵⁵ ɕan³¹	灯笼	tən³⁵ luŋ³¹
洗衣机	ɕi⁵⁵ ji³¹ tɕi⁵⁵	松明灯	ɕpia⁵⁵ mi⁵⁵ go⁵⁵
菜刀	tɕhe⁵⁵ to⁵⁵	电池	tian³⁵ tʂʰə³¹
瓢	za³¹ ba³¹	钟	tʂhu³¹
缸	ʁo³¹ tsho⁵⁵	盆	phən³¹
坛子	qa³¹ pu³¹	镜子	tɕiŋ⁵⁵ tsə⁵⁵
瓶子	phin³¹ tsə³¹	风箱	fəŋ⁵⁵ ɕa⁵⁵
盖子	kai³¹ kai⁵⁵	篮子	tu⁵⁵ khu⁵⁵
碗	ʁu⁵⁵	瓜果盘	ləu³⁵ ləu⁵⁵
筷子	du⁵⁵	背篓	gu⁵⁵
汤匙	thiau³¹ kə⁵⁵	袋子	qo³¹ pia⁵⁵
柴火	ɕi³¹	麻袋	ma³¹ pu³¹ qo³¹ pi⁵⁵
火柴	jan³¹ χo⁵⁵	钩子	kəu⁵⁵ kəu⁵⁵
锁	sua³¹ pu⁵⁵	抹布	tʂan⁵⁵ pu⁵⁵
钥匙	dʐu³¹ ʁua³¹	手纸	ʑi³¹ dzə³¹
暖水瓶	ʂui⁵¹ phin³¹	蓑衣	dʐa³¹ pha³¹
脸盆	li³¹ tsə³¹ phən⁵⁵	斗笠	tsho³¹ mo⁵⁵ tsə⁵⁵
洗脸水	li⁵⁵ tɕi³¹ tʂu³¹	雨衣	me³¹ phu⁵⁵/jy³¹ ji⁵⁵
毛巾	li⁵⁵ tsə³¹ pha³¹	钓鱼竿	ʐa³¹ ʐbe³¹-ge⁵⁵ ʁu³¹ tsə³¹

炉子	lu³¹ tsə³¹	玻璃杯	po⁵⁵ li³¹ tsa⁵⁵ tʂu⁵⁵
吹火筒	mu³¹ pu³¹ ti⁵⁵	酒杯	zi³¹ tʂa⁵⁵ tʂu⁵⁵
火钳	ɕe³¹ ʂti³¹	茶杯	tʂha⁵⁵ pəi⁵⁵
铁锅	ɕe³¹ tɕe³¹ tsha³¹ pia⁵⁵	蒸笼	tɕi³¹ tɕho³¹
铝锅	ly⁵¹ tsha³¹ pia⁵⁵	笼屉	loŋ⁵⁵ tʂhuan⁵⁵
砂锅	ʂa⁵⁵ kua⁵⁵	箅子	tsəŋ⁵⁵ pi³¹ tsə³¹
小锅	tsha³¹ pia⁵⁵ tʂu⁵⁵	甑子	tsəŋ⁵⁵ tsə³⁵
锅盖	tsha³¹ qo³¹	捞箕	ləu³⁵ phiau³¹
锅垫圈	tsha³¹ le⁵⁵ z̩ gu⁵⁵	烧水壶	tʂha³¹ fu³¹
三角架	ɕe⁵⁵ mi⁵⁵	臼窝	ʂke³¹ tɕhu³¹ wu⁵⁵
锅铲	tʂhuan³¹ tsə³¹	碓杵	ʂke³¹ tua³¹ li⁵⁵
刷子	ʂua³¹ tsə³¹	铁锤	ɕe³¹ z̩ da³¹ /tie³¹ tʂhui³¹
锅刷	ʂua⁵⁵ pa⁵⁵	锯子	ke³¹ ŋa⁵⁵
调羹	thiau³¹ kə⁵⁵	推刨	thui⁵⁵ pau⁵⁵
勺子	za³¹ tʂu³¹ /thaŋ⁵⁵ phiau³¹	钻子	tsan³⁵ χua³¹
木勺子	ɕi³¹ za³¹ tʂu³¹	凿子	dzu³¹
饭勺	thiau³¹ kə⁵⁵	墨斗	mei³¹ təu⁵¹
砧板	tɕhe³¹ z̩ ə⁵⁵ pa³¹	尺子	ʁu⁵⁵ tʂhə³¹
饭碗	ʂti³¹ ʁu⁵⁵	铁丝	ɕe³¹ tɕe⁵⁵
大碗	ʁu⁵⁵ ba³¹	纺车	fan³¹ tʂhə⁵⁵
小碗	ʁu⁵⁵ tʂu⁵⁵	织布机	tʂə⁵⁵ pu³¹ tɕi⁵⁵
木碗	ɕi³¹ ʁu⁵⁵	纺线	so³¹ ni³¹ ʁo⁵⁵ ta⁵⁵
筷子筒	du³¹ kho⁵⁵	梭子	so³¹ ʁo⁵⁵ tsu⁵⁵
盘子	phan⁵⁵ tsə⁵⁵	针眼	χe³¹ ȵu⁵⁵ ku⁵⁵
碟子	tie³¹ tsə⁵⁵	顶针	tɕin3 tʂə³¹
刀	tɕe³¹ ju⁵⁵	枪	tʂhu⁵⁵
尖刀	ɕe³¹ po³¹	子弹	tan³¹ tsə³¹
刀刃	tɕe⁵⁵	子弹头	tan³¹ tsə³¹ tɕin⁵⁵ tɕin⁵⁵
缺口	tɕhye³¹ tɕhye³¹ /khəu³¹ tsə⁵⁵	子弹壳	tan³¹ tsə³¹ kho³¹ kho⁵⁵
刀面	tɕe³¹ ju⁵⁵ mian³¹ tsə⁵⁵	土铳	tʂhu⁵⁵
刀背	tɕe³¹ ju⁵⁵ pəi³¹ pəi⁵⁵	炮	phau³⁵
刀鞘	tɕe³¹ ju⁵⁵ kho³¹ kho⁵⁵	长矛	miau³¹ ka³⁵
柴刀	mo³¹ lia³¹	弓箭	fia³¹ -su³¹ -ge⁵⁵ le³¹
磨刀石	ʁu³¹ ʂtʂəi³¹	弓	fia³¹ -su³¹ -ge⁵⁵
瓦罐	qa³¹ pu³¹	箭	le³¹
杯子	tsa⁵⁵ tʂu⁵⁵	毒箭	sə³¹ -ge⁵⁵ le³¹

箭绳	fiɑ³¹-su³¹-ge⁵⁵ so³¹ ni³¹	毯子	than⁵¹ tsə⁵¹
缝纫机	fəŋ⁵⁵ zˌən³⁵ tɕi⁵⁵	枕巾	tʂen⁵⁵ tsə³¹
箍儿	khu³¹ khu⁵⁵	枕芯	tʂen⁵⁵ ɕin⁵⁵
柴草	ɕi³¹	水池	ʂui⁵⁵ tʂhə³¹
锉子	tsho³⁵	大刀	tɕe³¹ ju³¹ bzˌɑ³¹
槌子	da³¹ po⁵⁵	小刀	tɕe³¹ ju⁵⁵ ʂtʂɑ³¹
锥子	tɕi³¹ n̪u³¹	铁箍	ɕe³¹ tɕe³¹ khu⁵⁵ khu⁵⁵
车轴	tʂhə⁵⁵ tʂou³⁵	门帘	mən⁵⁵ lian⁵⁵
铃铛	khzˌəi³¹ li⁵⁵	火镰	ʂtʂɑ³¹ miɑ³¹
手表	ʂəu⁵⁵ piau⁵⁵	炭火盆	χo³¹ phe³¹
眼镜	jan⁵⁵ tɕin⁵⁵	瓶塞儿	phiŋ⁵⁵ tsə³¹ tsəu³⁵ tsəu³⁵
扇子	ʂan⁵⁵ tsə⁵⁵	拖拉机	tho⁵⁵ la⁵⁵ tɕi⁵⁵
拐杖	guai³¹ guai³¹	驮架	zˌi⁵⁵ tʂu⁵⁵
篦子	dzˌe³¹ ɕye⁵⁵	靠背	khau³¹ pəi⁵⁵
钱包	phi⁵⁵ pau³⁵	牙刷	ja³¹ ʂua³¹
烟斗	jan³¹ ka³¹	牙膏	ja³¹ kau⁵⁵
水烟筒	ʂui⁵⁵ jan³¹ tai⁵⁵	收音机	ʂəu⁵⁵ jin⁵⁵ tɕin⁵⁵
烟嘴	je³¹ tɕy³¹ tɕy³¹	手机	ʂəu⁵⁵ tɕi⁵⁵
烟锅	jan³¹ ka³¹ tu³¹ tu³¹	飞机	fəi⁵⁵ tɕi⁵⁵
竹签	tʂu⁵⁵ tɕhan⁵⁵		
水桶	tʂu³¹ tɕhu³¹		

六 服饰饮食

洗衣粉	ɕi³¹ ji⁵⁵ fən³¹	线	so³¹ ni³¹
花瓶	χua³¹ pin⁵⁵	毛线	fiuẽ³¹ so³¹ ni³¹
花盆	χua³¹ phən⁵⁵	棉线	mian³¹ ɕan³⁵
刀架	to⁵⁵ qua⁵⁵ tsə⁵⁵	麻线	so³¹ phie⁵⁵
水磨	ʂui⁵⁵ mo³⁵	线团	so³¹ po³¹ tɕi⁵⁵
筲箕	ʂo³¹ tɕi³¹	布	bu³¹ miɑ⁵⁵
磨盘	mo⁵⁵ phɑ⁵¹	棉布	bu³¹ miɑ⁵⁵
磨眼儿	dzo³¹ ʁo³¹ ton³¹ tu⁵¹	麻布	so³¹ phu⁵⁵
老虎钳	tɕhan³¹ tsə³¹	灯芯绒	tən⁵⁵ tshau⁵⁵ zˌuŋ³¹
推剪	qə³¹ ʂpi³¹ ge⁵⁵	衣服	phu³¹
剃头刀	tɕhe³¹ to³¹	衬衫	χan⁵⁵ thа³¹ tsə³¹
剃须刀	fu³¹ tsə³¹ tɕhɑ³¹-ge⁵⁵	背心	pəi⁵⁵ ɕin⁵⁵
棉被	que⁵⁵ tɕhe⁵⁵	毛衣	fiuẽ³¹ phu³¹
被里	que⁵⁵ tɕhe⁵⁵ li³¹ tsə³¹	棉衣	phu³¹ liɑ³¹-je⁵⁵
被面儿	que⁵⁵ tɕhe⁵⁵ mian³⁵ tsə⁵¹		

袖子	phu³¹ lu³¹ pa⁵⁵	布鞋	tshau³⁵ χe⁵⁵
口袋	fiə⁵⁵ χo⁵⁵	靴子	çy⁵⁵ tsə³¹
裤子	son³¹ to⁵⁵	草鞋	tsho³¹ χe⁵⁵
短裤	son³¹ to⁵⁵ ŋe³¹ -je⁵⁵	皮鞋	phi³¹ χe⁵⁵
裤腿	gə³¹ z̞ə⁵⁵	胶鞋	tɕau⁵⁵ χai³¹
帽子	ta³¹	鞋底	dzo⁵⁵ tɕi⁵⁵
鞋子	be³¹ tʂu³¹	鞋后跟	me³¹ ɕe³¹ ge⁵⁵
袜子	ʁua³¹ tsə³¹	鞋带	be³¹ tʂu³¹ tsu³¹ li⁵⁵
围巾	wei⁵⁵ tɕin³¹	草帽	tsho³¹ mo⁵⁵ tsə³¹
围裙	ʁo³¹ pha⁵⁵	皮帽	z̞a³¹ pia⁵⁵ ta³¹
尿布	tsha³¹ le⁵⁵	棉帽	ŋu⁵⁵ ta³¹
扣子	gə⁵⁵ ta³¹	手套	ʂəu⁵⁵ thau³⁵
戒指	li³¹ ɕye⁵⁵	腰带	dzi³¹
手镯	pe³¹ gu⁵⁵	围腰帕	ʁo³¹ pha⁵⁵
绸子	tʂhəu³¹ tsə³¹	绑腿	dʐo³¹ die⁵⁵
皮革	z̞a³¹ pia⁵⁵	头巾	pha⁵⁵ tsə³¹
皮袄	z̞a³¹ pia⁵⁵ phu³¹	头绳	qe³¹ di⁵⁵ li³¹
上衣	ʂan³¹ ji⁵⁵	镯子	pəi⁵⁵ gu⁵⁵
内衣	ku³¹ phu³¹ /ɕi³¹ phu³¹	耳环	ɲe³¹ ʁue⁵⁵
夹袄	lin⁵⁵ ko⁵⁵	项链	ɕan³⁵ lian³¹
外衣	ʁua³¹ ɕa³¹ phu³¹	珠子	ma³¹ pu³¹ tʂu⁵⁵
单衣	phu³¹ a³¹ tshe⁵⁵	食物	dzə³¹ -ge⁵⁵/tɕhi³¹ -ge⁵⁵/tie³¹ -je⁵⁵
长袖	phu³¹ lu³¹ pa⁵⁵ tha⁵⁵ -je⁵⁵	肉	tshə³¹
短袖	phu³¹ lu³¹ pa⁵⁵ ge³¹ -je⁵⁵	肥肉	pia³¹ tshə³¹
扣眼	khəu⁵⁵ je⁵⁵	瘦肉	tɕhiŋ⁵⁵ z̞i³¹
袖口	phu³¹ lu³¹ pa⁵⁵	肉皮	pia³¹ tshə³¹ z̞a³¹ pia⁵⁵
衣襟	a³¹ so⁵⁵	排骨	fia⁵⁵ z̞ə³¹ phie⁵⁵
大襟	ta³¹ tɕi⁵¹	扣肉	khəu³¹ wa³¹
小襟	ɕo³¹ tɕi³¹	腊肉	pia³¹ tshə³¹ ba⁵⁵
裙子	tɕhyn³¹ tsə³¹	熏腊肉	pia³¹ tshə³¹ ta³¹ -khuo³⁵ -je⁵⁵
绣花	pəi⁵⁵ pəi⁵⁵ z̞ə⁵⁵	五花肉	pia³¹ tshə³¹ χua⁵⁵ -ta⁵⁵
花边	pəi⁵⁵ pəi⁵⁵ pian³¹ tsə⁵⁵	炖肉	pia³¹ tshə³¹ fia³¹ -tun⁵⁵ -tha⁵⁵
领子	χo⁵⁵ ti⁵⁵	坨坨肉	tun³¹ tun⁵⁵ z̞ou⁵⁵
衣袋	phu³¹ fia³¹ qo⁵⁵	猪腰子	pia³¹ ʂpu⁵⁵ lu⁵⁵
内裤	jau³¹ khu³⁵	猪血	pia³¹ sa⁵⁵
裤裆	qo³¹ tɕi³¹	猪蹄	pia³¹ go⁵⁵

猪舌头	pia³¹ tsə⁵⁵ qə³¹ pia⁵⁵	油条	jəu³¹ thiau³¹
猪肝	pia³¹ ɕẽ³⁵	月饼	jye³¹ pin⁵¹
下水	ɕa³⁵ ʂui⁵¹	点心	ma³¹ tha⁵⁵
鸡冠	tɕi³¹ quan⁵⁵ tsə⁵⁵	瓜子儿	kua⁵⁵ tsə³¹
鸡爪	jy³¹ go³¹	糖	tʂhu⁵⁵ -je⁵⁵
鸡胗	jy⁵⁵ tʂhə⁵⁵ tə³¹ khua³¹	白糖	pe³¹ tha³¹
鸡内金	jy³¹ ʐbu⁵⁵ tso³¹ ʁo⁵⁵	冰糖	pin³¹ tha³¹
鸡蛋	jy³¹ ʂtə⁵⁵	红糖	χuan³¹ tha³¹
咸蛋	χan³¹ tan³⁵	汤	tho³¹
寡蛋	qua³¹ tə⁵⁵	米汤	khʐə³¹ mi⁵⁵ tho⁵⁵
松花蛋	pi³⁵ tan³¹	肉汤	pia³¹ tʂhə³¹ tho⁵⁵
蛋壳	jy³¹ ʂtə⁵⁵ kho³¹ kho⁵⁵	菜汤	ko³¹ tho⁵⁵
蛋清	jy³¹ ʂtə⁵⁵ phie³¹ -je⁵⁵	面糊	bi³¹ tʂu⁵⁵
蛋黄	jy³¹ tan³⁵ -je⁵⁵	凉粉	lian³¹ fə⁵⁵
碎米	khʐi⁵⁵ tə³¹ -ʐda⁵⁵	搅团	lo⁵⁵
米饭	khʐi⁵⁵ mi⁵⁵	牛奶	ȵu³¹ lai⁵¹
蒸饭	ʂti³¹ tɕi³¹	豆浆	təu³¹ tɕan⁵⁵
夹生饭	tɕa⁵⁵ ʂəŋ³⁵ fan³¹	豆腐脑	təu³¹ χua⁵⁵
白饭	khʐi⁵⁵ mi⁵⁵ ʂti³¹	豆腐	di³¹ dʐi³¹
硬饭	ʂti³¹ ʂqo³¹ tɕa³¹	锅巴	ko³¹ pa³¹
软饭	ʂti³¹ ma³¹ ma³⁵	粉丝	kan³¹ fəi⁵⁵
粽子	tsoŋ³⁵ tsə⁵¹	粉条	fən⁵⁵ thiau³¹
年糕	nian⁵¹ kau⁵⁵	菜	ko³¹
稀饭	ʂti³¹ dʐo³¹ -je⁵⁵	干菜	ko³¹ ʐe⁵⁵ -je⁵⁵
面粉	be³¹ be⁵⁵ lo³¹	素菜	su³⁵ tshai³¹
面儿	be⁵⁵ lo³¹	荤菜	χun⁵⁵ tshai³¹
馒头	fia⁵⁵ lu⁵⁵	咸菜	fia⁵⁵ -zua³¹ -je⁵⁵ ko³¹
包子	po³¹ tsə³¹	酸菜	ko³¹ tsua⁵⁵
饺子	mi³¹ gu³¹	豆豉	təu⁵⁵ ʂə⁵⁵
面条	kua³¹ mi⁵⁵	豆腐干	di³¹ dʐi³¹ ʐe³¹ -je⁵⁵
面片儿	məi³¹/mian⁵¹ phian⁵⁵ tsə⁵⁵	豆腐渣	di³¹ ʐa³¹
馄饨	χun³¹ tən³¹	香烟	je⁵⁵
馅儿	ɕə³¹	旱烟	lan³¹ χua³¹ je⁵⁵
粑粑	tshə³¹ pa⁵⁵	酒	ʐi³¹
烧饼	fia³¹ -lu⁵⁵ -je⁵⁵ pu⁵⁵ ta⁵⁵	酒麴	ʁo³¹ be⁵⁵
麻花	ma³¹ χue⁵⁵	白酒	ʐi³¹

黄酒	ʑi³¹ bzə⁵⁵	骨髓	ʐe³¹ mi⁵⁵
蛇胆酒	ʂə⁵⁵ tan³¹ tɕu⁵⁵	肋骨	fia⁵⁵ phie⁵⁵
江米酒	khʐi⁵⁵ mi⁵⁵ ʑi³¹	脊椎	tha⁵⁵ tso³¹ sa³¹
茶叶	tʂha⁵⁵ je³¹ tsə⁵¹	头盖骨	thou⁵⁵ kai³¹ ku⁵⁵
茶水	tʂha³¹	肩胛骨	lo³¹ χo³¹ pia⁵⁵ fiə³¹ ke⁵⁵
浓茶	luŋ³¹ tʂa³¹	肩膀	lo³¹ χo³¹ pia⁵⁵
冰棍儿	pin⁵⁵ gun⁵⁵ ə³¹	腋窝	dʐa³¹ li⁵⁵ χqo⁵⁵
油	təu⁵⁵	胳膊	li³¹ mi³¹
板油	pia³¹ ɕe⁵⁵	脖子	mo³¹ ko⁵⁵
猪油	pia³¹ ɕe⁵⁵	喉咙	ma³¹ χa³¹ tʂu⁵⁵
油渣	pia³¹ ɕe⁵⁵ bəi³¹	血管	sa³¹ gʐə⁵⁵ / ɕye⁵⁵ kuan³¹
菜籽油	ko³¹ mi⁵⁵	气管	tɕhi³¹ kuan³¹
芝麻油	ɕan³⁵ jəu³¹	食道	ma⁵⁵ kha³¹ tʂu⁵⁵
花生油	χua⁵⁵ sən⁵⁵ jəu³¹	喉结	mu³¹ lo⁵⁵ pe⁵⁵
酱油	tɕan³⁵ jəu³¹	头	qə³¹ pa⁵⁵ tʂə⁵⁵
盐	tshə⁵⁵	头发	qe³¹ to⁵⁵
醋	tshu³⁵	辫子	qe³¹ to⁵⁵
八角	pa³¹ ko³¹	旋儿	ɕyan⁵⁵
桂皮	kui³⁵ phi³¹	发髻	fa³¹ tɕi³¹
花椒	tɕhin⁵⁵	脑髓	qə³¹ nia³¹
胡椒面儿	fu³¹ tɕau⁵⁵ mian⁵⁵ ə⁵⁵	后脑	qə³¹ ʂta³¹ pia⁵⁵
		白发	qə³¹ phʐə⁵⁵

七　身体医疗

		鬓角	pin⁵⁵ ko³¹
身体	a³¹ ɕi³¹ pia⁵⁵	睫毛	mi³¹ pia³¹ fiue⁵⁵
个头	ʐo³¹ ʁo⁵⁵	额头	ʐdo³¹
相貌	ɕan⁵⁵ məi³¹	脸	qoŋ³¹ pia⁵⁵
皮肤	ʐa³¹ pia⁵⁵	眼睛	mia³¹ pu⁵⁵
皱纹	zə³¹-tsu³¹ qua⁵⁵	眼珠	ni³¹ ɕi⁵⁵
肌肉	tshə³¹ pia⁵⁵	眼泪	me³¹ le⁵⁵ qə⁵⁵
血液	sa³¹	眉毛	mi³¹ pia³¹ ʁo⁵⁵
汗毛	χan³¹ mau³¹	耳朵	ȵu³¹ ku⁵⁵ pia⁵⁵
汗毛孔	χan³¹ mau³¹ khuŋ⁵⁵	鼻子	ɕe³¹ qe⁵⁵ pa⁵⁵
汗	ʂtʂu³¹	鼻涕	fia³¹ tsu⁵⁵ qa⁵⁵
汗垢	khʐu³¹	嘴巴	χqo⁵⁵
		嘴唇	pia³¹ pia⁵⁵
骨头	ʐe³¹ ke³¹	口水	tʂua³¹ ʐə⁵⁵

唾沫	tşu³¹ fia⁵⁵	手	li³¹ pa⁵⁵
舌头	dzə⁵⁵ qə⁵⁵ pia⁵⁵	左手	tso³⁵ kua⁵⁵ tsə⁵¹
牙齿	şu³¹	右手	tşəŋ⁵⁵ şəu⁵¹
下巴	ɕa³¹ pa³¹ ku⁵⁵	手心	li⁵⁵ pi⁵⁵ ɕi³¹
胡子	fu³¹ tsə³¹	手背	li⁵⁵ pi⁵⁵ şta³¹
酒窝	tɕu⁵⁵ ʁo⁵⁵	手茧子	şou⁵⁵ tɕan⁵⁵ tsə³¹
颧骨	tɕe³¹ ə³¹ qe⁵⁵	手腕	şəu⁵⁵ ʁuan⁵⁵
太阳穴	ɕya⁵⁵ tɕi⁵⁵	拳头	şkuə³¹ ȵu⁵⁵
眼皮	mia³¹ pu³¹ ẓa⁵⁵ pia³¹	手指	li³¹ so⁵⁵ qo⁵⁵
单眼皮	tan⁵⁵ jan⁵⁵ phi³¹	大拇指	li³¹ so⁵⁵ qo⁵⁵ pa³¹
双眼皮	şuan⁵⁵ jan⁵⁵ phi³¹	食指	li³¹ so⁵⁵ qo⁵⁵ ni³¹ dzə³¹ je⁵⁵
眼角	mia³¹ pu³¹ ko⁵⁵ ko³¹	中指	li³¹ so⁵⁵ qo⁵⁵ ɕe³¹ dzə³¹ je⁵⁵
眼白	jan⁵⁵ pe³¹	无名指	li³¹ so⁵⁵ qo⁵⁵ dẓə³¹ dzə⁵⁵ je⁵⁵
眼屎	mi³¹ tşhə⁵⁵	小拇指	li³¹ tɕha⁵⁵ tsu⁵⁵
耳孔	ȵu³¹ ku⁵⁵ pia⁵⁵ tun³¹ tu³¹	指甲	li³¹ ɕa³¹ qa⁵⁵
耳垂	fiə⁵⁵ tshui³¹	指纹	li³¹ po³¹ tɕi⁵⁵
耳屎	ȵu³¹ ku³¹ tşhə⁵⁵	虎口	ŋa³¹ tɕa⁵⁵
痰	χa³¹ şpu⁵⁵	腿	dua³¹
鼻孔	ɕe³¹ qə³¹ pa⁵⁵ tun³¹ tu³¹	脚	go³¹
鼻尖	ɕe³¹ qə³¹ pa⁵⁵ tɕin³¹ tɕi³¹	踝骨	lo³¹ su⁵⁵ kuai⁵⁵
鼻梁	pi³¹ lian³¹	腿肚子	go³¹ tə³¹ khua³¹
鼻毛	ɕe³¹ qə³¹ pa⁵⁵ fiuẽ³¹	脚心	go³¹ pa³¹ tɕi⁵⁵
鼻屎	fia³¹ zu³¹ tşhə⁵⁵／fia³¹ zu³¹ qa⁵⁵	脚趾	pa³¹ so⁵⁵ qo⁵⁵
门牙	mən⁵⁵ ja⁵⁵	脚印	go³¹ tɕhya³¹ mia⁵⁵
犬齿	pian³¹ pia3 şu⁵⁵	内脏	ta³¹ khua⁵⁵ ku⁵⁵
臼齿	şu³¹ po⁵⁵	心	ɕi³¹ mi⁵⁵
齿龈	şu³¹ ge³¹ li³¹	肝	ɕi³¹ fia⁵⁵
牙缝	şu³¹ dẓəi³¹ dẓəi³¹	脾	şpa³¹
牙垢	şu³¹ tɕhi⁵⁵	肺	tshu³¹
假牙	tɕa³¹ ja³¹	肾	şpu⁵⁵ lu⁵⁵
小舌	ja⁵⁵ şe³¹ thiau³¹	胃	tşhə³¹ tə⁵⁵ qua⁵⁵
舌尖	dzə⁵⁵ qə⁵⁵ pia⁵⁵ tɕin³¹ tɕi³¹	胆	ştşə³¹
兔唇	tɕhye³¹ χo⁵⁵ χo⁵⁵	筋	gẓə³¹
人中	ẓən⁵⁵ tşoŋ⁵⁵	脉	me³¹
络腮胡	tşhuaŋ⁵⁵ lian³¹ fu³¹	肠子	pu³¹ qha³¹
八字胡	pa³¹ tsə³¹ fu³¹	大肠	pu³¹ qha³¹ ba³¹

小肠	pu³¹ qha³¹ bʐe⁵⁵	脚蹼	pa³¹ khu³¹
膀胱	tʂhə³¹ tʂhə³¹ pa⁵⁵	马鬃	ʐo³¹ tsuŋ⁵⁵ ka⁵⁵ mə⁵⁵
子宫	tsə⁵⁵ kuŋ⁵⁵	生病	die³¹-ʑe³¹
阴道	ʐa³¹ pu³¹	小病	ŋe³¹ ʂtʂa⁵⁵-je³¹
阴毛	ʐa³¹ pu³¹ fiuɛ̃⁵⁵	大病	ŋe³¹ bʐa³¹-je³¹
睾丸	ʐy⁵⁵	内伤	ku³¹ ŋe³¹
膝盖	go³¹ sa⁵⁵ qa⁵⁵	外伤	ʁua³¹ ŋe³¹
后背	ɕi³¹ pəi⁵⁵	着凉	ʐə³¹-ʂtu⁵⁵
乳头	pa³¹ pa³¹ tɕy³¹ tɕy³¹	咳嗽	χa³¹
乳汁	pa³¹ pa³¹	呕吐	liu³¹ go⁵⁵
胸脯	ɕin⁵⁵ khu⁵⁵ tsə⁵⁵	发烧	du³¹
腰	tɕa⁵⁵ li⁵⁵ χo³¹/tha³¹ ke⁵⁵	发抖	tho⁵⁵-tha⁵⁵
肚子	ʂta³¹ qhua⁵⁵	发冷	die³¹-tho⁵⁵
小腹	ʂta³¹ χua⁵⁵ ʂtʂa³¹	打冷战	die³¹-tho⁵⁵ χa³¹ so⁵⁵
肚脐	pu³¹ tʂhə⁵⁵	感冒	ʐə³¹-ʂto⁵⁵
乳房	pa³¹ pa³¹	肚子疼	ʂta³¹ qhua⁵⁵ ʑe³¹
屁股	tshə⁵⁵ qə⁵⁵	拉肚子	ʁua³¹ sa³¹-tʂhə⁵⁵ tʂhə⁵⁵
腘窝	tua³¹ tɕa³¹ khua³¹	中暑	tʂuŋ⁵⁵ ʂu⁵¹
肛门	tshə⁵⁵ dʐo³¹	红肿	tə³¹-phu⁵⁵
阴茎	lie³¹/jo³¹ qu³¹ tʂu³¹	化脓	ʂpu³¹ sə³¹-le³¹ le⁵⁵
女阴	phia³¹/ʐa³¹ pu³¹	狐臭	tɕa⁵⁵ li⁵⁵ χo⁵⁵ bu³¹ tʂa⁵⁵
精液	lie³¹ mi⁵⁵	头晕	qe³¹ pa³¹ tʂə⁵⁵ qe³¹ go³¹
稀屎	tʂhə³¹ ʂtie³¹ ta³¹-pu⁵⁵	头疼	qa³¹ pa⁵⁵ tʂə⁵⁵ ʑe³¹
响屁	ʂpəi⁵⁵ ɕi⁵⁵	按摩	le³¹ ta⁵⁵
闷屁	ʂpəi³¹ ʂtie³¹ ta³¹-pu⁵⁵	穴位	ɕye⁵⁵ wei³¹
毛（总称）	fiuɛ̃³¹	发汗	ʂtʂu³¹ sə³¹-phu³⁵
羽毛	jy⁵⁵ fiuɛ̃⁵⁵	牙痛	ʂu³¹ ʑe³¹
皮子	ʐa³¹ pia⁵⁵	抽筋	gʐa³¹ tə³¹-dʑəi³¹ dʑəi⁵⁵
角	fiəʴ⁵⁵ qə⁵⁵	抽风	mu³¹ pa⁵⁵ tə³¹-tʂəi³¹
牛角	fiəʴ³¹ tsə⁵⁵ fiəʴ³¹ qə⁵⁵	瘟疫	wen³⁵ ʑi³¹
牛皮	fiəʴ³¹ tsə³¹ ʐa³¹ pia⁵⁵	哮喘	χa³¹ pie⁵⁵
牛筋	fiəʴ³¹ tsə³¹ gʐə³¹	传染	die³¹-du⁵¹
牛垂皮	lu³¹ ʂui⁵⁵ phai³¹	麻风	tə³¹-zdo³¹
羊毛	tɕhin³¹ fiuɛ̃⁵⁵	天花	pəi⁵⁵ sə³¹-lo⁵⁵
羊皮	tɕhe⁵⁵ ʐa⁵⁵ pia⁵⁵	水痘	ʂui⁵⁵ təu³¹/pəi³¹ pəi⁵⁵
嗉囊	jy⁵⁵ tʂhə³¹ tʂhə³¹ pa⁵⁵	痢疾	tʂhə³¹ dʑo³¹ ɕi⁵⁵

大脖子病	mo³¹ ko⁵⁵ tə³¹ phəi³¹	鸡眼	tɕi⁵⁵ jan⁵¹
骨折	fiə̠³¹³¹ ke⁵⁵ die³¹ ʁəi³¹	独眼	tu³¹ jan⁵⁵ loŋ⁵⁵
脱臼	lo³¹ qo³¹ pia³¹ die³¹ χu³¹ luei³⁵	对眼	tue³¹ tue³¹ jan⁵¹
伤口	ʂan⁵⁵ khəu³¹	斜眼	ɕe³¹ jan⁵¹ tɕiŋ⁵⁵
疙瘩	ke⁵⁵ ta³¹ tsə⁵¹	歪嘴	z̩dye³¹ dz̩ua⁵⁵
雀斑	tɕhye³¹ pan⁵⁵	瘫痪	than⁵⁵ χuan⁵¹
麻子	z̩a³¹ dzo³¹	医院	z̩i⁵⁵ ʁuan³¹
粉刺	qoŋ³¹ pua⁵⁵ tsə⁵⁵ tsə³¹	中医	tʂoŋ⁵⁵ z̩i⁵⁵
痱子	z̩ə³¹ fəi⁵⁵ tsə⁵⁵	西医	ɕi⁵⁵ z̩i⁵⁵
疤	ba³¹ ba³¹	看病	ʐe³¹ sə⁵⁵
癣	ɕyan⁵⁵	诊脉	me³¹ tʂua³⁵
痣	tʂə³⁵	针灸	tʂən⁵⁵ tɕo⁵⁵
痂	tɕa³¹	打针	χe³¹ ʐe³¹ tue³⁵
疮	mi³¹	打吊针	jan⁵⁵ ʂui⁵⁵ zə³¹ -tiau⁵⁵ -tha⁵⁵
痔疮	tʂə³¹ tʂhuan⁵⁵	药店	jye⁵⁵ tian³¹
冻疮	tuŋ³¹ pə⁵⁵	药	sə³¹ ke⁵⁵
流鼻血	ɕi³¹ sa⁵⁵ ʐe³¹ -lue³¹	吃药	sə³¹ ke⁵⁵ die³¹
梅毒	məi³¹ tu⁵⁵	汤药	sə³¹ ke³¹ təŋ⁵⁵ ge⁵⁵ -tha⁵⁵ -je⁵⁵
伤痕	pa⁵⁵ pa⁵⁵	药丸	ɕi³¹ go⁵⁵ ɕya³¹ pu⁵⁵ sə³¹ ke³¹
胀	tə³¹ -tʂan³¹ -tha³¹	药粉	sə³¹ ke⁵⁵ dze³¹ ge⁵⁵
麻	sə³¹ -dzo³¹ po³¹	药水	sə³¹ ke⁵⁵ tʂu³¹
僵硬	sə³¹ -ko⁵⁵ ɕa³¹	药膏	pan⁵⁵ di⁵⁵
伤	die³¹ -we³¹	药酒	jye⁵⁵ tɕu³¹
出血	sa³¹ sə³¹ -lue³⁵	草药	ɕya³¹ pu⁵⁵ sə³¹ ke³¹
淤血	sa³¹ mia⁵⁵	蛇药	bu³¹ tʂhə³¹ sə³¹ ke³¹
胎记	thai⁵⁵ tɕi⁵¹	毒药	ma³¹ ɕye⁵⁵ sə³¹ ke³¹
结巴	tɕe³¹ pa³⁵	开药方	jye⁵⁵ faŋ⁵⁵ sə³¹ -khe³¹ -tha⁵⁵
脚气	go³¹ pu³¹ tʂa³¹	熬药	sə³¹ ke⁵⁵ ɣau⁵⁵ -tha⁵⁵
灰指甲	li³¹ ɕa³¹ qa⁵⁵ ni³¹	搽药	sə³¹ ke⁵⁵ tsha⁵⁵ tie⁵⁵
倒刺儿	z̩u³¹ tɕhi³¹	动手术	ʂəu⁵⁵ su³¹ pu³¹
瘌痢头	tə³¹ -dzo³¹	麻药	dzo⁵⁵ po⁵⁵ sə³¹ ke³¹
左撇子	tso⁵⁵ kua⁵⁵ tsə⁵¹	补药	pu⁵⁵ -tha⁵⁵ je⁵⁵ sə³¹ ke³¹
六指	liu³¹ tʂə³¹ tʂə⁵⁵	麝香	li³¹ ɕo⁵⁵
近视眼	tɕin³¹ ʂə³¹ jan⁵¹	忌口	tɕi³¹ -tha⁵⁵ tɕhe⁵⁵ -je⁵⁵
老花眼	lau³¹ χua⁵⁵ jan⁵¹	治病	ŋu³¹ pu⁵⁵/ʐe³¹ -z̩i³¹
白内障	pe³¹ nəi³⁵ tʂaŋ⁵¹	病轻了	ŋe³¹ die³¹ -jou⁵⁵ nə³¹ qa⁵⁵

八 婚丧信仰

说媒	kʐe³¹ tuə³¹
媒人	χoŋ⁵⁵ jin⁵⁵
相亲	dʐɑ³¹ tʂhu⁵⁵
订婚	tiŋ³¹ χun⁵⁵
嫁妆	phəi³¹ tɕɑ⁵⁵ -je⁵⁵
结婚	ʂə⁵⁵ tɕhi⁵⁵ -pu³¹
离婚	die³¹ -ʐɑ⁵⁵
娶妻子	tɕe³¹ ʐə³¹ pəi⁵⁵ ɕi³¹
出嫁	ʐo³¹ je⁵⁵ fiɑ³¹ -wei⁵⁵
招赘	tɕi³¹ miɑ³¹ dʐi³¹
接亲	tɕe³¹ tɕhin⁵⁵
抢婚	tɕhan⁵⁵ tɕhin⁵⁵
拜堂	pai⁵⁵ -thɑ⁵⁵ pu³¹ -je⁵⁵
新郎	tɕi³¹ miɑ³¹ ɕi⁵⁵
新娘子	tɕo³¹ tɕo³¹ ɕi⁵⁵
孕妇	fiɑ³¹ ŋɑ³¹ tʂuɑ³¹ -mi⁵⁵
怀孕	fiɑ³¹ ŋɑ³¹ tə³¹ -tʂuɑ³¹
害喜	χai³¹ ɕi⁵⁵
分娩	fiɑ³¹ ŋɑ⁵⁵ χai³¹
流产	fiɑ³¹ ŋɑ⁵⁵ sə³¹ -khuɑ⁵⁵
胎儿	thai⁵⁵
胎衣	ʐi⁵⁵ pau⁵⁵ tsə⁵⁵
脐带	pu³¹ tʂhə⁵⁵ tʂou³¹ li³¹
小产	ɕo³¹ jo³¹ die³¹ -pu³⁵
打胎	sə³¹ -khuɑ⁵⁵
双胞胎	ʂuaŋ⁵⁵ ʂuaŋ⁵⁵ ɑ⁵⁵ -tue⁵⁵
坐月子	jye³¹ mu⁵⁵ tsə³¹ fiɑ³¹ -to⁵⁵ dʐə³¹
吃奶	pɑ³¹ pɑ³¹ tɕhi⁵⁵
断奶	pɑ³¹ pɑ³¹ die³¹ -bʐə⁵⁵
满月	ɑ³¹ le³¹ tə³¹ -pe⁵⁵
生日	die³¹ -χɑ⁵⁵ -je⁵⁵ thə³¹ ɕi⁵⁵
做寿	tsuo⁵⁵ ʂou³¹
死（统称）	die³¹ -ɕɑ³¹
死（婉称）	die³¹ -pəi⁵⁵
自杀	ju³¹ je³¹ -sə³¹ ju³¹ je³¹ tɕo³⁵ -je⁵⁵
咽气	tɕhi⁵⁵ tə³¹ -bi⁵⁵
尸体	ʂə⁵⁵ thi⁵⁵
入殓	kuɑ³¹ tɕhe⁵⁵ -go⁵⁵ tə³¹ -ɕy⁵⁵
棺材	kuɑ³¹ tɕhe³¹
出殡	sə³¹ -tue⁵⁵ -ŋɑ³¹ fiɑ³¹ -wei⁵⁵
送葬	sə³¹ -tue⁵⁵
寿衣	pe³¹ gu⁵⁵
唱丧歌	bo³⁵ ɕe³¹
灵位	lin³¹ phai³¹ tsə⁵¹
火葬	χo⁵⁵ tsaŋ⁵⁵
火葬场	χo⁵⁵ tsaŋ⁵⁵ tʂhaŋ⁵⁵
土葬	thu³¹ tsaŋ⁵⁵
天葬	thian³⁵ tsaŋ⁵⁵
坟地	fiɑ³¹ pu⁵⁵ zu⁵⁵
坟墓	fiɑ³¹ pu⁵⁵
上坟	dʐi³¹ zə³¹ -tɕyɑ³¹
纸钱	ʐi³¹ tʂə³¹
寿命	mu⁵⁵ su⁵⁵
岁数	pu³¹ ʂu⁵⁵
灵魂	lin³¹ χun³¹
老天爷	ɑ³¹ pɑ³¹ ɕi⁵⁵
菩萨	phu⁵⁵ sɑ³¹
观音	kuan⁵⁵ jin⁵⁵
灶神	tso³¹ tɕɑ⁵⁵ ɕi³¹
寺庙	ɕi⁵⁵ tɕi⁵⁵
祠堂	ʂə³¹ fu⁵⁵
和尚	χo⁵⁵ ʂaŋ³¹
尼姑	ni³¹ ku⁵⁵
道士	dau³¹ ʂə⁵⁵
算命	suɑ⁵⁵ mi⁵⁵
运气	jyn³⁵ tɕhi³¹
保佑	ze³¹ -ʁuɑ³¹
法术	fɑ³¹ ʂu³⁵
作法	fɑ³¹ sə³¹ -pu³¹

命运	pɑ³¹ tsə⁵⁵		姑娘	tɕe³¹ tʂu⁵⁵-mi⁵⁵
打卦	qua⁵⁵ la³¹ ʂə³¹		婴儿	tɕin³¹ ʐi⁵⁵
拜菩萨	a³¹ pa³¹ ɕi⁵⁵ pe³¹ -tha⁵⁵		小孩	ɦa³¹ ɳa³¹ tʂu⁵⁵
佛	fo³⁵		男孩	ɦa³¹ ɳa³¹ tɕi³¹
鬼	χo³¹ pu⁵⁵		女孩	ɦa³¹ ɳa³¹ tɕe³¹
祸	dzə⁵⁵ gʐəi⁵⁵		高个儿	zo³¹ qo³¹ bo⁵⁵
仙	a³¹ pa³¹ ɕi⁵⁵		胖子	lu³¹ -mi⁵⁵
巫师	ʂpi⁵⁵		光头	kuan³⁵ thə³¹
巫婆	ʂpi⁵⁵		熟人	tə³¹-sə³¹ qa³¹ mi⁵⁵
经书	tɕiŋ⁵⁵ su⁵⁵		亲戚	ke³¹ dzे³¹
龙	ʐbu⁵⁵		朋友	ʐi³¹ dʐu³¹
许愿	tə³¹-fu³¹		邻居	tɕe⁵⁵ tsha⁵⁵ pu³¹
还愿	tə³¹-ʁo⁵⁵		主人	tɕe³¹ le³¹ pu⁵⁵
占卜	sua⁵⁵ mi⁵⁵ pu³¹		伙伴	mo³¹ go³¹/ʐi³¹ dʐu³¹
供祭品	koŋ⁵⁵-tha⁵⁵-je⁵⁵ pa³¹ na³¹		客人	ʂke⁵⁵ pu⁵⁵
鬼火	du³¹ mo³¹ go³¹		生人	tə³¹-sə³¹ ma³¹-qa³¹ mi⁵⁵
凤凰	fən³¹ χuan³¹		证人	sə³¹-ke⁵⁵ tə⁵⁵-mi⁵⁵
			国王	zo⁵⁵ ʁuan⁵⁵
九　人际称谓			头人	thou³⁵ thou⁵⁵
			官	qe⁵⁵ du⁵⁵
汉族	ʁə³¹		头目	zə³¹
羌族	ʐməi³¹		土司	thu⁵⁵ sə³¹
藏族	tʂhə⁵⁵ pu⁵⁵		兵	ʐgue³¹
人	mu³¹		医生	ʐi³¹ ʂəŋ⁵⁵
姓（~王）	ʁua³¹		老板	lau⁵⁵ pan⁵¹/pan⁵¹ pan⁵¹ ə³¹
男人	tɕi³¹		师傅	sə³¹ fu⁵⁵
女人	tɕe³¹		徒弟	thu³¹ ti³¹
老人	bʐa³¹ mi⁵⁵		老师	qə³¹ pia⁵⁵
老太婆	mia³¹ pia³¹ qhua⁵⁵		学生	dʐi³¹ du³¹-mi⁵⁵
老头子	tɕu³¹ ku⁵⁵ ba⁵⁵		富人	ɦa³¹ pu³¹-mi⁵⁵
单身汉	a³¹ tsə³¹ tɕan³¹ to³¹		穷人	ʂtʂe³¹-mi⁵⁵
老姑娘	lau³¹ ku⁵⁵ ȵaŋ⁵¹		老百姓	lau⁵⁵ pe³¹ ɕin³¹
鳏夫	kua⁵⁵ koŋ⁵⁵ tsə⁵⁵		石匠	ʂə³¹ tɕaŋ⁵⁵
寡妇	kua⁵⁵ mu⁵⁵ tsə⁵⁵		篾匠	mie³¹ tɕan⁵⁵
年轻人	pu⁵⁵ ʂu⁵⁵ ʂtʂa³¹-mi⁵⁵		铁匠	ɕe³¹ tue³¹ tue³¹-mi
小伙子	pia³¹ ə³¹		渔夫	ʐa³¹ pe³¹-mi⁵⁵

赶马人	ʁo³¹ ȵu⁵⁵ -mi⁵⁵	祖宗	tsu⁵⁵ tsu⁵⁵
摆渡人	tɑ⁵⁵ -mi⁵⁵	曾祖父	lan³¹ tsu⁵⁵ tsu³¹
接生婆	tɕe³¹ ʂəŋ⁵⁵ pho³¹	曾祖母	ȵy³¹ tsu⁵⁵ tsu³¹
私生子	qə⁵⁵ phu⁵⁵	爷爷（呼称）	a³¹ pa³¹
酒鬼	ʑi³¹ ʁo³¹ lɑ⁵⁵	奶奶（呼称）	a³¹ do⁵⁵
工人	dzʐə³¹ pu³¹ -mi⁵⁵	外祖父（叙称）	lan⁵⁵ tsu⁵⁵ tsu⁵⁵
农民	zu³¹ phiɑ³¹ mi⁵⁵	外祖母（叙称）	ȵy⁵⁵ tsu⁵⁵ tsu⁵⁵
猎人	khu³¹ ɕi³¹ -mi⁵⁵	父母	pi³¹ miɑ⁵⁵
屠夫	piɑ³¹ tɕo⁵⁵ mi⁵⁵	父亲（叙称）	pi³¹
商人	ʂəŋ⁵⁵ ji³¹ pu³¹ -mi³¹	母亲（叙称）	miɑ³¹
手艺人	li³¹ pu³¹ we⁵⁵ -mi⁵⁵	爸爸（呼称）	a³¹ pu⁵⁵
泥水匠	be³¹ zʐu³¹ tɕo⁵⁵ χo³¹ -mi⁵⁵	妈妈（呼称）	a³¹ ma⁵⁵
木匠	mu⁵⁵ tɕaŋ⁵⁵	继父（叙称）	χou³¹ lau³¹ tsə⁵⁵
裁缝	phu³¹ zʐɑ⁵⁵ -mi⁵⁵	继母（叙称）	χou³¹ ma⁵⁵
理发师	qe³¹ to⁵⁵ tɕha⁵⁵ -mi⁵⁵	岳父（叙称）	lau⁵⁵ tʂa³⁵
厨师	ʂti³¹ pu⁵⁵ -mi⁵⁵	岳母（叙称）	lau⁵⁵ tʂa³⁵ mu⁵¹
叛徒	phan³⁵ thu³¹	公公（叙称）	ku³¹
敌人	tie³¹ zʐən³¹ /qe³¹ ȵi⁵⁵ lie³¹ -mi⁵⁵	婆婆（叙称）	ʂpo³¹ mi⁵⁵
强盗	mu³¹ pu³¹ ɕya⁵⁵ -mi⁵⁵	婆家	pho⁵⁵ tɕa⁵⁵
土匪	mu³¹ ɦɑ³¹ -gzʐɑ⁵⁵ -mi⁵⁵	亲家	ke³¹ dzʐe³¹
骗子	mu³¹ dzə⁵⁵ qhua⁵⁵ -mi⁵⁵	亲家公	ku³¹
囚犯	zʐə³¹ χo⁵⁵ tə³¹ -pu³¹ -mi⁵⁵	亲家母	ʂpo³¹ mi⁵⁵
妓女	tshə⁵⁵ qə⁵⁵ pu³¹ -mi⁵⁵	伯父（呼称）	ta³¹ ti⁵⁵
流氓	ə³¹ liu⁵⁵ tsə⁵¹	伯母（呼称）	ta³¹ ma⁵⁵
贼	ʂku³¹ ʂku³¹ -mi⁵⁵	叔父（呼称）	ʂu⁵⁵
流浪汉	ʁua³¹ ɕa⁵⁵ tʂhe³¹ tʂhe³¹ -mi⁵⁵	幺叔	jau⁵⁵ pa³¹
乞丐	qha⁵⁵ ɕa⁵⁵ -mi⁵⁵	叔母（呼称）	jau⁵⁵ ma⁵⁵
瞎子	miɑ³¹ pu³¹ ɕya³¹ -mi⁵⁵	姑（呼称）	ȵa⁵⁵ ȵa⁵⁵
聋子	bo³¹ -mi⁵⁵	姑父（呼称）	ku⁵⁵ je³¹
哑巴	ja³¹ pa³¹	舅舅（呼称）	tɕəu³¹ tɕəu³¹
驼子	tho³¹ pəi³¹ tsə⁵⁵	大舅	a³¹ ku³¹ bzʐa³¹
瘸子	go³¹ tɕhi⁵⁵	小舅	a³¹ ku³¹ ʂtʂa³¹
疯子	mo³¹ ʁo⁵⁵	舅妈（呼称）	tɕəu³¹ ma⁵⁵
傻子	ʁue³¹	大舅母	ta³¹ tɕiu³⁵ ma⁵¹
笨蛋	pən³¹ tan⁵⁵	小舅母	jau⁵⁵ tɕiu³⁵ ma⁵¹
长辈	lo³¹ pəi³¹ tsə⁵⁵	姨（呼称）	ji³¹ ȵa⁵⁵

词	音	词	音
姨父（呼称）	ji³¹ti⁵⁵	堂兄弟（叙称）	tu⁵⁵tʂu⁵⁵tu³¹bzₐ³¹
夫妻	a³¹qu³¹ni³¹tsə³¹	表兄弟（叙称）	lo³¹pia³¹/tu⁵⁵tʂu⁵⁵tu³¹bzₐ³¹
丈夫（叙称）	tɕi³¹ẓi⁵⁵pəi⁵⁵	妯娌	mu⁵⁵tɕi⁵⁵
妻子（叙称）	tɕe³¹ẓə⁵⁵pəi⁵⁵	连襟（叙称）	lau⁵⁵tiau⁵⁵
兄弟	tu⁵⁵tʂu⁵⁵tu³¹bzₐ³¹	儿子（叙称）	tɕi³¹
姐妹	ẓo³¹/sa³¹tʂu⁵⁵sa³¹bzₐ³¹	儿媳妇（叙称）	tɕe³¹ẓo³¹
堂兄	tu⁵⁵bzₐ⁵⁵	女儿（叙称）	tɕe³¹
堂弟	tu⁵⁵tʂu⁵⁵	女婿（叙称）	tɕi³¹mia³¹
堂姐	sa³¹bzₐ³¹	孙子	zə⁵⁵tʂu⁵⁵
堂妹	sa³¹tʂu⁵⁵	重孙子	li⁵⁵tʂu⁵⁵/mo³¹mo⁵⁵
表姐	sa³¹bzₐ³¹	侄子	tʂə³¹eə³¹tsə⁵⁵
表妹	sa³¹tʂu⁵⁵	外甥	we⁵⁵tʂə⁵⁵tsə⁵⁵
表哥	tu⁵⁵bzₐ⁵⁵	外孙	zə⁵⁵tʂu⁵⁵
表弟	tu⁵⁵tʂu⁵⁵	父子	tʂu³¹pi³¹ni³¹
孤儿	tʂhə⁵⁵ku⁵⁵	父女	tʂu³¹pi³¹ni³¹
子女	tɕi³¹tɕe³¹	母子	tʂu³¹mia³¹ni³¹
侄女	tɕe³¹	母女	tʂu³¹mia³¹ni³¹
外甥女	tɕe³¹	兄弟俩	tu⁵⁵tʂu⁵⁵tu³¹bzₐ³¹ni³¹tsə⁵⁵/tu³¹ni³¹
孙女	tɕe³¹zə⁵⁵tʂu⁵⁵	夫妻俩	a³¹ko⁵⁵ni³¹tsə⁵⁵
外孙女	tɕe³¹zə⁵⁵tʂu⁵⁵	姐妹俩	sa⁵⁵tʂu⁵⁵sa³¹bzₐ³¹ni³¹tsə⁵⁵/ẓo³¹ni³¹
重孙	mo³¹mo⁵⁵		
曾孙	mo³¹mo³¹	弟兄	tu⁵⁵tʂu⁵⁵tu³¹bzₐ³¹
男朋友	tɕi³¹ẓi³¹dẓu⁵⁵	姊妹	sa⁵⁵tʂu⁵⁵sa³¹bzₐ³¹
女朋友	tɕe³¹ẓi³¹dẓu⁵⁵	名字	mu⁵⁵
大舅子	ɕi³¹tʂua⁵⁵bzₐ³¹	绰号	wai⁵⁵χau⁵⁵
小舅子	ɕi³¹tʂua⁵⁵ʂtʂa³¹		
大姨子	ɕa³¹qa³¹bzₐ⁵⁵		
小姨子	ɕa³¹qa³¹ʂtʂa⁵⁵		

十 农工商文

哥哥（呼称）	tu³¹bzₐ³¹	东西	pa³¹na³¹
嫂子（呼称）	sau³¹sau³¹	事情	dẓə³¹
弟弟（叙称）	tu⁵⁵tʂu⁵⁵	干活儿	dẓə³¹pu⁵⁵li⁵⁵
弟媳（叙称）	tu⁵⁵tʂu⁵⁵tɕe³¹ẓə³¹pəi⁵⁵	盖房子	tɕe⁵⁵ku³¹
姐姐（呼称）	sa⁵⁵bzₐ⁵⁵	砌墙	khẓa³¹ɕa³¹
姐夫（呼称）	tɕe⁵⁵fu⁵⁵/tu³¹bzₐ³¹	插秧	jaŋ⁵⁵tsə³¹phia³¹
妹妹（叙称）	sa⁵⁵tʂu⁵⁵/ẓo³¹	种水稻	ʂui⁵⁵tau³¹phia³¹
妹夫（叙称）	ẓo³¹tɕi³¹mia⁵⁵		

播种	phia³¹	连枷把	tu⁵⁵ pa⁵⁵ tsə⁵⁵
点播	jy³¹ go³¹-je³¹ phia³¹	连枷头	tu³¹ mi⁵⁵
撒播	jy³¹ ɕe⁵⁵-ȵa⁵⁵ phia³¹	锄柄	tɕua³¹ pa³⁵ tsə⁵⁵
除草	fia³¹ ʂtie⁵⁵	铁锹	jan³¹ tɕhau⁵⁵
收割	ɕy³¹	铲子	tʂhuan³¹ tsə³¹
年成	ȵan⁵¹ tʂhəŋ⁵⁵	犁头	tu³¹
开荒	zu³¹ ba⁵⁵ ʑge³¹	犁铧	gʑu³¹
浇水	tʂu³¹ ɕe⁵⁵	犁架	li³¹ kan³⁵ tsə⁵⁵
肥料	ʑmi³¹	犁弓	tu³¹ qə³¹ pa³⁵ tsə⁵⁵
鸡屎	jy⁵⁵ tʂhə⁵⁵	犁把	tu³¹ pa³⁵ tsə⁵⁵
施肥	ʑmi³¹ ɕe⁵⁵	铡刀	tshua⁵⁵ to⁵⁵
沤肥	ʑmi³¹ khuai³¹	耙~	ɕin⁵⁵ tɕua³¹
种菜	ko³¹ phia³¹	牛鼻绳	ȵu⁵⁵ fiə³¹³¹ tsə⁵⁵
犁	tu³¹	牛轭	zi³¹ tʂu³¹
犁田	zu³¹ li⁵⁵	马笼头	luŋ³¹ thəu⁵¹/ʑo³¹ tɕy³¹ luŋ³¹ tsə⁵⁵
种田	zu³¹ phia³¹	马嚼子	ʑo³¹ die³¹-tsu⁵⁵ pu⁵⁵
栽种	fia³¹-phia³¹	马鞍	gan⁵⁵ tsə⁵⁵
耙田	ʑbu³¹ tu⁵⁵	脚蹬	tɕye⁵⁵ tha³¹ tsə⁵⁵
挖地	zu³¹ tshua⁵⁵ tie⁵⁵	缰绳	so³¹ ni³¹
锄地	ʑbu³¹ ə⁵⁵ ta³¹	鞭子	pian³¹ tsə⁵⁵
锄头	tɕya³¹	打场	qhua³¹
镰刀	mo³¹ lia³¹	晒谷	ʑa³¹ qa³¹ fia⁵⁵ pu⁵⁵
把儿	pa³⁵ tsə⁵⁵	晒谷场	jyan³⁵ tʂan³¹
扁担	pian⁵⁵ thio⁵⁵	风车	fəŋ⁵⁵ po⁵⁵ tɕi⁵⁵
箩筐	gu⁵⁵/luo³¹ tou⁵⁵	磙子	dzo⁵⁵ ʁo⁵⁵ tsu⁵⁵
筛子	ɕe³¹	麻绳	bʑəi³¹
簸箕	tshui³¹ tɕi³¹	撮箕	tshui³¹ tɕi³¹
独轮车	tu³¹ len⁵⁵ tʂe⁵⁵	木耙	lau³¹ lau³¹ pha⁵⁵
轮子	kun⁵⁵ kun³¹	筐	khuaŋ⁵⁵ khuaŋ⁵⁵
碓	qe³¹ tua⁵⁵ li³¹	粗筛	ɕe³¹ tshu⁵⁵
臼	qe³¹ tɕhu³¹ ŋu⁵⁵	细筛	ɕe³¹ tɕe⁵⁵
磨（名词）	dzo³¹ ʁo³¹	圈儿	khue³¹
掰玉米	ju⁵⁵ ma⁵⁵ tsho³¹	牛圈	fiə³¹ tshe³¹ khue⁵⁵
杠子	kaŋ³⁵ tsə⁵¹	马棚	ʑo³¹ khue⁵⁵
楔子檯	ɕo³¹	羊圈	tɕhe³¹ khue⁵⁵
连枷	zi⁵⁵ dzu⁵⁵	猪圈	pia³¹ khue⁵⁵

狗窝	khu³¹ ʐbu⁵⁵	零钱	liŋ⁵⁵ joŋ³¹ tɕhan⁵⁵
鸡窝	jy³¹ kho⁵⁵	硬币	jiŋ³¹ pi³⁵
蜂窝	bu³¹ ʐu⁵⁵ tɕhu⁵⁵	本钱	pən⁵¹ tɕhan³¹
蜂箱	bu³¹ ʐu³¹ tɕe⁵⁵	工钱	qo³¹ su³¹ sua⁵⁵
蜂蜜	be³¹ ʑi⁵⁵	路费	ʐəi³¹ phu³¹
蜂蜡	le⁵⁵ qhua⁵⁵ pu⁵⁵	花（钱）	χua⁵⁵-tha⁵⁵/tə³¹-ʐy⁵⁵
蛇洞	bu³¹ tshə³¹ toŋ³¹ tu⁵⁵	赚（钱）	tə³¹-tʂuan⁵⁵-tha⁵⁵
笼子	luŋ³¹ tsə³¹	挣（钱）	tə³¹-qo³¹ pu³¹
猪槽	pia³¹ tsho⁵⁵	欠（钱）	tu³¹ tɕhe⁵⁵
木槽	pia³¹ tsho⁵⁵	算盘	suan⁵⁵ phan⁵⁵
谷桶	thoŋ⁵⁵ tou⁵⁵	秤	tʂhəi⁵⁵
碾米	khʐə³¹ mi⁵⁵ tɕue⁵⁵	称	tə³¹-tʂhəi⁵⁵
舂米	khʐə³¹ tə³¹-tsho⁵⁵-thi⁵⁵	赶集	fən⁵⁵ tsha⁵⁵ kan⁵⁵-tha⁵⁵
放牛	fia³¹ tsə⁵⁵ ɕy³¹ je³¹	集市	fən⁵⁵ tsha⁵⁵
养猪	pia³¹ bə⁵⁵ je⁵⁵	庙会	miau³¹ χui³¹
猪草	pia³¹ ko⁵⁵	利息	li³⁵ ɕe³⁵
猪食	pia³¹ ʂti⁵⁵	买	pu⁵⁵
走江湖	ʁua³¹ ɕa⁵⁵ tɕhəi³¹ tɕhəi³¹-je⁵⁵	卖	pu³⁵
打工	qo³¹ tua³¹-je⁵⁵	交换	tə³¹-lə³¹ la³¹
斧子	ʂte³¹ ʐə³¹	价钱	phu³¹
钳子	tɕa³¹ tsə³¹	借钱	ɕi³¹ ɕi⁵⁵ ŋe³¹
螺丝刀	kai⁵⁵ dʐəi⁵⁵	还钱	ɕi³¹ ɕi⁵⁵ tɕhi³¹
锤子	tiŋ⁵⁵ tʂhui³¹ tsə⁵⁵	讨价	phu³¹ khə⁵⁵ lia³¹
钉子	ʂən³¹ tɕa³¹/tiŋ⁵⁵ tsə⁵⁵	还价	ʐe³¹-fu⁵⁵
绳子	so³¹ ni³¹/bi³¹	出租	sə³¹-tʂu⁵⁵-tha⁵⁵
棍子	ʁo³¹ tsə³¹	债	ʂtu⁵⁵
做买卖	ʂəŋ⁵⁵ ji³¹ pu³¹-je⁵⁵	赢（钱）	ʐə³¹-jyn³¹-tha⁵⁵
商店	ʂaŋ⁵⁵ tian³¹	输（钱）	die³¹-ʂu⁵⁵-tha⁵⁵
饭馆	kuan³¹ tsə³¹	戥子	tʂhəi³¹
旅馆	ly³¹ kuan³¹	秤钩	tʂhən³¹ kəu⁵⁵
贵	phu⁵⁵ lu⁵⁵	秤盘	tʂhən³⁵ phan³¹
便宜	ma³¹-phu⁵⁵ lu⁵⁵/phian³¹ ji³¹	秤星	pe³¹
合算	χua³¹ suan⁵⁵	秤砣	tʂhən³⁵ tho³¹
折扣	fia³¹-ɕa³¹-ji⁵⁵	火车	χo⁵⁵ tʂhe⁵⁵
亏本	sə³¹-ʂui³¹-tha⁵⁵	汽车	tɕhi³¹ tʂhe⁵⁵
钱	ɕi³¹ ɕi⁵⁵	船	tʂhuan³¹

渡船	tu³⁵ tʂhuan³¹	加	tə³¹ -lu⁵⁵
划船	χua³¹ tʂhuan³¹	减	fia³¹ -dz̩əi³¹
邮局	jəu³¹ tian³⁵ tɕo³¹	乘	tə³¹ - ʂen³¹ -tha⁵⁵
电话	tian³⁵ χua³¹	除	fia³¹ -tʂhu³¹ -tha⁵⁵
机器	tɕi⁵⁵ tɕhi³¹	浆糊	tɕan³¹ tsə³¹
学校	ɕo³¹ tha⁵⁵	地图	ti³⁵ thu³¹
教室	tɕau³¹ ʂə⁵⁵	图画	thu³¹ χua³⁵
上学	dʑi³¹ du³¹	涂改	kai³¹ -tha⁵⁵
放学	faŋ³¹ ɕo³¹	球	tɕhiu³¹
考试	khau⁵⁵ -tha⁵⁵	连环画	thu³¹ χua³⁵ /lian³¹ χuan⁵⁵ χua³⁵
书包	ʂu⁵⁵ pau⁵⁵	捉迷藏	mo⁵⁵ ti⁵⁵ fia³¹ -pu³¹ -je⁵⁵
黑板	χe⁵⁵ pan⁵¹	跳绳	thiau³⁵ ʂən³¹ pu³¹
粉笔	fən⁵¹ pi³¹	毽子	tɕin⁵⁵ tsə⁵⁵
念书	dʑi³¹ du³¹	风筝	faŋ⁵⁵ tʂən⁵⁵
小学	ɕau³¹ ɕo³¹	舞狮	ʂə⁵⁵ tsə⁵⁵ dz̩a³¹ tʂhu⁵⁵
中学	tʂuŋ⁵⁵ ɕo³¹	鞭炮	χo³¹ phə³¹ zə³¹ ɕi⁵⁵
大学	ta³¹ ɕo³¹	唱歌	ko⁵⁵ z̩a³¹
请假	tɕin⁵⁵ tɕa⁵¹	演戏	ɕi³⁵ zə³¹ -ə⁵⁵
放假	fan³¹ tɕa⁵¹	锣鼓	ɕaŋ⁵⁵ tɕhi³¹ n̩a⁵⁵ z̩bo³¹
毕业	pie³¹ nie³¹	二胡	fu³¹ tɕhin³¹ tsə³¹
笔	pi³¹	笛子	tie³¹ tsə³¹
纸	z̩i³¹ dzə³¹	划拳	χua³¹ tɕyan³¹
书	dʑi³¹ / ʂu⁵⁵	下棋	tɕhin³¹ ɕa⁵⁵
信	ɕin³⁵	打扑克	phai³¹ tye³¹ tye³¹
本子	pən⁵⁵ tsə³¹	打麻将	ma³⁵ tɕan³¹ tye³¹ tye³¹
铅笔	juan⁵⁵ pi³¹	变魔术	mo³¹ su⁵⁵ dz̩a³¹ tʂhu⁵⁵
钢笔	kan³⁵ pi³¹	讲故事	ku³¹ sə³⁵ pe³¹ -tha⁵⁵
圆珠笔	jan³¹ tʂu⁵⁵ pi³¹	猜谜语	fia³¹ -tɕhe³¹ -tha⁵⁵
毛笔	mau³¹ pi³¹	玩儿	dz̩a³¹ tʂhu⁵⁵
墨	me³¹	串门儿	tɕy³¹ ɕo³¹ -je⁵⁵
砚台	me⁵⁵ ʂui⁵⁵ -je⁵⁵	走亲戚	dz̩a⁵⁵ dz̩a⁵⁵ pu³¹ -je⁵⁵
墨水	me³¹ ʂui⁵¹	国家	kue³¹ tɕa⁵⁵
墨汁	me³¹ tʂə⁵⁵	政府	tʂən³⁵ fu⁵¹
字	dz̩i³¹	乡政府	ɕaŋ³¹ tʂən³⁵ fu⁵¹
算	su³¹ sua⁵⁵	省	sən⁵¹
数	sua³¹	县	ɕan³⁵

村	tshua⁵⁵		骑马	ʐo³¹ dzu⁵⁵
印章	jin³⁵ tʂan⁵⁵		钓鱼	ʐa³¹ z̩be³¹
私章	sə⁵⁵ tʂan⁵⁵		鱼饵	ʐa³¹ jin⁵⁵ tsə⁵⁵
记号	tɕi³⁵ χau³¹			
证据	ba³⁵ phi⁵⁵		**十一　动作行为**	
荡秋千	tan³¹ tshu⁵⁵ la³¹		看	sə³¹
踩高跷	tshai⁵⁵ kau⁵⁵ tɕhau³¹		听	ʂo⁵⁵ ɕi⁵⁵
吹口哨	tʂhui⁵⁵ tʂhui⁵⁵ phu³¹		闻	wən⁵⁵ ta⁵⁵
唱调子	tiau³¹ tsə⁵⁵ ʐa⁵¹		吸	ʐe³¹-tʂhe⁵⁵
练武术	tɕhuan³¹ ʂu⁵⁵		睁	tə³¹-phia³¹
打弹弓	suŋ⁵⁵ tɕhin³¹ te³¹ ɕi⁵⁵		闭	fia³¹-tɕe³¹
翻筋斗	jau³¹ tsə⁵⁵ fan⁵⁵ ʂən⁵⁵ pu³¹		眨	tɕe³¹ ta⁵⁵
潜水	tʂu⁵⁵ ku⁵⁵ fia³¹-dz̩ə³¹		张	tə³¹-qa³¹
跳舞	so⁵⁵ ta⁵⁵		闭	fia³¹-pi³¹
锣	fia⁵⁵ bo⁵⁵		咬	fia³¹-dz̩e⁵⁵
钹	ɕan⁵⁵ tɕhi⁵⁵		嚼	fia³¹-dz̩e⁵⁵ tʂa⁵⁵
鼓	z̩bo³¹		咽	fia³¹-ʐy³¹
腰鼓	z̩bo³¹		舔	tə³¹-nia⁵⁵ die³¹
镲	ɕi⁵⁵ sa⁵⁵ la³¹		含	tə³¹-z̩gu³¹
箫	ɕau⁵⁵		亲嘴	χqo⁵⁵ ʐe⁵⁵-dza³¹
号	χau⁵⁵		吮吸	sə³¹-tʂhe⁵⁵
唢呐	so⁵⁵ la⁵⁵		吐（掉）	sə³¹-phe³¹
口弦	khou⁵⁵ tɕhin⁵⁵		呕吐	tə³¹-liu⁵⁵ gu³¹
哨子	tʂhui⁵⁵ tʂhui⁵⁵		打喷嚏	khe³¹ ɕi³¹ pu³¹
喇叭	la⁵⁵ pa⁵⁵		拿	tʂua⁵⁵
戏	ɕi³⁵ tsə⁵⁵		给	z̩ə⁵⁵/fia³¹-z̩da⁵⁵
木鱼	mo³¹ jy³¹		摸	z̩ma³¹ ɕa³¹/tə³¹-z̩ma³¹
照相	tʂo⁵⁵ ɕaŋ⁵⁵		伸	die³¹-tʂhə⁵⁵
相片	ɕaŋ⁵⁵ phian³¹		挠	dz̩e⁵⁵ ta⁵¹/pha³¹ ɕa³¹
射击	khz̩o⁵¹		掐	ku⁵⁵ tɕha⁵⁵
倒立	to³¹ tshu⁵⁵		拧（螺丝）	dz̩u³¹ dz̩ua⁵⁵
对歌	ko³¹ tui⁵⁵-tha⁵⁵		拧（毛巾）	fia³¹-dz̩u³¹ dz̩ua⁵⁵
唱山歌	ʂan³¹ ko⁵⁵ ʐa⁵⁵		捻	sə³¹-tʂa³¹
棋子	tɕhi⁵⁵ tsə⁵⁵		掰	tə³¹-khz̩e³¹ lia³¹
比赛	pi³¹-tha⁵⁵		剥	sə³¹-z̩a³¹ qa⁵⁵
游泳	tʂu³¹ ʁu⁵⁵			

撕	sə³¹-phʐə⁵⁵/ɦɑ³¹-sə⁵⁵-thɑ⁵⁵	捅	tə³¹-tɕhiu⁵⁵
折	tə³¹-qhe³¹liɑ³¹	插	ɦɑ³¹-tʂhɑ³¹
拔	tə³¹-ʂtie⁵⁵	戳	tʂhu³¹
摘	tə³¹-tʂe³¹-thɑ⁵⁵/tə³¹-tʂou⁵⁵	砍	die³¹-tshuɑ⁵⁵
站	ɦɑ³¹-to³¹ʐə³¹	剁	tə³¹-dʐye³¹tɑ⁵⁵
倚	die³¹-ʐe³¹/die³¹-phən⁵⁵-thɑ⁵⁵	削	sə³¹-ɕye³¹tɑ⁵⁵
蹲	ɦɑ³¹-gu³¹tɕɑ³¹	裂	die³¹-dʐəi³⁵
坐	ɦɑ³¹-to³¹dzə⁵⁵	皱	tə³¹-tsuŋ³¹tsui⁵¹
跳	tə³¹-so⁵⁵tɑ⁵⁵	腐	ɦɑ³¹-tɕye3qɑ⁵⁵
迈	die³¹-ʁuɑ⁵⁵tɕɑ⁵⁵	擦	die³¹-tshɑ³¹tie⁵⁵
踩	ɦɑ³¹-tɕhyɑ³¹	倒	die³¹-qə³¹tɑ⁵⁵
翘	sə³¹-dʐɑ³¹	扔	sə³¹-qo³¹
弯	ʐe³¹-ʁu³¹	扔	die³¹-lɑ³¹ʂo⁵⁵
挺	ɦɑ³¹-tʂhən⁵⁵tʂhɑ³¹	掉	ɦɑ³¹-tsho³⁵
趴	ʐe³¹-phɑ⁵⁵phɑ⁵⁵	滴	le³¹le⁵⁵
爬	ʐuɑ⁵⁵piɑ⁵⁵pu³¹	丢失	die³¹-tsho³⁵
走	go³¹go⁵⁵	找	me⁵⁵liɑ⁵⁵
跑	die³¹-tʂhi³¹tʂhi³¹	捡	tə³¹-tɕɑ³¹
逃	die³¹-pho⁵⁵	提	tə³¹-dʐyɑ⁵⁵
追	tʂhi³¹tɑ⁵⁵	挑	tə³¹-tue⁵⁵
抓	zə³¹-tʂuɑ³⁵	扛（káng）	tə³¹-tue⁵⁵
抱	zə³¹-ʂto³¹	抬	tə³¹-tue⁵⁵
背	tə³¹-biɑ³¹	举	tə³¹-tʂu⁵⁵-thɑ⁵⁵
搀	zə³¹-tʂɑn⁵⁵-thɑ⁵⁵	撑	die³¹-di³¹di³¹
推	sə³¹-thue³¹	撬	ʐe³¹-ʁo⁵⁵-thɑ⁵⁵
摔	sə³¹-lɑ⁵⁵ʂou⁵⁵	挑选	tə³¹-ɕɑ³¹qɑ⁵⁵
撞	ʐe³¹-dʐe⁵⁵	收拾	zə³¹-ɕy³⁵
挡	ɦɑ³¹-tɑŋ⁵⁵-thɑ⁵⁵	扫地	zu³¹pu³¹tɑ³¹-dʐui³¹
躲	die³¹-ʂtu³¹	挽	ʐe³¹-ʁo⁵⁵-tɑ³¹
藏	tə³¹-tɕɑ³⁵	涮	tə³¹-ʂuɑn³¹-thɑ⁵⁵
放	ɦɑ³¹-dʐyɑ³¹	洗	χo³¹lɑ³¹
擦	tə³¹-tʂhoŋ⁵⁵-thɑ⁵⁵	捞	tə³¹-pe³¹
埋	ɦɑ³¹-qu⁵⁵lɑ³¹	拴	ʐe³¹-tsu³¹
盖	ɦɑ³¹-qhue⁵⁵	捆	zə³¹-dzu³¹
压	ɦɑ³¹-tɕhɑ⁵⁵	解	die³¹-ʐɑ³¹go⁵⁵
摁	ɦɑ³¹-du⁵⁵	挪	die³¹-tʂue⁵⁵tsɑ³¹

端	tə³¹-tʂuɑ³¹	穿	ʐgu⁵⁵
摔	fiɑ³¹-ʂui⁵⁵	脱	die³¹-thɑ⁵⁵
掺	fiɑ³¹-lu⁵⁵bɑ³¹	系	zə³¹-dzu³¹
烧	ʑe³¹-tsuɑ⁵⁵	扣	zə³¹-khəu⁵⁵-thɑ⁵⁵
拆	fiɑ³¹-dzʅəi³¹dzʅəi⁵⁵	理发	qə³¹to⁵⁵ tʂhɑ³¹
转	fiɑ³¹-ɕo³¹go⁵⁵	梳头	qe³¹to⁵⁵ɕy⁵⁵
捶	sə³¹-tɕhu⁵⁵	圈（动词）	ʑe³¹-tɕy⁵⁵/quɑ⁵⁵tie³¹
打	qə³¹tie³¹	刺（动词）	ʑe³¹-tʂə³⁵
打架	qu³¹quɑ⁵⁵	搓	tshə³¹-thɑ⁵⁵
休息	bɑ³¹ʑi³¹	榨	tsɑ⁵⁵-thɑ⁵⁵
打哈欠	le³¹ʂqə³¹tə³¹-bie⁵⁵	抹	fu⁵⁵-thɑ⁵⁵
打瞌睡	məi³¹ʑi³¹-tuɑ⁵⁵	笑	dʐɑ³¹
睡	fiɑ³¹-ʑe³¹	旋转	ɕo³¹go⁵⁵
打呼噜	mə³¹ʑi³¹qhu⁵⁵pu³¹	沉	fiɑ³¹-tʂə⁵⁵
做梦	mo³¹pu⁵⁵	浸	fiɑ³¹-pho⁵⁵-thɑ⁵⁵
起床	tə³¹-ŋu³¹	漏	zui³⁵/zu³⁵
刷牙	ʂqo⁵⁵χo³¹lɑ³¹	溢	fiɑ³¹-phu³⁵
洗澡	ɕi³¹tso³¹pu³⁵	生锈	ɕe³¹ʐgu⁵⁵zə³¹-tue⁵⁵
哈气	tɕhi³¹χu⁵⁵	取名	ʐmu³¹tʂəi³¹
擤	ɕy⁵⁵	晾衣	phu³¹ə˞⁵⁵pu⁵⁵
食	zə³¹tso⁵⁵/pu⁵⁵ ʂpəi³¹je³¹/ khə³¹khə⁵⁵je³¹	补	ʂpe³¹
		剪	ʂpəi⁵⁵
来月经	ɑ³¹le³¹ɕi³¹lo³¹	裁	tɕhe⁵⁵/ʐɑ⁵⁵
拉屎	tʂhə³¹pu³¹	织	qe³¹piɑ³¹
撒尿	bi⁵⁵bi⁵⁵	扎	zə³¹-tsu⁵⁵
放屁	ʂpəi³¹ɕi³¹	砍柴	ɕi³¹tshuɑ⁵⁵
浮	χu⁵⁵-thɑ⁵⁵	淘米	khʐə³¹mi⁵⁵thɑu³⁵-thɑ⁵⁵
流	liu³¹-thɑ⁵⁵	洗碗	ʁu⁵⁵χu³¹lɑ³¹
飞	lɑ³¹	沏（茶）	pho⁵⁵thɑ⁵⁵
住	ʑi³¹	做饭	ʂti³¹pu³¹
来	lo³¹	炒菜	ko³¹tʂo⁵⁵tʂəi⁵⁵
吹	phu⁵⁵	煮	ʑe³¹-χqo³¹/ɑ˞³¹-χqo³¹
拉	ʂə⁵⁵	煎	ʑe³¹-tɕɑn⁵⁵-thɑ⁵⁵
挖	phu⁵⁵liɑ³¹	炸	ʑe³¹-tʂɑ⁵⁵-thɑ⁵⁵
捉	tʂuɑ³¹	蒸	tə³¹-tɕi³¹
挠	dʑe⁵⁵tɑ⁵⁵/phɑ⁵⁵ɕɑ³¹	揉	ʂtʂuɑ⁵⁵tie⁵⁵

擀	le⁵⁵ tɑ³¹	淋	fiɑ³¹-zu³¹ piɑ⁵⁵
夹	zə³¹-ʂtie³¹	烤火	mu⁵⁵ khue³¹
斟	fiɑ³¹-ʐe³¹	暖被窝	que⁵⁵ tɕhe⁵⁵ die³¹-du³⁵-ʂə³¹
渴	die⁵⁵-piɑ⁵⁵	等待	zo³¹
饿	die⁵⁵-su³¹	走路	ʐəi³¹ go³¹ go⁵⁵
噎	fiɑ³¹-kən³¹-thɑ⁵⁵	遇见	tə³¹-tso⁵⁵
剔骨头	ʐe³¹ ke³¹ thi³¹-thɑ⁵⁵	去	kəi³¹/dɑ³¹
舀汤	tho³¹ zɑ⁵⁵	进	tə³¹-kəi³¹
搅拌	ʐbəi⁵⁵ lɑ⁵⁵	出	sə³¹-lo³¹
焖	fiɑ³¹-mən⁵⁵-thɑ⁵⁵	进来	ʐe³¹-lo³¹
炖	fiɑ³¹-tən⁵⁵-thɑ⁵⁵	出来/回来	ʐe³¹-lo³¹
烤	ʐe³¹-khuɑi⁵⁵	上来	tə³¹-lo³¹
腌	fiɑ³¹-tsuɑ⁵⁵	下来	fiɑ³¹-lo³¹
吃	die³¹	起来	tə³¹-ȵu⁵⁵
喝	tɕhi⁵⁵	进去	ʐe³¹-ke³¹
抽	tɕhi⁵⁵	出去	sə³¹-ke³¹
盛	zɑ⁵⁵	上去	tə³¹-ke³¹
吃早饭	tʂhɑ⁵⁵ tɕhi⁵⁵	下去	fiɑ³¹-ke³¹
吃午饭	dʐe³¹ miɑ³¹ tɕhi⁵⁵	争	pe³⁵ pe⁵⁵
吃晚饭	ʐɑ³¹ məi³¹ tɕhi⁵⁵	吃亏	die³¹-we³¹-sɑ³¹
打嗝	tʂhə³¹ ɕi³¹ tuɑ⁵⁵	上当	ʂan³¹ tɑ⁵⁵ fiɑ³¹-tshuɑ⁵⁵
讨饭	ʂti³¹ qhɑ⁵⁵ ɕɑ⁵⁵	道歉	ɕɑ³¹ χuɑ⁵⁵
酿酒	ʑi³¹ kho⁵⁵-thɑ⁵⁵	帮忙	tə³¹-ʁuɑ³¹
搬家	tɕe³¹ die³¹-tsɑ³¹	请客	ʂke⁵⁵ pu⁵⁵ ʁuɑ³¹
分家	tɕe³¹ sə³¹-ʐo⁵⁵	送礼	pɑ³¹ nɑ³¹ ʐo⁵⁵
开门	dʐu³¹ die³¹-ʐge³¹	告状	tə³¹-ʐo³¹/ʐe³¹-ʐo³¹
关门	dʐu³¹ sə³¹-quɑ³¹	犯法	die³¹-tɕhe³¹
洗脸	li⁵⁵ tɕi³¹	赌博	tu⁵⁵ po³¹
漱口	ʂqo⁵⁵ χu³¹ lɑ³¹	坐牢	pan³⁵ faŋ⁵⁵ to⁵⁵ dʐe⁵⁵
做鬼脸	tsuo³¹ kui³¹ lian⁵⁵	砍头	qə³¹ fiɑ³¹-tshuɑ⁵⁵
伸懒腰	thɑ³¹ ke⁵⁵ fiɑ³¹-tshən⁵⁵-thɑ⁵⁵	吻	tʂhe³¹ tɑ³¹
点灯	mo³¹ go³¹ dʐyɑ³¹	呛	fiɑ³¹-tɕhan⁵⁵-thɑ⁵⁵
熄灯	mo³¹ go⁵⁵ ʂpe³¹	呼气	tɕhi³¹ sə³¹-ɕi³¹
说梦话	ʑi³¹ mi³¹ zə³¹-pu⁵⁵	抬头	qə³¹ tə³¹-dʐyɑ⁵⁵
醒	ʐmo³¹ dʐo³¹	低头	qə³¹ ʐe³¹-ʁu⁵⁵
晒太阳	mi³¹ ɕi⁵⁵khue³¹	点头	qə³¹ fiɑ³¹-ʐə⁵⁵ tɑ⁵⁵

摇头	qə³¹ jau³¹-tha⁵⁵	翻	tə³¹-tshuo⁵⁵ pia³¹
摇动	jau³¹-tha⁵⁵	挂	tə³¹-khua⁵⁵ la³¹
招手	la³¹ pa⁵⁵ ə⁻⁵⁵ ta⁵⁵	包（饺子）	ʁo⁵⁵ ta⁵⁵
举手	la³¹ pa⁵⁵ tə³¹-tɕua³¹	贴	tə³¹-pia⁵⁵
笼手	li³¹ pa⁵⁵ sua⁵⁵ die³¹-ʁə³¹	割	zə³¹-ko⁵⁵
拍手	la³¹ pa⁵⁵ tue³¹ tue³¹	锯	ɦa³¹-khẓo³¹
握手	la³¹ pa⁵⁵ zə³¹-tʂua⁵⁵	雕	tio⁵⁵-tha⁵⁵/khe³¹-tha⁵⁵
弹	khẓo³¹	箍	zə³¹-khu⁵⁵-tha⁵⁵
掐	zə³¹-qə³¹ tie³¹	装	ɦa³¹-ɕy³¹
抠	pha³¹ ɕa³¹	卷	zə²¹-ʁo³¹-ta⁵⁵
牵	ta⁵⁵	染	ɦa³¹-sə³¹
扳	pan³¹-tha⁵⁵	吓	qo³⁵/χo³⁵ χua³¹
捧	ɦa³¹-phəŋ⁵⁵ phu⁵⁵	试	ʂə⁵⁵-tha⁵⁵
抛	tə³¹-ko⁵⁵	换	tə³¹-la³¹
掏	sə³¹-tho³¹-thi⁵⁵	填	ʑe³¹-thian⁵⁵-tha⁵⁵
骗	ʂan⁵⁵-tha³¹	留	die³¹-ŋe⁵⁵
夹	tə³¹-ʂti³¹	使用	ʑy³¹
抓	ɦa³¹-tʂua³¹	顶	sə³¹ sə⁵⁵/tə³¹-tɕi⁵⁵ tɕi⁵⁵
甩	ə⁻³⁵ ta³¹	刨食	tua⁵⁵ tie³¹
搓	sə³¹-tɕua⁵⁵ tie³¹	晒衣	phu³¹ ə⁻⁵⁵ pu⁵⁵
跟	ŋa⁵⁵	摘菜	ko³¹ tshuo³¹
跪	ʑe³¹-ʁu³¹ tshu⁵⁵	切菜	ko³¹ kho³¹ khẓi⁵⁵
踢	ʑe³¹-tʂhui³¹	杀猪	pia³¹ tɕo⁵⁵
躺	ɦa³¹-ʑe³¹	开膛	ta⁵⁵ χua³¹ qə³¹ qe⁵⁵
侧睡	tsai³¹ len³¹ tɕhi⁵⁵ ɦa³¹-ʑe³¹	剖鱼	ʑa³¹ ge⁵⁵ qa³¹
靠	die³¹-phəŋ⁵⁵-tha⁵⁵	燃烧	tə³¹-χu³¹
遗失	die³¹-tsho³¹	烧开水	tʂu³¹ ʑe³¹-tshu⁵⁵
堆放	tə³¹-thua³¹ ŋa³¹ ɦa³¹-tɕua⁵⁵	熬	ŋo³¹-tha⁵⁵
叠	tə³¹-tʂe³¹-tha⁵⁵	烘	ʑe³¹-khue³¹
摆	ɦa³¹-pe³¹-tha⁵⁵	蘸	ɦa³¹-tsan³¹-tha⁵⁵/ʂu⁵⁵ ta⁵¹
搬	du³¹/tɕua³¹	溅	zə³¹-tʂhi³¹ tʂhi³¹
塞	ʑe³¹-ʂtʂə³¹	洒水	tʂu³¹ sə³¹-ɕa³¹
抢	pe³¹ pe³¹	返回	zə³¹-go⁵⁵
砸	ɦa³¹-khẓe³¹	到达	die³¹-pe³¹
刮	ɦa³¹-khua⁵⁵	招待	tə³¹-tɕo⁵⁵ tɕe³¹
揭	die³¹-tɕe⁵⁵	认罪	tə³¹-ẓən⁵⁵-tha⁵⁵

包庇	tə³¹-qua³¹tie⁵⁵	放夹	fia³¹-tɕha⁵⁵/tɕa³¹tsə⁵⁵ ɣa³¹ti³¹
卖淫	tshə⁵⁵qə⁵⁵pu⁵⁵	装索	so³¹ni3 lie³⁵
偷盗	ʂkuə³¹/ʂkuə³¹pu³¹	拔毛	fiuě³¹phu⁵⁵phu⁵⁵
毒	sə³¹-lo⁵⁵-tha⁵⁵	燎毛	fiuě³¹le⁵⁵tə⁵⁵
听见	tə³¹-sa⁵⁵	剥皮	ʐa³¹pia³¹ɣan³¹qa⁵⁵
偷听	ma³¹-tɕe³¹tsə³¹so³¹tɕi⁵⁵	烧砖	tʂuan⁵⁵tsu⁵⁵
看见	fia³¹-tɕo⁵⁵	烧窑	jo³¹tsə³¹tsu⁵⁵
瞄准	tə³¹-pi³¹-tha⁵⁵	烧石灰	ʂə³¹χui³¹tsu⁵⁵
剐蹭	ʐe³¹-tshə⁵⁵-tha⁵⁵	刷墙	su⁵⁵ʂua⁵⁵-tha⁵⁵
啃	ɣa³¹ɕa⁵⁵	穿针	χe³¹ʂə⁵⁵
磕头	qə³¹thu⁵⁵phu⁵⁵	绣花	tʂə⁵⁵/thio³¹-tha⁵⁵
拖	ʂə³¹-go³¹	缠足	dʐo³¹ti⁵⁵
拍	fia³¹-tye³¹tye³¹	磨刀	tɕe³¹ʐu⁵⁵su⁵⁵
托	tə³¹-dʐya⁵⁵	劈柴	ɕi³¹ɕi³¹ɕa³¹
压	fia³¹-tɕha⁵⁵	酒醒	ʐə³¹-qə³¹tsə⁵⁵ɕin⁵⁵ɕi³¹
抽	ʂa⁵⁵tie³¹	闩门	sə³¹-phie³¹-tha⁵⁵
勒	ʐə³¹-ɕi⁵⁵	剪指甲	li³¹ɕa³¹qa⁵⁵ʂpəi⁵⁵
抖	tə³¹-thəu⁵⁵-tha⁵⁵	掏耳朵	nu⁵⁵ku³¹tʂhə³¹thau³¹-thi⁵⁵
拄	tɕi³¹ta⁵⁵	动身	fia³¹-wu³¹
垫	ʐe³¹-tian⁵⁵-tha⁵⁵	赶路	ʐəi³¹-tʂəi⁵⁵
划	sə³¹-ɕa⁵⁵	让路	ʐəi³¹ʐan⁵⁵-tha⁵⁵
锉	sə³¹-tsho⁵⁵-tha⁵⁵	劝架	ʂə³¹ʂə⁵⁵/tɕhuan⁵⁵-tha⁵⁵
钻	ʐe³¹-ʂui⁵⁵	报恩	ʐe³¹-pu⁵⁵tɕhi⁵⁵
捂	fia³¹-khue³¹	报仇	pau³⁵tʂhəu³¹-pu³¹
渗	tɕhin⁵⁵-tha⁵⁵	照顾	qua³¹thie⁵⁵
滤	fia³¹-tsa⁵⁵	收礼	li⁵¹ɕi⁵⁵tɕho⁵⁵
叮	ʐe³¹-dʐe⁵⁵	抢劫	mu³¹ʐa³¹qa³¹
叉腰	tha³¹ke⁵⁵die³¹-tɕi³¹	杀人	mu³¹sə³¹-tɕo⁵⁵
赤膊	li³¹mi⁵⁵sə³¹-tʂəi⁵⁵	劳改	lau³¹kai⁵¹-pu⁵⁵
敲打	tə³¹-tye³¹tye³¹	鞭打	ʂa⁵⁵tie³¹
撒娇	gu³¹-tha⁵⁵	胜利	tə³¹-tɕi⁵⁵
呻吟	tʂhən⁵⁵χua⁵⁵	失败	die³¹-we³¹
仰睡	mu⁵⁵to³¹tə³¹-khʐa³¹	瞪	qə³¹tʂəi⁵⁵
喂	ɕi⁵⁵	拽	sə³¹tʂəi⁵⁵tʂəi⁵⁵
挤（~奶）	ʂtʂa⁵⁵	捋	ʂe³¹ʂe³¹
阉	tə³¹-ʂan³¹-tha⁵⁵	搁	fia³¹-dʐya⁵⁵

揣	fia³¹-ɣə⁵⁵		打鸣儿	tə³¹-ɕi⁵⁵
携带	tə³¹-tʂua³¹		发情	sə³¹-fio³⁵/fa⁵⁵ tɕhiŋ⁵⁵
扒	sə³¹-phe³¹ ɕe³¹		交尾	pəi³⁵-tha⁵⁵
蹦	tə³¹-so⁵⁵ ta⁵⁵/die³¹-so⁵⁵		产崽	tʂu³¹ tʂu⁵⁵ ʁo³¹
跺脚	go³¹ tɕhy³¹ tɕhya³¹/		下（~蛋）	sə³¹-khẓi⁵⁵
	go³¹ tʂhua⁵⁵ ti³¹		孵	sə³¹-tua³¹
打滚	tə³¹-ta⁵⁵ kui³¹		牛打架	fia³¹ tsə³¹ tə³¹-ʂə³¹ ʂə⁵⁵
扑	tə³¹-phu⁵⁵-tha⁵⁵		牛反刍	fia³¹ tsə⁵⁵ χui³¹ tshau³¹ pu³¹
粘	fia³¹-pia⁵⁵/ẓe³¹-to⁵⁵		蝉脱壳	ẓa³¹ pia⁵⁵ la³⁵
剖	sə³¹-qə³¹ qa⁵⁵		想（思索）	tə³¹-be³¹ lo³¹
劈	sə³¹-ɕa³¹		想念	be³¹ lo⁵⁵
漆	fia³¹-sə³¹		打算	χua³¹ sua⁵⁵
搓	sə³¹-dẓa³¹		认得	tə³¹-sə³¹ qa³⁵
钉	ẓe³¹-tuə³⁵		记得	tɕi⁵⁵ to⁵⁵
绞	die³¹-dẓu⁵⁵		忘记	die³¹-ẓmu³¹
蒙（眼）	ẓe³¹-qhue³¹		怕	qo³¹
胡（打麻将）	fia³¹-qhue⁵⁵-tha⁵⁵		相信	dẓa⁵⁵
和（下象棋）	die³¹-qe³¹		发愁	sə³¹-pu³¹ tua³¹
发脾气	phi³¹ tɕhi³¹ fa³¹-tha⁵⁵		小心	fia³¹ kha⁵⁵ dẓə³¹
赌气	ta³¹-pia⁵⁵ pu⁵⁵		喜欢	ta⁵⁵ po⁵⁵
生长	tə³¹-ẓu⁵⁵		讨喜	mu³¹ ta⁵⁵ po⁵⁵
打猎	khẓo³⁵ ɕi³¹		讨厌	khu³¹ sə³¹
蛀	tə³¹-bu³¹ tɕa⁵¹		恨	χən³¹-tha⁵⁵/khu⁵⁵
系围裙	ʁo³¹ pha⁵⁵ zə³¹-tɕi³¹		满意	ɕi³¹ sə³¹-sa⁵⁵
打结	qə³¹ pe⁵⁵ sə³¹-to⁵⁵		着急	tə³¹-χua³¹ tɕe⁵⁵
发芽	ja³⁵ tsə⁵⁵ sə³¹-lo⁵⁵		理睬	ə³¹ ʂə³¹/li⁵⁵-tha⁵⁵
吐须	χoŋ⁵⁵ ɕy³¹ sə³¹-lo³¹		担心	tʂho³¹-tha⁵⁵
开花	pəi⁵⁵ pəi⁵⁵ sə³¹-pe³¹		放心	fia³¹-fa⁵⁵ ɕi⁵⁵
成熟	fia³¹-mu³⁵/fia³¹-lo³¹		变作	die³¹-pian³⁵-tha⁵⁵/pe³¹
结果	ɕi³¹ mi³¹ ẓe³¹-dẓo⁵⁵		恼火	ẓe³¹-mo⁵⁵ χo⁵⁵
凋谢	fia³¹-gẓə³¹ gẓə⁵⁵		心痛	ɕi³¹ mi³¹ ẓe³¹
蜕皮	ẓa³¹ pia⁵⁵ la³¹-je⁵⁵		记仇	tʂhəu³¹ tɕhi⁵⁵ li³¹
叮	ẓe³¹-dẓe³¹		害（人）	tʂən⁵⁵-tha⁵⁵
蜇	ẓe³¹-khue³⁵		反悔	ʂə³¹-χui³¹-tha⁵⁵
爬	gou³¹ gou³¹		可惜	kho⁵⁵ ɕi³¹
叫（狗~）	qa⁵⁵ ẓə⁵⁵		舒服	ŋa³¹ ẓe³¹

难受	ʐe⁵⁵-ma³¹-na⁵⁵	声音	tɕho³¹qo³¹
难过	die³¹-ke³¹ma³¹-qa³¹	聊天儿	pe³¹thiau⁵⁵
伤心	die³¹-tɕi³¹/ɕi³¹mi³¹ʐe³¹	叫（他一声儿）	ʁua⁵⁵
高兴	ɕi³¹χəi⁵⁵	吆喝	qa⁵⁵ə⁵⁵-je⁵⁵
生气	tɕhi⁵⁵ŋu³¹	喊（话）	ʁua⁵⁵
责怪	kue⁵⁵-tha⁵⁵	问（话）	dzəi³¹dzi⁵⁵
后悔	ʂə³¹χui³¹	答应	fia³¹-ta³¹zi⁵⁵
忌妒	ma⁵⁵qa⁵⁵ʐe⁵⁵nə³¹nia⁵⁵	介绍	tə⁵⁵-ʐda⁵⁵
害羞	dzɑ³¹qhu³¹	回答	ʐe⁵⁵-ʐda⁵⁵-tha⁵⁵
丢脸	qoŋ³¹pia⁵⁵sə³¹-qo³¹	哭	bʐi⁵⁵
欺负	tɕhi⁵⁵-tha⁵⁵	骂	ʐdu³¹/fa³¹
装（病）	tʂuaŋ⁵⁵kuai³¹	他妈的	mia³¹khe³¹tsə⁵¹
疼	tɕhye³¹pu⁵⁵	吵架	qua³¹qua⁵⁵
要	tɕhe³¹	骗	dzə³¹qhua⁵⁵
有	lie⁵⁵/we⁵⁵/ʂtəu⁵⁵/ʐi⁵⁵/ʁo⁵⁵	哄	tʂhu⁵⁵tɕe³¹
没有	mo³⁵	撒谎	zə³¹-qa⁵⁵pu³¹
是	ŋuə⁵⁵/ʐiu⁵⁵	吹牛	kho³¹tsə³¹phu³¹
不是	mi³¹-ŋuə³¹	拍马屁	ʂan³¹phən³¹pu³¹
在	ʐi³¹	开玩笑	wan³¹ɕau³¹khai⁵⁵-tha⁵⁵
不在	ma³¹-ʐi⁵⁵	告诉	tə³¹-ʐda⁵⁵
知道	nə³¹tɕi⁵⁵	造谣	zə³¹-qə³¹pu³¹
不知道	ma³¹-nə³¹tɕi⁵⁵	打听	tə³¹-ʐda⁵⁵tɕhi⁵⁵
懂	sa⁵⁵	谢谢	lau³¹wei⁵⁵-tha⁵⁵
不懂	ma³¹-sa³¹	对不起	mi³¹tɕue⁵⁵sau³¹ŋɑ³¹
会	ʐə³⁵	再见	mu⁵⁵tʂhu⁵⁵tɕo⁵⁵-ɕi³¹
不会	ma⁵⁵-ʐɑ⁵⁵		
认识	tə³¹-sə³¹		
不认识	tə³¹-sə³¹ma³¹-qa³¹		**十二　性质状态**
行	qa³⁵	大	ba³¹/bʐɑ³¹
不行	ma⁵⁵-qa⁵¹	小	ʂtʂa³¹
愿意	ʁo³⁵	粗	pa³¹
肯	ʁu⁵⁵	细	bʐi⁵⁵
应该	tɕhe⁵⁵	长	tha⁵⁵
可以	qa³¹	短	ŋe³¹
说	tə³¹-ʐda⁵⁵	宽	la⁵⁵
话	ʐi³¹mi³¹	宽敞	qhua³¹tʂuo⁵⁵

附录二 分类词汇

窄	tɕhe⁵¹	轻	ʐo⁵⁵
高	bo⁵⁵	直	ʂtə⁵⁵ ta⁵⁵
低	be³¹	陡	ɕi⁵⁵ pia⁵⁵
远	fiə³¹ χue⁵⁵	弯	ʁua³¹ tɕa³¹
近	fiə³¹ ni⁵⁵	歪	die³¹-dʐua⁵⁵
深	nia³¹	厚	lia³⁵
浅	ma³¹-nia³¹	薄	bu³⁵
清	gʐəi³¹	稠	die³¹-tɕi³⁵
浑	pu³¹ a³¹	稀疏	die³¹-dʐo³⁵
圆	bu³¹ ti⁵⁵	密	die³¹-mi⁵⁵ mi⁵⁵
扁	pian³¹ pia⁵⁵	稀	die³¹-ʐa⁵⁵/die³¹-ɕi⁵⁵ la³¹
方	si³¹ faŋ⁵⁵	亮	fia³¹-ɕya⁵⁵
尖	tɕin⁵⁵ tɕe⁵⁵	暗	mu³⁵ tʂha³⁵
平	phin³¹-tha⁵⁵	黑（光线）	mu³⁵
肥胖	lu³⁵	热（天气）	du³⁵
瘦	χua⁵⁵	暖和（天气）	du³¹ du⁵⁵
饱	tə³¹-χe³¹	凉（天气）	ʂpe⁵⁵ to⁵⁵
醉	tə³¹-χe⁵⁵	冷（天气）	tho⁵⁵
黑	ni³¹	热（水）	du³⁵
白	phʐe⁵⁵	凉（水）	ʂto⁵⁵
红	ʑi⁵⁵	干燥	ʐə⁵⁵/fiə⁵⁵
黄	fia⁵⁵	潮湿	tʂu³¹ pia⁵⁵
蓝	lan³¹	干净	fia³¹-qə³¹ dʐəi⁵⁵
绿	χui⁵⁵	脏	fia³¹-ma³¹-ɕo⁵⁵
紫	tsə⁵⁵	锋利	tɕe⁵⁵
灰	χue³¹	钝	ma³¹-tɕe⁵⁵
凸	tə³¹-pəŋ⁵⁵ pu⁵⁵	快	kuai⁵⁵-tha⁵⁵
凹	fia³¹-ŋo⁵⁵-tha⁵⁵/fia³¹-taŋ⁵⁵ ta³¹	慢	phi³¹-tha⁵⁵
正	tʂən⁵⁵	早	dʐa⁵⁵
反	bəi⁵⁵	晚	ŋa³¹
斜	fia³¹-ɕi⁵⁵ pia³¹	松	die³¹-soŋ⁵⁵ χo³¹
横	χuan³¹ tɕhi⁵⁵	紧	ʐə³¹-ɕi⁵⁵
竖	fia³¹-tʂu⁵⁵	容易	ʐe³¹
多	dʐu⁵⁵	难	χo⁵⁵
少	ʂtʂa³¹	新	ɕi⁵⁵
重	dzə³⁵	旧	ba⁵⁵

老	fia³¹-bəi³⁵	浊	tə³¹-pu³¹la³¹
年轻	pu⁵⁵ʂu⁵⁵ʂtʂa⁵⁵	空	die³¹-qhu³⁵
软	ma³¹ma³⁵	嫩	li³⁵
硬	ko³¹tɕa³⁵	生	ʂa³⁵
烂	tɕy⁵⁵qa³¹	熟	fia³¹-mu⁵⁵
糊	die³¹-χu⁵⁵-tha⁵⁵	乱	la³¹ta⁵⁵
结实	ʐgu⁵¹	真	tʂən³⁵li⁵⁵/wu³¹je⁵⁵
破	sə³¹-phu⁵¹	假	tɕa⁵¹li⁵⁵
富	ə³¹pu⁵⁵	闷热	ɕi³¹tu⁵⁵pu³¹
穷	dzə³¹	破碎	sə³¹-khʐe⁵⁵
忙	tɕi⁵⁵	缩	fia³¹-ʂku³¹ʂku³¹/fia³¹-ʂui³¹so⁵⁵
闲	χa⁵⁵	困了	die³¹-pa³⁵
累	die³¹-ba³¹	瘪	zə³¹-pian³⁵tshə⁵⁵
疼	die³¹-ʐe⁵⁵	倒（~着放）	zə³¹-qə³¹qo³¹
痒	tə³¹-tɕhi⁵⁵tɕha³¹	纯	ʂun³¹li⁵⁵
热闹	lo⁵⁵ʐə⁵¹	枯	də³⁵
熟悉	tə³¹-sə³¹qa³¹	潮	tʂu⁵⁵pia³¹
陌生	tə³¹-sə³¹ma³¹-qa³¹	强	qo⁵⁵tɕa³⁵
味道	wei³¹to⁵⁵	弱	ma³¹ma⁵⁵
气味	tɕhi⁵⁵wei³¹	焦	tə³¹-ɕi³⁵
咸	tshə³¹χa⁵¹	清楚	qə³¹ʐə⁵⁵
淡	ma³¹tshə⁵⁵χa⁵¹	模糊	ŋua³¹-tha³¹
酸	tsua⁵¹	准确	tə³¹-tye⁵⁵
甜	tʂhu⁵¹	耐用	lai⁵⁵joŋ⁵⁵
苦	qha³⁵	空闲	die³¹-χa³⁵
辣	tɕi³⁵	涩	se³¹
鲜	ɕin⁵⁵ɕe³¹	脆	tshui⁵⁵-tha⁵⁵
香	χo³⁵	霉烂	fia³¹-tɕy⁵⁵qa⁵⁵
臭	bu³¹ʂtʂa⁵⁵	不要紧	ma³¹-ʐo⁵⁵tɕi⁵⁵
傻	tə³¹-pia⁵⁵	便利	fan³¹pia⁵¹
腥	ɕie³¹	浪费	tʂuo⁵⁵-tha⁵⁵
活	χo³¹-li³¹	疏忽大意	mi³¹ta⁵⁵ŋa⁵⁵sau⁵⁵
满	die³¹-phu³⁵	顺利	ʂun³¹lia³¹
足	dzə⁵⁵	好	tye⁵⁵
光滑	ɕa⁵⁵tu⁵⁵/χua³¹liu³¹	坏	tɕhi⁵⁵qua³¹
冷清	tuo³¹dzəi⁵⁵	差	ma³¹-tye⁵¹

对	tə³¹-tye⁵¹	二	ni³¹
错	tə³¹-tɕhe³¹	三	ɕe⁵⁵
漂亮	ta³¹	四	dʐə³¹
丑	ma³¹-ta³¹	五	ʁue³¹
勤快	tɕhi⁵⁵ tɕha⁵¹	六	ʂtʂuə³¹
懒	ʂqəi⁵⁵	七	ɕi³¹
乖	tɕi⁵⁵	八	khʐe³¹
顽皮	ʐa⁵⁵ lia³¹	九	ʐgu³¹
老实	lo³¹ ʂə⁵⁵	十	fia³¹ dʐo⁵⁵
聪明	tɕi⁵⁵ li⁵⁵	十一	fia³¹ tɕi⁵⁵
狡猾	tɕo³¹ χo³¹	十二	fia³¹ ne⁵⁵
傻	we³¹	十三	fia³¹ ɕe⁵⁵
笨蠢	pən³⁵-tha⁵⁵	十四	fia³¹ ʐə³¹
大方	ɕa⁵⁵ tha⁵⁵ ə⁵⁵/li³¹ pa⁵⁵ khʐa³¹	十五	fia³¹ ʁo⁵⁵
小气	ɕo⁵⁵ tɕhi³¹	十六	fia³¹ tʂu⁵⁵
直爽	ʂtə⁵⁵	十七	fia³¹ ɕi³¹
犟	tɕaŋ³⁵	十八	fia³¹ khʐe⁵⁵
勇敢	pe³¹ ɕa⁵⁵	十九	fia³¹ ʐgu³¹
大胆	tan³⁵ tsə⁵⁵ bʐa³¹	二十	nə³¹ ɕye⁵⁵
胆小	tan³⁵ tsə⁵⁵ ʂtʂa³¹	二十一	ne³¹ ɕye⁵⁵ a³¹
慌张	χua³¹ tɕa³¹	三十	ɕe³¹ ɕye⁵⁵
麻利	ʂua³¹ li⁵⁵	四十	dʐə³¹ ɕye⁵⁵
节俭	die³¹-dou³⁵	五十	ʁue³¹ ɕye⁵⁵
厉害	pe³¹ ɕa⁵⁵/ma³¹ ʐa⁵⁵	六十	ʂtʂuə³¹ ɕye⁵⁵
可怜	mu³¹ tɕhye⁵⁵ pu⁵¹	七十	ɕi³¹ ɕye⁵⁵
麻烦	χo⁵⁵	八十	khʐe³¹ ɕye⁵⁵
光荣	kuan³⁵ ʐuŋ³¹	九十	ʐgu³¹ ɕye⁵⁵
孤独	tan³⁵ tɕu⁵⁵	一百	a³¹ khʐəi³¹
亲近	ge³¹	一百零一	a³¹ khʐə³¹ ŋa⁵⁵ a³¹ ʐgu⁵⁵
齐心	ɕi³¹ mi⁵⁵ ge³¹ sə³¹	一百零五	a³¹ khʐəi³¹ ŋa⁵⁵ ʁueẽ⁵⁵
贪心	ɕi³¹ die³¹-ʐa³¹	一百五十	a³¹ khʐəi³¹ ŋa⁵⁵ ʁueẽ³¹ ɕyeẽ³¹
拖拉	la³¹ pu⁵⁵ la³¹ ta³¹	一千	a³¹ ʂtu⁵⁵
		一万	a³¹ ʁua⁵⁵
		第一	die³¹-qe³¹
十三 数量		第二	ni³¹ tsə⁵⁵ ʐe⁵⁵
一	a⁵⁵	第三	ɕe³¹ tsə⁵⁵ ʐe³¹

二两	ni³¹-dzo³¹	块（一~香皂）	gu⁵⁵
半个	a³¹ dzua⁵⁵	辆（一~车）	tɕa⁵⁵
几个	nia³¹-ʐgu⁵⁵	座（一~房子）	qo⁵⁵
倍	gu⁵⁵	座（一~桥）	to⁵⁵
俩	ni³¹-tsə⁵⁵	条（一~河）	ɦiə⁵⁵
仨	ɕe³¹-tsə⁵⁵	条（一~路）	ɦiə⁵⁵
个把	a⁵⁵ ni³¹-ʐgu⁵⁵	间（一~房）	a³¹-qo³¹
三四个	ɕe³¹ dzə³¹ ʐgu⁵⁵	本（一~书）	a³¹-pəi³¹
十几个	ɦia³¹ dzo⁵⁵ ʐgu⁵⁵ dʐu⁵⁵	句（一~话）	a³¹-qu⁵⁵
十多个	ɦia³¹ dzo⁵⁵ ʐgu⁵⁵ dʐu³¹	棵（一~树）	bu⁵⁵
百把个	a³¹ khʐə³¹ ʐgu⁵⁵ ŋa⁵⁵	节（一~木头）	a³¹-tsa³¹
千把个	a³¹ ʂtu⁵⁵ ʐgu⁵⁵ ŋa⁵⁵	朵（一~花）	tʂhu⁵⁵
左右	ŋa⁵⁵	串（一~葡萄）	tʂhuan³¹ tʂhua⁵⁵
大约	ŋa⁵⁵ tɕi³¹ nə³¹	粒（一~米）	gu⁵⁵

（二）量词

		顿（一~饭）	tua⁵⁵
个（一~人）	tsə⁵¹	剂（一~中药）	fu⁵⁵
匹（一~马）	ʐa³¹	颗（一~珠子）	tɕe³¹
头（一~牛）	ʐə⁵⁵	股（一~香味）	gu⁵⁵
头（一~猪）	ʐə⁵⁵	行（一~字）	phai³¹
只（一~狗）	ʐə⁵⁵	块（一~钱）	pia⁵⁵
只（一~鸡）	ʐə⁵⁵	毛（一~钱）	ʂto⁵⁵
只（一~蚊子）	ɦiə⁵⁵	件（一~事情）	to⁵⁵
条（一~鱼）	le⁵⁵	点儿（一~东西）	a³¹ nia³⁵
条（一~蛇）	ɦiə⁵⁵	些（一~东西）	a³¹ khe⁵⁵
张（一~嘴）	gu⁵⁵	堆（一~垃圾）	ɕi³¹ a³¹-thua⁵⁵ / jy⁵⁵ ma³¹ a³¹-pia⁵¹
张（一~桌子）	ʐi⁵⁵	下（打一~，动量）	a³¹ ɕi⁵⁵
床（一~被子）	tʂhua⁵⁵	会儿（坐了一~）	tua⁵⁵
领（一~席子）	tɕhe⁵⁵	顿（打一~）	χo⁵⁵
双（一~鞋）	tye⁵⁵	阵（下了一~雨）	tua⁵⁵
把（一~刀）	ɕe⁵⁵	趟（去了一~）	gu⁵⁵
把（一~锁）	ɕe⁵⁵	次（玩一~）	a³¹-tʂhu⁵⁵
根（一~绳子）	tshe⁵⁵	庹	a³¹-phe⁵¹
支（一~毛笔）	ɦiə⁵⁵	拃	a³¹-kha³¹
副（一~眼镜）	fu⁵⁵	斤（重量）	a³¹-tɕi⁵⁵
面（一~镜子）	tɕhe⁵⁵	两（重量）	a³¹-dzo³¹

分（重量）	a^{31}-fəi^{31}	哪个	ȵa^{31}ʐgu^{55}
厘（重量）	a^{31}-li^{31}	谁	sa^{55}
钱（重量）	a^{31}-dʑe^{31}	这里	tsa^{31}qa^{31}
斗	a^{31}-po^{55}	那里	thə^{31}qa^{31}
升	a^{31}-ʂə^{55}	哪里	ã^{55}qa^{31}/ȵa^{55}qa^{31}
寸	a^{31}-tɕhy^{55}	这样	ki^{55}ji^{55}
尺	a^{31}-tʂhə^{31}	那样	thə^{55}ji^{55}
丈	a^{31}-dza^{55}	怎样	ȵi^{55}ɕi^{55}
亩	a^{31}-po^{55}	这么	ki^{55}ji^{55}
里	a^{31}-li^{55}	怎么	ȵi^{55}ɕi^{55}
步	a^{31}-ʁua^{55}	什么	ȵi^{55}
		什么	ȵi^{31}

十四 代副介连词

		为什么	ȵi^{55}pu^{31}
我	qa^{31}	干什么	ȵi^{55}pu^{31}
你	nə^{31}	多少	ȵi^{55}ȵa^{55}
他	thə^{31}	多久	ȵa^{35}so^{31}qo^{55}
我们	qa^{55}la^{55}	这些	tsə^{31}khe^{55}
我俩	qa^{55}la^{55}ni^{31}tsə^{55}	那些	thə^{31}khe^{55}
咱们	qa^{55}dza^{55}	哪些	ȵa^{35}khe^{55}
咱俩	qa^{31}dza^{55}ni^{31}tsə^{55}	很	χa^{31}so^{35}
你们	nə^{31}la^{55}	非常	ja^{35}ji^{31}
你俩	nə^{31}la^{55}ni^{31}tsə^{55}	更	tɕe^{31}
他们	thə^{31}la^{55}	太	die^{31}-tho^{55}tshu^{55}pu^{31}
他俩	thə^{31}la^{55}ni^{31}tsə^{55}	最	die^{31}-
每人	a^{31}tsə^{55}wa^{31}	都	nə^{55}
人家	mu^{31}khe^{55}	完全	a^{31}tɕi^{55}nə^{31}
人们	mu^{31}khe^{55}la^{55}	全部	a^{31}tɕi^{55}
大家	a^{31}tɕi^{55}/a^{31}tɕa^{55}so^{55}	到底	tɕe^{55}/ge^{55}
自己	ju^{55}mu^{55}ʂu^{55}	一直	ge^{55}
别人	məi^{35}/mu^{31}khe^{55}la^{55}	一共	a^{31}tɕa^{55}so^{55}
我爸	qa^{35}pi^{31}	一起	a^{55}so^{55}
你爸	nəi^{35}pi^{31}/nə^{55}la^{55}pi^{31}	够（好）	ge^{55}
他爸	thi^{35}pi^{31}/thə^{31}la^{55}pi^{31}	真（好）	lo^{31}ɕi^{55}
这个	tsə^{31}ʐgu^{55}	好（看）	dʑe^{55}
那个	thə^{31}ʐgu^{55}	难（看）	χo^{35}
		先（走）	qe^{31}

后（走）	ta³¹ qe⁵⁵ to⁵⁵	可能	ɕa³¹ tau⁵⁵
只	ɕa⁵⁵	一边	tɕe³¹
刚	gə⁵⁵	从前	qe³¹ zə³¹ ɕi⁵⁵ ɕi⁵⁵
刚	ɕa⁵⁵	后来	mu⁵⁵ tʂhu⁵⁵
才	ɕa⁵⁵	来不及	ma³¹ -zdie³¹
就	ge⁵⁵	来得及	ɦa³¹ -zdie³¹
经常	a⁵⁵ ɕi⁵⁵ ma⁵⁵ qə⁵⁵	偷偷地	tə³¹ ɕy³¹ ɕy³¹ /ma³¹ tɕe⁵⁵ tsə⁵⁵
又	jəu⁵⁵	难道	lo³¹ ɕi⁵⁵
还	je³¹ /tɕe³¹	究竟	ge⁵⁵
再	tɕa⁵⁵	也许	tə³¹ -ta⁵⁵ a³¹ ŋa³¹
也	nə⁵⁵	一定	ge⁵⁵
反正	fan⁵⁵ tʂən³¹	暂时	tʂan⁵⁵ ʂə⁵⁵
没有	mo³⁵	互相	dau³¹
不	mi⁵⁵ /ma³¹	居然	ge⁵⁵
别	tɕe⁵⁵	和（我~他）	ŋa⁵⁵
甭	tɕe⁵⁵	跟（~他去城里了）	ŋa⁵⁵
快	ma⁵⁵ ji⁵⁵	对（他~我很好）	je⁵⁵ /to⁵⁵
马上	gən⁵⁵ to⁵⁵	往（~东走）	je⁵⁵
差点儿	a³¹ nia⁵⁵ ga⁵⁵ tɕe⁵⁵ tɕhe³¹	向（~他借一本书）	je⁵⁵ /sə³¹
差不多	tʂha³¹ pu⁵⁵ to⁵⁵	替（~他写信）	mi⁵⁵ ɕa⁵⁵
起码	tɕhi⁵⁵ ma⁵⁵ /ŋa⁵⁵ tɕi³¹ nə³¹	趁（~热吃）	sə⁵⁵
宁可	ʁua⁵⁵ dzə⁵⁵	像（~他那样）	ʁa⁵⁵
故意	ɦa³¹ -pu³¹ -ŋa⁵⁵ nə³¹	归（~你管）	sə⁵⁵
随便	sui³¹ pian³⁵ /ŋi⁵⁵ nə⁵⁵ ge⁵⁵	如果	dzə⁵⁵
白	qhu³¹	不管	nə³¹
肯定	qo⁵⁵		

附 录 三

羌族拼音文字方案

第一条 羌文为拉丁字母形式的拼音文字，以茂县曲谷话为标准音

第二条 共有26个字母，字母的形体、音值和名称如下：

印刷体		书写体		音值（国际音标注音）	字母名称	印刷体		书写体		音值（国际音标注音）	字母名称
大写	小写	大写	小写			大写	小写	大写	小写		
A	a	A	a	a	a	N	n	N	n	n	nea
B	b	B	b	p	bea	O	o	O	o	o	o
C	c	C	c	tsh	cea	P	p	P	p	ph	pea
D	d	D	d	t	dea	Q	q	Q	q	tɕh	qa
E	e	E	e	ə	e	R	r	R	r	ʐ	rra
F	f	F	f	f	eaf	S	s	S	s	s	eas
G	g	G	g	k	gea	T	t	T	t	th	tea
H	h	H	h	x	ha	U	u	U	u	u	u
I	i	I	i	i	yi	V	v	V	v	χ	va
J	j	J	j	tɕ	jea	W	w	W	w	w	wa
K	k	K	k	kh	kea	X	x	X	x	ç	xi
L	l	L	l	l	eal	Y	y	Y	y	j	ya
M	m	M	m	m	eam	Z	z	Z	z	ts	zea

第三条 羌语有单辅音声母41个，排列如下：

b [p]	z [ts]	d [t]	zh [tʂ]	j [tɕ]	g [k]	gv [q]
p [ph]	c [tsh]	t [th]	ch [tʂh]	q [tɕh]	k [kh]	kv [qh]
bb [b]	zz [dz]	dd [d]	dh [dʐ]	jj [dʑ]	gg [g]	
m [m]	s [s]	n [n]	sh [ʂ]	ny [ȵ]	ng [ŋ]	
f [f]	ss [z]	l [l]	rr [ʐ]	x [ɕ]	h [x]	v [χ]	hv [h]
w [w]		lh [ɬ]		xx [ʑ]	hh [ɣ]	vv [ʁ]	vh [ɦ]
				y [j]			

说明：

1. w 除单独作声母外，在词末出现时表示清化元音 [u̥]①。

2. r 在元音字母后表示元音卷舌或儿化。

3. 前置音 s、h、v 在清音前读清音 [s、x、χ]，在浊音前读浊音 [z、ɣ、ʁ]。

4. 复辅音声母见附录一。

第四条　羌语有 8 个单纯元音韵母：

i [i] ea [e] ae [æ] e [ə] a [a] o [o] u [u] ui [y]

说明：

1. u 在舌面前辅音后读作 [y]，例如：yuyu [jyjy]"分配"，jugw [tɕyku̥]"土猪"。

2. 单辅音除送气音和声门擦音外，大部分可作韵尾；复辅音大部分也可作韵尾。单辅音作韵尾时，写法与作声母时一样。例如：nyigv [ȵiq]"黑的"，jihzh [tɕixtʂ]"熊胆"。

3. 长元音、卷舌元音、鼻化元音、复元音及带韵尾的韵母见附录二。

第五条　音节

音节由声母和韵母组成。声母由单辅音和复辅音组成，也可以是零声母，即在声母的位置上无辅音。例如：ssu"种子"，shgvu"口、金子"，adh"一锅"。

韵母由单元音或复元音或单、复元音带韵尾（er、单辅音、复辅音）构成。复元音最多有 4 个字母。三合复元音仅出现在汉语借词中。最长的单音节由 6 个音素构成。例如：pea"戳"，piea"种"，tiaogeer"调羹"，duer"野猫"，basd"脚板"，pieaer"（我们在）种"，nguaan"（你

---

① 在印刷排版的时候，清化符号下标容易遗失，除本节外，本书均采用上标形式。

将）是"。

羌语的音节有 15 种形式，见附录三。

第六条　轻读音节和隔离符号

1. 轻读音节读得轻而短，大多位于词的末尾，少数在词的中部。轻读音节的韵母只有 u［u̥］，用字母 w 表示。例如：muhw［muxu̥］"烟"，ozwqu［otsu̥qu］"早晨"。

2. 羌文按词分写。在双音节或多音节词里，前一音节的元音与后一音节的零声母相连发生歧义时，或前一音节的辅音韵尾与后一音节的辅音声母（包括零声母）相连发生歧义时，使用隔离符号"-"。

第七条　书写规则

1. 一般都用小写字母书写，大写字母用于以下情况：

（1）专有名词的第一个字母都大写。如人名、地名、机关名、团体名、书篇名、会议名等。

（2）每一句话或一行诗的第一个字母都大写。

（3）题目、标语、招牌的第一个字母或全部字母都可以大写。

（4）其他特定的场合可以大写。

2. 可采用缩写的形式：

（1）音节缩写。

（2）字母缩写。字母缩写取音节的第一个字母大写，或者取词的第一个字母或声母大写，后面各加一点。例如：ZH·G·"中国"，M·X·"茂县"等。

（3）国际通用的度量衡单位和科学术语的缩写，按国际惯例书写。例如：km"公里"，H"氢"等。

3. 阿拉伯数字与音节分写：如 1990 be（1990 年）。

4. 按音节移行。移行符号"-"标在行的末尾。

第八条　标点符号

用下列标点符号：

1. 句号（。），用于句子末尾。

2. 问号（？），用于疑问句末尾。

3. 感叹号（！），用于带感情或语气强烈的句末。

4. 逗号（，），用于句子停顿的末尾。

5. 分号（;），用于句子较长的停顿。
6. 顿号（、），用于并列语句。
7. 冒号（:），用于提示下文或总结上文。
8. 引号（""），用于直接引述的语句，或需要特别注意的词。
9. 破折号（——），用于需要读出来的注解或者表示说话的中断、转折、意思的跃进等。
10. 括号：圆括号（），方括号［］，用于注释前后。
11. 省略号（……），用于省略的地方或者表示话没说完。

书写样品见附录四。

附录1 复辅音声母

prr［pʰʐ］ brr［bʐ］ wrr［wʐ］ krr［kʰʐ］ ggrr［gʐ］ gvrr［qʐ］
sd［st］ ssdd［zd］
shb［ʂp］ shm［ʂn］ shzh［ʂtʂ］ shg［ʂk］ shgv［ʂq］
rrm［ʐm］ rrw［ʐw］ rrdh［ʐdz］ rrgg［ʐg］ rrvv［ʐʁ］
xb［ɕp］ xj［ɕtɕ］ xxjj［ʑdʑ］
hz［xts］ hs［xs］ hlh［xɬ］ hzh［xtʂ］ hsh［xʂ］ hj［xtɕ］
hx［xɕ］ hhzz［ɣdz］ hhss［ɣz］ hhl［ɣl］ hhdh［ɣdz］ hhrr［ɣʐ］
hhxx［ɣʑ］
vz［χts］ vs［χs］ vlh［χɬ］ vzh［χtʂ］ vsh［χʂ］ vj［χtɕ］
vvzz［ʁdz］ vvss［ʁz］ vvl［ʁl］ vvdh［ʁdz］ vvrr［ʁʐ］ vvjj［ʁdʑ］
mzz［mdz］ nggg［ŋg］

附录2

1. 带特殊音质元音
(1) 长元音：
ii［i:］ eea［e:］ aae［æ:］ ee［ə:］ aa［a:］ oo［o:］ uu［u:］ uui［y:］
(2) 卷舌元音：
ir［iʴ］ ear［eʴ］ aer［æʴ］ er［əʴ］ ar［aʴ］ or［oʴ］ ur［uʴ］
(3) 卷舌长元音：
aaer［æ:ʴ］ aar［a:ʴ］ uur［u:ʴ］

（4）鼻化元音：

inn ［ĩ］ unn ［ũ］

（5）卷舌鼻化元音：

aernn ［æ̃ʴ］ arnn ［ãʴ］ urnn ［ũʴ］

（6）长卷舌鼻化元音：

aaernn ［æ̃ːʴ］

2. 复韵母

（1）带介音 i 的韵母：

iea ［ie］　　ieann ［iẽ］　　iae ［iæ］　　ia ［ia］　　iar ［iaʴ］
iaae ［iæː］　iaa ［iaː］　iaer ［iæːʴ］　iaaer ［iæːʴ］

（2）带介音 ui 的韵母：

uii ［yi］　　uiea ［ye］　　uiae ［yæ］　　uia ［ya］
uiaae ［yæː］　uiaa ［yaː］　uiar ［yaʴ］　uier ［yəʴ］

（3）带介音 u 的韵母：

ui ［ui］　　uea ［ue］　　uae ［uæ］　　ue ［uə］　　ua ［ua］
uaae ［uæː］　uaa ［uaː］　uear ［ueʴ］　uaer ［uæʴ］　uar ［uaʴ］
uaaer ［uæːʴ］　uaar ［uaːʴ］　ueann ［uẽ］

（4）带韵尾 er 的韵母：

ier ［iəʴ］　　eaer ［eəʴ］　　aeer ［æəʴ］　　eer ［əəʴ］　　aer ［aəʴ］
oer ［oəʴ］　　uer ［uəʴ］　　ieaer ［ieəʴ］　　ueaer ［ueəʴ］

（5）汉语借词中的复韵母：

iu ［iu］　　eai ［ei］　　aei ［æi］　　ai ［ai］　　au ［au］　　eu ［əu］
uaei ［uæi］ uai ［uai］ iau ［iau］

（6）带辅音韵尾的韵母：

ib ［ip］　　im ［im］　　iz ［its］　　izz ［idz］
is ［is］　　iss ［iz］　　id ［it］　　in ［in］　　il ［il］
ilh ［iɬ］　　irr ［iʐ］　　ig ［ik］　　igg ［ig］　　ing ［iŋ］
ih ［ix］　　igv ［iq］　　isd ［ist］　　ihs ［ixs］　　ihzh ［ixtʂ］
ivvl ［iʁl］　　ieam ［iem］　　ieas ［ies］　　ieag ［iek］　　ieavsh ［ieχʂ］
iaen ［iæn］　　iaeng ［iæŋ］　　iab ［iap］　　ian ［ian］　　iang ［iaŋ］
iagv ［iaq］　　iavvrr ［iaʁʐ］

innz [ĭts] innlh [ĭɬ] innzh [ĭtʂ]
eab [ep] eabb [eb] eam [em] eaw [ew]
eaz [ets] eas [es] eass [ez] eat [et] eadd [ed]
ean [en] eal [el] ealh [eɬ] eazh [etʂ] earr [ez̥]
eaj [etɕ] eag [ek] eah [ex] easd [est] eashzh [eʂtʂ]
eahhss [eɣz] eavzh [eχtʂ]
aem [æm] aen [æn] aez [æts] aeg [æk]
aegv [æq] aev [æχ] aehs [æxs] aaem [æːm] aaen [æːn]
aaegv [æːq] aern [æˈn] aergv [æˈq] aaern [æːˈn]
eb [əp] em [əm] ew [əw] ef [əf]
ez [əts] ezz [ədz] es [əs] ess [əz] ed [ət]
edd [əd] en [ən] el [əl] elh [əɬ] ezh [ətʂ]
edh [ədz̥] esh [əʂ] err [əz̥] ej [ətɕ] eg [ək]
egg [əg] egv [əq] ev [əχ] evv [əʁ] esd [əst]
essdd [əzd] ehl [əxl] ehzh [əxtʂ] ehsh [əxʂ] ehhrr [əɣz̥]
evlh [əχɬ] evsh [əχʂ] evvl [əʁl] evvrr [əʁz̥] erb [əˈp]
erm [əˈm] erz [əˈts] erdh [əˈdz̥] erh [əˈx] ergv [əˈq]
erhs [əˈxs]
ab [ap] am [am] af [af] az [ats]
as [as] ass [az] ad [at] add [ad] al [al]
an [an] azh [atʂ] adh [adz̥] ash [aʂ] arr [az̥]
ag [ak] ang [aŋ] agv [aq] av [aχ] avv [aʁ]
asd [ast] ahs [axs] ahzh [axtʂ] ahsh [axʂ] avlh [aχɬ]
avsh [aχʂ] aam [aːm] addd [aːd] aan [aːn] aarr [aːz̥]
aarb [aːˈp] arz [aˈts] argv [aˈq]
ob [op] om [om] oz [ots] od [ot]
ozh [otʂ] oy [oj] ong [oŋ] ogv [oq]
ub [up] um [um] uf [uf] uz [uts]
us [us] uss [uz] un [un] ul [ul] ulh [uɬ]
uzh [utʂ] udh [udz̥] ush [uʂ] urr [uz̥] ug [uk]
uug [uŋ] uh [ux] ugv [uq] usd [ust] ussdd [uzd]

uhs [uxʂ]　　　uhzh [uxtʂ]　　uhhdh [uɣdʐ]　　uvs [uχs]　　　uvsh [uχʂ]
ueam [uem]　　ueaz [uets]　　ueas [ues]　　　uead [uet]　　　uean [uen]
ueay [uej]　　　ueag [uek]　　uearn [ueˀn]　　uearh [ueˀx]　　uaen [uæn]
uaaern [uæˀːn]　uab [uap]　　　uam [uam]　　　uaz [uats]　　　uazz [uadz]
uas [uas]　　　uass [uaz]　　uad [uat]　　　uan [uan]　　　ual [ual]
ualh [uaɬ]　　　uazh [uatʂ]　　uash [uaʂ]　　　uag [uak]　　　uang [uaŋ]
uasd [uast]　　uahhl [uaɣl]　　uavvl [uaʁl]　　uaan [uaːn]　　uarn [uaˀn]
uem [uəm]　　　uez [uəts]　　ues [uəs]　　　ued [uət]　　　uen [uən]
uel [uəl]　　　uelh [uəɬ]　　uesh [uəʂ]　　　ueg [uək]　　　ueh [uəx]
uegv [uəq]　　uesd [uəst]　　uerb [uəˀp]　　uers [uəˀs]　　uern [uəˀn]
uurr [uːʐ]
uin [yn]　　　uieaz [yets]　　uiean [yen]　　uieazh [yetʂ]
uieag [yek]　　uian [yan]

附录3　羌语音节结构的15种形式：

1. 元音：a [a] 一。
2. 元音+辅音：ash [aʂ] 有时。
3. 元音+辅音+辅音：esd [əst] 添（往灶内加柴）。
4. 辅音+元音：cu [tʂhu] 肺。
5. 辅音+元音+元音：kuea [khue] 热。
6. 辅音+元音+元音+元音：piao [phiao] 票（借词）。
7. 辅音+辅音+元音：shge [ʂkə] 娃子、奴隶。
8. 辅音+辅音+元音+元音：rrvvua [ʐʁua] 哑巴。
9. 辅音+元音+辅音：nyigv [ɲiq] 黑。
10. 辅音+元音+元音+辅音：bieas [pies] 肉。
11. 辅音+元音+元音+辅音+辅音：dduasd [duast]（大腿部）肌肉。
12. 辅音+辅音+元音+辅音+辅音：sdezh [stətʂ] 直。
13. 辅音+辅音+元音+辅音+辅音：hxusd [xɕust] 毡子。
14. 辅音+辅音+元音+元音+辅音：rrgueb [ʐɡuəp] 九岁。
15. 辅音+辅音+元音+元音+辅音+辅音：rrguehzh [ʐɡuəxtʂ] 狐胆。

附录 4

书写样品

RRMEA LEHHRR HVALA

Gveer Gva rrmea zuogvbi yer du, sseb zae vva mi xxi izi nyi, gva rrmea rrmu wea yuer。eavhinn sdubes gver ji, va vva nyi lu ler wa, sixxisda la ler nyi, nexxisda la ler wa。

Zesh mesh du, gva rrmea zuogvbi, meggervurl vva segver xi, sixxisda la mealea yuer nyi, nexxisda la mealea yuer。

Gongchandang lu izi nyi, rrmea zuogvbi、zzes la hhdhe nyi、ggus la hhdhe, ssuxxingggu hjimiagv da ke-ngw vhagva, vha zei ngu hva-ngu la, gva rrmea zuogvbi dhuwer she junju, lehhrr mashe xi, nyiggi la hvai vva zer hva-ngu la, devsa shgvu, du-wrru dezi shgvu。vhadu, gva rrmea zuogvbi vvaj、vvualla xxim yis muhvunn, jigwda dhe bbelem yis muhvunn, ssu xxi ngggu, vhata dang nya rrmuzhenfu da nyi, ijij rrmea lehhhrr hvoluj asse vhabbelei yi gi lehhrr dessdder。

Dangnya zhenfu ijij prre ddeassddarm ji, zzigw vhassdda nyi, zhuanja nya jaosheu vhealhi nyi, vhata gva rrmea zuogvbij lehhrr hvoluj, vha gea debbel xi。za ab meahji ji meaji beaj, vhata, gva dang nya zhenfu ggeaw、zhuanja nya jaosheu dergvuar daegvae, jieali rrmea zuogvbi la deg-ger xi, bes rrmea lehhrr hvarrw yu。

gva hjimiagv da vheahsi tahvai dhuwer vva dedea dehxirr madhe ngula, gva rrmea zuogvwbi, Gongchandang nya rrmu Zhengfu gvu ngu nyi rrgguxi la ddaemer-rrmer wa。

关于文字方案与音位系统几处不一致的说明：

1. 音位系统有舌尖后边音［l̩］，方案（草案）中曾设计 rl 表示，后考虑除曲谷话外，其他方言无此音位，无［l̩］［l］对立现象，为了从简，在文字方案中便取消了辅音符号［l̥］。曲谷话中的［l̥］在文字中也用 l 表示。

2. 音位系统中的［ʔ］只出现在音节首，在文字方案中略去不标。即以元音起首的音节，实际读音在元音前有声母［ʔ］。

3. 音位系统中的［ɸ］与［f］并不对立，在方案中统一用 f 表示。

后　　记

  本书即将付梓之际，我有很多话想说，权当为过去的研究作一小结；有很多人要感谢，当作未来继续行进的力量。

  在本科学习期间，因"汶川大地震"抗震救灾的广泛动员和多方参与，我才首次"认识了"羌族。自此，我便开始关注这个存于甲骨文的古老民族。羌族源于古羌。甲骨文记载的羌人主要在黄河上游的甘陕一带活动。周王朝时期，羌人与周的关系密切，大量羌人融入华夏。春秋战国时期，以羌人为主要成分的诸戎逐渐融入秦国。秦汉时期，今甘青一带的黄河、湟水、洮水、大通河流域和四川省岷江上游一带是羌人活动的中心。此后，羌人进一步发展分化。未进入中原的西羌大部分散布在西北、西南地区。其中，冉駹部落分布在岷江上游和四川西北部的广大地区。元、明、清时期的羌人主要指聚居在岷江上游的羌人。明朝时，川西民族走廊的绝大多数羌人都被纳入土司的统治之下。清朝"改土归流"之后，大部分羌人融入汉民，偏远地区的少数羌人延续至今成为今日羌族。据《四川古代史》记载，汉代以后岷江上游已定居着被称为"西山诸羌"的羌人部落，隋唐时由于吐蕃王朝东扩，河湟一带羌人相继内迁，其中一部分到了岷江上游的茂州一带。由此可见，今天岷江上游的羌族是秦汉以后从河湟一带迁来的羌人与土著居民融合而成的民族。岷江、涪江上游地带是中国民族文化的历史走廊，是"藏彝走廊"中南端东缘。费孝通在《关于我国民族的识别问题》一文中指出："这条走廊正处在彝藏之间，沉积着许多现在还活着的历史遗迹，应当是历史与语言科学的一个宝贵园地"，并在《谈深入开展民族调查问题》一文中进一步指出："这条民族走廊地带自古就是藏缅先民南下和壮侗、苗瑶先民北上的交通要道和交汇融合之地，语言和民族存在诸多错综复杂情况"。诚如费孝通所见，该地区至今仍存有被某一通用语言淹没却并未完全消失的许多基层语言。

机缘巧合之下，2011年我进入中央民族大学，在王蓓老师指导下进行语言学的专业学习训练。当时，国内外很多语言学者都在关注羌族语言文字和非物质文化遗产的灾后重建。我有幸参与王蓓老师主持的中外合作项目，并以"初生牛犊"的无知无畏主动承担了羌语的调查和转写任务。此后，我便在王蓓老师、黄成龙老师和胡素华老师支持下，一直从事羌语的调查研究工作。十几年间，我跟随黄成龙老师前往阿坝藏族羌族自治州的汶川县龙溪乡和威州镇、理县的蒲溪乡、松潘县的小姓乡，甘孜藏族自治州的丹巴县太平桥乡，凉山彝族自治州木里藏族自治县水洛镇调查当地人所说的"地脚话"。

本书的田野调查资料来源于四川省阿坝藏族羌族自治州汶川县威州镇萝卜寨村。萝卜寨是迄今为止已发现的世界上最大、最古老的黄泥羌寨，是个羌人聚居地，也是羌族语言文化保留最完好的地区之一。2015年7月我第一次到萝卜寨调查羌语，到如今已有九个年头。在博士论文选题以后，我对萝卜寨话进行了大规模的调查和思考，并于2017年5月底完成博士论文《萝卜寨羌语语法研究》。我对书稿断断续续修订了六七年，渐渐形成《川西民族走廊羌语萝卜寨话研究》的初稿。修改中，本书基本保留了博士论文的骨架，但具体内容有所增删，改动主要涉及以下四方面：一是调整部分章节内容编排，对篇幅进行适当压缩，并修改部分表述及观点；二是增加词类部分；三是增加语法关系一章；四是删掉句法一章。博士论文答辩以来，萝卜寨话始终未曾离开我的学习、工作和生活，关于羌语形态句法等一系列问题一直萦绕在我脑海心田。其间我多次返回川西民族走廊，回到萝卜寨羌人生活中，继续进行调查和思考，以期进一步充实和完善本项研究。

在川西民族走廊调查的这些年，我用双脚丈量岷江沿岸的土地，用心感受体认着羌族人从语言到文化传统的方方面面。我深深地爱上了川西民族走廊，爱它云的轻柔、山的巍峨、水的汹涌，以及点缀在山间溪旁的羌族人家，也与许多爽朗、质朴、善良的羌人结下了深厚的情谊。在那里调查，我看他们的生活、学他们的语言、品他们的文化，跟他们共饮清凉凉的咂酒，一起谈天说地，近听这羌笛悠悠，远眺那羌碉匝匝。羌人朴实的言行、爽朗的笑声、不厌其烦的讲解一次又一次地感动着我，牵引着我的川西之行。每次来川西，我都满怀"早晚复相逢"的期待。回到川西民族走廊就像千里之外的游子回到魂牵梦绕的故乡。置身岷江的曲水云路间，我顿时便忘却城市的喧嚣，感受荡魂摄魄的震撼，一会儿却又生出"何日更重游"的怅惘。我喜欢融入川西的山山水水，行走在人迹罕至的松茂古道边，驻足于巧夺天工的摩崖石刻下，矗立在荒芜人烟的古墓旁，徘徊于苍茫的神山圣树间，沉浸在七色经幡环绕的神圣里；我爱川西博大精深、历史悠久的文化，敬佩羌人百折不挠、积极向上的精神。这爱沁入骨髓，萦绕心田，这爱也让我心怀感激，努力奋进。

　　本书能够顺利完成离不开诸位发音人的大力支持，离不开给予我工作和生活诸多照顾的当地人士。首先要特别感谢王明吉、王金龙、王绘红、王子文、王洪云、马前国、马文勇、马文建，以及他们的家人，他们热心地为我提供各种帮助，让我感受到了四海一家的温暖；要感谢马成芳、余婷和马跃成三位同学，每当我对语料有疑问时，他们总能给我最快最准确的回应，论文大部分例句离不开他们的语感支持；要诚挚感谢黄成龙、毛明军、陈维康、王术德等诸位师长，以及高韬、魏久乔、董瑶和宋佳等诸位同学，难忘羌地山水间一起调研、一起奋斗的日日夜夜；感谢调研路上遇到的人们，是你们温暖并丰盈了我充满挑战的旅程。每次到村寨，我都怀着一颗感恩的心勤勤恳恳、兢兢业业，以回报老乡们的辛劳和智慧，也因此我要尽心尽力写好这本书。

　　此外，我也要对所有在写作、修改本书过程中给予我支持的师友表示由衷谢意。正是攻读学位期间打下的语言学基础为本书的撰写奠定了基础。我的导师胡素华老师引领我一窥学术殿堂之门径，我在学业上的每一点进步都离不开其悉心指导。她以宽广的学术视野、睿智的学术眼光和包容的学术胸怀让我在博士求学阶段得到了科学而严格的学术训练，并为我提供了很多自主学习和尝试的机会。作为非母语人，当我计划以羌语语法为研究对象时，她坚定地支持了我，并主动把黄成龙老师引荐给我，让我跟随他多次到川西民族走廊调查和学习羌语。黄成龙老师是我的授业恩师，是他无微不至的关怀和不求回报的帮助让我敢于以羌语为研究对象。他丰富的实践经验和宽以待人的处事态度让我受益匪浅。

硕士生导师王蓓老师是我进入语言学殿堂的引路人，她不厌其烦地教导我如何用科学的方法做研究，如何成为真正的科学工作者，并一直要求我在语言学领域全面发展。戴庆厦先生年高德劭，不吝奖励后学，在学术和人生道路上都给予了诸多鼓励、关爱和指导。罗仁地（Randy J. LaPolla）先生在中央民族大学讲学期间仔细阅读了我的博士论文，在大到结构的安排、小到语料标注规范、参考文献引用和英文表达上均一一给出修改意见。从几位老师这里学到的知识和技能让我受益终生。无奈出版在即，我无法再进行一次深入的田野调查，有些问题的分析只能暂且止步。在后续研究中，我将继续落实老师们的修改建议。这也让我想起戴庆厦先生常说的一句话："做学问是一辈子的事，要走正道。"在我看来，戴先生这里所说的"正道"可以用张敏先生的"做学问要有一颗童心才行，就像小孩在地上玩泥巴似的，只有本身的乐趣"来注解。

在语言研究的道路一路前行，承蒙学界前辈、同仁和同门的帮助，我常怀感恩之心。感谢姜镕泽、袁辰霞、汪立珍和王洪秀等老师的垂问与点拨；感谢朝克、普忠良、罗自群等老师拨冗赐教，对我所关心的问题进行耐心讲解；感谢钟进文、张铁山、刘正发、阮宝娣、戴红亮、姜昕玫、孙昉等老师的鼓励与支持；感谢燕海雄、汪亭存、刘希瑞、吴秀菊、姜静、杨正辉、万常春、信雅楠等老师以及崔洁同学的关心和帮助。唯有在语言学道路上继续努力，多出好成果，才能回报师友们的深情厚谊。

本书撰写持续了八九年，期间需要进行大量的田野调查和文献资料查阅，再加上平时繁重的教学科研任务。它们几乎占用了我所有的精力，家里的大小事务就都落在爱人李晓城肩上。她不仅要照顾家庭，也有繁重的工作要处理，她付出的辛劳远比我多，任何语言也无法表达我的感激与感谢。孩子出生后，我的母亲和岳母义无反顾来到我们身边，用爱托举起我的孩子和家庭。借此我才有了喘息的机会，才有时间和精力完成这项研究。初为人父的我也才真正体会到父母的艰辛。感谢我可爱的姐姐、宽厚的哥哥以及所有的亲人，在我人生道路上的每一步都离不开你们默默的支持和关爱。

最后，我要感谢中央民族大学给了我难得的从事民族语言学习和研究的机会，并提供给我良好的学术氛围和工作环境。入职以来，中国少数民族语言研究院和中国少数民族语言文学学院的领导、同事给予我诸多关照。优越的办公条件和融洽的同事关系给我的研究工作带来了极大的便利，使我能够在教学科研工作之外静下心来修改、完善书稿内容。

本书的田野调查研究及出版获得国家社科基金重大招标项目"中国民族语言形态句法类型学研究（18ZDA298）"、国家社科基金项目"羌语支语音类型研究（21BYY179）"和北京中央民族大学教育基金会"民族教育发展基金"项目资助。特此致谢。

感谢中国社会科学出版社及责任编辑单钊老师为本书出版所做的耐心细致的工作。书中虽仍有未尽人意处，但我仍满怀欣喜地期待它早日付梓，以期为"川西民族走廊"研究略尽绵力。感谢与此书相遇的各位读者，其间疏漏，亦恳请读者不吝赐教。

王保锋
2024 年仲夏
于中央民族大学北智楼